Soziologische Aufklärung 2

D1731894

Niklas Luhmann

Soziologische Aufklärung 2

Aufsätze zur Theorie der Gesellschaft

7. Auflage

 Springer VS

Niklas Luhmann
Bielefeld, Deutschland

ISBN 978-3-658-19687-5
https://doi.org/10.1007/978-3-658-19688-2

Die Deutsche Nationalbibliothek verzeichnet diese Publikation in der Deutschen National-
bibliografie; detaillierte bibliografische Daten sind im Internet über http://dnb.d-nb.de abrufbar.

Springer VS
© Springer Fachmedien Wiesbaden GmbH 1975, 1982, 1986, 1991, 2005, 2018

Gedruckt auf säurefreiem und chlorfrei gebleichtem Papier

Springer VS ist Teil von Springer Nature
Die eingetragene Gesellschaft ist Springer Fachmedien Wiesbaden GmbH
Die Anschrift der Gesellschaft ist: Abraham-Lincoln-Str. 46, 65189 Wiesbaden, Germany

Inhaltsverzeichnis

Vorwort

Dieser Band faßt eine Reihe kleinerer Studien zu Problemen der Gesellschaftstheorie zusammen. Die Auswahl der Aufsätze konzentriert sich auf globale Aspekte des Gesellschaftssystems und seiner Unterscheidung von anderen Systemtypen. Sie klammert alle Beiträge zu besonderen Funktionsbereichen oder Teilsystemen der Gesellschaft wie Politik, Recht, Religion, Wirtschaft, Kunst, Erziehung im Interesse einer Begrenzung des Umfangs aus.

Im Arbeitszusammenhang der Gesellschaftstheorie sind mir in den letzten Jahren eine Reihe von Teilkomplexen wichtig und unentbehrlich geworden. Es handelt sich [1] um Bemühungen, den Gesellschaftsbegriff nicht nur, wie früher vorherrschend, gegen Individuen abzugrenzen, sondern zusätzlich gegen andere Typen sozialer Systeme, nämlich gegen Interaktion und Organisation; [2] um eine Theorie der gesellschaftlichen Evolution; [3] um eine Theorie symbolisch generalisierter Kommunikationsmedien auf der Grundlage allgemeiner Vorstellungen über annehmbare/ablehnbare Kommunikation; [4] um eine Theorie des Zusammenhangs zwischen Ausdifferenzierung und Innendifferenzierung (insbesondere: funktionaler Differenzierung) des Gesellschaftssystems und [5] um den Themenkomplex Selbst-Thematisierung, wissenschaftliche Analysierbarkeit, Rationalität.

Die im folgenden abgedruckten Einzelbeiträge lassen sich diesen Schwerpunkten zuordnen. Durchgehende Interdependenzen klingen häufig an. Ihre Ausarbeitung und vor allem ihre Darstellung in der linearen Sequenz eines Einzeltextes werfen jedoch beträchtliche Arrangierprobleme auf, deren Behandlung in Sachprobleme zurückführt. Kreuzt man diese verschiedenen Ansätze, so entstehen in jedem von ihnen Möglichkeiten der Verdichtung und Konkretisierung, die aus dem

Einzelansatz selbst deduktiv nicht gewonnen werden könnten; zugleich entsteht ein Überangebot an Abstraktionsmöglichkeiten, zwischen denen der Blick hin und her pendelt, obwohl sie zusammengedacht werden müßten. Deren Auswahl für Zwecke konkreter Analysen ist dann ein Problem, das vermutlich nicht nur auf eine beste Weise gelöst werden kann.

Die hier vorgelegten Studien sind als Zwischenbericht zu verstehen, als Teilstücke einer Nullserie der Produktion; und es ist damit zu rechnen, daß die weitere Arbeit an dem skizzierten Vorhaben manche Korrekturen anregen wird.

Bielefeld, im Mai 1975
Niklas Luhmann

Interaktion, Organisation, Gesellschaft

Anwendungen der Systemtheorie

Zu den Aufgaben wissenschaftlicher Theoriebildung gehört es, das Verhältnis von Anwendungsbreite und Tiefenschärfe ihrer Begriffe und theoretischen Hypothesen zu regulieren. Je mehr Sachverhalte ein Begriff übergreifen soll, desto unbestimmter wird er. Wissenschaftspolitisch ist dieses Gesetz von außerordentlicher Bedeutung. Je stärker ein Fach entwickelt wird und je mehr verschiedenartiges Wissen sich ansammelt, desto schwieriger wird es, noch eine Gesamtkonzeption zu bilden, die man wissenschaftlich vertreten könnte. Der Fortschritt scheint in eine Fülle unzusammenhängender Details zu führen. Die Integration des Faches bleibt dagegen spekulativ veranlagten Unternehmern überlassen, die sich von den fachüblichen Standards dispensieren und sich mit Geschick der Kontrolle entziehen. Ihnen kann die Kreation von kurzlebigen Begriffsmoden gelingen, die die Forschung allenfalls anregen, nicht aber wirklich anleiten können. Die Zusammenschau ist mit dem Makel des Unseriösen behaftet, die Wissensvermehrung selbst mit dem Makel der Zusammenhanglosigkeit – beides Formen der Beliebigkeit.

In den Bannkreis dieses Problems geraten zwangsläufig alle Versuche, für die Wissenschaft der Soziologie eine allgemeine Theorie zu entwickeln. Ansprüche dieser Art erheben heute vor allem eine allgemeine Theorie sozio-kultureller Evolution und eine allgemeine Theorie sozialer Systeme. Beiden Ansätzen hat man nicht ohne Grund vorgeworfen, daß sie in dem Maße ihrer Verallgemeinerung inhaltsleer und damit wissenschaftlich unbrauchbar werden. Würde ein Soziologe die gegenwärtige Lage der Soziologie untersuchen, müßte ihm dieser Gegensatz von spekulativ vorgehenden Denk-Unternehmern einerseits und den nur noch an Spezialfragen interessierten Forschern andererseits auffallen. Für eine sinnvolle

Arbeitsteilung liegen diese Positionen zu weit auseinander. Daraus ergeben sich Systemkrisen innerhalb des Faches Soziologie. Und es scheint nicht zuletzt dieses Dilemma zu sein, das dem Soziologen heute den dritten Weg, die Flucht ins normative Bekenntnis und ins gesellschaftspolitische Engagement, nahelegt. Bei dieser Lage des Faches hat die Frage vordringliches Interesse, ob und wie es gelingen kann, allgemeine Konzepte ohne Verlust ihrer integrativen Funktion in brauchbare Forschungstheorien zu übersetzen. Die Absicht dieses Vortrages ist es, dieses Problem am Beispiel der Theorie sozialer Systeme zu erläutern.

I

Von sozialen Systemen kann man immer dann sprechen, wenn Handlungen mehrerer Personen sinnhaft aufeinander bezogen werden und dadurch in ihrem Zusammenhang abgrenzbar sind von einer nichtdazugehörigen Umwelt. Sobald überhaupt Kommunikation unter Menschen stattfindet, entstehen soziale Systeme; denn mit jeder Kommunikation beginnt eine Geschichte, die durch aufeinander bezogene Selektionen sich ausdifferenziert, indem sie nur einige von vielen Möglichkeiten realisiert. Die Umwelt bietet immer mehr Möglichkeiten, als das System sich aneignen und verarbeiten kann. Sie ist insofern notwendig komplexer als das System selbst. Sozialsysteme konstituieren sich durch Prozesse der Selbstselektion so wie Lebewesen durch Prozesse der Autokatalyse. Sowohl ihre Bildung als auch ihre Erhaltung impliziert daher eine Reduktion der Komplexität des überhaupt Möglichen.

Geht man von dieser These aus, dann liegt darin zugleich eine Regel für die Bildung besonderer Systemtypen. Soziale Systeme können sich auf verschiedene Weise bilden je nach dem, unter welchen Voraussetzungen der Prozeß der Selbstselektion und der Grenzziehung abläuft. Unter diesem Gesichtspunkt lassen sich *Interaktionssysteme, Organisationssysteme* und *Gesellschaftssysteme* unterscheiden. Diesem Unterschied entsprechen die derzeit wichtigsten Schwerpunkte soziologischer Forschung: die Theorie des Interaktionsverhaltens oder der symbolisch vermittelten Interaktion, die Organisationstheorie und die allerdings noch schwach entwickelten Ansätze zu einer Theorie der Gesellschaft. Die Systemtheorie relativiert und integriert diese verschiedenen Forschungszweige der Soziologie mit der Folge, daß es nicht mehr möglich ist, eine dieser Systemperspektiven absolut zu setzen. Selbst die Gesellschaftstheorie als Theorie des umfassenden Sozialsystems wird von hier aus in ihre Schranken verwiesen. Sie betrifft zwar das umfassende Ganze, muß aber erkennen, daß es niemals möglich ist, das Ganze ganz zu erforschen.

Zunächst müssen jetzt die drei Anwendungsfälle der Systemtheorie je für sich erläutert werden. Danach können wir etwas über die zwischen ihnen bestehenden Beziehungen ausmachen. 1. *Interaktionssysteme* kommen dadurch zustande, daß *Anwesende sich wechselseitig wahrnehmen*. Das schließt die Wahrnehmung des Sich-Wahrnehmens ein. Ihr Selektionsprinzip und zugleich ihr Grenzbildungsprinzip ist die Anwesenheit. Wer nicht anwesend ist, gehört nicht zum System – wie eng immer im übrigen seine Beziehungen zu den Teilnehmern sein mögen.

Beispiele für Interaktionssysteme sind: das gemeinsame Mittagessen in der Familie (nicht die Familie selbst), die einzelne Kabinettsitzung (nicht die Regierung als solche), das Schlangestehen an der Theaterkasse, eine Skatrunde, eine Massenversammlung, eine Schlägerei, eine Taxifahrt. In all diesen Fällen genießen die Anwesenden eine bevorzugte Beachtlichkeit – allein schon deshalb, weil sie stören könnten oder weil sie jederzeit Initiativen entfalten könnten. Die Rücksicht auf Nichtanwesende tritt vergleichsweise zurück, mögen sie auch noch so mächtig oder noch so sehr geliebt sein. Diese Systemgrenze zeigt sich darin, daß man nur *mit* Anwesenden, aber nicht *über* Anwesende sprechen kann; und umgekehrt nur *über* Abwesende, aber nicht *mit* ihnen. Wie jedermann weiß, macht es für die Selektion der Themen einen erheblichen Unterschied aus, mit wem man über wen spricht.

Sprache macht es möglich, Nichtanwesendes im Interaktionssystem zu behandeln, also Aspekte der Umwelt im System zu thematisieren, indem für Anwesenheit Zeichen substituiert werden, die Abwesendes repräsentieren können. Die Umwelt wird sozusagen symbolisch-verkürzt in das System einbezogen. Auf diese Weise können die Umweltbeziehungen des Systems beträchtlich verdichtet und intensiviert werden; sie können vor allem zeitlich in die Vergangenheit und in die Zukunft erstreckt werden, setzen also keine Punkt-für-Punkt-Korrelation zwischen System und Umwelt mehr voraus. Das ist der entscheidende Vorteil menschlicher im Vergleich zu tierischer Interaktion.

Allerdings ist dieser Vorteil in Interaktionssystemen nur unter einschneidenden Beschränkungen zu gewinnen. Es kann immer nur einer der Anwesenden auf einmal reden. Zumindest leiden die Verständlichkeit und die Koordinierbarkeit der Beiträge und tendieren sehr rasch gegen Null, wenn mehrere zugleich das Wort ergreifen und eigensinnig weiterreden. Das heißt: Interaktionssysteme müssen sich bei höheren Ansprüchen auf innere Ordnung auf jeweils ein Thema konzentrieren, das im Zentrum gemeinsamer Aufmerksamkeit steht. Mehrere Themen können nur im Nacheinander behandelt werden. Die Beteiligten müssen ihre Beiträge auf das jeweils aktuelle Thema beschränken, oder sie müssen versuchen, eine Themenänderung durchzusetzen. Das kann zu stillen Machtkämpfen, zu Kämpfen um den Mittelpunkt der Szene und um die Aufmerksamkeit der anderen führen. Es gibt schon auf der ursprünglichsten Ebene elementarer Interaktion von Angesicht zu Angesicht *keine Sozialsysteme mit gleichverteilten Chancen.* Vor allem aber ist das Erfordernis thematischer Konzentration ein sehr *zeitraubendes* Strukturprinzip. Alle Beiträge werden in die Form des Nacheinander gezwungen. Das kostet Zeit. Außerdem ist die lineare Form der Sequenz ungünstig für die Koordination sachlich sehr komplexer Kommunikationen. Alles in allem können Systeme, die unter diesen strukturellen Beschränkungen operieren, keine sehr hohe Komplexität erreichen: weder in ihren eigenen Möglichkeiten, noch in ihren Umweltbeziehungen.

2. Diese Beschränkungen lassen sich auf der Ebene einfacher Interaktionssysteme prinzipiell nicht überwinden; mehr Leistung kann nur in Systemen anderen Typs ermöglicht werden, die sich *zwar nicht von Interaktionen, wohl aber von den Beschränkungen der Systembildung auf der Ebene von Interaktionen unabhängig machen können.* Dies erreichen Sozialsysteme vom Typ *Gesellschaft.*

Gesellschaft wird klassisch definiert als das umfassende und dadurch unabhängige, autarke Sozialsystem. Es umfaßt nicht notwendig alle Handlungen, die es objektiv gibt, geschweige denn: alle Menschen. Wir wollen daher präziser sagen: Gesellschaft ist *das umfassende Sozialsystem aller kommunikativ füreinander erreichbaren Handlungen.* In der heutigen Zeit ist die Gesellschaft Weltgesellschaft. Es gibt nur noch ein einziges Gesellschaftssystem. In früheren Zeiten war dies jedoch anders. Wir brauchen deshalb einen Begriff, der sowohl die Einzigkeit als auch eine Mehrheit von Gesellschaftssystem bezeichnen kann.

Gesellschaft ist danach nicht einfach die Summe aller Interaktionen, sondern ein System höherer Ordnung, ein System anderen Typs. Die Gesellschaft muß in der Lage sein, auch die möglichen Kommunikationen unter jeweils Abwesenden oder mit jeweils Abwesenden mitzusystematisieren. Ihr Regulativ übergreift die Grenzen der Interaktionssysteme und macht sich damit unabhängig von deren Grenzbildungs- und Selbstselektionsprinzip. Ihre eigenen Grenzen sind die Grenzen möglicher und sinnvoller Kommunikation, vor allem Grenzen der Erreichbarkeit und der Verständlichkeit. Sie sind viel abstrakter und, wie die Kulturgeschichte zeigt, sehr viel unschärfer definiert als die Grenzen von Interaktionssystemen.

Im Vergleich zu diesem weiten Gesellschaftsbegriff hatte die alteuropäische Tradition den Begriff der Gesellschaft enger gefaßt als politisch-rechtlich konstituiertes System, als *societas civilis.* Auch heute halten viele Soziologen, vor allem Talcott Parsons, an einem normativen Gesellschaftsbegriff fest. Danach wird die Einheit der Gesellschaft auf die gemeinsame Anerkennung eines Mindestbestandes an Normen bzw. Werten konstituiert. Dabei wird jedoch der strukturell erforderliche ebenso wie der faktisch bestehende Konsens überschätzt. Und auch dem Sklaven, auch dem Verbrecher, auch dem Hippie muß danach unterschoben werden, daß er im Grunde die Normen der Gesellschaft anerkennt. Gerade der Soziologe müßte jedoch wissen, daß auch der Verbrecher als Verbrecher eine gesellschaftliche Existenz führt; und dies nicht nur dadurch, daß er mit Rücksicht auf die Norm und die Polizei seine Tat versteckt, sondern darin, daß er das Verbotene will. Es gibt eine Eigenlogik des Bösen, die mit zur Gesellschaft gehört und nicht außerhalb ihrer Grenzen liegt. Deshalb kann nicht der Normkonsens Grundlage des Gesellschaftssystems sein, sondern nur die Disjunktion von konformem und abweichendem Verhalten mit entsprechender Differenzierung von Erwartungen und Reaktionen.

Ein Gesellschaftsbegriff, der auf mögliche Kommunikation abstellt, hat überdies den Vorteil, daß er Platz hat für Geschichte. Damit ist nicht nur gemeint, daß der Begriff allgemein genug ist, um die historische Vielfalt der Gesellschaftsformationen zu übergreifen. Er gibt darüber hinaus das Prinzip der Geschichtsbildung an. Jede Kommunikation führt, da sie einen Prozeß wechselseitiger Selektion in Gang setzt, zwangsläufig zum Aufbau von Strukturen, die dann ihrerseits als Bedingung der Möglichkeit weiterer Kommunikation fungieren. Die Bedingungen, unter denen dieser Prozeß zum Aufbau komplexer Gesellschaftssysteme führt, werden in der Theorie der sozio-kulturellen Evolution zusammengefaßt. Nur Gesellschaftssysteme sind mögliche Träger evolutionärer Prozesse.

Dabei ist Evolution immer zugleich Bindung an Geschichte und Befreiung von Geschichte; sie schließt an vorliegende Errungenschaften an, macht das Gesellschaftssystem aber zugleich von deren genetischen Bedingungen unabhängig. So stützt sich zum Beispiel wissenschaftliche Forschung heute nicht mehr auf diejenigen theologischen, ökonomischen und technischen Gegebenheiten, die die Ausdifferenzierung des Wissenschaftssystems in der frühen Neuzeit ermöglicht hatten, sondern sehr viel einfacher und direkter auf inzwischen etablierte Erfolgserwartungen.

Anders als in Systemen elementarer Interaktion ist ein solches Abstoßen von Geschichte hier kein simpler Prozeß des Vergessens; vielmehr ein Prozeß funktionaler Substitution. Die Gesellschaft ist, da sie ja jede mögliche Kommunikation umfaßt, eine selbstsubstitutive Ordnung. Sie muß alle Änderungen an das vorhandene System anschließen und kann nicht, wie Interaktionen, einfach aufhören und neu anfangen.

3. In komplexen Gesellschaftsordnungen gewinnt schließlich ein dritter Typ von Sozialsystemen immer größere Bedeutung, der sich in zahlreichen Bereichen gesellschaftlichen Lebens sozusagen zwischen das Gesellschaftssystem und die einzelnen Interaktionssysteme schiebt, nämlich der Typus *Organisation*. Dabei handelt es sich um eine voll eigenständige Entwicklung, die ein neuartiges Prinzip

der Grenzziehung und Selbstselektion verkörpert und sich weder auf den Typus Interaktion noch auf den Typus Gesellschaft zurückführen läßt.

Als organisiert können wir Sozialsysteme bezeichnen, die die Mitgliedschaft an bestimmte Bedingungen knüpfen, also Eintritt und Austritt von Bedingungen abhängig machen. Man geht davon aus, daß die Verhaltensanforderungen des Systems und die Verhaltensmotive der Mitglieder unabhängig voneinander variieren können, sich aber unter Umständen zu relativ dauerhaften Konstellationen verknüpfen lassen. Mit Hilfe solcher Mitgliedschaftsregeln – etwa Autoritätsunterwerfung gegen Gehalt – wird es möglich, trotz frei gewählter, variabler Mitgliedschaft hochgradig künstliche Verhaltensweisen relativ dauerhaft zu reproduzieren. Man muß nur ein allgemeines Gleichgewicht von Attraktivität des Systems und Verhaltensanforderungen sicherstellen und wird unabhängig davon, ob für jede Einzelhandlung natürlich gewachsene Motive oder moralischer Konsens beschafft werden können. Die Motivlage wird über Mitgliedschaft generalisiert: Die Soldaten marschieren, die Schreiber protokollieren, die Minister regieren – ob es ihnen in der Situation nun gefällt oder nicht.

In der Form von Mitgliedschaftsregeln können differenzierte Ämterstrukturen und Kommunikationsschranken, Rechte auf Mittelgebrauch und Verantwortlichkeiten, Weisungsketten und Kontrollmechanismen eingerichtet werden, zu deren Pauschalanerkennung der Eintretende verpflichtet wird. Und er kann sogar noch verpflichtet werden, sich Regeln der Änderung dieser Mitgliedschaftsbedingungen zu unterwerfen. Der Organisationsmechanismus ermöglicht nicht nur sachliche, sondern auch zeitliche Generalisierung; nicht nur höchst verschiedenartiges Handeln zugleich, sondern auch hohe Flexibilität und Anpassungsfähigkeit an veränderte Umstände – alles freilich unter der Generalbedingung, daß die Mitgliedschaft vorteilhafter bleibt als die Nichtmitgliedschaft.

Selbstverständlich gibt es, wie bei allen Systemtypen, Beschränkungen dessen, was sich auf diese Weise erreichen läßt. Wir wissen zum Beispiel, daß der Organisationsmechanismus auf dem Dienstleistungssektor schlechter funktioniert als auf dem Produktionssektor, auf höheren Ebenen der Verwaltungsbürokratien schlechter als auf unteren, unter den Bedingungen der Hochkonjunktur und der Vollbeschäftigung schlechter als in einer Wirtschaft mit überschüssigen Arbeitskräften. Entscheidend ist jedoch, daß nur über den Organisationsmechanismus ein so hohes Maß an Motivgeneralisierung und Verhaltensspezifikation erreicht werden kann, wie es die moderne Gesellschaft in vielen ihrer wichtigsten Funktionsbereiche benötigt.

II

Wir können nunmehr den ersten Teil unserer Überlegungen zusammenfassen und zum zweiten Teil überleiten.

Die allgemeine Theorie sozialer Systeme formuliert nur sehr abstrakte Begriffe und Rahmenbedingungen für die Analyse der sozialen Wirklichkeit. Sie klärt immerhin prinzipiell, wie soziale Systeme sich durch Prozesse der Selbstselektion und der Grenzziehung konstituieren. Dieser Konstitutionsprozeß läuft aber unter je besonderen Bedingungen ab, so daß Systemtypen entstehen, die sich nicht aufeinander zurückführen lassen. Nicht alle Sozialsysteme bilden sich nach der Formel Interaktion, nicht alle Sozialsysteme nach der Formel Gesellschaft und erst recht nicht alle nach der Formel Organisation. Daher haben auch die diesen Systemtypen zugeordneten Theorien nur eine begrenzte Tragweite. Keine von ihnen erfaßt die gesamte soziale Wirklichkeit. Selbst das umfassende System der Gesellschaft enthält zwar die anderen Systemtypen in sich, ist aber deswegen noch nicht ihr Prototyp.

Ein solcher Forschungsansatz, der letztlich aus dem Systembegriff selbst folgt, bringt erhebliche Komplikationen mit sich. Er ermöglicht dadurch aber auch einen realistischeren Zugriff auf die soziale Wirklichkeit. Im zweiten Teil unserer Überlegungen soll in drei Hinsichten gezeigt werden, wie diese Vorteile eingebracht werden können. Wir berücksichtigen dabei in erster Linie Themen, von denen man behauptet hatte, die Systemtheorie könne sie nicht angemessen behandeln: sozialer Wandel und Konflikt.

1. Man kann die soziokulturelle Evolution beschreiben als zunehmende Differenzierung der Ebenen, auf denen sich Interaktionssysteme, Organisationssysteme und Gesellschaftssysteme bilden. Betrachten wir zunächst die Anfangs- und Endpunkte dieser Entwicklung: In den einfachsten archaischen Gesellschaftsformationen sind Interaktion, Organisation und Gesellschaft nahezu identisch. Die Stammesgesellschaft besteht aus dem Umkreis absehbarer, für den einzelnen zugänglicher Interaktionen. Sie stößt wie eine Organisation Personen, die sich nicht fügen, aus und nimmt, vor allem durch Heirat, Personen auf. Interaktion, Organisation und Gesellschaft sind strukturell ineinander verschränkt und limitieren sich wechselseitig. Entsprechend unscharf sind, wie Ethnologen häufig beobachtet haben, die Grenzen und die Selbst-Identifikationen dieser Gesellschaften.

Umgekehrt ist es für die heute sich realisierende Weltgesellschaft unmöglich, sich als einheitliches Organisationssystem zu konstituieren – allein schon deshalb nicht, weil der Motivationsmechanismus der Organisation Möglichkeiten des Eintritts und Austritts, also Kontingenz der Mitgliedschaft voraussetzt. Die Entwicklung zur einheitlichen Weltgesellschaft führt mithin zwangsläufig zur Trennung

der Systemtypen Gesellschaft und Organisation. Erst recht werden Interaktionssysteme und Gesellschaftssystem auseinandergezogen. Die Gesellschaft hat ihre
Realität nicht mehr in der bloßen Möglichkeit, Interaktionssysteme zu bilden. Sie
läßt sich nicht als Summe der alltäglichen Begegnungen begreifen. Das zeigt sich
zum Beispiel an dem Auseinanderklaffen der Interaktionsmoral auf der einen Seite
und der gesellschaftlichen Erfordernisse etwa auf wirtschaftlichem, politischem,
technischem oder wissenschaftlichem Gebiet. Angesichts dieser Diskrepanzen
bleiben die Forderungen nach interaktiver Partizipation am gesellschaftlichen Geschehen hoffnungslos hinter der Wirklichkeit zurück. Sie bilden nur Symptome
dafür, daß die Diskrepanz wahrgenommen wird.

Zwischen diesen Grenzpunkten der Primitivgesellschaften auf der einen, der
Weltgesellschaft auf der anderen Seite liegt die Ära der regional limitierten Hochkulturen, der wir unser kulturelles Erbe verdanken. Für sie ist kennzeichnend, daß
das Gesellschaftssystem eine Größe und Komplexität erreicht, die den Umfang der
für den einzelnen möglichen Interaktionen definitiv sprengt. In den städtischen
Zentren bilden sich bereits Organisationen, vornehmlich für religiöse, politische,
militärische, kommerzielle Funktionen oder für einzelne Produktionsaufgaben.
Aber noch ist der Zugriff der Organisation auf die Lebensführung im Alltag gering, und umgekehrt wird die Gesellschaft selbst als politische Organisation, als
handlungsfähige Korporation begriffen. Man kann eine moralische Integration der
Gesellschaft zwar nicht mehr erreichen, kann sie sich in den herrschenden Schichten auf Grund der eigenen Interaktionsmoral aber noch vorstellen. Die Differenzierung der Systemtypen ist angesetzt, aber noch nicht vollständig und irreversibel
durchgeführt.

In dieser sehr globalen Perspektive kann man mithin die soziokulturelle Evolution kennzeichnen als zunehmende Differenzierung der Ebenen für Systembildung. Das ist keine zureichende Theorie der Evolution, wohl aber ein Aspekt der
Evolution, der mit anderen korreliert. In dem Maße, als diese Ebenen- und Ty-
pendifferenzierung sich durchsetzt, wird die soziale Wirklichkeit komplexer. Zugleich können die unterschiedlichen Systemtypen verschiedenartige Funktionen
übernehmen und sich schärfer gegeneinander profilieren. Interaktion braucht nicht
mehr zugleich Organisation oder Gesellschaft zu sein und umgekehrt. So kann im
Rahmen von Interaktionssystemen das konkrete Einfühlungsvermögen und das
reflexive soziale Bewußtsein etwa in Form von Intimbeziehungen ins Ungewöhnliche gesteigert werden, wenn die Interaktion nicht mehr mit gesellschaftlich durch-
gehenden Normalitätserwartungen belastet ist. Die organisatorische Spezifikation
des Verhaltens kann immens gesteigert werden, wenn Organisationssysteme soweit ausdifferenziert werden, daß sie nicht mehr auf andere gesellschaftliche Rollen ihrer Mitglieder, etwa auf religiösen Glauben oder politische Aktivität, Fami-

lienstand oder nachbarliche Beziehungen Rücksicht nehmen müssen. Schließlich kann nur so die Gesamtgesellschaft zu höchster Komplexität gesteigert werden, wenn sie als System nicht mehr auf Reduktionen angewiesen ist, die durch Organisation oder durch Interaktion vermittelt werden; wenn sie zum Beispiel als gesellschaftliches System nicht mehr zugleich korporativ organisierte kollektive Handlungsfähigkeit garantieren muß, sondern sich darauf beschränken kann, in einem sehr allgemeinen Sinne Kompatibilität der Funktionen und Strukturen aller Teilsysteme zu ermöglichen.

2. Damit sind wir bei unserem nächsten Problem: Eine vollständige Trennung der Ebenen ist natürlich nicht möglich, da alles soziale Handeln in der Gesellschaft stattfindet und letztlich nur in der Form von Interaktion möglich ist. Je weiter die Systemebenen auseinandergezogen und je schärfer die Systemtypen differenziert werden, desto akuter stellen sich Folgeprobleme ein, die die Vermittlung zwischen den Ebenen betreffen. Hierzu einige Beispiele

Je rationaler Organisationssysteme konzipiert und im Hinblick auf ihre spezifische Leistungsfähigkeit ausgebaut werden, desto schwieriger wird es, das organisatorisch Mögliche in der Interaktion auch zu realisieren. Die Interaktion folgt ihren eigenen Systemgesetzen und nimmt das Organisationsprogramm nicht oder nur begrenzt auf. Das organisatorisch Vorgesehene wird auf der Ebene der Interaktion unterlaufen, deformiert oder gar absichtlich zum Entgleisen gebracht. Eine gute Illustration dafür bietet das Verhältnis der offiziellen Kirchendogmatik zur Beichtpraxis, das über Jahrhunderte hinweg im Rahmen der sogenannten Moralkasuistik reflektiert worden ist. Das kirchenamtliche Lehrgebäude, das an die kirchenorganisatorisch für verbindlich erklärten Dogmen anknüpft, sie interpretiert und integriert, wird unter dem Druck der kommunikativen Situation in der Beichte deformiert; man kann in vielen Fällen nicht zugleich dogmatisch belehren und sich kommunikativ auf den Beichtenden einlassen. Es gibt Regeln, ja Handbücher voller Regeln für die Lösung dieses Konflikts, die aber dogmatisch prekär und suspekt geblieben, zum Teil geheimgehalten worden und kirchenpolitisch unter Titeln wie Laxismus und Probabilismus verteufelt worden sind.

In einer Gesellschaft, die in fast alle Funktionsbereiche Organisationssysteme einschalten muß, wird dieses Problem universell relevant. Wohlgemerkt handelt es sich nicht nur um Ungehorsam oder heimlichen Widerstand der Untergebenen. Vielmehr fallen die Herrschenden selbst den Kapazitätsschranken ihrer Interaktionssysteme zum Opfer – nicht selten zur Verzweiflung ihrer Untergebenen. So behandelt ein umfangreicher Bericht zur Reform der Struktur von Bundesregierung und Bundesverwaltung aus dem Jahre 1969 dieses Problem für die höchste Regierungsinstanz, für das Kabinett. Auch die Kabinettssitzung ist eben nur ein Interaktionssystem mit jeweils nur einem Thema, sequentieller Arbeitsweise, hohem Zeitaufwand, geringer sachlicher Komplexität und einem entsprechenden Rückstau im Informationsfluß. Daher finden Untergebene Anlaß, sich den Kopf darüber zu zerbrechen, wie sie verhindern könnten, daß das Interaktionssystem ihrer Vorgesetzten das organisatorisch Mögliche blockiert und sinnvolle Vorhaben entgleisen läßt.

Eine zweite Gruppe von Beispielen entnehmen wir dem Verhältnis von Organisationssystemen und Gesellschaftssystem. Zunächst fällt auf, daß in hochkomplexen Gesellschaften keine der zentralen Funktionen des Gesellschaftssystems voll und ganz auf ein einheitliches Organisationssystem übertragen werden kann – und zwar heute weniger als je zuvor. Im Wirtschaftssystem etwa könnten, selbst wenn es gelänge, Produktionsorganisationen durch eine zusammenfassende weltweite Planung zu integrieren, Produktionsentscheidungen und Konsumentscheidungen gleichwohl nicht zu einer Organisation zusammengeschlossen werden. Ebenso bleiben die Funktionen der Erziehung, mit welcher Schwerpunktverteilung immer, auf Schulsysteme und Familien verteilt. Die politischen Funktionen werden gerade in komplexen Gesellschaften nicht nur in der Regierungs- und Verwaltungsbürokratie wahrgenommen, sondern benötigen außerdem spezifisch politische Organisationen wie Parteien und Interessenverbände außerhalb des im engeren Sinne „staatlichen" Apparates. Selbst die historisch gut etablierte Einheit von Kirchenorganisation und Religionssystem gerät gerade durch diese Identifikation heute in viel diskutierte Anpassungsschwierigkeiten.

All dies deutet darauf hin, daß Gesellschaftsfunktionen nicht pauschal an Einzelorganisationen delegiert werden können, sondern die Funktionen nochmals differenziert und spezifiziert werden müssen, bevor sie organisationsfähig werden. Damit bleibt nicht nur das Verhältnis etwa von Wirtschaft und Politik oder von Politik und Erziehung ein gesellschaftsstrukturelles Problem, sondern auch noch innerhalb der einzelnen Funktionssysteme etwa das Verhältnis von Elternhaus und Schule oder von Politik und bürokratischer Verwaltung. Außerdem können bei der Mehrzahl von verschiedenartigen Organisationen innerhalb der einzelnen Funktionsbereiche interaktionelle Koordinationsformen nicht entbehrt werden. So erfordert politische Planung ganz konkrete interaktionelle Kontakte zwischen Politikern und Spitzenbürokraten. Damit treten die schon erörterten Engpaßprobleme auch an dieser Stelle auf, ohne eine organisatorische Lösung finden zu können.

Die Kehrseite dieses Problems der Delegation von Gesellschaftsfunktionen auf Organisationen ist, daß innerhalb von Organisationssystemen gesamtgesellschaftliche Funktionen nicht angemessen reflektiert werden können. Der Variationsspielraum gesellschaftlicher Funktionen und die Bedingungen der Kompatibilität ihrer Erfüllungsweisen lassen sich auf der Ebene der Organisationsziele und -kriterien nicht angemessen ausdrücken. Die Funktion der Religion ist kein mögliches Dogma, die Funktion des Rechts keine Norm, die Funktion der Politik keine Legitimationsformel; die „Grenzen wirtschaftlichen Wachstums" sind ein mögliches Kongreßthema, aber kein Entscheidungskriterium für Unternehmer und Unternehmungen. Selbst in der Wissenschaft, selbst in der organisierten sozialwissenschaftlichen Forschung tragen die Kriterien, auf denen die Wahl der Methoden und die Annahme und Verwerfung von Hypothesen beruht, zur Reflexion der gesellschaftlichen Funktion von Wissenschaft nichts bei, und man muß damit rechnen, daß diese Diskrepanz mit der Konsolidierung erfolgreicher Forschung nicht abnimmt, sondern zunimmt.

Das Reflexionsdefizit der Organisationen ist besonders augenfällig, weil es mit einem Höchstmaß an differenzierter Sensibilität, mit einem Höchstmaß an Auflösungsvermögen, mit einem Höchstmaß an organisierter Informationsverarbeitungskapazität zusammenfällt. Diesem Dilemma kann man sich sicher nicht durch einen Kopfsprung in Weltanschauungen entziehen, die eine Reflexion nicht nötig oder, wie der Marxismus, schon hinter sich haben. Aber unerprobt sind die Möglichkeiten, gesamtgesellschaftliche Reflexion und organisiertes Entscheiden gegeneinander zu relativieren und im Bewußtsein der Diskrepanz miteinander zu vermitteln. Dazu ist vielleicht am ehesten die Wissenschaft im Stande, weil ihre Selektionskriterien ohnehin nur ein schwaches organisatorisches Fundament haben.

3. Die Bedeutung der zunehmenden Differenzierung von Systemebenen und Systemtypen läßt sich an einem Sonderproblem besonders gut vorführen, nämlich am Problem des *Konflikts*. Von Konflikt wollen wir immer dann sprechen, wenn ein Teilnehmer an Interaktionen es ablehnt, Selektionsvorschläge zu übernehmen *und diese Ablehnung mitteilt*. Es ist für den Begriff gleichgültig, ob die Annahmezumutung auf Wahrheit, Liebe, auf rechtliche oder moralische Normen oder auf Übermacht gestützt wird; entscheidend ist die Benutzung des Negationspotentials zur Ablehnung der zugemuteten Selektion. Weder die bloße Existenz von Standes oder Klassenunterschieden noch die funktionale Differenzierung des Gesellschaftssystems sind als solche schon Konflikte, aber sie können als konfliktträchtige Lagen beschrieben werden, und es interessiert dann, unter welchen zusätzlichen Bedingungen sie zum Ausbruch von Konflikten führen.

Wir analysieren zunächst auf der Ebene der Interaktion unter Anwesenden. Die Rückkommunikation der Weigerung, einer Selektionszumutung nachzukommen, stößt hier auf besondere Schwierigkeiten. Sie ist deshalb problematisch, weil diese Systeme unter der Bedingung thematischer Konzentration operieren, also jeweils nur ein Leitthema traktieren können. Wird der Konflikt durch Weigerung zum Thema gemacht, strukturiert das Gesamtsystem sich entsprechend um. Man reagiert auf dieses neue Thema, und es entsteht eine Kontroverse, wenn nicht ein

Streit, der mehr oder weniger limitiert, was dann im System noch möglich ist. Interaktionssysteme können offene Konflikte schlecht nebenherlaufen lassen, dazu sind sie nicht komplex genug. Sie haben nur die Wahl, Konflikte zu vermeiden oder Konflikte zu sein.

Interaktionsnah strukturierte archaische Gesellschaftssysteme finden sich den entsprechenden Beschränkungen ausgesetzt. Sie stehen beständig vor der Alternative der Konfliktunterdrückung oder des offenen und gewaltnahen Streites. Darauf sind ihre pressionsreichen Schlichtungsverfahren eingestellt. Sie können deshalb nur primitive Formen gesellschaftlicher Differenzierung entwickeln, die einerseits in der Konfliktunterdrückung effektiv sind und andererseits gegen Gewaltakte und Sezessionen relativ immun. Das leisten Formen segmentärer Differenzierung nach Häusern, Geschlechtern, Wohngemeinschaften, Siedlungen.

Alle weitere Entwicklung setzt eine Steigerung des Konfliktpotentials auf der Ebene der Gesellschaft voraus, und dies in zweifacher Hinsicht: als Möglichkeit, Konflikte durch Rückkommunikation von Verweigerungen zu erzeugen, und als Möglichkeit, Konflikte als laufende Angelegenheit zu ertragen und in kritischen Fällen zu entscheiden. Mit zunehmender Komplexität steigt die Differenzierung der Interessen und Perspektiven, nehmen die Anlässe und die strukturellen Möglichkeiten für Negationen zu. Die Sozialordnung muß jetzt vorsehen, daß Rechtsnormen geändert, daß Tauschofferten ohne Kränkung zurückgewiesen, daß behauptete Wahrheiten bezweifelt werden; daß man dem religiösen Zeremoniell fernblieb, ohne dadurch die Gefühle anderer zu verletzen oder gar aus Religionsgemeinschaften austritt. An der Steigerung der Negationspotentiale hängt die Möglichkeit, jeweils andere Spezialinteressen konsistent zu verfolgen. Außerdem beruht darauf die Dynamik der gesellschaftlichen Entwicklung, die Möglichkeit, Gegebenes zu variieren. Schließlich setzt der gesamte Organisationsmechanismus gesteigerte Mobilität mit Möglichkeiten zum Abbrechen und Neueingehen sozialer Beziehungen voraus. Differenzierung, Innovation und Organisation hängen damit ab von einer *Normalisierung des Konfliktverhaltens*.

Die Lösung dieses Problems liegt in einer stärkeren Differenzierung von Interaktionssystemen und Gesellschaftssystem. Ein solches Auseinanderziehen von Interaktion und Gesellschaft hat die Folge, daß die Gesellschaft vom Konfliktsmodus ihrer Interaktionssysteme unabhängig wird. Sie kann, ohne ihre eigene Kontinuität zu gefährden, in weitem Umfange den Abbruch von Interaktion als Modus der Konfliktlösung zulassen. Sie kann, vor allem im Rahmen ihres Rechtssystems, besondere Interaktionssysteme zulassen, die auf die Behandlung von Streitfällen spezialisiert sind. Und sie kann allgemein die Konflikttoleranz erhöhen, indem sie die Expansion der Konflikte einschränkt. Die Konkurrenz auf dem Markt, die große ideologische Kontroverse, die konterkarierenden Schachzüge in der Mikropolitik der Organisationen schließen es nicht aus, daß man gemeinsam zum Essen eingeladen wird oder auf Empfängen nebeneinandersteht. Daß man nicht mehr auf konkret-gemeinsames Zusammenleben angewiesen ist, erleichtert sowohl das Abbrechen als auch das Fortsetzen sozialer Beziehungen im Konfliktsfalle.

Andererseits heißt dies, daß eine Transposition von Konflikten auf die Ebene des Gesellschaftssystems eine mehr oder weniger künstliche, politische Aggregation von Interessen erfordert. Ihre Klassenlage muß den Betroffenen bewußt gemacht, wenn nicht eingehämmert werden als Voraussetzung einer Politisierung des unterstellten Klassenkonflikts. Hier könnte eine Theorie sozialer Massenbewegungen anschließen. Solche Bewegungen kommen unter den angegebenen Bedingungen als historische Prozesse selektiver Selbststeigerung zustande. Sie bauen ihre eigenen Voraussetzungen phasenweise auf, gewinnen ihre Dynamik und Entwicklungsrichtung also aus ihrer eigenen Geschichte. Die Heftigkeit von Interaktionskonflikten, in die sie ausmünden können, ergibt sich aus der Künstlichkeit der Interessenaggregation und aus der Eliminierung anderer Möglichkeiten im historischen Prozeß. Im Verhältnis zum gesamten Interaktionsvolumen werden gesamtgesellschaftliche Konflikte in komplexen Gesellschaften seltener und gefährlicher.

Dies Bild rundet sich ab, wenn man das Konflikthandeln in Organisationen mit in Betracht zieht. Organisationssysteme unterwerfen alle Mitglieder einem Modus hierarchischer Konfliktsbehandlung und -entscheidung, dessen Anerkennung sie zur Mitgliedschaftspflicht machen. Zugleich differenzieren sie interne und externe Konflikte und unterbrechen deren Zusammenhang mit sonstigen Konflikten ihrer Mitglieder. Man darf sich im Dienst nicht an seinen Privatfeinden rächen, darf den Kindern des politischen Gegners keine schlechteren Zensuren erteilen oder umgekehrt dem Lehrer die Auszahlung eines Bankkredits verweigern, weil er schlechte Zensuren erteilt hatte. Entsprechend ist es eine für Organisationen typische Mitgliederpflicht, intern bestehende Konflikte – etwa Meinungsverschiedenheiten des Kollegiums in der Versetzungskonferenz – nach außen zu verbergen. In welchem Umfange diese Gebote faktisch realisiert werden können, ist eine empirische Frage. Keine Frage ist jedoch, daß mit Hilfe dieses neuen Systemtyps Organisation Konflikte in einem Umfange ermöglicht und reguliert werden können, wie es auf der Basis von Interaktion und Gesellschaft allein nicht möglich wäre.

III

Die analytische Technik, die diesem Vortrag zu Grunde liegt, war eingangs als relativ kompliziert charakterisiert worden. Bisher haben wir jedoch, wie für einen Vortrag nicht anders möglich, einen ziemlich einfachen Weg der Analyse beschritten.

Wir hatten das Moment der Selbstselektion und Grenzziehung am Systembegriff hervorgehoben und auf dieser Grundlage verschiedene Formen der Systembildung unterschieden, nämlich Interaktion, Organisation und Gesellschaft. Deren Differenzierung wurde dabei nicht nur als eine rein begriffliche Unterscheidung angesehen, sondern als ein Produkt der soziokulturellen Evolution dargestellt, also historisch relativiert. Daher konnten wir fragen und an einigen Beispielen kurz skizzieren, wie unter wechselnden Bedingungen und bei zunehmender Komplexität des Gesellschaftssystems diese Systemtypen auseinandertreten, sich spezifizieren und sich wechselseitig funktional entlasten. Schon diese Analyse geht wesentlich über das hinaus, was sich mit einem typenspezifisch verkürzten, also nur interaktionistischen oder nur gesellschaftstheoretischen Bezugsrahmen erreichen läßt. Gleichwohl ist diese Betrachtungsweise in einer wichtigen Hinsicht noch viel zu einfach: Sie läßt die Verschachtelungsverhältnisse zwischen den Systemen außer acht.

Als selektive Prozesse können Handlungen mehreren Systemen zugleich angehören, können sich also an mehreren System/Umwelt-Referenzen zugleich orientieren. Soziale Systeme sind daher nicht notwendig wechselseitig exklusiv – so wie Dinge im Raum. So gehört jedes Interaktionssystem und jedes Organisationssystem auch zu einem Gesellschaftssystem, und ein Interaktionssystem kann, braucht aber nicht einer Organisation angehören. Die Sitzung einer Fakultätskonferenz beispielsweise ist ein Interaktionssystem für sich mit einer eigenen Ablaufgeschichte und selbstbestimmten Möglichkeitshorizonten und Selektionen; sie ist zugleich System in einer Organisation, die wiederum Teilorganisation einer größeren Organisation ist und dem Subsystem Erziehung des Gesellschaftssystems zugehört.

Bei einem solchen Aufbau sind die jeweils umfassenderen Systeme für die eingeordneten Systeme in *doppelter* Weise relevant: Sie geben ihnen bestimmte strukturelle Prämissen vor, auf Grund deren ein selbstselektiver Prozeß anlaufen kann und in seinen Möglichkeiten begrenzt wird. Und sie ordnen zugleich die nähere Umwelt des Teilsystems. In diesem *doppelten* Zugriff liegt die *Bedingung der Freiheit* für Systementwicklungen.

Bleiben wir beim Beispiel der Fakultätskonferenz: Das einzelne Interaktionssystem einer solchen Konferenz setzt beispielsweise Teilnahmeverpflichtungen und eine Satzung voraus; es kommt nicht zufällig zustande. Auch weiß man schon vor Beginn der Sitzung, wer Dekan ist. Die Konferenz setzt ferner gesellschaftliche Errungenschaften und Selbstverständlichkeiten voraus – etwa daß die Teilnehmer Uhren haben, die annähernd gleiche Zeit zeigen. Ressourcen und Restriktionen umfassenderer Systeme beschränken mithin das, was in dem Interaktionssystem möglich ist. Nur auf Grund solcher Limitationen haben bestimmte Erwartungen in bezug auf Verhalten und auf Ergebnisse eine Chance. Dazu kommt, daß die gleichen Übersysteme, die die Bedingungen der Möglichkeit vorgeben, auch die

Umwelt des Interaktionssystems ordnen. Diese Umwelt garantiert, daß Beschlüsse überhaupt einen Adressaten haben, daß Studenten am Studium, daß Habilitanden an einer Habilitation interessiert sind, daß es Zeitungen gibt, in denen man Ausschreibungstexte abdrucken lassen kann, usw.

Nur diese Tatsache einer organisatorisch und gesellschaftlich schon geordneten Umwelt ermöglicht es dem Interaktionssystem, fremdgesetzte Prämissen zu unterlaufen und strukturelle Determinationen entgleisen zu lassen: Gegen Satzungsbestimmungen wird in der Situation ein moralischer Druck mobilisiert, der voraussetzt, daß die Teilnehmer an wechselseitiger Achtung interessiert sind oder zumindest nicht sagen werden, daß sie es nicht sind. Oder: Es kann satzungswidrig beschlossen werden, die Interaktion aus dem Erziehungssystem in das politische System zu verlagern und aus gegebenem Anlaß ein Empörungstelegramm an eine ausländische Botschaft zu richten; aber doch nur unter der Voraussetzung, daß die Post funktioniert und die Botschaft wirklich eine Botschaft ist. Die Gesellschaftsstruktur, die im eigenen Hause abgelehnt wird, muß in der Umwelt bejaht werden oder umgekehrt. Eine Totalkritik bleibt folgenlos. Proteste brauchen Adressaten.

An diesem bewußt extrem gewählten Beispiel läßt sich ablesen, daß die Bewegungsfreiheit der Interaktionssysteme auf unvollständiger Koordination der umfassenderen Systeme beruht. Perfekte Interdependenz von allem mit allem ist in sozialen Systemen und erst recht in komplexen Gesellschaftssystemen unmöglich. An ihre Stelle tritt der Doppelzugriff auf Teilsysteme über Strukturvorgaben und Umweltvorgaben. Dies ermöglicht *innerhalb* umfassenderer Systeme die Konstitution von Sozialsystemen, die *anderen* Selbstselektions- und Grenzziehungsprinzipien folgen, also einen anderen Systemtyp realisieren. Die Gesamtgesellschaft bleibt mit Organisationssystemen und mit Interaktionssystemen kompatibel, weil sie für diese eine geordnete Umwelt ist und zugleich Bedingungen der Möglichkeit von Strukturbildung garantiert.

Natürlich gewinnen diese Ansätze erst im Zuge weiterer Ausarbeitung Theoriefähigkeit im engeren Sinne und erst damit wissenschaftliches Interesse; nämlich dann, wenn man zeigen kann, wie Systemstrukturen unter bestimmten Umweltbedingungen variieren und welche Selektionsmöglichkeiten sie den Systemprozessen dadurch eröffnen bzw. verschließen. Erst dann kann man feinfühligere Fragen stellen wie die, ob ein *organisatorisch* oktroyiertes Prinzip der Mehrheitsentscheidung, für das es auf der Ebene des *Gesellschaftssystems* strukturelle Gründe geben mag, auf der Ebene der *Interaktion* noch moralisches Argumentieren ermöglicht. Fragen dieser Art sind dann aber nicht mehr für jede Interaktion, jede Organisation, jede Gesellschaft, geschweige denn für jedes Sozialsystem formulierbar. Sie setzen einschränkende Bedingungen der Relevanz voraus. Entsprechend kann man Resultate solcher Forschungen nur begrenzt generalisieren.

Spricht man von „der Systemtheorie", heißt das also nicht, daß nur Aussagen in unbestimmter Allgemeinheit über Systeme schlechthin produziert werden sollen. Entscheidend ist, daß von der generalisierten Theoriebasis aus mit relativ *einfachen* Mitteln *hochkomplexe* Forschungsansätze produziert werden können, die zur Komplexität der sozialen Wirklichkeit in einem adäquaten Verhältnis stehen. Dieses Postulat ist eine ins Zeitliche übertragene Fassung des alten Problems der Einheit in der Mannigfaltigkeit oder, wie Leibniz formuliert, der größtmöglichen Ordnung größtmöglicher Vielfalt.

Die Systemtheorie löst dieses Problem auf exemplarische Weise durch die Grundannahmen, die sie als universell verwendbaren Systembegriff voraussetzt: daß nämlich Systeme sich durch Prozesse der Autokatalyse oder Selbstselektion im Hinblick auf eine Differenz zur Umwelt konstituieren. Dadurch ist die Richtung der Spezifikation vorgezeichnet. Sie erfordert den Einbau besonderer Annahmen über Prozesse der Grenzziehung und des Strukturaufbaues. Daran schließt die Typenbildung an. Durch Konstruktion von nur drei Typen sozialer Systeme: Interaktion, Organisation und Gesellschaft, und durch Annahme von nur zwei Relativierungen, nämlich Evolution der Typendifferenz und jeweils systemspezifische Umweltperspektiven, entsteht ein bereits hochkomplexes Gesamtbild der sozialen Wirklichkeit, das vorstellungsmäßig nicht mehr kontrolliert werden kann.

Wenn das nicht möglich ist: Wo liegen dann die Motive für die Annahme eines solchen Forschungsansatzes?

Die moderne Wissenschaft ist selbst ein Sozialsystem, ein Teilsystem der Gesellschaft, und ihre Motive weichen daher von den sonst gesellschaftsüblichen ab. Durch ein immens gesteigertes Auflösungsvermögen ist die Welt für die Wissenschaft äußerst komplex geworden. Das hat Konsequenzen für die Wahl von Forschungsansätzen. Sie kann in *sachlicher* Hinsicht *nicht* auf unmittelbare Einsichtigkeit, auf Evidenz des Begriffserlebens gestützt werden. Und sie kann in *zeitlicher* Hinsicht *nicht* auf eine Art Vorweggewißheit der Wahrheit des Forschungsresultates gestützt werden; sie muß vielmehr die Möglichkeit der Unwahrheit offen halten. Deshalb braucht man für die Wahl von Forschungsansätzen Ersatzkriterien. Als solche können dienen zum einen der Anschlußwert in bezug auf vorhandene Forschung, zum anderen die Komplexität des begrifflichen und methodischen Kontrollvermögens. Der hier vorgestellte systemtheoretische Ansatz versucht, beiden Kriterien Rechnung zu tragen, nämlich Problemstellungen der vorhandenen Forschung auf einem Niveau höherer Komplexität zu rekonstruieren. Ob solche Kriterien sinnvoll sind, mag die Wissenschaftstheorie diskutieren. Ob der Ansatz Erfolg haben wird, kann sich nur in der Forschung selbst erweisen.

Einfache Sozialsysteme

Eine Theorie sozialer Systeme, die den Anspruch erhebt, auf alle sozialen Tatbestände anwendbar zu sein, stößt auf zwei Grenzfälle, deren Einbeziehung Schwierigkeiten bereitet: den Fall des umfassenden Sozialsystems der Gesellschaft und den Fall der elementaren sozialen Interaktion: der flüchtigen Begegnung, des kurzen Gesprächs zwischen Tür und Angel, der stummen gemeinsamen Fahrt im Eisenbahnabteil, des gemeinsam ungeduldigen Wartens auf das Umschalten der Ampel. In beiden Richtungen besteht ein Bedarf für konzeptuelle Klärungen – von den Schwierigkeiten fachgerechter Operationalisierung und empirischer Verifikation ganz zu schweigen. Dieser Bedarf fällt zusammen mit ohnehin unterbelichteten Randzonen soziologischer Forschung. Für den Bereich der Gesellschaftstheorie ist das ein geläufiger Sachverhalt. Hier hat sich im Zuge der gesellschaftlichen Veränderungen und seit Entstehen der Soziologie auch durch Veränderungen im wissenschaftlichen Anspruchsniveau eine alteuropäische Thematik aufgelöst, ohne adäquaten Ersatz zu finden (*Luhmann* 1970a; *Luhmann* 1971b). Die Gesellschaft kann als der große, human finalisierte Körper menschlichen Zusammenlebens nicht mehr zureichend begriffen werden. Weniger aufgefallen ist der gleiche Tatbestand auf der Ebene elementarer Interaktion. Hier ist das menschliche Individuum eine zu kompakte, gleichsam zu anspruchsvolle Größe, die einer schärferen Analyse der Strukturen sozialer Interaktion im Wege steht. Bisher ist aber die soziale Interaktion ganz überwiegend als Beziehung zwischen Individuen behandelt worden. Die Sozialpsychologie, die am meisten zu diesem Forschungsbereich beigetragen hat, pflegt als Psychologie einen individuum-zentrierten Ansatz. Aber auch die soziologische Interaktionsforschung versteht Interaktion entweder von den Rollen oder neuestens von den Identitäten der Beteiligten her. Damit kommt teils zu viel, teils zu wenig in den analytischen Bezugsrahmen hinein – zu viel, weil keine Person, keine Rolle, keine Identität sich in einzelnen Interaktionsreihen erschöpft[*] (1); zu wenig, weil allein von solchen Randgrößen her die Eigengesetzlichkeit des sozialen Geschehens nicht zureichend scharf erfaßt werden kann. Eine Soziologie der Interaktion müßte Konzepte suchen, die das Soziale weder auf eine konditionierende Außenwelt des Individuums, noch auf bloße Intersubjektivität beschränken, sondern es zunächst eigenständig zum Thema machen. Die folgende Skizze versucht zu zeigen, daß und wie dies mit Hilfe systemtheoretischer Analyse geschehen könnte.

Von „einfachen" Systemen sprechen wir nicht in einem absoluten Sinne. Etwas absolut Einfaches (im Sinne eines nicht weiter analysierbaren Sachverhaltes) gibt es im sozialen Leben nicht. Auch einfache Systeme sind daher noch komplex, nämlich zusammengesetzt, sie schließen als Systemtypus jedoch die am wenigsten komplexen Systeme ein. Sie sind einfach im Sinne einer unmittelbaren Überschaubarkeit für alle Beteiligten. Deshalb wählen wir den Begriff der „Anwesenheit" als definierendes Kriterium (2).

I   Anwesenheit

Der Begriff der „elementaren" Interaktion wird in verschiedenem Sinne gebraucht (3). Wir wollen als definierendes Merkmal für „elementare Interaktion" ebenso wie für „einfaches Sozialsystem" die *Anwesenheit der Beteiligten* benutzen. Die *Beteiligten* sind diejenigen, die eigenes Erleben und Handeln zur jeweiligen Interaktion beisteuern. *Anwesend* sind sie, wenn und soweit sie einander wechselseitig (also nicht nur einseitig!) wahrnehmen können. Soziale Konventionen über Wahrnehmbarkeit und Anwesenheit werden nicht zur Definition des Begriffs benutzt, sondern als mögliche Strukturmerkmale und Grenzdefinitionen der Systeme selbst angesehen, damit sie im Bezugsrahmen der Theorie analysierbar bleiben. Das heißt: *Innerhalb* einfacher Systeme kann es vorkommen, daß Anwesende als nichtanwesend behandelt werden oder Wahrnehmbares als nichtwahrnehmbar angesehen wird. Das setzt aber bereits kompliziertere strukturelle Vorkehrungen und damit ein höher entwickeltes Bewußtsein der Systemerfordernisse voraus, nämlich mindestens zwei Ebenen der Verständigung, deren eine die Gegebenheiten der anderen negieren kann.

---

[*]   Anmerkungen siehe Seite 35

Gesetzt den Fall, zwei oder mehr Personen geraten einander ins Feld wechselseitiger Wahrnehmung, dann führt allein diese Tatsache schon zwangsläufig zur
Systembildung. Diese Annahme stützt sich nicht auf die *Faktizität,* sondern auf die
Selektivität der hergestellten Beziehung. Konstitutiv für Systembildung ist nämlich nicht die bloße Feststellbarkeit von „sozialen Beziehungen", die als eine Art
Relationennetz das soziale System schon *sind* (4); sondern der unter der Bedingung von Anwesenheit notwendig anlaufende Selektionsprozeß konstituiert das
soziale System als Auswahl aus anderen Möglichkeiten, also durch seine Selektivität selbst. Deshalb ist die Genesis des Systems zunächst zugleich seine Struktur;
die Interaktionsgeschichte dient als Struktur der Folgeprozesse, und die Abhebung
der Struktur von der Systemgeschichte ist für einfache Systeme teils unnötig, teils
problematisch. Darauf kommen wir unter III zurück.

Die Zwangsläufigkeit dieses Geschehens läßt sich in zwei Schritten explizieren.
In der Sinnhaftigkeit allen menschlichen Erlebens liegt begründet, daß alles Wahr-
genommene als Selektion aus anderen Möglichkeiten (und also, um mit *Husserl*
zu formulieren, in einem Horizont der Verweisung auf andere Möglichkeiten) erlebt wird. Diese Selektivität alles bestimmt Erlebten potenziert sich, wenn man
andere Personen wahrnimmt und deren Erleben miterlebt (5). Tritt dasselbe auch
bei der anderen Person ein, entsteht aus *doppelter* Kontingenz die *Nichtbeliebigkeit* von Systemstrukturen (6). Gerade die *Vermehrung* kontingenter Selektivität
ist Bedingung für eine Systembildung, die dann ihrerseits selektive Prozesse mit je
ausreichendem Potential an „anderen Möglichkeiten" aufeinanderzusteuern kann.
Durch wechselseitig sich konditionierende Selektivität differenzieren sich dann
Systeme aus, in denen das „im System Mögliche" nicht mehr identisch ist mit dem
„überhaupt Möglichen". Ein soziales System entsteht durch Strukturselektion und
damit verbundene Grenzdefinition auf der Basis selektiver Prozesse. Es vermag
aus den (selbst wieder sozial bedingten) Potentialitäten der Individuen seine eigene
Erzeugung zu „katalysieren" (7).

Anwesenheit der Beteiligten bedeutet für diesen Prozeß der Systembildung eine
unerläßliche Voraussetzung. Nur so kommt es zur Kreuzung selektiver Prozesse
des Erlebens und Handelns. Eine zweite Frage ist, ob das Merkmal der Anwesenheit als Bestandserfordernis und als Grenzdefinition des Systems beibehalten
wird, oder ob man zum Beispiel mit Hilfe vorgegebener kultureller Typen darüber
hinausgeht. Man kann in einer Sitzung unter Anwesenden eine Organisation gründen, die als solche dann nicht mehr auf simultane Anwesenheit aller Beteiligten
im wechselseitigen Wahrnehmungsraum angewiesen ist, sondern sich durch bestimmte strukturelle Vorkehrungen und mit angebbaren Folgeproblemen von dieser Bedingung unabhängig macht. Damit wird eine andere Ebene der Systembildung, eine andere Ebene der Steigerung und Reduktion von Komplexität erreicht,

in der das Erfordernis der Anwesenheit zwar nie ganz aufgegeben werden kann, aber einen anderen Stellenwert gewinnt – zum Beispiel: geregelt werden kann! Von „einfachem Sozialsystem" wollen wir nur dann sprechen, wenn Anwesenheit und wechselseitige Wahrnehmbarkeit Strukturmerkmal des Systems bleiben, die Grenzen des Systems also mit den Grenzen des Wahrnehmungsraums zusammenfallen. Es geht im folgenden um ein Abtasten der Vorzüge und Nachteile dieser elementaren Form von Systembildung.

II   Wahrnehmung und verbale Kommunikation

In gewisser Weise ist Anwesenheit im reziproken Wahrnehmungsfeld immer schon Kommunikation, (8) nämlich Austausch von Information über selektive Ereignisse. Das eben macht die Bildung sozialer Systeme unausweichlich. Unterhalb dieser allgemeinen Bedingung differenzieren sich jedoch verschiedenartige Prozesse. In erheblichem Umfange findet ein Informationsaustausch in der Form der sprachlosen, unthematisierten wechselseitigen Wahrnehmung statt: Man schätzt sich mit Blicken ab, nuanciert Auftreten und Verhalten im Hinblick auf die Wahrnehmung durch andere, interpretiert verbale Kommunikation in ihrem gemeinten Sinn mit Hilfe von Begleitwahrnehmungen usw. Von einfacher Wahrnehmung unterscheidet sich dieser Informationsaustausch dadurch, daß er reflexiv wird, nämlich das Wahrnehmen wiederum zum Gegenstand von Wahrnehmungen machen kann. Ego kann wahrnehmen, daß er von Alter wahrgenommen wird und an der laufenden Wahrnehmung von Wahrnehmungen sein Verhalten steuern. Gerade im Wahrnehmungsprozeß stellt sich – darin liegen seine besonderen *sozialen* Vorzüge – reflexive Integration besonders leicht her; denn oberhalb einer gewissen Intensitätsschwelle kann jeder ohne weiteres davon ausgehen, daß *alle* Anwesenden wahrgenommen haben bzw. wahrnehmen können, was er selbst wahrnimmt. Daß es geknallt hat – darüber braucht man sich nicht mehr zu verständigen.

Trotz einiger empirischer Forschungen (9) wissen wir speziell zur Interaktionssteuerung durch Wahrnehmung von Wahrnehmungen noch wenig. Sicher ist Wahrnehmung allen explizierenden Formen sprachlicher Kommunikation durch hohe Komplexität der vermittelten Eindrücke und durch hohes Tempo ihrer Übermittlung und Verarbeitung überlegen. Die Wahrnehmung läßt sich deshalb durch Sprache niemals einholen, geschweige denn angemessen wiedergeben. Diese Vorzüge sind jedoch wesentlich mit der unmittelbaren Wahrnehmung verbunden und verlieren in der reflexiven Form des Wahrnehmens von Wahrnehmungen rasch an Wert und vor allem an Genauigkeit. Man nimmt dann zwar wahr, *daß* man wahrgenommen wird, aber nur sehr indirekt, unscharf und unzuverlässig, *wie* und *als was* man wahrgenommen wird.

Dazu kommt, daß Wahrnehmen, anders als Sprechen, nicht als Handlung zugerechnet wird (10). Jeder Teilnehmer ist in sozialen Systemen für das, was er sagt, nicht aber für das, was er wahrnimmt, verantwortlich zu machen. Entsprechend unbestimmt ist die Verantwortlichkeit für das Wahrnehmen von Wahrnehmungen. Das Wahrnehmenlassen, ja selbst gezielte „Mitteilungen" von Stimmungen, Aufforderungen, Ablehnungen über den Wahrnehmungsmechanismus werden nicht als verantwortliche Kommunikation behandelt; für Rückfragen, für Rechenschaftspflichten ist das Auslösen von Wahrnehmungen zu diffus, die Intention wird nicht greifbar, ist nicht scharf genug interpretierbar. Man kann jederzeit leugnen, eine Kommunikation gemeint zu haben (*Hammond* 1959; *Abrahamson* 1966: S. 30 ff.; *Goffman* 1959). Es wird dann zu einer Frage des Taktes und entsprechender Situationsnormen, daß man eine Artikulation des Nichtartikulierbaren vermeidet, und erst an Störungen wird das Problem bewußt. Sprechen ist dagegen intentionsgesteuertes, der Rückfrage ausgesetztes Handeln (*Mackay* 1969: S. 121 ff.). Es ist zweitens ein sehr zeitaufwendiger Prozeß, der auf eine sequentielle Anordnung diskreter Einheiten im Nacheinander angewiesen ist und daher pro Zeiteinheit nur wenige Nachrichten, diese aber mit hohem Informationswert (Selektivität) übermitteln kann. Dazu kommt drittens, daß das Sprechen in der Interaktion in höherem Maße Aufmerksamkeitsfänger ist als das wechselseitige Wahrnehmen. Es hat eben dadurch höhere Interferenz mit anderen Prozessen, einen höheren Störeffekt. Ein unkoordiniertes Durcheinander wechselseitigen Wahrnehmens ist eher tolerierbar als ein unkoordiniertes Durcheinander des Redens. Wahrgenommenwerden diszipliniert, aber Angesprochenwerden setzt unter Antwortzwang; die Erfordernisse der „Rollenkomplementarität" sind, mit anderen Worten, im Sprechprozeß enger definiert und strikter einzuhalten als im Wahrnehmungsprozeß, und zwar deshalb, weil die Möglichkeiten des Sprechens (im Sinne der Zahl unterscheidbarer möglicher Akte) viel größer sind als die Möglichkeiten des Wahrnehmens je Situation. Im Vergleich zum Wahrnehmungsprozeß hat der Sprechakt eine weit höhere Selektivität.

All dies legt es nahe, den Sprechprozeß in sozialen Situationen *thematisch zu konzentrieren,* das heißt: auf jeweils *ein* gemeinsames Thema zu beziehen, zu dem die Beteiligten abwechselnd Aussagen beisteuern (11). Mit Hilfe eines Themas der Kommunikation kann das System sich gegenüber der Vielfalt von Wahrnehmungsprozessen, die es konstituieren, *nochmals selektiv verhalten.* Thematische Konzentration dient als Bestimmung und Reduktion systemeigener Komplexität, als Prinzip der Verknappung zugelassener Möglichkeiten, das dann als Voraussetzung dient für alle höheren Ordnungsleistungen im System. Thematische Konzentration ermöglicht Vereinfachungen dadurch, daß jeweils nur ein Thema anerkannt und in Bewegung gehalten wird, so daß sich eine serielle Ordnung der Systemereignisse ergibt und Verschiedenheiten im Nacheinander ausgedrückt werden müssen. Jeder, der sich an Diskussionen beteiligt hat, weiß, welche Opfer dies impliziert (12). Andererseits ist dies Ausweichen in die Zeitdimension Voraussetzung dafür, daß alle an allem teilhaben können. Auf das Thema konzentriert sich dann zugleich die gemeinsame Aufmerksamkeit der Beteiligten – ein nur durch Sprache erreichbarer Zentralisierungseffekt (13). Das Thema gewinnt eine eigene, von den einzelnen Beiträgen unterscheidbare Identität. Es kann dann zur Kontrolle der Beiträge benutzt werden in dem Sinne, daß feststellbar (und gegebenenfalls thematisierbar!) ist, ob Beiträge zum Thema passen oder abschweifen (14), ob sie das Thema fördern oder ob sie es verändern. Ferner kontrolliert das Thema in gewissem Umfang den Rekrutierungsprozeß des Systems insofern, als neu Hinzukommende eine Weile hinhören und sich in das Thema einfädeln müssen oder einen Wechsel des Themas erzwingen, wenn sie aufdringlich und als nicht zum Thema passend wahrnehmbar werden.

Diese Überlegung zeigt bereits, daß das Thema als eine Art Struktur des einfachen Systems fungiert – freilich als eine sehr schwache Struktur, die zumeist nicht unabhängig von Art und Interessenrichtung der jeweils Teilnehmenden festgehalten werden kann und deren Wechsel nicht überdauert. Diese „Schwäche" – oder anders gewendet: die Leichtigkeit des Themenwechsels – bildet ein Moment der Elastizität einfacher Systeme, zugleich aber auch einen Beleg für ihre geringe Autonomie und Umweltkontrolle (15). Die strukturierende Funktion des Themas zeigt sich vor allem daran, daß es doppelstufige Selektion ermöglicht, also Reduktion von Komplexität auf verschiedenen Ebenen, (16) nämlich einerseits die Wahl und Veränderung des Themas selbst und dann im Rahmen des Themas die Wahl der Beiträge. Bemerkenswert ist ferner, daß das Thema auch bewußt zur Kontrolle des Systems eingesetzt werden kann, indem man auftretende Störungen oder Probleme „formuliert", das heißt sprachlich auf den Kontext des Sprechens bezieht, (16a) oder gar „thematisiert", das heißt ins Zentrum gemeinsamer Aufmerksamkeit bringt. Man kann sich einem Hinzutretenden zuwenden, ihn begrüßen und damit in das System aufnehmen; man kann Interaktionsschwächen der Teilnehmer aussprechen; man kann das Thema selbst zum Thema machen, die Themenentwicklung als Entscheidungsfrage stellen, eine Abweichung vom Thema schelten. Neben der Thematisierung des Themas dient schließlich eine taktvolle Verständigung über das Thema, seine Grenzen, seine Entwicklungsmöglichkeiten der Systemkontrolle. Man vermeidet peinliche Themen oder man verhält sich der Peinlichkeit von Themen entsprechend vorsichtig, aufgeschlossen, distanziert (17). Ja, es kann Fälle geben, in denen das eigentliche Thema nicht zum offiziellen

Thema gemacht werden kann, trotzdem aber das System latent beherrscht, weil die Beteiligten diesen Status des Themas kennen, akzeptieren und sich mit Umschreibungen behelfen (18).

In gewissem Umfange müssen daher zur Themenkontrolle und darüber hinaus zur thematischen Kontrolle des Systems wiederum Wahrnehmungsleistungen eingesetzt werden – und zwar nicht nur Hörleistungen, die sich unmittelbar auf den Kommunikationsprozeß beziehen (vgl. *Broadbent* 1958), sondern Beobachtungen der vielfältigsten Art. Dieser Sachverhalt kann als unvollständige Ausdifferenzierung des Sprechprozesses aus dem Wahrnehmungsprozeß begriffen werden. Das Sprechen setzt als Mitteilung ebenso wie als Systemsteuerung mitfungierende Ebenen des Meinens und Kommunizierens voraus, *auf denen man nicht über Negationsleistungen verfügt,* daher Eindrücke, Stimmungen usw. nur ausnahmsweise und nur durch explizite Thematisierung in die Form einer Frage oder negierbaren Sinnvorgabe bringen kann (19). Auch dies ist ein Aspekt der „Strukturschwäche" einfacher Systeme: Sie können nur einen geringen Teil der ihre Entwicklung bestimmenden Prozesse in die Form einer negierbaren thematischen Struktur bringen, und diese wird dann durch die schneller als Sprache laufenden Wahrnehmungsprozesse getragen und überholt, die ihre Tempovorteile mit geringerer Selektivität und mit Schwierigkeiten in der sozialen Abstimmung bezahlen müssen.

Sozialsysteme, die in dieser Weise auf diffusen Wahrnehmungskontakten und auf verbaler Kommunikation zugleich beruhen, also zwei differenzierbare (wenngleich nicht vollkommen trennbare) Prozesse der Erlebnisverarbeitung nebeneinander benutzen, zeichnen sich in näher angebbarer Weise vor größeren und komplexeren Sozialsystemen aus, die dank bestimmter struktureller Vorkehrungen auf simultane Anwesenheit der Beteiligten verzichten – und trotzdem „bestehen" können (20). Die Besonderheit einfacher Systeme liegt einerseits im Dualismus der tragenden Prozesse, der eine Art „Arbeitsteilung" und eine laufende Problemverschiebung ermöglicht. Es gibt zwar Grenzfälle von Systemen, die fast nur über Reden (wissenschaftliche Diskussionen) oder fast nur über Wahrnehmung (Fußballspiel) koordiniert werden. Diese verlangen dann Spezialistenleistungen. Im allgemeinen haben einfache Systeme ihre besondere Stärke darin, daß sie über *zwei* Prozeßarten verfügen. Andererseits hat die Wahl dieses Systemtyps bestimmte Konsequenzen, vor allem im Hinblick auf Grenzen der Steigerbarkeit von Systemleistungen und Systemkomplexität.

III   Geschichte und Struktur

Im Moment der Zusammenkunft und der Konstitution eines gemeinsamen Themas
beginnt für das System eine eigene Geschichte, die sich von der allgemeinen Weltgeschichte unterscheidet. Die Freiheit zum Beginn einer eigenen Geschichte wird
besonders deutlich, wenn Unbekannte zusammentreffen oder wenn es im System
mehr oder weniger explizite Regeln der Irrelevanz der allgemeinen Vorgeschichte,
der Biographien der Beteiligten usw. gibt (21). Aber auch, wenn das nicht der Fall
ist, erzeugt das System eine eigene Interaktionsgeschichte. Die Ausdifferenzierung
einer eigenen Geschichte ist ein wesentliches Moment der Ausdifferenzierung des
Systems selbst. Nicht nur in seinem je gegenwärtigen Wahrnehmungsraum, sondern auch in seinem je gegenwärtigen „Geschichtsraum" konstituiert das System
sich selbst als etwas Besonderes, von der Umwelt Unterscheidbares. In bezug auf
die *eigene* Geschichte können und müssen im System nämlich *besondere* Bewußtseinsleistungen verlangt werden. Dieser Prozeß, der Geschichte zur Systemstruktur macht, erfordert eine genauere Analyse.

Zunächst muß man sehen, daß Geschichtsbildung *nicht eine bloße Anhäufung
von Fakten* ist, die das System gleichsam als Rückstände seiner Prozesse hinterläßt
und die als objektive Fakten dann für jedermann zugänglich sind. Als objekti-
vierbare Faktizität wird die Systemgeschichte Teil der (im Prinzip für jedermann
zugänglichen) Weltgeschichte. Als Systemgeschichte ist sie mehr – nämlich *Geschichte von Selektionsleistungen,* die im System erbracht und in ihrer Selektivität
präsent gehalten werden. Zu ihr gehört daher nicht nur das Ausgewählte, sondern
auch das Nichtausgewählte und im weiteren Sinne auch der Horizont von Möglichkeiten, aus dem jeweils ausgewählt wurde (22); also nicht nur Positionsleistungen,
sondern auch Negationsleistungen. Daß bei Unglücksfällen oder Notlagen keiner
der Anwesenden beginnt zu helfen, blockiert als Nichttun das soziale System (23).
Daß ein Beteiligter sich in einer bestimmten Phase der Themenentwicklung *nicht*
zu Wort gemeldet hat, wird ebenso zur Geschichte wie die Tatsache, daß ein anderer es getan und damit dem Thema eine bestimmte Wendung gegeben hat; und
diese Wendung wird zur Geschichte nicht nur in der Richtung, die sie genommen
hat, sondern auch in den Richtungen, die sie hätte nehmen können und die nun
nicht mehr in der gleichen Weise wie vordem zugänglich sind (24). Dies gilt für
alle einfachen Systeme. In einigen Fällen, etwa im polizeilichen oder im ehelichen
Verhör, wird eine solche Abfolge des Wählens und impliziten Negierens geradezu
zum Brennpunkt der Aufmerksamkeit, zum Bezugspunkt der Strategien, gelegentlich zum Thema selbst (25). Zugleich ist an diesem Beispiel anschaulich zu machen, daß nicht nur Selektionsleistungen mit ihren impliziten Negationen im „Systemgedächtnis" als Geschichte aufgehoben werden, sondern auch ein Bewußtsein

dessen, was zur Auswahl stand und was jenseits des für das System Möglichen lag; denn auf explizit Negiertes, auf implizit Negiertes und auf gar nicht Negierbares muß man im weiteren Verlauf der Systementwicklung möglicherweise verschiedenartig reagieren. Nur durch ihre *aufbewahrte Selektivität* hat Systemgeschichte *Sinn* (26). Aus all dem folgt, daß die Insider-Perspektive dessen, der die Systemgeschichte miterlebt hat, mehr Wissen vermittelt (und dann auch verlangt!), als allgemein selbstverständlich und für Außenstehende zugänglich wäre. Und das wiederum heißt, daß ein Personenwechsel kaum zu vollziehen ist und zu Brüchen in der Thematik, wenn nicht in der Identität des Systems führt.

Die systemgebundene Selektivität der Genesis und Geltung von Geschichte muß man beachten, dann kann man erkennen, welche Bedeutung der thematischen Konzentration des Systemgeschehens in diesem Zusammenhang zukommt. Das Thema (oder: die Themenfolge) des Systems hat eine Doppelfunktion für den Aufbau der Systemgeschichte. Es dient einerseits als *Erzeugungsregel*, zum anderen ermöglicht es die *gemeinsame Erinnerbarkeit* der Systemgeschichte.

Als Erzeugungsregel dient das Thema dadurch, daß es Beiträge ermöglicht und sie in das zeitliche Schema einer Reihenfolge zwingt. Das Thema gibt mithin einschränkende Direktiven für mögliche Beiträge in doppelter Weise: dadurch, daß es als Thema den Sinnzusammenhang umreißt, in den Beiträge sich einzufügen haben, und dadurch, daß es als Themengeschichte Rücksicht auf das vorher Gesagte erfordert: Man muß anknüpfen; man kann nicht einfach wiederholen, sondern muß Neues beitragen; man muß aus der Themengeschichte Anhaltspunkte für Konsens und Dissens entnehmen, ja sogar Anhaltspunkte für einen Themenwechsel, wenn das Thema erschöpft ist oder für die Fortsetzung der Interaktion zu problematisch wird. Aus nichtthematisierten Aspekten des Systemgeschehens sind solche Instruktionen sehr viel schwieriger und mit viel höherer Unsicherheit zu gewinnen; sie werden nicht in gleichem Sinne zur Geschichte des Systems.

Die Themenfolge konstituiert und beliefert außerdem durch ihre Prominenz und ihre Lage im Zentrum gemeinsamer Aufmerksamkeit das „Gedächtnis" des Systems. Was Thema und was Beitrag zum Thema war, wird nicht nur leichter erinnert; man kann auch eher voraussetzen und erwarten, daß die anderen Teilnehmer sich entsprechend erinnern und auf dieser Grundlage handlungsbereit sind. Im Thema konvergieren die Aufmerksamkeits- und eben dadurch auch die Gedächtnisleistungen der Teilnehmer – auch dies übrigens nur deshalb, weil das Thema als selektives Geschehen entwickelt wird. Es ist die *sachliche* Selektivität dieses Geschehens im Zeitlauf, die das Aufmerksamkeits- und Erinnerungsvermögen der Beteiligten partiell *sozial* integriert und dadurch erwartbar macht. Dadurch kann Systemgeschichte zur Struktur werden, indem sie ordnet und laufend verschiebt, eröffnet oder verschließt, was weiterhin noch möglich ist.

Daß Systemgeschichte in dieser Weise zugleich als Struktur dient, hat für den Systemtypus einfaches System weitreichende Konsequenzen. Die Funktion der Strukturierung selektiver Prozesse fällt weitgehend der Geschichte zu. Es werden kaum andersartige Systemstrukturen, zum Beispiel festliegende Rollenunterschiede oder Statusunterschiede oder Differenzierung in Teilsysteme ausgebildet, sofern diese nicht aus der Umwelt als vorgegeben übernommen werden können (27) – übrigens einer der Gründe, weshalb das normale begrifflichanalytische Instrumentarium der Soziologie auf einfache Systeme kaum anwendbar ist. Für die Funktion der Systemgeschichte bedeutet dies, *daß Genesis und Geltung undifferenziert bleiben*. Geltendes kann nicht als solches ausdifferenziert und stabilisiert, geschweige denn geändert werden. Abstraktionsleistungen solcher Art, die es dann ermöglichen, Geschichte in die Vergangenheit abzustoßen, sie als erledigt zu betrachten und eine offene Zukunft zu konstituieren, sind nur auf der Ebene von Gesellschaftssystemen und Organisationssystemen möglich und auch dort nur erreichbar in dem Maße, als diese Ebenen der Systembildung im Laufe der gesellschaftlichen Evolution von denen einfacher Interaktionssysteme differenziert und unabhängig gemacht werden können (28).

Gerade wegen ihrer strukturgebundenen Funktion gewinnt die Systemgeschichte in einfachen Systemen keine Tiefenschärfe. Sie bleibt gegenwärtige Vergangenheit, bleibt auf Präsentierbarkeit, ja auf wechselseitig erwartbare Präsentierbarkeit angewiesen. Damit sind der sachlichen Komplexität der jeweils noch aktuellen Geschichte enge Grenzen gezogen; alles nicht mehr Aktualisierbare wird dem wohltätigen, aber nicht planmäßig einsetzbaren Prozeß des *Vergessens* überlassen. Einfache Systeme leben daher in einer Gegenwart mit kurzen Zeithorizonten und sind so trotz Bindung an ihre Geschichte innovationsbereit (29). Für die Konstitution einer objektiven, geschichtlichen Zeit, in der die Vergangenheit über jeweilige Aktualität hinaus Tiefe gewinnt, in der die Zeit als Vergleichsrahmen verschiedenartiger Systembewegungen dient und in der die Zukunft mit einem Überschuß an Möglichkeiten für Selektionen offen gehalten wird, ist man auf das soziale System der Gesellschaft angewiesen.

IV System und Umwelt

Wie alle Systeme konstituieren sich auch Systeme elementarer Interaktion durch Grenzen, nämlich durch eine Differenz von System und Umwelt (30). Wir hatten unter dem Gesichtspunkt eines Vorgangs von Ausdifferenzierung gesprochen. Es bleibt nachzutragen, welche Konsequenzen sich daraus auf der Ebene einfacher Systeme für die Beziehungen zwischen System und Umwelt ergeben.

Grundsätzlich unterscheiden sich System und Umwelt durch ein Komplexitäts-gefälle. Die Umwelt ist stets komplexer als das System. Im System muß deshalb geringere Komplexität entsprechend geordnet werden, damit auf Unabsehbares absehbar reagiert werden kann, und davon wiederum hängt ab, wie komplex die für das System bestimmbare, relevante Umwelt sein kann, auf die das System re-agiert. Zur Gesamtumwelt stellt das System ein selektives Verhältnis her; zur rele-vanten (und als solcher schon selektierten) Umwelt ein Verhältnis entsprechender Komplexität (31). Mit diesen Thesen ersetzen wir das in der funktionalistischen Systemtheorie sonst übliche Kriterium des Systembestandes, das schon aus me-thodischen Gründen problematisch und für eine Theorie einfacher Systeme, die auch extrem kurze, gar nicht auf Bestand angelegte Begegnungen umfaßt, vollends inadäquat ist.

Für einfache Systeme gewinnt diese allgemeine Problemlage eines Komplexi-tätsgefälles eine besondere Ausprägung durch ihr Selektionsprinzip: dadurch, daß sie relevante Ereignisse durch Anwesenheit im Wahrnehmungsraum und durch Bildung und Bewegung eines Themas selektieren. Nimmt man zunächst das Prin-zip der Anwesenheit zum Ausgangspunkt der Analyse, so ist es wichtig einen Fehl-schluß zu vermeiden. *Keineswegs ist alles, was anwesend ist, eo ipso schon ein Teil des Systems.* Vielmehr benutzen einfache Systeme das Selektionsprinzip der Anwesenheit auch, um ihre *Umwelt* zu differenzieren in Anwesendes und Nicht-anwesendes. Anwesende Umwelt sind vor allem die im System handelnden Beteil-igten mit ihren Überschußkapazitäten für unerwartetes Handeln; nichtanwesende Umwelt ist alles, was jenseits der Grenzen relevanter Wahrnehmung liegt. Diese Umweltdifferenzierung erlaubt eine ganz primitive doppelte Filterung von Um-welteinwirkungen nach Unterschieden der sozialen Nähe und der Unmittelbarkeit des Zugriffs auf die Fortführung der Interaktion. Darüber hinaus können einfache Systeme mangels interner Differenzierung und Spezialisierung keine Umweltdif-ferenzierungen entwickeln (32).

Diese Form der Steuerung des Komplexitätsgefälles zwischen System und Umwelt bestimmt die interne Ordnung einfacher Systeme: Da ihre Grenzen nur sehr konkret und sehr undifferenziert auf der Ebene der Wahrnehmungsprozesse filtern, muß das System über eine darauf abgestimmte Form der Selbststeuerung verfügen. Das leistet die Konzentration auf ein einheitliches, gemeinsames The-ma. Es schadet unter diesen Umständen nicht, daß das Thema nicht „arbeitsteilig" differenziert werden kann, da die Umwelt ohnehin nicht als eine differenzierte erfahren wird. Vielmehr nützt die Einheit des Themas, weil sie eine rasche Um-stellung des gesamten Systems durch Thema-Änderung ermöglicht: Man kann auf unabweisbare Wahrnehmungen durch Thematisierung reagieren, und die gesamte Aufmerksamkeitskapazität des Systems folgt jeder solchen Wendung. Das sind

Vorzüge, auf die alle komplexeren Systeme, die den Vorteil der Differenzierung von Aufmerksamkeitsleistungen ausnutzen, verzichten müssen.

In seinen Beziehungen zur anwesenden und zur nicht anwesenden Umwelt entwickelt das einfache System, diese Differenz ausnutzend, verschiedenartige Strategien der Abwehr, der Eindrucksverarbeitung und der Einflußnahme. Die Beziehungen zur anwesenden Umwelt wollen wir unter dem Titel „soziale Kontrolle" dem nächsten Abschnitt vorbehalten. In ihnen rechnet man mit Motivierbarkeit (weil längerer Anwesenheit) der Beteiligten. Die nichtanwesende Umwelt kommt dagegen fast nur als Quelle von störenden oder anregenden Ereignissen in Betracht.

Die Grenze zur nichtanwesenden Umwelt fällt zumeist mit dem situationsgebundenen Wahrnehmungsraum zusammen. Das erlaubt ein Abschwächen der potentiellen Relevanz gegen den Horizont hin mit Unterschieden je nach Systeminteresse. Unter besonderen Umständen können jedoch innerhalb des Wahrnehmungsraumes engere Grenzen gezogen werden (*Lyman/Scott* 1967): Einzelne Tische bilden Systeme für sich im Restaurant, an die der Kellner „von außen" herantritt. Aus der Schule kommende Kinder bilden Systeme für sich im Verkehr, deren erratische Bewegung von Außenstehenden mit Sorge beobachtet wird (bekanntlich sind Kinder weniger als Individuen als vielmehr als Teilnehmer an sozialen Systemen im Verkehr gefährdet, weil ihr System die Grenzen der Relevanz zu eng definiert). Auf Ereignisse aus dieser jenseitigen Umwelt kann das System durch Thematisierung reagieren: Der Kellner kommt, man unterbricht das Gespräch und bestellt das Essen. Regenwolken ziehen auf, und man beschleunigt den Spaziergang, nachdem man sich darüber verständigt hat. Der Friseur unterbricht einen Augenblick seine Arbeit, um den neu gekommenen Kunden zu bitten, Platz zu nehmen. Umweltinterferenzen dieser Art können, wie die Beispiele zeigen, zu kurzfristiger Unterbrechung des Hauptthemas durch ein Nebenthema führen, aber auch zu Veränderungen im Hauptthema selbst. Thematisierbarkeit ist mithin ein sehr elastisches Reaktionsinstrument, hat aber eine wichtige Leistungsschranke in seinem Prinzip: daß nur jeweils ein Thema die Aufmerksamkeit fesselt und daher nur auf jeweils ein Umweltereignis thematisch reagiert werden kann. Einfache Systeme setzen daher eine relativ disziplinierte, langsame relevante Umwelt voraus, die nicht zu viel Störungen oder Anregungen auf einmal sendet. Die Komplexität der relevanten Umwelt muß in sachlicher wie in zeitlicher Hinsicht der Kapazität des Systems entsprechen.

V   Soziale Kontrolle

Soziale Kontrolle läßt sich deshalb von anderen Umweltbeziehungen einfacher Systeme unterscheiden, weil gegenüber anwesenden Beteiligten, die anwesend bleiben wollen, besondere Motivationsmittel eingesetzt werden können. Anwesenheit fungiert zunächst als Indikator für gesteigerten Konsens, bedeutet, daß Konsens leichter unterstellt, aber auch für unwahrscheinlichere Themen und Meinungen verlangt werden kann (vgl. z. B. *Burns* 1953; *Luhmann* 1970c). Das Ausgangsproblem ist neuerdings unter einem anderen, individuumzentrierten Gesichtspunkt viel behandelt und scharf beleuchtet worden, nämlich die Präsenz verletzbarer, selbstdarstellerisch begabter Individuen in der Situation – Individuen, die aus einer Vielzahl eigener Möglichkeiten selbst auswählen, was sie tun, und damit eine eigene „biographisch" bedingte Balance zu erreichen suchen, die nicht ohne weiteres mit dem harmonieren muß, was für die Fortsetzung der Interaktion erforderlich ist (33). Für eine Theorie des sozialen Systems ist dieser Tatbestand interessant als Charakterisierung der Umwelt, aus der das System sich durch selektive Prozesse konstituiert. Das überschießende Potential der Individuen ist zugleich Bedingung und Gefahr für den Aufbau und die Fortsetzung von Interaktionssystemen.

Die Prozesse der Wahrnehmung und der Themenentwicklung setzen in jedem Schritt das Bestehen anderer Möglichkeiten voraus und haben nur dadurch eine eigene Selektivität. Sie können diese eigene Selektivität zur Lösung von Systemproblemen einsetzen, die nicht unbedingt mit den Problemen der beteiligten personalen Systeme identisch sind. Die älteren Theorien sozialer Kontrolle, die Selektion unter Begriffen wie Herrschaft, Repression, Konformität oder Internalisierung lediglich als Zurechtstutzen freier Triebe begriffen, reichen zur Erfassung dieses Sachverhalts nicht aus; denn sie lassen das Komplementärinteresse an Steigerung der Möglichkeiten, aus denen ausgewählt werden kann, außer acht. Für eine soziologische Theorie liegt der letzte Bezugspunkt weder in der (ethischen) Perfektion der Realität – das wäre zu positiv gesehen – noch allein in der Elimination unbrauchbarer Realität – das wäre zu negativ gesehen -, (34) sondern ihr geht es um die Bedingungen der Herstellung und Veränderung eines tragbaren Komplexitätsgefälles zwischen Umwelt und System. Und das heißt für unsere Analyse sozialer Kontrolle in einfachen Systemen, daß nicht die Konformität, sondern die tragbare Kontingenz des Verhaltens den Leitfaden abgeben muß.

Die Frage ist daher: Wie korrelieren unter verschiedenen Bedingungen die Strukturmittel und Entscheidungsprozesse einfacher Systeme mit der wahrgenommenen Kontingenz des Verhaltens der Beteiligten? Oder ebenso wichtig: Wie viel Kontingenz des Verhaltens kann angesichts begrenzter Strukturmittel und Entscheidungsprozesse wahrgenommen und toleriert werden? Ähnlich wie bei organisierten Sozialsystemen kann man auch hier doppelte Grenzfilter unterscheiden, die sich wechselseitig entlasten und ergänzen, nämlich [1] Eintritts-/ Austrittsprozesse, die das Beteiligtsein konstituieren, und [2] Prozesse selektiver Behandlung der Beteiligten. Schon diese wenigen Unterscheidungen ergeben auch für einfache Systeme ein recht kompliziertes Bild verschiedenartiger Konstellationen.

In der Regel und vor allem setzen soziale Systeme Rekrutierungs- und Austrittsprozesse als Mittel sozialer Kontrolle ein. Dies gilt auch für einfache Systeme und selbst für ganz flüchtige Begegnungen. Zusammenhänge zwischen Rekrutierung und Normunterwerfung lassen sich in doppeltem Sinne feststellen. Sie können einmal durch Kontrolle des Rekrutierungsprozesses selbst hergestellt werden, indem nur intern akzeptierbare oder entsprechend vorbehandelte Kandidaten zugelassen werden (35). Die Rekrutierung mag dann durch Entscheidungsprozesse mit mehr oder weniger expliziter Thematisierung des Zulassungsproblems erfolgen oder, funktional äquivalent, durch bloße Wahrnehmungsprozesse (z. B. durch abstoßendes Aussehen, Gestik, Haltung der beisammenstehenden Gruppe) selektiv gesteuert werden (36). Ein anderer Zusammenhang wird durch die Mobilität als solche vermittelt, nämlich durch die Leichtigkeit des Zugangs und Abgangs. Je weniger Kommen und Gehen beschränkt sind und je weniger *externe* Gründe dafür erkennbar sind, um so eher kann Anwesenheit als Indikator für Zustimmung gelten; um so eher funktioniert dann eine wechselseitige Konsensunterstellung (vgl. hierzu *Cavan* 1966; *Spittler* 1967; insb. S. 64). Hohe Fluktuationsmöglichkeit, also *Kontingenz der Anwesenheit,* kann somit gegen die Gefahr von Verstößen, also gegen *Kontingenz des Verhaltens,* eingesetzt werden – freilich nur unter weitgehendem Verzicht auf Strukturbildung und auf erwartbare Kontinuierbarkeit der Beziehungen. Gerade unter modernen Lebensbedingungen wird auf diese Weise für eine Unzahl sehr spezieller Verhaltensweisen zuverlässig erwartbare Konformität durch Minimisierung der Systembildung auf der Ebene einfacher Systeme erreicht.

Ganz andere Techniken sozialer Kontrolle stehen zur Verfügung, wenn man Anwesenheit und Fortdauer der Anwesenheit für die nächsten Momente voraussetzen kann. Anwesenheit steigert die Gefährlichkeit, aber auch die Domestizierbarkeit der Individuen. Sie eröffnet den Zugang zu einer Vielzahl systeminterner Mittel. Man kann die Kontingenz des Verhaltens oder die Wahl falscher Möglichkeiten als Systemproblem *thematisieren,* etwa ein Fehlverhalten direkt ansprechen, Absichten erfragen, Abweichungen beanstanden oder auch, wenn man selbst den Fehler macht, sich entschuldigen; und kann dann nach einem solchen Intermezzo, wie nach einer kurzen Reparatur des Systems, mit dem Hauptthema fortfahren. Eine Thematisierung des Problems kann mehr oder weniger direkt erfolgen, außerdem mehr oder weniger abstrakt, so daß der Konsens über die Thematisierung des Pro-

blems noch nicht den Konsens über die Problemlösung einschließt. Man kann zum
Beispiel die Frage aufwerfen, ob geraucht werden darf; oder ob das Vorgehen im
Einklang steht mit der Geschäftsordnung; man kann mehr oder weniger direkt zu
erkennen geben, daß man unter ganz anderen Voraussetzungen gekommen und
anwesend ist. Wenn jemand anfängt, zu provozieren, kann man ihn fragen, ob das
seine Absicht sei; wenn jemand anfängt zu schluchzen, kann man ihn nach dem
Grund fragen und ihn trösten, bis er wieder in der Lage ist, sich normal zu betei-
ligen. Man kann, wenn jemand niest, „Gesundheit" rufen und so die Störung dadurch bagatellisieren, daß man ihr einen gar nicht beabsichtigten Erfolg wünscht
(37). Die Möglichkeiten der Thematisierung reichen vom direkten Angriff des
Störers über abstrakte Sachlichkeit oder ritualisiertes Zwischenspiel bis hin zu
geflissentlichem Übersehen, also wechselseitig verstehbarer Nichtthematisierung
eines eigentlich fälligen Themas.

Die *Abschwächungen* des expliziten Thematisierens, die als Bestandteil von
Situationstaktiken zu beobachten sind, haben vermutlich ihrerseits eine Funktion:
Sie signalisieren das *Risiko expliziter Thematisierung.* Durch Thematisierung
werden nämlich Systemprobleme von jener Steuerungsebene wechselseitiger Ein-
stimmung, auf der keine Negationen verfügbar sind, in Fragen verwandelt, die *mit
ja und mit nein beantwortet werden können.* Das Thema als Thema läßt beides
offen, legt die Meinung noch nicht fest. Durch Thematisierung von Umweltstörun-
gen aus dem Teilnehmerkreis wird das System auf eine Alternative zugesteuert,
an der es sich spalten, vielleicht zerschellen kann; und dies um so eher, als keine
bindend entscheidende Instanz zur Verfügung steht. Deshalb kann eine Thematisierung von Störungen, wenn man von Bagatellen absieht, fast nur mit moralischen
Beigaben gewagt werden, die die Kontingenz bejahender und verneinender Stel-
lungnahmen dem Belieben zu entziehen suchen.

Denn *Moralisierung der Systemprobleme* ist das andere bedeutsame Kontrollmittel einfacher Systeme. Das heißt: Das erforderliche Handeln oder Unterlassen
wird verquickt mit Bedingungen, unter denen Menschen (allgemein oder die Beteiligten dieses Systems speziell) einander wechselseitig achten und akzeptieren
können (38). Diese Bedingungen werden zumeist nicht direkt thematisiert, wohl
aber durch erkennbare Bezüge des Sinnes benutzter Worte mitgeteilt: Man stellt
eine Handlung als „vernünftig" dar und unterstellt, daß niemand geachtet werden
kann, der sich für einen „unvernünftigen" Kurs einsetzt. Darüber hinaus gibt es
eine Vielzahl sublimer Winke, die ernsthafte oder auch nur mögliche moralische
Implikationen des Handelns andeuten. Auch hier liegt das Risiko der Moralisierung vor Augen: Einen moralischen Eklat kann ein System, das kein Recht kennt,
kaum überleben. Moralisierung hat daher eine eher manipulative, keinesfalls eine
streitentscheidende Funktion. Sie dient dazu, eine Ebene der Kommunikation zu

erreichen, auf der keine Negation verfügbar ist, und sucht von da aus das System in eine bestimmte Richtung zu steuern. Moralisierung ist mithin eine Technik der Reduktion von Kontingenz, die die Verhaltensmöglichkeiten der Beteiligten auf ein für das System erträgliches Maß an Varietät zurückschneidet.

VI   Identität und Abstraktionsleistungen

Daß einfache Systeme für die soziologische Theorie noch kaum entdeckt sind, liegt nicht zuletzt an ihrem prekären Selbst- und Grenzbewußtsein. Die an einfachen Systemen Beteiligten sehen zunächst sich selbst und die übrigen Beteiligten als Personen, nicht unbedingt auch das Netz ihrer Interaktion als System in einer Umwelt. Mit anderen Worten: sie identifizieren sich als Personen, aber nicht ohne weiteres auch ihr soziales System. Weder Wahrnehmungsprozesse (vgl. hierzu *Campbell* 1958) noch Prozesse verbaler Kommunikation sind darauf angewiesen, daß die Identität des sozialen Systems manifest wird und als bewußte Prämisse ihre Selektionsrichtung steuert. Anscheinend wird eine bewußte Systemidentifikation als Reflexionsleistung für die Beteiligten nur in dem Maße erforderlich, als Abstraktionsleistungen zu ordnen sind.

Abstraktionsleistungen, die eine Systemidentifikation erfordern, können verschiedene Anlässe haben. Ein bekannter Fall ist der Übergang von Zweierbeziehungen zu Systemen mit drei oder mehr Personen (39). Er legt es nahe, eine abstraktere Systemidentität zu fixieren, die den Wechsel von Koalitionen und die Differenzierung von Konflikts- und Kooperationsmöglichkeiten in ein und demselben System übergreifen kann. Weniger Beachtung gefunden haben Reflexionsleistungen, die durch zeitliche Unterbrechung der Systemprozesse erzwungen werden. Zunächst und zumeist sind einfache Systeme Situationssysteme, die mit dem Auseinandergehen der Teilnehmer zu existieren aufhören. Schon kürzere Pausen in der Interaktion bringen das System an den Rand der Auflösung (40). In dem Maße, als Interesse an längerfristiger Fortsetzung der Interaktion aufkommt, muß das System die paradoxe Leistung vollbringen, *Kontinuität durch Unterbrechung der Kontinuität zu erreichen.* Die Anwesenden müssen sich trennen, denn sie können nicht ununterbrochen zusammenbleiben, verabreden aber ein Wiedersehen. Dabei entstehen Probleme und müssen gelöst werden, die *Parsons* als „latent pattern maintenance" bezeichnet. Man muß über den Zufall der Begegnung hinaus den Sinn der Zusammenkunft reflektieren, Orte, Zeitpunkte und Teilnehmer für die Fortsetzung des Kontaktes vereinbaren und Gründe dafür angeben können. Intermittierende Systeme bleiben noch einfache Systeme im hier behandelten Sinne; aber sie erfordern schon Abstraktionsleistungen, die das System auf eine neue

Ebene struktureller Organisation bringen. Sie haben nicht nur eine Geschichte, sondern auch eine Zukunft und müssen dementsprechend einen höheren Grad der Bindung ihrer Teilnehmer erreichen. Vermutlich ist dieses Problem der zeitlichen Diskontinuität einer der wichtigsten Anlässe, sich die Identität des sozialen Systems bewußt zu machen (41). Nur intermittierend zusammentreffende Systeme entwickeln ein kommunikationsfähiges Wir-Bewußtsein, arbeiten eigene Verhaltensregeln aus und kontrollieren den Rekrutierungsprozeß durch besondere Kommunikationen über Zulassung neuer Mitglieder.

Mit solchen Überbrückungsleistungen allein ist noch nicht zu erreichen, daß einfache Systeme auch *handeln* können. Handlungsfähigkeit gehört nicht zum Begriff des sozialen Systems, setzt vielmehr eine hochentwickelte interne Ordnung voraus. Vom Handeln sozialer Systeme (im Unterschied zum Handeln der an ihnen beteiligten personalen Systeme) kann man nur sprechen, wenn Vorkehrungen dafür getroffen sind, daß Selektionsleistungen dem sozialen System und nicht nur den Individuen zugerechnet werden können. Auch dies erfordert strukturelle Brüche und Umkehrungen im normalen Aufbau einfacher Systeme. Deren normales Interesse an *personaler Zurechnung,* die Motivierbarkeit und Verantwortlichkeit der Beteiligten für ihre Beiträge sichert, muß umgebogen werden in ein Interesse, *Außenwirkungen dem sozialen System als ganzen zuzurechnen.* Das Handeln Einzelner muß alle Teilnehmer verpflichten oder alle Teilnehmer berechtigen können. Das erfordert die Entwicklung von Führungsstrukturen, die Ausbildung von Medien der Übertragung von Selektionsleistungen im System, namentlich von Macht, die Legitimation von Vertretungsregelungen und Verteilungsprozessen mit Außen- bzw. Innenwirkung (42) und nicht zuletzt eine gewisse Entlastung von personaler Zurechnung und Vorkehrungen dafür, daß trotzdem motiviert und verantwortlich gemacht werden kann. Sind all diese Einrichtungen einmal entwickelt, ist die Identifizierbarkeit des Systems für die Teilnehmer eine wohl zwangsläufige Folge; ohne sie läßt sich Handlungszurechnung nicht vorstellen, geschweige denn verläßlich erwarten. Mit diesen Analysen stoßen wir an die Grenzen des Ordnungsprinzips einfacher Systeme. Ihr Ordnungsprinzip, das heißt die Art und Weise ihrer Strukturselektion, ist nicht die einzig mögliche Form des Aufbaus sozialer Systeme. Organisierte Sozialsysteme substituieren für Anwesenheit Mitgliedschaft (43). Gesellschaftssysteme substituieren für Anwesenheit kommunikative Erreichbarkeit, also Interaktionsmöglichkeit schlechthin. Im Laufe der gesellschaftlichen Evolution treten diese unterschiedlichen Formen der Systembildung schärfer auseinander und treten zugleich zueinander in ein problemgeladenes Verhältnis wechselseitiger Kompatibilität. Und entsprechend fallen in den jeweiligen Systemtypen mögliche Strukturen und deren Folgeprobleme anders aus.

Akzeptiert man diese Sichtweise, dann folgen daraus beträchtliche Komplikationen für die soziologische Theoriebildung. Ihr Gegenstandsfeld läßt sich weder, wie in der Gesellschaftstheorie des 19. Jahrhunderts oder in den methodologisch diktierten Vereinfachungen des 20. Jahrhunderts, als bloße Aggregation individueller Merkmale begreifen. Noch handelt es sich einfach um die Gesellschaft und ihre Teilsysteme; denn weder Organisationen noch einfache Systeme sind Teilsysteme des Gesellschaftssystems, wie man dies vom politischen System, vom Wirtschaftssystem, von Familien usw. sagen kann, deren Funktionen gesamtgesellschaftlich notwendig sind. Es handelt sich vielmehr um den Typus nach andersartige Formen sozialer Systembildung, die sich nicht durch funktionale Differenzierung des Gesellschaftssystems bilden. Deshalb braucht man *neben* der Gesellschaftstheorie eine *allgemeine* Theorie sozialer Systeme, der kein spezifischer Systemtypus entspricht. Und deshalb kann eine Theorie einfacher Systeme zwar Kategorien und Problemstellungen der allgemeinen Systemtheorie übernehmen, muß aber der Gesellschaftstheorie gegenüber eigenständig ausgearbeitet werden.

Anmerkungen

1   Darin sieht *Jürgen Habermas* die „paradoxe" Konstitutionsbedingung menschlicher Identität, deren Berücksichtigung in der Interaktion normativ zu erwarten sei.

2   Zum Vergleich siehe den Vorschlag von *Herbst* (1961), die Unmittelbarkeit des Beitrags aller Teile zum Output, also das Fehlen einer Ausdifferenzierung von Prozessen der Koordination und Kontrolle, als Kriterium zu wählen. Damit ist jedoch zu viel, nämlich auch das phasenmäßige Auftauchen von Kontrollprozessen (siehe unter V.) ausgeschlossen. Im übrigen wäre anzumerken, daß die alteuropäische Tradition einfache Gesellschaften durch die Einheit des in ihnen verwendeten Beziehungstyps definiert hatte, also Mann/Frau, Eltern/Kinder, Herr/Knecht im Unterschied zu zusammengesetzten Gesellschaften wie Oikos, Polis, societas civilis. Diese Begriffsbildung ist für eine genauere soziologische Analyse einfacher Systeme natürlich unbrauchbar.

3   Vgl. dazu die Bemerkungen von *Parsons* (1964).

4   So bekanntlich die ältere Auffassung der Soziologie als „Beziehungslehre", die von diesem Ansatz aus zu einer problematischen Kontrastierung von Beziehungen und Prozessen gekommen war. Siehe vor allem *von Wiese* (1933). Eine treffende systemtheoretische Kritik der Auffassung des Systems als eines Zusammenhangs von Beziehungen findet sich bei *Angyal* (1939), ferner *Angyal* (1941: S. 243-261). Umgekehrt kann man gute Gründe dafür vorbringen, daß das Denken in Relationen aus methodologischen Gründen unverzichtbar sei. Siehe z. B. *Schütte* (1971).

5   Zu Rückschlüssen aus dieser Lage auf die Motivationsstruktur psychischer Handlungssysteme siehe *Olds* (1956).

6   Im Prinzip findet sich dieser Gedanke schon bei *Parsons*, wird von ihm aber mit einem Satz von nicht ganz ausreichend abstrahierten Begriffen dargestellt, nämlich mit der Auslegung intentionalen Handelns durch die Differenz von Zweck und Mittel, mit der daraus folgenden Auslegung von Kontingenz als bloßer Abhängigkeit in der Zweckrealisierung und mit der daraus folgenden Gründung der Systemidentität auf Wertkonsens. Wir müssen für den *Zusammenhang* dieser Begriffe einen höheren Abstraktionsgrad erreichen, um berechtigte Bedenken gegen den Ansatz der *Parsonsschen* Systemtheorie auszuräumen. Die für *Parsons* maßgeblich gebliebenen Formulierungen finden sich in *Parsons/Shils* (1951: S. 14 ff.). Zur Kritik unter Einzelgesichtspunkten siehe etwa *Galtung* (1959), ferner *Ritsert* (1968).

7   Die damit angedeutete Parallele zur organischen Evolution ist bewußt gewählt; sie lehrt zumindest dies: daß selbstselektive Systembildungen nicht erst auf der hier erörterten Ebene der Evolution beginnen. Offensichtlich bereitet es keine Schwierigkeiten, diese Überlegungen in die Sprache des dialektischen Materialismus zu übersetzen, da die Genesis von Systemstrukturen auf die Nichtidentität von Prozessen gegründet wird. Zum Teil wäre dies jedoch eine Überinterpretation (z. B. in Richtung auf eine unterstellte „Gegensätzlichkeit" der Prozesse), und im übrigen wäre zu fragen, mit welchen Begriffsinstrumenten die größere Schärfe der Analyse erreicht wird.

8   So ausdrücklich *Watzlawick/Beavin/Jackson* (1967: insb. S. 48, 72 ff.).

9   Vgl. *Ruesch/Kees* (1956) und an neueren Forschungen etwa *La Barre* (1967); *Argyle/Dean* (1965); *Argyle/Lalljee/Cook* (1968); ferner *Kleck* (1968); *Ellsworth/Carlsmith* (1968); *von Cranach* (1971).

10 Daß man Handlungen braucht, um in die Lage zu kommen, in der man wahrnehmen kann, und daß man für dieses Handeln (z. B. für aufdringliches Hinsehen in peinlichen Momenten, Anstarren, neugieriges Nachsehen usw.) verantwortlich gemacht werden kann, ist eine andere Frage. Zur hier vorausgesetzten Differenz von Erleben und Handeln und zu den zur Abgrenzung erforderlichen sozialen Verständigungen Näheres in *Habermas/Luhmann* (1971: S. 77 ff., 305 f.).

11 Siehe hierzu den Begriff des „encounters" als „focused interaction" bei *Goffman* (1961: insb. S. 19 ff.). (Nicht zufällig finden sich gerade in dieser Arbeit *Goffmans* deutliche Annäherungen an eine systemtheoretische Konzeption). Zu „Themen" auch *McHugh* (1968).

12 Dazu meinen Beitrag „Diskussion als System" (*Luhmann* 1971a).

13 In dieser Hinsicht unterscheiden Beteiligte sich beträchtlich je nach dem, wie viel „freie" Aufmerksamkeit sie neben der thematisch gebundenen Aufmerksamkeit verfügbar haben. Das ist teils eine Frage der momentanen Inanspruchnahme, teils eine Frage der Vorbereitung auf das Thema, teils aber wohl auch eine Frage der Aufmerksamkeitsspanne und der Fähigkeit zu simultaner Verarbeitung verschiedenartiger Eindrücke, über die sie verfügen. Freie Aufmerksamkeit kann zur Kontrolle der Themenentwicklung, zur Vorbereitung auf spätere Phasen des Prozesses, zu Seitenspielen mit einer Nebenthematik eingesetzt – oder auch einfach verschwendet werden.

14 Das Nicht-beim-Thema-bleiben-Können kann in schwerwiegenden Fällen zugleich Symptom psychischer Störungen sein; zumindest erscheint es als eine den Interaktionsverlauf störende Eigenart selbstbezogen erlebender Teilnehmer. Siehe hierzu den Begriff des „tangential response" bei *Ruesch* (1958).

15 Übrigens ist die Fähigkeit, ein eigenes Thema auch gegenüber Störungen durchzuhalten, nicht in vollem Sinne Eigenleistung des Systems. Es gibt z. B. Orte, an denen dies kraft sozialer Konvention eher möglich ist als an anderen (z. B. Wirtshäuser), und an diesen Orten wiederum Stellen, an denen dies eher möglich ist als an anderen (z. B. an den gesonderten Tischen im Unterschied zur Bar). Es gibt, mit anderen Worten, eine allgemeine soziale Legitimation, bei bestimmten Gelegenheiten das Reden anderer als bloße Umwelt, nämlich als störendes, aber nicht interferierendes Geräusch zu behandeln. Eine solche Legitimation wird natürlich nur sehr begrenzt erteilt (z. B. nicht in der Familie, nicht in der Vorlesung, nicht gegenüber nahestehenden oder gegenüber erkennbar statushöheren Personen); sie wird keinesfalls dem einzelnen Interaktionssystem zur Disposition gestellt, sondern ist Bestandteil der gesellschaftlichen Koordinierung verschiedener einfacher Systeme.

16 Dies halte ich für ein wesentliches Merkmal des Strukturbegriffs. Vgl. *Luhmann* (1970b: S. 119 f.). Auf der Basis dieses sehr allgemein gehaltenen Strukturbegriffs könnte man Themenstrukturen einfacher Systeme vergleichen mit formalen Strukturen (Mitgliedschaftsregeln) organisierter Sozialsysteme.

16a „Formulations" im Sinne von *Garfinkel/Sacks* (1970) lassen sich als Reflexivität des Sprechens und als Vorstufen von Reflexion auch systemtheoretisch „formulieren".

17 Es scheint, daß peinliche Themen tragbarer sind, wenn im Verhalten zugleich eine gewisse Distanz zum Thema ausgedrückt werden kann, was durch betonte Sachlichkeit ebenso wie durch betonte Herzlichkeit geschehen kann. Vgl. hierzu *Goffman* (1967); *Grollman* (1969); *van Koolwijk* (1969).

18 So behandelt *Fred Davis* (1959) die Taxifahrt als gesteuert durch die zentrale Frage, ob und wieviel Trinkgeld es geben wird. Ein anderes Beispiel wäre der *Spaziergang*, wo das eigentlich identifizierende Thema des Spazierengehens, die Erholung, nicht zum Thema der Rede wird, gleichwohl aber das System insofern steuert, als es das Lockerheit und Wechselhaftigkeit der Unterhaltung sowie längeres Schweigen legitimiert.

19 Bei näherer Betrachtung wird das Verhältnis von Negationsleistungen, Sinnbildungen und Sprache genetisch und funktionell allerdings sehr kompliziert. Siehe meine Diskussion mit *Habermas* in: *Habermas/Luhmann* (1971: S. 35 ff., 187 f., 303 f.).

20 Ein anderer Systemvergleich könnte sich auf Computer erstrecken, die ebenfalls ein streng serielles Arrangement der Systemereignisse vorsehen, normalerweise aber nur *einen* aktiven Prozeß und daher auch nur *eine* Quelle von Änderungen kennen. Vgl. aber den Versuch von *Reitman* (1965: insb. S. 197 f., 203 ff.), Störungsquellen einzubeziehen, um so Bewußtseinsprozesse besser simulieren zu können. Das Gleiche wäre ein Mindesterfordernis der Simulation einfacher Sozialsysteme.

21 Dazu für Interaktionssysteme in Bars *Cavan* (1966: insb. S. 54 f., 79 ff. und speziell zur systemeigenen Geschichte S. 82 ff.). Zu verwandten Problemen in Gerichtsverfahren, die sich ebenfalls von der Weltgeschichte distanzieren, um diese dann selektiv durch systemeigene Geschichte rekonstruieren zu können, siehe *Luhmann* (1969: S. 43 f.).

22 Siehe hierzu den Begriff und die Ausführungen über „interaction opportunity" bei *McCall/ Simmons* (1966; S. 36 ff.).

23 Siehe *Latané/Darley* (1968). Weitere Beiträge hierzu in: *Macaulay/Berkowitz* (1970).

24 Das Verbot eines venire contra factum proprium gilt also bereits in einfachen Systemen. *Mayhew* (1968: S. 260 f.) spricht in bezug darauf ebenfalls unter Anspielung auf einen Rechtsbegriff von „moral estoppel".

25 Anregend hierzu *Cicourel* (1968).

26 Zum Vergleich ein ausführliches *Dilthey*-Zitat (1927: S. 233): „Wir erfassen die Bedeutung eines Moments der Vergangenheit. Es ist bedeutsam, sofern in ihm eine Bindung der Zukunft durch die Tat oder durch ein äußeres Ereignis sich vollzog. Oder sofern der Plan künftiger Lebensführung erfaßt wurde. Oder sofern ein solcher Plan seiner Realisierung entgegengeführt wurde. Oder er ist für das Gesamtleben bedeutsam, sofern das Eingreifen des Individuums in dieses sich vollzog, in welchem sein eigenstes Wesen in der Gestaltung der Menschheit eingriff. In all diesen und anderen Fällen hat der einzelne Moment Bedeutung durch seinen Zusammenhang mit dem Ganzen, durch die Beziehung von Vergangenheit und Zukunft, von Einzeldasein und Menschheit. Aber worin besteht nun die eigene Art dieser Beziehung vom Teil zum Ganzen innerhalb des Lebens?"

Der Ansatz zur Beantwortung dieser Frage ist *systemtheoretisch* unzureichend. Charakteristisch für *Dilthey* wie für die gesamte ältere Systemtheorie ist, daß nicht das

Problem der Selektivität, sondern die *Struktur von Ganzem und Teil*, interpretiert als Individuum und Gattung, die Gedankenentwicklung führt.

27 Der Kürze halber ist diese These hier sehr pauschal formuliert. Es bedürfte näherer Untersuchung, wie weit Ergebnisse der Kleingruppenforschung auf längerfristige einfache Systeme (siehe unter VI) übertragbar sind, etwa die Differenzierung instrumenteller und sozio-emotionaler Variabler oder die Bildung erwartbarer soziometrischer oder koalitionsmäßiger Muster.

28 Die gesellschaftliche Entwicklung solcher Geltungsebenen kann man besonders gut am Fall des Rechts studieren. Vgl. *Luhmann* (1970d, ferner 1973). Für den Bereich der Wirtschaft ist Kapitalbildung mit Hilfe des Geldmechanismus die Form der „Liquidierung" von Vergangenheit und der Freisetzung von geschichtlichen Bindungen.

29 Diese Charakterisierung ist zugleich typisch für frühe archaische Gesellschaften, die das Gesellschaftssystem noch kaum von der Ebene einfacher Systembildungen abheben können und deren Merkmale daher als gesellschaftliche institutionalisieren. Zur Geschichtssicht dieser Gesellschaften siehe *Schott* (1968).

30 Die besten Analysen des Grenzproblems auf der Ebene einfacher Systeme finden sich bei *Goffman*, vor allem in „Encounters" (1961; S. 19ff.). Vgl. dazu auch *Zurcher* (1970: S. 181 f.).

31 Zur Zeit sind es, abgesehen von der Kybernetik, hauptsächlich psychologische System/Umwelt- Theorien, die mit diesem Ansatz arbeiten. Vgl. *Harvey/Hunt/Schroder* (1961); ferner *Walker* (1964) und *Munsinger/Kessen* (1964).

32 Zum Vergleich sind organisierte Sozialsysteme interessant, die ihre Umwelt zwar auch primär unter dem Gesichtspunkt von Mitgliedern und Nichtmitgliedern differenzieren, daran aber mittels Formalisierung der Mitgliedschaftsrolle und Arbeitsteilung zahlreiche weitere Umweltdifferenzierungen anschließen können. Dazu näher *Luhmann* (1964: S. 73-137).

33 Siehe als neueste zusammenfassende Darstellung *Krappmann* (1971).

34 *Innerhalb* dieser Alternative hatte die ältere Kontingenzphilosophie ihr Interesse an Selektion bzw. an Reduktion von Komplexität formuliert. *Boutroux* (1915: S. 33) sagt z. B. vom Begriff: „Elle n'est pas parfaite, ce qui serait un caractère positif, mais relativement dépouillée d'éléments accidentels, ce qui est un caractère négatif". Das würde in einer Wissenschaftstheorie, die Wissenschaft als System auch im Hinblick auf Steigerungsmöglichkeiten erforscht, nicht mehr ausreichen.

35 Interessant hierzu der Vergleich zweier kommunaler Siedlungen bei *Schwartz* (1954), von denen die undifferenziertere, stärker auf der Basis einfacher Systeme strukturierte Gemeinschaft auf stärkere Kontrolle des Rekrutierungsprozesses angewiesen war. Vgl. ferner *Zurcher* (1970: S. 175 ff.).

36 Ein sehr wichtiges Rekrutierungsprinzip einfacher Systeme ist „Bekanntschaft", und zwar gerade in modernen Gesellschaften, wo es mehr oder weniger eine Ausnahme wird, daß man Bekannte trifft. Man gesellt sich leichter und eher zu anderen, wenn ein Bekannter dabei ist. Bekanntschaft vermittelt übernormale Partizipationschancen, Einführungsmöglichkeiten und wechselseitige Rücksichtnahme, auch und gerade dann, wenn die Beteiligten nicht genau wissen, wie bekannt die sich treffenden Bekannten sind. Die Abweisung des neu Hinzukommenden ist schwer möglich, wenn

einer der Beteiligten ihn als bekannt einführt, weil die Abweisung den Einführenden verletzen und systeminterne Regeln der Rücksichtnahme brechen würde; das System kann allenfalls durch Themenänderung reagieren, die nun wieder der Einführende tolerieren muß, weil er von den übrigen Teilnehmern für seinen Bekannten nicht zu viel verlangen kann. Hierzu Weiteres bei Goffman (1963: insb. S. 112 ff.).

37   Das Beispiel legt eine Generalisierung nahe: Auch in anderen Fällen kann durch absichtliche Fehlinterpretation von Absichten (oder Unabsichtlichkeiten) zum Ausdruck gebracht werden, in welcher Richtung das Systeminteresse liegt, ohne daß das Systeminteresse selbst thematisiert werden müßte.

38   Ein gutes Beispiel bietet die moralische Einführung in die Kriminalität kleiner Gruppen. Siehe etwa *Matza* 1964.

39   Siehe die klassische Analyse bei *Simmel* (1922: S. 32 ff.). Eine genauere systemtheoretische Analyse steht noch aus. Sie hätte zu begründen, daß eine bloße Vermehrung von Möglichkeiten (= Steigerung der Komplexität auf der Dimension Größe des Systems) zu Abstraktionsleistungen zwingt. Vermutlich gilt dies nur, wenn mit der Größe zugleich die Varietät des Systems zunimmt und infolgedessen die für das System als Ganzes geltenden Aussagen generalisiert werden müssen und nur noch eine Teilmenge der im System möglichen Aussagen sind.

40   Das erklärt die Peinlichkeit von Pausen im Kontakt unter Anwesenden – sei es, daß einer der Teilnehmer pausiert und dabei erwischt wird, sei es, daß das Thema pausiert und mit einem Kraftakt wieder in Gang gebracht oder durch ein neues ersetzt werden muß. Daß in einem System zeitweilig *nichts* geschieht, ist natürlich nur spürbar auf Grund der Erwartung, daß unter Anwesenden immer etwas geschehen sollte; das setzt eine gewisse Interaktionsdichte voraus. Die elementaren Bemühungen um *Vermeidung von Pausen* müssen bei allen längerfristigen Systemen dann durch ihr genaues Gegenteil, durch die *Legitimation von Pausen*, ersetzt werden.

41   Hier liegt denn auch der Übergang zu dem, was die ältere Soziologie unter dem Begriff der primary group erörtert hatte. Siehe als einen sehr typischen Fall *Whyte* (1943). Illustrativ auch die Beschreibung einer regelmäßig sich treffenden Poker-Gruppe durch *Zurcher* (1970).

42   Man lese unter diesem Gesichtspunkt *Popitz* (1968).

43   Hierzu ausführlich *Luhmann* (1964).

Literatur

Abrahamson, M., 1966: Interpersonal Accomodation. Princeton N. J.

Angyal, A., 1939: The Structure of Wholes. Philosophy of Science 6, 25-37.

Angyal, A., 1941: Foundations for a Science of Personality. New York.

Argyle, M., Dean, J., 1965: Eye-contact, Distance and Affiliation. Sociometry 28, 289-304.

Argyle, M., Lalljee, M., Cook, M., 1968: The Effects of Visibility on Interaction in a Dyad. Human Relations 21, 3-17.

Boutroux, E., 1915: De la contingence des lois de la nature. 8. Aufl. Paris.

Broadbeut, D. E., 1958: Perception and Communication. Oxford.

Burns, T., 1953: Friends, Enemies, and the Polite Fiction. American Sociological Review 18, 654662.

Campbell, D. T., 1958: Common Fate, Similarity, and Other Indices of the Status of Aggregates of Persons as Social Entities. Behavioral Science 3, 14-25.

Cavan, Sh., 1966: Liquor License: An Ethnography of Bar Behavior. Chicago.

Cicourel, A. V., 1968: The Social Organization of Juvenile Justice. New York.

Cranach, M. v., 1971: Über die Signalfunktion des Blickes in der Interaktion. In: Festschrift Eduard Baumgarten. Meisenheim am Glan, S. 201-224.

Davis, F., 1959: The Cabdriver and His Fare: Facets of a Fleeting Relationship. The American Journal of Sociology 65, 158-165.

Dilthey, W., 1927: Der Aufbau der geschichtlichen Welt in den Geisteswissenschaften. Ges. Schriften Bd. VII. Leipzig/Berlin.

Ellsworth, Ph. C., Carlsmith, J. M., 1968: Effects of Eye Contact and Verbal Content on Affective Response to a Dyadic Interaction. Journal of Personality and Social Psychology 10, 15-20.

Galtung, J., 1959: Expectations and Interaction Processes. Inquiry 2, 213-234.

Garfinkel, H., Sacks, H., 1970: On Formal Structures of Practical Action. In: Theoretical Sociology. Perspectives and Developments, hersg. von J. C. McKinney, E. A. Tiryakian. New York, S. 327-366.

Goffman, E., 1959: The Presentation of Self in Everyday Life. 2. Aufl. Garden City N. Y.

Goffman, E., 1961: Encounters: Two Studies in the Sociology of Interaction. Indianapolis.

Goffman, E., 1963: Behavior in Public Places: Notes on the Social Organization of Gatherings. New York.

Goffman, E., 1967: Stigma: Über Techniken der Bewältigung beschädigter Identität. Frankfurt

Grollman, E. A. (Hrsg.), 1969: Explaining Divorce to Children. Boston.

Habermas, J., Luhmann N., 1971: Theorie der Gesellschaft oder Sozialtechnologie – Was leistet die Systemforschung? Frankfurt.

Hammond, P. B., 1959: The Functions of Indirection in Communication. In: Comparative Studies in Administration, hersg. von J. D. Thompson u. a. o. O. (Pittsburgh), S. 183-194.

Harvey, O. J., Hunt, D. E., Schroder, H. M., 1961: Conceptual Systems and Personality Organization. New York/London.

Herbst, P. G., 1961: A Theory of Simple Behaviour Systems. Human Relations 14, 71-94, 193-239.

Kleck, R., 1968: Physical Stigma and Nonverbal Cues Emitted in Face-to-Face Interaction, Human Relations 21, 19-28.

Koolwijk, J. van, 1969: Unangenehme Fragen: Paradigma für die Reaktionen des Befragten im Interview. Kölner Zeitschrift für Soziologie und Sozialpsychologie 21, 864-875.

Krappmann, L., 1971: Die soziologische Dimension der Identität. Stuttgart 1971.

La Barre, W., 1967: Paralinguistics, Kinesics, and Cultural Anthropology. In: The Human Dialogue: Perspectives on Communication, hrsg. von F. W. Matson, A. Montague. New York/London, S. 456-490.

Latané B., Darley, J. M., 1968: Group Inhibition of Bystander Intervention in Emergencies. Journal of Personality and Social Psychology 10, 2 15-221.

Luhmann, N., 1964: Funktionen und Folgen formaler Organisation. Berlin.

Luhmann, N., 1969: Legitimation durch Verfahren. Neuwied/Berlin.

Luhmann, N., 1970a: Gesellschaft. In: Ders.: Soziologische Aufklärung. Köln/Opladen. S. 137-153.

Luhmann, N., 1970b: Soziologische Aufklärung. Köln/Opladen.

Luhmann, N., 1970c: Institutionalisierung: Funktion und Mechanismus im sozialen System. In: Zur Theorie der Institution, hersg. von H. Schelsky. Düsseldorf, S. 28-41.

Luhmann, N., 1970d: Positivität des Rechts als Voraussetzung einer modernen Gesellschaft. Jahrbuch für Rechtssoziologie und Rechtstheorie 1, 175-202.

Luhmann, N., 1971a: Diskussion als System. In: *J. Habermas, N. Luhmann:* Theorie der Gesellschaft oder Sozialtechnologie – Was leistet die Systemforschung? Frankfurt/M., S. 316-341.

Luhmann, N., 1971b: Die Weltgesellschaft. Archiv für Rechts- und Sozialphilosophie 57, 1-35; in diesem Band S. 63 ff.

Luhmann, N., 1973: Die juristische Rechtsquellenlehre aus soziologischer Sicht. In: Soziologie, Festschrift René König, Opladen, 387-399.

Lyman, St. M., Scott, M. B., 1967: Territoriality: A Neglected Sociological Dimension. Social Problems 15, S. 236-248. Neu gedruckt in: Dies.: A Sociology of the Absurd. New York 1970, S. 89 ff.

Macaulay, J., Berkowitz, L. (Hrsg.), 1970: Altruism and Helping Behavior: Social Psychological Studies of Some Antecedents and Consequences. New York/London.

MacKay, D. M., 1969: Information, Mechanismen and Meaning, Cambridge, Mass./London.

McCall, G. J., Simmons, J. L., 1966: Identities and Interactions. New York/London.

McHugh, P., 1968: Defining the Situation: The Organization of Meaning in Social Interaction. Indianapolis.

Matza, D., 1964: Delinquency and Drift. New York/London/Sydney.

Mayhew, L. H., 1968: Law and Equal Opportunity. Cambridge Mass.

Munsinger, H., Kessen, W., 1964: Uncertainty, Structure, and Preference, Psychological Monographs 78, No. 9, S. 1-24.

Olds, J., 1956: The Growth and Structure of Motives: Psychological Studies in the Theory of Action. Glencoe, Ill.

Parsons, T., Shils, E. A. (Hrsg.), 1951: Toward a General Theory of Action. Cambridge Mass.

Parsons, T., 1964: Levels of Organization and the Mediation of Social Interaction. Sociological Inquiry, S. 207-220.

Popitz, H., 1968: Prozesse der Machtbildung. Tübingen.

Reitman, W. R., 1965: Cognition and Thought: An Information Processing Approach. New York.

Ritsert, J., 1968: Substratbegriffe in der Theorie des sozialen Handelns: Über das Interaktionsschema bei Parsons und in der Parsonskritik. Soziale Welt 19, 119-137.

Ruesch, J., Kees, W., 1956: Nonverbal Communication: Notes on the Visual Perception of Human Relations. Berkeley/Los Angeles.

Ruesch, J., 1958: The Tantengial Response. In: Psychopathology of Communication, hersg. von Paul H. Hoch, Joseph Zubin. New York/London, S. 37-48.

Schott, R., 1968: Das Geschichtsbewußtsein schriftloser Völker. Archiv für Begriffsgeschichte 12, 166-205.

Schütte, H. G., 1971: Über die Chancen einer Theorie sozialer Systeme: Anspruch und Erfolg der Systemanalyse. In: Festschrift Eduard Baumgarten. Meisenheim am Glan, S. 114-139.

Schwartz, R. D., 1954: Social Factors in the Development of Legal Control: A Case Study of Two Israeli Settlements. The Yale Law Journal 63, 471-491.

Simmel, G., 1922: Soziologie, 2. Aufl. München/Leipzig.

Spittler, G., 1967: Norm und Sanktion: Untersuchungen zum Sanktionsmechanismus. Olten/Freiburg/Brsg.

Walker, E. L., 1964: Psychological Complexity as a Basis for a Theory of Motivation and Choice. Nebraska Symposium on Motivation, S. 47-95.

Watzlawick, P., Beavin, J. H., Jackson, D. D., 1967: Pragmatics of Human Communication: A Study of Interactional Patterns, Pathologies, and Paradoxes. New York.

Wiese, L. v., 1933: System der Allgemeinen Soziologie. 2. Aufl. München/Leipzig.

Whyte, William F., 1943: Street Corner Society. Chicago.

Zurcher, L. A., 1970: The „Friendly" Poker Game: A Study of an Ephemeral Role. Social Forces 49, 173-186.

Allgemeine Theorie
organisierter Sozialsysteme

I

In der neueren Organisationssoziologie wird im Anschluß an Lawrence und Lorsch häufig von „Kontingenz-Theorie" gesprochen (1)*. Gemeint ist damit, daß Unterschiede in den Strukturen der Organisationen abhängen von Unterschieden der für sie relevanten Umwelt. Auch unabhängig von der Bezeichnung als „Kontingenz-Theorie" ist diese Vorstellung weit verbreitet (2). Versuche einer direkten Verwendung dieser Theorie in der empirischen Forschung sind jedoch auf beträchtliche Schwierigkeiten gestoßen. Dies gilt besonders für die Frage, wie weit Ergebnisse für spezifische Variablenkonstellationen nun eine allgemeine Kontingenz-Theorie bestätigen (3). Das normale Schicksal anspruchsvoller Generalisierungen zeichnet sich bereits ab: Sie werden wieder aufgegeben, weil die empirische Forschung zu unübersichtlichen, unvergleichbaren oder gar widerspruchsvollen Resultaten führt. Es kommt zu einem Oszillieren zwischen Ansprüchen und Enttäuschungen. Theorien werden zu „selfdefeating prophecies" – vielleicht einfach deshalb, weil allgemeine theoretische Konzepte zu direkt in empirische Forschung übersetzt werden.

Die wissenschaftstheoretischen und methodologischen Probleme, die damit angedeutet sind, können an dieser Stelle nicht behandelt werden. Ich gehe davon aus, daß Bedarf besteht für ein stärker differenziertes methodologisches Instrumentarium, in dem begriffliche Arbeit an allgemeinen Theorien einen eigenen Platz

---

*   Anmerkungen siehe S. 56

findet und eigenen Kriterien folgt. Das ist keine „Unabhängigkeitserklärung" für die Theorie im Verhältnis zur Empirie; die Frage ist nur, ob nicht bereits Theorie-konstruktion als solche ein sehr anspruchsvoller und sich selbst restringierender Vorgang ist, den man kennen und beherrschen muß, bevor man überlegt, wie man Theorie auf Empirie beziehen kann.

II

Die „Kontingenz-Theorie" eignet sich besonders gut, um in Probleme einer allgemeinen Theorie organisierter Sozialsysteme einzuführen und diese Theorie zugleich mit anderen Anwendungen einer allgemeinen Theorie sozialer Systeme zu verknüpfen (4). Zunächst fällt auf, daß die vorliegende Diskussion der „Kontingenz-Theorie" zwei verschiedene Vorstellungen nebeneinander verfolgt, nämlich [1] die Vorstellung der Abhängigkeit und [2] die Vorstellung der Unsicherheit. Kontingenz heißt einerseits, daß die Strukturen und Praktiken (etwa der Konflikt-regulierung) eines Systems abhängen von der Art, in der die Umwelt für das System relevant wird. Die umgekehrte Beziehung der Abhängigkeit der Umwelt vom System wird zumeist nicht mitbedacht; denn das würde die forschungstechnisch notwendige Unterscheidung unabhängiger und abhängiger Variabler gefährden. Kontingenz heißt andererseits Unsicherheit darüber, ob Prämissen eigenen Verhaltens gegeben sind bzw. gegeben werden (5).

Diese Doppelung geht auf theologisches Erbe zurück, das in Sprachgewohnheiten weiterwirkt und letztlich modaltheoretische Wurzeln hat. In der modaltheoretischen Tradition wird Kontingenz definiert durch Negation von Notwendigkeit und Negation von Unmöglichkeit. Kontingent ist alles, was auch anders möglich ist. Für die Schöpfungstheologie lag es nahe, die Kontingenzerfahrung in der „supramodalen" Allmacht Gottes aufzuheben und die Kontingenz der weltlichen Dinge als ihre Abhängigkeit von Gott, ja als Beweis der Existenz von Nichtkontingentem (= Notwendigem) in der Welt und als Beweis der Existenz Gottes anzusehen. Es gibt danach ein nichtnegierbares Prinzip, von dem die innerweltliche, durch Negation und Negation der Negation vermittelte Differenz von Kontingentem und Notwendigem (oder subjektiv formuliert: von Unsicherem und Sicherem) abhängt: das Prinzip selbst, der intellectus divinus nullam certitudinem accipit ab aliquo obiecto, alio ab essentia sua (6).

Die systemtheoretische Rekonstruktion des Kontingenzproblems ist bisher nicht gelungen. Dies hängt damit zusammen, daß es bisher keine zufriedenstellende Theorie selbstreferentieller Systeme gibt. Statt dessen hilft man sich mit der Einführung „unabhängiger Variabler", die nur als methodisch erforderlich begründet wird. Das geschieht wider besseres Wissen und impliziert einen Widerspruch: Was unabhängig ist, kann nicht variieren. Deshalb relativiert man den Begriff der Unabhängigkeit im Sinne von „unabhängig von genau den Variablen, die von ihnen abhängen". Damit torpediert man aber das Ziel einer allgemeinen Theorie, die nicht umhinkommt, in der Analyse von Systemstrukturen Interdependenzen zwischen System und Umwelt anzuerkennen. Die Bemühungen um eine Zusammenfassung und Generalisierung der Konzepte und Resultate empirischer Forschung werden hier, so viel ist abstrakt voraussehbar, an unübersteigbare Grenzen stoßen.

III

Die folgenden Skizzen behalten dieses Problem im Auge, ohne es auf der Ebene wissenschaftlicher Theorie befriedigend lösen zu können. Sie versuchen statt dessen nachzuweisen, wie es in der Wirklichkeit gesellschaftlichen Lebens immer schon gelöst oder doch lösbar gemacht ist. Dafür bieten gerade organisierte Sozialsysteme ein instruktives Modell.

Systembildung durch Organisation kann begriffen werden als *Rekonstruktion doppelter, relativ unabhängig variierender Kontingenzen.*

Der eine Kontingenzbereich liegt in den *Verhaltensdispositionen der Personen,* die Handlungen zum System beitragen (Mitglieder). Aktuelle ebenso wie potentielle (rekrutierbare) Mitglieder gehören in ihrer personalen Kognitionsund Motivationsstruktur zur Umwelt des sozialen Systems. Sie sind nur bedingt bereit, systemadäquat zu handeln. Sie können auch anders, sind also für das System eine kontingente Größe.

Der andere Kontingenzbereich liegt in den *Regeln* (einschließlich der Regeln über Änderung von Regeln, über Interpretation von Regeln, über Kompetenzen und fallweise zu gebende Weisungen), nach denen Mitglieder sich verhalten sollen. Auch diese Regeln sind kontingent. Sie werden nur durch Entscheidung begründet. Sie gelten positiv. Ihre Änderbarkeit wird daher mitimpliziert und oft mitgeregelt.

Organisierte Sozialsysteme konstituieren sich dadurch, daß diese beiden Kontingenzen aufeinander bezogen und miteinander verknüpft werden und sich dadurch wechselseitig in ihrem Variationsspielraum beschränken (7). Die Mitgliedschaft wird, mehr oder weniger strikt, zumindest aber „formal", an die Bedingung der Regelbefolgung gebunden. Nur wer die Regeln anerkennt, kann eintreten. Wer sie nicht mehr befolgen will, muß austreten (8). Der Austritt kann bei bewußt regelwidrigem Verhalten erzwungen werden; aber ebenso kann umgekehrt die Austrittsdrohung oder die Austrittshäufung Anlaß geben, Regeln zu ändern (9). Letzteres bedeutet, daß Motivstrukturen, die die Austrittsneigung blockieren, das

System in der Variation seiner Regeln von den Mitgliedern unabhängiger machen. Dies ist besonders für die politische Leitbarkeit des öffentlichen Dienstes wichtig (10).

Fragt man nach der Art, wie hier Kontingenz behandelt wird, so fällt der Umweg auf: sie wird zunächst dupliziert, um sodann als Relation zwischen den beiden Kontingenzbereichen ihre Willkür zu verlieren. Denn selbst wenn Motivationsstrukturen und formale Regeln frei variieren könnten, ihre Relationierung wäre nicht mehr beliebig möglich. Vielmehr müssen Bedingungen der Kompatibilität eingehalten werden. Dieses Argument führt nicht zur Notwendigkeit, nicht zur Perfektion, nicht zum „one best way" zurück. Es löst die schlichte, nur theologisch auflösbare Entgegensetzung von Kontingenz (Zufall, Freiheit) und Notwendigkeit ab durch ein komplexeres Modell, das Systeme in ihrer Diskontinuität zur Umwelt als Steigerung und Selbstlimitierung anderer Möglichkeiten begreift.

IV

Diese ersten Überlegungen auf der abstraktesten Ebene einer allgemeinen Theorie aller organisierten Sozialsysteme geben noch kaum konkretisierbare Hinweise – weder für praktisches Verhalten noch für die Bildung empirisch brauchbarer Forschungsansätze. Sie lassen sich jedoch in zwei Richtungen weiterverfolgen, nämlich in Richtung auf die *Rollentypik* organisierter Sozialsysteme (IV-VI) und in Richtung auf weitere (nicht auf die Mitgliederpersonen bezogenen) *Umweltbeziehungen* organisierter Sozialsysteme (VII). Beide Gesichtspunkte hängen eng zusammen und bedingen sich wechselseitig; sie müssen hier aus darstellungstechnischen Gründen jedoch nacheinander erörtert werden.

Systemintern werden die Vorteile jener Technik doppelkontingenter Relationierung dadurch genutzt, daß Rollen zu Stellen abstrahiert werden. Rollen sind zunächst nur gebündelte und adressierbare Verhaltenserwartungen; sie haben ihre Einheit in dem Umfang dessen, was eine Einzelperson ausführen kann. Die Abstraktion solcher Rollen zu Stellen bedeutet, daß alle Struktur explizit durch Einschränkung anderer Möglichkeiten eingeführt wird. Der Begriff der Stelle bezeichnet somit das Prinzip der Kontingenz, reformuliert für den Verhaltensbereich von Einzelpersonen. In eine Organisation eintreten heißt: mit der Mitgliedschaft eine Stelle übernehmen, in der alle Verhaltensprämissen kontingent gesetzt, also auch anders möglich sind und demzufolge variiert werden können.

An jeder Stelle lassen sich drei Variationsmöglichkeiten unterscheiden:

1. *Die Stelle muß mit einer Person besetzt werden.* Sie könnte auch mit einer anderen Person besetzt werden. Ihre Identität überdauert den Wechsel der Personen. Jeder Stelleninhaber wird daher an Anforderungen gemessen, die auch an andere Personen gestellt werden könnten. Er ist mit anderen vergleichbar und wird entsprechend beurteilt. Mit seinem Ausscheiden entsteht eine Vakanz, sozusagen ein Null-Erlebnis, und mehr oder weniger zwangsläufig die Notwendigkeit, die Stelle wieder zu besetzen.

2. *Die Stelle hat ein Programm auszuführen.* Sie wird durch normative Bedingungen der Richtigkeit, Brauchbarkeit, Akzeptierbarkeit des Verhaltens programmiert. Das Programm determiniert das Verhalten nicht konkret, sondern zumeist nur von Auslösebedingungen (Konditionalprogramm) oder von anzustrebenden und zu vermeidenden Resultaten (Zweckprogramm) her. Der Verhaltensspielraum kann mehr oder weniger groß sein. Das Programm gilt, ebenso wie die personale Besetzung der Stelle, kraft Entscheidung. Es ist änderbar, ohne daß die Stelle deswegen ihre Identität verlöre. Diese Bedingung wird gesichert durch die Reflexivität der Mitgliedschaftsbedingungen: daß die eintretenden Mitglieder sich auch Regeln über die Änderung ihrer Mitgliedschaftsbedingungen unterwerfen.

3. *Die Stelle wird mit begrenzten Kommunikationsmöglichkeiten ausgestattet.* Ihre Kommunikationsmöglichkeiten gewinnen dadurch Struktur, daß die Grundbedingung, jeder könne jederzeit mit jedem über alles reden, (all channel net) eingeschränkt wird. Es gibt normierte bzw. präferentielle Kommunikationsbahnen und es gibt Kommunikationsstops (Kompetenzen der Disposition über Macht oder über Geld), die verhindern, daß unendliche Diskurse über „woher" und „weshalb" abzulaufen beginnen. Auch diese Beschränkungen von Adressaten bzw. Themen der Kommunikation können durch Entscheidungen gesetzt und geändert werden, ohne daß dabei zugleich die Identität der Stelle geändert werden müßte.

Die Identität der Stelle erlaubt, und das ist zugleich ihre Funktion, eine Kombination dieser drei Variationsmöglichkeiten unter der Bedingung, daß nicht alle drei zugleich benutzt werden. Über die Besetzung einer Stelle kann man sich nur sinnvoll Gedanken machen, wenn ihre Programmatik einigermaßen definiert und ihre Lokalisierung und Ausstattung im Kommunikationsnetz der Organisation bekannt ist. Reorganisationen der Kompetenz- und Unterstellungsverhältnisse müssen auf den Personalbestand und auf die Programme Rücksicht nehmen, und auch neue Programme können einer vorhandenen Organisation nicht beliebig aufgestülpt werden. Die planungs- und leitungstechnische Verknüpfung dieser verschiedenen Änderungsdimensionen macht es erforderlich, am Begriff der Stelle als kleinster

struktureller Einheit des Organisationssystems festzuhalten. Insofern „besteht"
eine Organisation aus Stellen. Eine weitere Auflösung ist natürlich möglich etwa
durch Rückgang auf die Einzelentscheidung als kleinste Einheit; aber das erfordert dann eine entsprechende Generalisierung des Strukturbegriffs mit Hilfe des
Konzepts der „Entscheidungsprämissen". Darauf kommen wir unter VI. zurück.
   Die Identifikation von Rollen als Stellen, die mehrere Änderungsdimensionen
verknüpfen, ermöglicht demnach eine Operationalisierung von Kontingenz, indem
sie Direktiven gibt für die Variation aller strukturellen Verhaltensprämissen in
Anlehnung an die jeweils nicht variierten. Auch hier entstehen, wie im Außenver-
hältnis des Organisationssystems, bei extremer Kontingenz der Strukturen – alles
ist auch anders möglich – Einschränkungen in der Form der Bedingungen sinnvoller Relationierung.

V

Hier lassen sich zunächst einige historische Überlegungen anschließen. Organisationen, die über Mitgliedschaftsregeln und Stellen hohe Kontingenz erreichen,
sind selbst ein Produkt gesellschaftlicher Evolution. Sie blieben daher bis in die
neueste Zeit in hohem Maße direkt abhängig von den gesellschaftsstrukturellen
Bedingungen, die sie ermöglichen. So war für ältere Großbürokratien bezeichnend, daß [1] die Personalrekrutierung schichtenspezifisch, [2] die Programmierung kosmologisch und [3] die Organisation der Kommunikationsbahnen und
Kompetenzen zeremoniell limitiert waren, und zwar in einer Weise, die durch das
Gesellschaftssystem und durch kulturelle Selbstverständlichkeiten gehalten und
legitimiert war. Dem entsprach eine religiöse Limitierung von Negationspotentialen und (in Europa) eine lediglich juristische (vor allem kirchenrechtliche) Thematisierung des Amtsbegriffs (11).
   Es ist klar, daß diese Zusammenhänge mit dem Gesellschaftssystem auch heute
nicht vollständig abgerissen sind (12). Sie haben aber, soweit sie überleben, ihre
Legitimierbarkeit als Beschränkungen des Möglichen verloren. Vielmehr legitimiert die Organisation sich selbst durch ihre eigene Entscheidungsgeschichte,
wobei ihr die Strukturform des Programms dazu dient, den Forderungen und
Leistungserwartungen der gesellschaftlichen Umwelt systemintern Geltung zu
verschaffen. Bei aller Kontinuität von Formen und Techniken, besonders solchen
der Hierarchie, ist deshalb die moderne Organisation mit den klassischen Großbürokratien wie „Staat" und „Kirche" kaum mehr vergleichbar.
   Die vorstehenden Überlegungen ermöglichen es, den Unterschied genauer zu
fassen. Er liegt nicht in höherer formaler Zweckmäßigkeit oder höherer Rationali-

tät der modernen Organisation, sondern in höherer struktureller Kontingenz und stärkerer Bindung durch die systemeigene Geschichte. Dadurch daß alle Strukturen als kontingent erfahren werden, entsteht ein Selektionszwang mit Bindungseffekten im System selbst. Stellen können nicht als abstrakte Identitäten geschaffen werden, sie werden für bestimmte Aufgaben zur Verfügung gestellt, bestimmten organisatorischen Einheiten zugewiesen und mit bestimmten Personen besetzt. Jeder Definitionsschritt setzt Orientierungsdaten für den nächsten und schafft damit eine irreversible Geschichte, an die jede Änderung anschließen muß, weil sie ihre Rationalität als Änderung nur in der Relation zum Vorhandenen gewinnen kann. Die Kontingenz der Struktur bleibt relevant als Geschichtlichkeit des Vorhandenen und als Dauerzumutung einer Reform, die aber nicht realisiert werden kann, weil der Zugang zu anderen Möglichkeiten in personaler, programmmäßiger und organisatorischer Hinsicht nie in den erforderlichen Größenordnungen zugleich frei wird. Kontingenz bleibt im Modus der Geschichte, im Modus der Reformbedürftigkeit, im Modus des Unbehagens relevant, aber sie läßt sich nur unter größten Schwierigkeiten in einem für umfangreiche Reorganisationen ausreichenden Maße reaktivieren (13).

VI

Die Übereinstimmung der Analyse mit typischen Impressionen soll kein Stopsignal sein. Vielmehr müssen wir überprüfen, ob wir mit dem Übergang von der Systemtheorie zur Rollentheorie, und von Systemkontingenzen zu Stellenkontingenzen nicht voreilig und zu weit gesprungen sind. Dazwischen könnten die eigentlich interessanten Ebenen sowohl für Organisationsplanungen als auch für Organisationstheorien mittlerer Reichweite liegen. Personale, programmatische und kommunikative (oder im engeren Sinne organisatorische) Stellendefinitionen lassen sich unter den allgemeinen Begriff der Entscheidungsprämisse bringen (14). Organisationstheorie und Organisationsplanung finden sich damit vor die Frage gestellt, ob und mit welchen Effekten man auf dieser Ebene hochgradig generalisierter Entscheidungsprämissen über reales Verhalten noch sinnvoll disponieren kann in einer Weise, die von den Besonderheiten einzelner Stellenausprägungen absieht und empirisch mit höher aggregierten Daten arbeitet.

Die abstrakt vorgestellten Stellenaspekte Personal, Programmatik, Kommunikationsschranken sind zunächst nur differenzlose Begriffe; *jede* Stellendefinition setzt sie *alle* voraus. Als erstes müßten also empirisch gehaltvolle, diskriminierende Typen gebildet werden. Wenn man zunächst das Verhältnis von Personen zu Stellen betrachtet, so kann man auf die Art der Personen und auf die Art ihrer

Bewegung im Verhältnis zu Stellen (Karrieren) abstellen. Als Gesichtspunkt der Typisierung von Personen kommen zur Zeit, von Alter und Geschlecht einmal abgesehen, praktisch nur Ausbildungsunterschiede in Betracht, da die Technik der Messung anderer arbeitsrelevanter Personmerkmale noch nicht weit genug entwickelt ist (15). Die Bewegungsvorgänge unterscheiden sich nach Rekrutierung und systeminternen Umsetzungen in horizontaler oder vertikaler Richtung. Sie differieren, von der Person ebenso wie von der Stelle her gesehen, nach Häufigkeit des Wechsels pro Zeiteinheit. Sie lassen sich schließlich nach der Selektionsschärfe der Stellenbesetzungen unterscheiden, das heißt nach der Zahl der Bewerber, aus denen der Stelleninhaber ausgewählt werden kann. Schon bei so geringer Tiefenschärfe der Begriffe stößt man auf ein für die Wissenschaft ebenso wie für die Organisationen selbst unbekanntes Terrain. Man weiß weder, wie Bewegungstempo und Selektionsschärfe zusammenhängen, wie diese Zusammenhänge von Ausbildungstyp zu Ausbildungstyp variieren und was jene Zusammenhänge bzw. diese Divergenzen für die Qualifikation der Stellenbesetzungen besagen und wie sie auf die Motivationsstrukturen der Personen zurückwirken. Entsprechend fehlt es an Vorstellungen über statistisch (und nicht nur: stellenspezifisch) relevante Personalstrukturen.

Eine auf gleichem Abstraktionsniveau angesiedelte Theorie organisierter Kommunikationsnetze könnte für jede Stelle bzw. jeden Stellentyp die schlichten Kontakthäufigkeiten zu ermitteln versuchen. Es gibt Stellen mit einem breiten Spektrum der Kontakte und andere mit nur wenigen typischen Partnern. Ein solches Vorgehen wäre vermutlich zu abstrakt und müßte daher Untertypen bilden für Innen- und Außenkontakte, für normale Arbeitskontakte und Kontakte, die der Konfliktregulierung dienen. Außerdem wäre ein Kommunikationsnetz nicht nur durch die Adressaten, sondern auch durch Kompetenzen zu charakterisieren, das heißt durch die Fähigkeit, im Verhältnis zum Kommunikationspartner bindend zu entscheiden. Es wäre nicht uninteressant zu wissen, wie schmal oder wie breit das interne Kontaktspektrum von Stellen ist, die vornehmlich Außenkontakte pflegen und wie diese Stellen am Kompetenzsystem oder an der Konfliktregulierung beteiligt sind. Oder man könnte fragen, ob Arbeitskontakte und Konfliktregulierung kongruent liegen oder ob sie ganz verschiedene Adressaten haben.

Entscheidungsprogramme schließlich können, wie bereits erwähnt, stärker von auslösenden Bedingungen (Konditionalprogramme) oder stärker von bewerteten Wirkungen her definiert sein (16). Je nach dem wird die Aufmerksamkeit mehr auf den Input oder mehr auf den Output, mehr auf die Vergangenheit oder mehr auf die Zukunft, mehr auf Probleme der Kategorisierung, der Interpretation und der Fehlervermeidung oder mehr auf Effektbeherrschung und Folgenneutralisierung gerichtet sein. Die notwendige Flexibilität wird im einen Falle mehr über

Ausnahmen von der Regel, im anderen Falle mehr über die Suche nach Alternativen zu erreichen sein (17). Natürlich lassen sich beide Blickrichtungen nicht voll gegeneinander isolieren, schon weil Vergangenheit und Zukunft sich wechselseitig voraussetzende Zeithorizonte sind. Gleichwohl macht es einen Unterschied aus, in welcher Richtung die Mitgliedschaftserwartungen und -verantwortlichkeiten primär artikuliert sind. Die Differenz wird sich in den Formen der Außenkontakte, im Grade der Zentralisierbarkeit programmierender Entscheidungen, (18) also im Organisationsaufbau, und vielleicht auch im Funktionsniveau der kognitiven Komplexität personaler Systeme zeigen (19).

Mit all dem ist noch nichts über die Zugriffsdichte gesagt, mit der Entscheidungsprämissen – es sind nur Prämissen! – das Verhalten bestimmen (20). Von gegebenen Programmen, von dem, was Kommunikationspartner erwarten oder nahelegen, ja selbst von seiner eigenen Persönlichkeit kann man situativ immer noch abweichen.

Das Verhalten ist mithin, was Entscheidungsprämissen angeht, immer unterdeterminiert. Gerade darauf beruhen Steuerungs- und Änderungsmöglichkeiten des Organisationsmanagements. Sieht man personale, programmatische und kommunikative Stellenbestimmungen als funktionale Äquivalente, dann können sie in gewissem Umfange füreinander einspringen. Eine gute personale Besetzung erspart eingehende Programmierung (21). Schwächen des Personals oder Schwierigkeiten bei der Detaillierung von Programmen können ihrerseits in gewissem Umfange durch organisatorische Regelungen kompensiert werden, etwa durch Mitzeichnungsvorschriften oder durch Begrenzung der Kompetenz zur Schlußzeichnung. Funktionale Äquivalenz heißt natürlich nicht, daß alle diese Alternativen letztlich auf das Gleiche hinauslaufen; sie sind Alternativen nur in der Funktion des Bestimmens und sind als Alternativen gerade deshalb interessant, weil sie unter unterschiedlichen Bedingungen mit unterschiedlichen Folgen gewählt werden können. Unterdeterminierung heißt andererseits, daß die empirische Forschung mit nur geringen Korrelationskoeffizienten, und die Organisationsplanung mit erheblichen Unsicherheiten und mit einer überraschenden „Disaggregation" ihrer zu stark generalisierten Variablen durch das Realverhalten in konkret besetzten Stellen zu rechnen haben. Diesen Preis hat man zu zahlen für die Tatsache, daß alles menschliche Verhalten sinnhaft-selektiv abläuft und daß genau diese Kontingenz auf der Systemebene (wenngleich nicht unbedingt auch auf der Ebene individuellen Verhaltens) durch Organisation noch gesteigert wird.

VII

Wir ziehen nunmehr die bisher erörterten Steuerungsebenen (Mitgliedschaftsregeln, Entscheidungsprämissen, Stellen) zusammen in den Blick. Dann fällt eine formale Gemeinsamkeit auf. In allen Fällen handelt es sich um zweiseitig variable, nur komplementär bestimmbare Relationen. Die Bestimmung eines Elementes hat nur in bezug auf ein feststehendes anderes Element Sinn, und das Umgekehrte gilt ebenfalls. Vorherrschend bildet man solche Sachverhalte durch nur statistisch gültige Zusammenhänge oder Korrelationen ab. Was diese Formalisierung an einem realzeitlich sich wandelnden, historisch bedingten und änderbaren Gegenstand nun wirklich bedeutet, ist jedoch unklar. Sicher kann sie nicht ohne weiteres als Steigerungszusammenhang interpretiert werden, (22) also auch nicht als Instrument zur Abschätzung der Folgen der Änderung einzelner Variabler. Ohne Forschungen mit diesem Instrumentarium aufzugeben, könnte die Organisationstheorie sich daneben der Frage zuwenden, was es bedeutet, wenn Unsicherheiten dieses relationalen Typs im Gegenstand selbst institutionalisiert sind.

Dies bedeutet einmal die Chance zum Perspektivenwechsel: Die vakante Stelle kann zum Suchen einer geeigneten Person, die besetzte Stelle kann als Kriterium für die Umgliederung von Aufgaben oder organisatorischen Beziehungen benutzt werden. Die Mitgliedschaftsregeln geben Anhaltspunkte für den Rekrutierungsprozeß, sie können aber auch, formal oder informal, den Engpässen der Rekrutierung angepaßt werden. Typisch scheinen Organisationen Normalperspektiven festzulegen, die eine Umkehrung nur als vorübergehende Notlösung oder als inoffizielle Praxis zulassen. Gerade die Chance eines solchen Perspektivenwechsels gehört aber mit zur strukturellen Elastizität des Systems.

Eine zweite, damit eng zusammenhängende Frage betrifft die dafür adäquaten Kriterien. Offene Relationen des hier erörterten Typs können durch Festlegung eines ihrer Elemente, aber auch durch Kriterien bestimmt werden, die außerhalb der Relation liegen. Solche Kriterien stehen immer zur Verfügung, weil kein System lediglich aus Zweier-Relationen besteht (23). Dies wiederum hängt mit der Komplexität der Umwelt des Systems zusammen. Immer wenn Mitglieder für ein speziell reguliertes Verhalten rekrutiert werden, gibt es auch eine andere soziale Umwelt, die die möglichen Kombinationen von Mitgliedschaften und Verhaltensregeln limitiert. Es muß zum Beispiel ein mit Gewinn verkaufbares Produkt herauskommen, oder eine akzeptable Einflußnahme auf dritte Personen, oder ein Ausstoß bindender Entscheidungen, der im Regelfalle juristischer und politischer Kritik standhält. Die Bedingungen der Kompatibilität mit solchen anderen Umwelten lassen sich vor allem über die Programmierung der Organisation in die Form von Kriterien bringen, die die Variabilität möglicher Mitglieder oder möglicher Verhaltensregeln auf ein Format heruntertransformieren, das rationales Entscheiden ermöglicht.

Im Anschluß hieran kann als drittes die Frage aufgenommen werden, ob ein Organisationssystem sich mehr durch seine eigene Stellendefinitionsgeschichte oder mehr durch seine Umwelten bestimmen läßt. Darauf wird es keine generelle Antwort geben; aber zu vermuten ist, daß für die Fähigkeit, sich von der eigenen Geschichte zu lösen und sich an Veränderungen der Umwelt zu orientieren, symbolisch generalisierte Kommunikationsmedien, namentlich Macht und Geld, von Bedeutung sind (24). Andere Erklärungsversuche orientieren sich am Begriff der charismatischen Führung, und wiederum andere benutzen das Konzept des Wechsels von Normalverlauf und Krise (25).

VIII

Wenn unser Konzept selbstselektiver Strukturbildung auf den drei Ebenen, nämlich der Konstitution des Systems, der Entscheidungsprämissen und der Stellen, der Realität entspricht, dann ergibt sich für die soziologische Forschungstechnik ein prinzipielles Problem: Wie kann sie eigentlich *Selektivität* datenmäßig erfassen und in der Datenverarbeitung berücksichtigen? Offensichtlich genügt es nicht, das menschliche Verhalten als abhängige Variable anzusehen, die von unabhängigen Variablen bestimmt wird, diesen und nicht jenen Wert anzunehmen. Das Verhalten verfährt nicht nur selbst selektiv, es reagiert auch auf Selektivität (und nicht zuletzt: auf die eigene Selektivität). Es läßt sich nicht nur durch vorgefundene Fakten motivieren, so wie man einem Hindernis ausweicht; sondern es reagiert auch auf die Tatsache, daß Fakten kontingent zustandegekommen sind, und daß sie auch anders möglich wären. Gerade die Differenz von Wirklichem und Möglichem motiviert oft, diese und nicht jene Alternative zu wählen.

Dieser Sachverhalt wird von Soziologen, wenn überhaupt, nur in der nachträglichen Interpretation von Daten berücksichtigt – so etwa, wenn zu erklären ist, weshalb bessere Ausbildung oder höhere Herkunftsschicht bei gleicher Berufsposition mit höherer Unzufriedenheit korreliert (26). Aber solche Interpretationen bleiben datenmäßig ungesichert, wenn die Kontingenzerfahrung selbst nicht erhoben worden ist (27). Da Kontingenzerfahrungen systembedingt anfallen, also nicht zufällig variieren, kann man sie schwerlich mit statistischen Techniken neutralisieren. Und dies wird vollends unmöglich, wenn nicht nur individuelles Verhalten oder individuelle Einstellungen, sondern auch die Strukturen sozialer Systeme auf der Grundlage von Kontingenzerfahrung, also in Orientierung an der Selektivität von Zuständen und Ereignissen gewählt werden. Genau dies ist in organisierten

Sozialsystemen typisch der Fall – zumindest bei der Definition und Besetzung von Stellen, in der Regel aber auch bei der Festlegung allgemeinerer Regeln im Prozeß der Formalisierung von Mitgliedschaftsbedingungen. Die eigentümliche Rationalität organisatorischer Strukturen und Entscheidungen ist mithin gar nicht zu begreifen, wenn man nicht in Rechnung stellt, daß hier über die eigene Kontingenz in Relation zu anderen Kontingenzen disponiert wird.

In den letzten Jahren ist es üblich geworden, eine „reflexive Soziologie" zu fordern – worunter sehr Verschiedenes verstanden wird. Manche sehen das Problem darin, daß der Soziologe seine eigenen Denkbedingungen biographisch und sozial mitzubedenken hätte (28). Das führt in einen unverbindlichen, pluralistischen Relativismus. Eine andere Möglichkeit ist: von einer Phänomenologie sinnhaften Erlebens auszugehen, die dem Umstand Rechnung trägt, daß aller Sinn auf die ihn Erlebenden selbst verweist und ihr sinnkonstituierendes Bewußtsein zugänglich macht (29). Hier bleiben die Analysen häufig in einer bloßen Deskription genau dieses Sachverhaltes stecken. Die an Hegel und Marx anknüpfende Tradition legt es dagegen nahe, auf die Abstraktion selbstreferentieller Strukturen und Prozesse in der sozialen Realität zu achten und – bei allen logischen und begriffstechnischen Schwierigkeiten – eine Theorie zu fordern, die diesen Sachverhalt mitvollzieht und nicht von ihm abstrahiert. Diesen Weg haben die vorstehenden Analysen betreten.

Geht man vom Problem der Kontingenz aus, so hat man einen Sachverhalt vor Augen, der sich phänomenologisch direkt verifizieren läßt: Aller Sinn verweist implizit auf andere Möglichkeiten und ist nur dadurch, daß dies so ist, identifizierbar. Die Explikation solcher Verweisungen führt – das zumindest wird bereits bei Lawrence und Lorsch deutlich – auf relationale Strukturen, die in der Realität als zweiseitig variabel vorkommen, nämlich im System und in der Umwelt anders sein können. Lawrence und Lorsch setzen bereits hier die Frage nach Korrelationen an, indem sie Umwelt und System in Typen aufbrechen. Dabei übergehen sie im Interesse rasch ansetzbarer soziologischer Technik das Problem der Selbstreferenz: Daß nämlich Organisationssysteme selbst auf ihre eigene Differenz zur Umwelt reagieren; daß sie ihre Strukturwahlen anschließen an die Tatsache, daß Umweltstrukturen und Systemstrukturen teils abhängig, teils unabhängig voneinander variieren bzw. variiert werden könnten. Organisationssysteme sind speziell dafür ausdifferenzierte Systeme, und ihre Selbstorganisation und ihr Management haben gerade darin ihre eigentümliche Rationalität, daß sie jene doppelkontingenten System/Umwelt-Beziehungen erfassen und nochmals relationieren. Das klassische Modell dafür ist natürlich die Wirtschaftlichkeitsrechnung, die nicht mehr als einfache Relationierung, etwa als maximale Ausbeutung gegebener Ressourcen, sondern als kriteriengesteuerte Relationierung von Relationen konstruiert ist, nämlich als Relation zwischen den möglichen Beziehungen zwischen Aufwandgrößen und den möglichen Beziehungen zwischen Ertragsgrößen (30). Eine auf gleichem Niveau der Problemstellung liegende soziologische Konzeption ist im Vorstehenden skizziert. Sie betrachtet Mitgliedermotivation und Regeln als Variable und sucht die Kriterien für die Festlegung dieser zweiseitig-offenen Relation in empirisch kontrollierbaren Bedingungen der Kompatibilität von Entscheidungsprämissen (Personal, Programme, Kommunikationsstrukturen).

Organisation löst auf diese Weise das Kontingenz-Problem durch Bestimmung der Systemidentität, durch eindeutige Grenzziehung zur Umwelt und durch selbstreferentielle Strukturbildung (31). Darin liegt keinerlei Garantie für Rationalität, wohl aber für hohe rationale Unbestimmtheit und für die Fähigkeit, eine systemeigene Geschichte zu akkumulieren. Diese Geschichte ist eine Geschichte der Definition von Entscheidungsprämissen für Stellen. Sie verläuft in bezug auf die Umwelt diskontinuierlich und vermag eben deshalb keine Garantie für Übereinstimmung mit der *späteren* Umwelt zu bieten. Insofern sieht eine Theorie, die den selbstreferentiellen Strukturen ihres Gegenstandes Rechnung trägt, sich auf rationale Unbestimmtheiten verwiesen. Gerade bei Selbstrationalisierung intendierenden Gegenständen, wie es Organisationen sind, fällt dies um so mehr auf. Diesen Befund wird man vielleicht einmal durch eine Logik von Kontingenzverhältnissen rekonstruieren können, die die Dialektik als Theorie selbstbezüglicher Schlußketten zu ersetzen hätte. Für die Praxis der soziologischen Forschung sind im Augenblick zwei andere Konsequenzen wichtiger: Die Theorie muß [1] einen Platz haben für die immanente Historizität ihres Gegen-Standes, mit der dieser für sich selbst Reflexionsprozesse vereinfacht durch Rekurs auf den status quo. Sie muß [2] die Zugriffsbedingungen ihres eigenen forschungstechnischen Instrumentariums und dessen Verhältnis zur Selbststeuerung ihres Gegenstandes reflektieren, vor allem den Abstraktionsgrad der Hypothesenbildung und die erwartbare Stärke der dann noch faßbaren Korrelationen.

Anmerkungen

1   Siehe *Paul R. Lawrence/Jay W. Lorsch,* Organization and Environment: Managing Differentiation and Integration, Boston 1967.

2   Vgl. nur *William R. Dill,* Environment as an Influence on Managerial Autonomy, Administrative Science Quarterly 2 (1958), S. 409-443; *ders.,* The Impact of Environment on Organizational Development, in: *Sidney Mailick/Edward H. Van Ness* (Hrsg.), Concepts and Issues in Administrative Behavior, Englewood Cliffs 1962, S. 94-109; *Tom Burns/G. M. Stalker,* The Management of Innovation, London 1961; *A. K. Rice,* The Enterprise and its Environment: A System Theory of Management Organization, London 1963; *James D. Thompson,* Organizations in Action, New York 1967; *Dieter Grunow/Friedhart Hegner,* Überlegungen zur System-Umwelt-Problematik anhand der Analyse des Verhältnisses zwischen Organisation und Publikum, Zeitschrift für Soziologie 1 (1972), S. 209-224. *John H. Freeman,* Environment, Technology and the Administrative Intensity of Manufacturing Organizations, American Sociological Review 38 (1973), S. 750-763; *Ray Jurkovich,* A Core Typology of Organizational Environments, Administrative Science Quarterly 19 (1974), S. 380-394.

3   Vgl. z. B. *C. R. Hinings/D. J. Hickson/J. M. Pennings/R. E. Schneck,* Structural Conditions of Intraorganizational Power, Administrative Science Quarterly 19 (1974), S. 22-44; *Johannes M. Pennings,* The Structural Contingency Model and its Relevance for Organizational Effectiveness (Ms.). Siehe ferner *Henry Tosi/Ramon Aldag/Ronald Storey,* On the Measurement of the Environment: An Assessment of the Lawrence and Lorsch Environmental Uncertainty Questionnaire, Administrative Science Quarterly 18 (1973), S. 27-36.

4   Auf diese Möglichkeit, die mancherlei Rücksichten begriffstechnischer Art erfordert, kann im folgenden Referat nicht näher eingegangen werden. Siehe dazu *Niklas Luhmann,* Interaktion, Organisation, Gesellschaft: Anwendungen der Systemtheorie, in diesem Bande, S. 9ff.

5   Dieser Unsicherheitsaspekt von Kontingenz ist einerseits in der Theorie rationalen Entscheidens, andererseits in der Organisationssoziologie vor allem im Hinblick auf Machtverteilungen behandelt worden. Zu letzterem z. B. *Michel Crozier,* Le phénomène bureaucratique, Paris 1963, insb. S. 193 ff.; *J. M Pennings/D. J. Hickson/C. R. Hinnings/C. A. Lee/R. E. Schneck,* Uncertainty and Power in Organizations: A Strategic Contingencies' Model of Sub-Unit Functioning, Mens en Maatsehappij 44 (1969), S. 418-433.

6   *Duns Scotus,* Ordinatio I dist. 39 n. 10, Opera Omnia Bd. VI, Civitas Vaticana 1963, S. 411.

7   Hierzu ausführlicher *Niklas Luhmann,* Funktionen und Folgen formaler Organisation, 2. Aufl. Berlin 1972.

8   Daß diese scharfe Logik des Entweder/Oder in der Realität nicht durchgehalten werden kann, versteht sich von selbst und ist durch organisationssoziologische Forschungen über informale Organisation und abweichendes Verhalten in Organisationen vielfältig belegt. Trotzdem läuft, das sollten gerade Soziologen nicht verkennen, das Verhalten in Organisationen im großen und ganzen regelorientiert ab; zumindest stehen Regeln immer in Reserve zur Verfügung, so daß man sie bei Bedarf zitieren,

sich auf sie zurückziehen, sie ändern kann, wenn Probleme aktuell werden, die dies nahelegen.

9 Zu letzterem *Albert O. Hirschman,* Exit, Voice, and Loyalty: Responses to Decline in Firms, Organizations, and States, Cambridge Mass. 1970.

10 Siehe z. B. *Robert E. Cole,* Functional Alternatives and Economic Development: An Empirical Example of Permanent Employment in Japan, American Sociological Review 38 (1973), S. 424-438. In der aktuellen deutschen Diskussion über Lebenszeitbeschäftigung tritt dieses Argument der politischen Disponibilität zurück. Die Lebenszeitbeschäftigung wird eher durch Hinweis auf die erforderliche „Unabhängigkeit" der Beamten begründet – ein Argument, das sich auch *gegen* die politische Führung ausspielen läßt. Vgl. den Bericht der Studienkommission für die Reform des öffentlichen Dienstrechts, Baden-Baden 1973, S. 149 ff.

11 Übrigens auch bereits mit einer Andeutung der Dimensionen von munus als ministerium, zu dem man berufen wird (professio, vocatio, functio), als mandatum, das in einem hierarchischen Verfahren aufgetragen und organisatorisch lokalisiert ist, und als officium, das den Verpflichtungsinhalt, also die Aufgabe selbst (z. B. cura animarum) betrifft. Die terminologischen Konturen verschwimmen freilich in einer Überfülle von Begriffen, weil die juristische Argumentation auf Beachtung dieser Differenzierungen nicht angewiesen ist. Vgl. für Einzelheiten z. B. *Donald Edward Heintschel,* The Mediaeval Concept of an Ecclesiastical Office in the Major Sources and Printed Commentaries from 1140-1300, Washington 1956; *Ralf Dreier,* Das kirchliche Amt: Eine kirchenrechtstheoretische Studie, München 1972, insb. S. 115 ff.

12 Dies gilt vor allem für eine gewisse Schichtabhängigkeit des Rekrutierungsprozesses, während die internen Bewegungsvorgänge (Karrieren) in Organisationen bereits in hohem Maße schichtunabhängig erfolgen auf der Basis einer systemeigenen Erfahrungs- und Bewährungsgeschichte (siehe für den deutschen öffentlichen Dienst z. B. *Niklas Luhmann/Renate Mayntz,* Personal im öffentlichen Dienst: Eintritt und Karrieren, Baden-Baden 1973, S. 140).

13 *Philip Selznick,* Leadership in Administration: A Sociological Interpretation, Evanston III. – White Plains N. Y. 1957, hatte mit Bezug auf dieses Problem die Funktion der Führung gesehen als Befreiung von (und momentanes Sicherheitsäquivalent für) Systemgeschichte. Dabei wird nicht genügend berücksichtigt, daß mit der Systemgeschichte auch die Rationalitätsgrundlagen für strukturelle Umdispositionen entfallen; ein solcher Führer müßte also nicht nur in seinem „appeal", sondern auch in seinem „Kalkül" außerhalb der Rationalität wirken. Vgl. hierzu auch *Sir Geoffrey Vickers,* The Art of Judgment: A Study of Policy Making, London 1965.

14 Diese Generalisierungsleistung, die es ermöglicht, Personal mit anderen Strukturen auf einen formalen Nenner zu bringen, ist vor allem Herbert Simon zu danken. Zur theoretischen Entwicklung siehe: *Herbert A. Simon/Donald W. Smithburg/Victor A. Thompson,* Public Administration, New York 1950, S. 57 ff.; *Herbert A. Simon,* Administrative Behavior: A Study of Decision-Making Processes in Administrative Organization, 2. Aufl., New York 1957, S. XXX f.; *ders.,* Administrative Decision Making, Public Administration Review 25 (1965), S. 31-37.

15 Der Abstand zwischen wissenschaftlichen Möglichkeiten und praktischen Erfordernissen ist hier so groß, daß er wohl nur in enger Zusammenarbeit mit dem in den Organisationen selbst bestehendem Personalbeurteilungswesen verringert werden kann.

Die Personalbeurteilung müßte dann zugleich für das Entwickeln und Testen wissenschaftlicher Instrumente zur Verfügung gestellt werden und hierfür eine gewisse Experimentierfreiheit erhalten.

16 Vgl. *Torstein Eckhoff/Knut Dahl Jacobson*, Rationality and Responsibility in Administrative and Judicial Decision-making, Kopenhagen 1960; *Niklas Luhmann*, Lob der Routine, in: *ders.*, Politische Planung, Opladen 1971, S. 113-142; *ders.*, Zweckbegriff und Systemrationalität: Über die Funktion von Zwecken in sozialen Systemen, Neudruck Frankfurt 1973, insb. S. 101 ff. Kritisch dazu *Walter Schmidt*, Die Programmierung von Verwaltungsentscheidungen, Archiv des öffentlichen Rechts 96 (1971), S. 321-354.

17 Vgl. hierzu *David Braybrooke/Charles E. Lindblom*, A Strategy of Decision: Policy Evaluation as a Social Process, New York 1963, S. 158 ff.

18 Siehe z. B. *George Strauss*, Some Notes on Power-Equalization, in: *Harold J. Leavitt* (Hrsg.), The Social Science of Organizations: Four Perspectives, Englewood Cliffs N. J. 1963, S. 39-84 (71 ff.).

19 Darauf deuten die Ergebnisse von *Robert B. Zajonc*, The Process of Cognitive Tuning in Communication, The Journal of Abnormal and Social Psychology 61 (1960), S. 159-167 hin, die allerdings, soweit ich sehe, nie überprüft und weiterentwickelt worden sind.

20 Siehe für Programme z. B. *James G. March/Herbert A. Simon, Organizations,* New York/London 1958, S. 143: „The greater the *programming* of individual activities, the greater the *predictability* of those activities."

21 So deuten die von *Peter M. Blau*, Decentralization in Bureaucracies, in: *Mayer N. Zald (Hrsg.)*, Power in Organizations, NashvilleTenn. 1970, S. 150-174 und *Peter M. Blau/Richard A. Schoenherr*, The Structure of Organizations, New York/London 1971, S. 115 ff. berichteten Befunde darauf hin, daß eine zentralisierte, standardisierte Personalauslese eine Delegation und relative Offenheit der Programmfestlegungen ermöglicht. Das Umgekehrte wird ebenfalls gelten und unter anderen Umweltbedingungen ebenfalls sinnvoll sein.

22 Vgl. hierzu den immer wieder bemerkenswerten Beitrag von *Pitirim A. Sorokin*, The Principle of Limits Applied to Problems of Causal or Functional Relationship between Societal Variables and of the Direction of Social Processes, in: Social Process: Papers Presented to the 26th Annual Meeting of the American Sociological Society Washington 1932, Chicago 1933, S. 19-27.

23 Diese These war auch für den älteren „Holismus" zentral. Siehe z. B. *Andras Angyal,* The Structure of Wholes, Philosophy of Science 6 (1939), S. 25-37.

24 Zur Konzeption generalisierter Medien allgemein: *Talcott Parsons*, Politics and Social Structure, New York 1969, S. 352 ff., 405 ff., 439 ff. *Niklas Luhmann*, Einführende Bemerkungen zu einer Theorie symbolisch generalisierter Kommunikationsmedien, in diesem Bande, S. 170-192; *ders.*: Macht, Stuttgart 1975. Vgl. ferner die Ergebnisse bei *Lawrence und Lorsch* a.a.O., daß interne reziproke Machtsteigerungen die produktiveren Organisationen bei kontingenteren Umwelten auszeichnen.

25 Vgl. insb. *Crozier* a.a.O., S. 259 f., 291 ff., 360 f., u. ö.; *Karl W. Deutsch*, Politics and Government: How People Decide Their Fate, Boston 1970, S. 52 ff.; *Mauk Mulder* et al., An Organization in Crisis and Non-crisis Situations, Human Relations 24 (1971), S. 19-41 (insb. zum Zusammenhang mit situationsbedingten Machtsteigerungen).

26 Siehe etwa: *Howard H. Vollmer/Jack A. Kinney*, Age, Education and Job Satisfaction, Personnel 32 (1955), S. 38-43; S. M. Klein/J. R. Maher, Education Level and Satisfaction with Pay, Personnel Psychology 19 (1966), S. 195-208; *Elmar Lange/Niklas Luhmann*, Abiturienten ohne Studium im öffentlichen Dienst: Einige Zusammenhänge zwischen Ausbildung und Karrieren, Die Verwaltung 8 (1975), S. 230-251 (236 ff.).

27 Sehr prinzipielle und methodenbewußte Ausführungen dazu auch bei *Pierre Bourdieu/Jean Claude Passeron*, Die Illusion der Chancengleichheit: Untersuchungen zur Soziologie des Bildungswesens am Beispiel Frankreichs, dt. Übers. Stuttgart 1971, insb. S. 131 ff.

28 So z. B. *Alvin Gouldner*, The Coming Crisis of Western Sociology, London 1971.

29 Dieser Ansatz verbindet sich zumeist, obwohl keineswegs zwangsläufig, mit einer Präferenz für interaktionistische Forschungen. Siehe nur *David Silverman*, The Theory of Organisations, London 1970.

30 Vgl. dazu im vergleichenden Horizont der Wirtschaftsethnologie *Jochen Röpke*, Neuere Richtungen und theoretische Probleme der Wirtschaftsethnologie, in: *Hermann Trimborn (Hrsg.)*, Lehrbuch der Völkerkunde, 4. Aufl. Stuttgart 1971, S. 446-457.

31 Einige dieser und der im Vorangehenden behandelten Aspekte betont *Theodore Caplow*, Principles of Organization, New York 1964, S. 1, wenn er definiert: „an organization is a *social system that has an unequi vocal collective identity, an exact roster of members a program of activity, and procedures for replacing members*".

Die Weltgesellschaft

I

Die These, daß die Angelegenheiten aller Menschen irgendwie Zusammenhängen, dürfte heute kaum Widerspruch finden. Die begriffliche Konstruktion dieses Zusammenhanges und dessen genaueres Verständnis bereiten jedoch beträchtliche Schwierigkeiten. Das liegt teils an der Komplexität des Gegenstandes, teils auch – wie wir sehen werden – daran, daß überlieferte Denkvoraussetzungen und Begriffsprägungen uns die unbefangene Annäherung erschweren. Die „Idee eines Weltreichs" sei „hassenswerth", ereiferte sich Heinrich von Treitschke, die Vielheit der Nationalstaaten dagegen eine „nothwendige und vernunftgemäße" (1)*. Es sei noch nicht so weit, aber die Tendenz ziele auf fortschreitende Zusammenfassung der menschheitlichen Zivilisation aller Völker in einem Gesellschaftskörper, meinte gleichzeitig Albert Schäffle (2). Die Denkmittel und Argumente, mit denen solche Positionen entfaltet wurden, sind heute als unzulänglich durchschaut; aber ein überzeugender Ersatz ist noch nicht gefunden. An die Stelle einfacher und kurzschlüssiger Kontrastierungen ist eine Konfusion okkasioneller, nicht aufeinander bezogener Meinungen und ein methodisch bedingter Agnostizismus getreten (3). Dabei wird das Problem der Weltgesellschaft kaum mehr gestellt. Es wird durch die Staubwolken verdeckt, die die Kontroversen um den Gesellschaftsbegriff und die Gesellschaftstheorie auf der einen, die Diskussion der Weltlage in politischer

---

* Anmerkungen siehe Seite 82

oder ökonomischer, spieltheoretischer oder entscheidungstaktischer Hinsicht auf
der anderen Seite aufgewirbelt haben.

Da das Problem der Weltgesellschaft sich bis in die letzten vorchristlichen Jahrhunderte zurückverfolgen läßt, mag es lohnen, zunächst zu sehen, wie und auf
Grund welcher Denkvoraussetzungen die alteuropäische Tradition es behandelt
hat. Dabei interessieren weniger die Einzelheiten der Dogmengeschichte als vielmehr das Problemverständnis, das in ihren Prämissen steckt und das sich heute
vielleicht besser als in der Tradition selbst artikulieren läßt.

Als tragender Begriff der Gesellschaftstheorie erfährt der Begriff *Koinonia*
in der Antike seine Auslegung von der Gleichheit der Naturausstattung des Menschen her. Als Gleiche, und auf Grund ihrer Gleichheit, haben die Menschen gemeinsame Angelegenheiten. Gleichheit begründet die Gemeinsamkeit. Dabei wird
Gleichheit nicht als Übereinstimmung gedacht, sondern als Gattung, in deren
Merkmalen das Wesen des Menschen in seinem Unterschied von anderen Gattungen, besonders von Tieren, zum Ausdruck kommt. Auf diesen Unterschied zum
Tier abstellend, wird das wesentliche Unterscheidungsmerkmal als Vernunft begriffen. Deren gemeinsamer Besitz zeichnet den Menschen aus und begründet die
Gesellschaft. Dieser Gedanke hält sich durch bis in die Aufklärungszeit, die aus
der Gleichheit der menschlichen Vernunft auf möglichen Konsens über Gründung
und Grundausstattung der Gesellschaft schließt.

Zugleich nimmt jenes Denken einen moralisch gefärbten, normativen Stil an.
Die moralische Modalisierung eines normativen Erwartungsausdrucks besagt, daß
er verknüpft wird mit dem Ausdruck von Bedingungen, unter denen ein Mensch
als Mensch geachtet werden kann (4); sie individualisiert und generalisiert zugleich. Eine solche moralische Normativität ist für die alteuropäische Gesellschaft
zwar nicht logisch, aber funktional notwendig; denn sie muß ihre Erwartungen
auch angesichts von Widerständen und Enttäuschungen durchhalten und stützt
sich daher immer auch auf Kategorien und Verfahren der moralischen Abrech-
nung mit denen, die den vernünftig eingeforderten Konsens verweigern – auf deren
Klassifikation als Heiden, Fanatiker, Primitive, Ungebildete, Verbrecher, Geistes-
kranke, je nach dem vorherrschenden Stil der Zeit. Solch eine Kategorisierung der
Abweichenden bleibt kategorisch und pauschal; sie dient nur dazu, deren Konsens-
relevanz zu neutralisieren, nicht aber dazu, faktische Interaktion mit ihnen zu steuern (5). In diesem Sinne ist das Gesellschaftsdenken der Tradition praktische, das
heißt normativ denkende Philosophie. Ihre Normativität wird, weil sie nur funktional, nicht logisch notwendig ist, in den Grundannahmen über Mensch und Welt
als Natur zum Ausdruck gebracht und so der Kritik entzogen – bis auf Hobbes hin,
der den Menschen als moralfreie Natur denkt, Freiheit als Recht postuliert, Normen in logischen Ableitungen zu gewinnen sucht und damit nicht nur die Themen,

sondern auch die Funktionseinheit des Themenkombinats der alteuropäischen Gesellschaftsphilosophie sprengt.

Die Konsequenzen für eine Weltgesellschaft sind, wenn überhaupt, nur im Wege der Abstraktion gezogen worden, und nicht als Antwort auf real sich stellende Probleme. Sie sind in faktischer wie in moralischer Hinsicht utopisch geblieben. Abstraktion konnte unter den Denkvoraussetzungen jenes alteuropäischen Gesellschaftsbegriffs nur heißen: Absehen von allen Unterschieden der Länder und Völker, der Kulturen und Herrschaftsformen und Abstellen auf das, worin alle Menschen gleich sind. Man unterstellte, daß auch diese letztabstrakte Gleichheit noch gemeinsame Angelegenheiten konstituiere, namentlich das Interesse an Recht und Frieden.

Daran fällt auf, daß diese allgemeingemeinsamen Interessen noch als *politische* Probleme formuliert werden, *obwohl die Politik selbst nicht mitabstrahiert werden konnte,* sondern als Herrschaft den politisch konstituierten Einzelgesellschaften (societates civiles, Staaten) vorbehalten blieb. Merkwürdig genug! Die politische Funktion wurde als Problem (oder als Idee!) auf die Ebene der Weltgesellschaft *projiziert,* obwohl sie dort als politisches System nicht hinreichend realisiert werden konnte. Das, was als Völkerrecht behauptet wurde, geriet so in ein antagonistisches Verhältnis zur Politik (6). Die Erklärung dafür liegt im Begriffsansatz selbst. Die Artikulation dessen, was gleich und daher gemeinsam sei, war seit alters durch bezug aufs Politische geleistet worden, zunächst einfach deshalb, weil die Ausdifferenzierung politischer Herrschaften den archaischen Typus segmentärer Verwandtschaftsgesellschaften abgelöst hatte. Diese Assoziation von Politik und Gesellschaft saß fest. Sie wurde als Erläuterung des Gleichen und Gemeinsamen gebraucht, und sie war in der gedanklichen Übertragung auf die Weltgesellschaft um so weniger abwerfbar, als das Gleiche und Gemeinsame auf ihrer Systemebene erläuterungsbedürftiger wurde.

Die Abkommen auf moralische und politische Kategorien der Vorstellungsbildung war mithin keine willkürliche Option älterer Denker und auch nicht bloßer Ausdruck einer Unfähigkeit, normative und faktenbezogene Aussagen logisch zu trennen; es war eine Konsequenz ihres Denkansatzes und ihres Problemverständnisses. Der Ansatz beim Gattungswesen des Menschen und beim Gleichen, das das Gemeinsame begründet, hatte hohe, aber einfache und unbestimmte Komplexität, war in sich selbst nicht instruktiv genug, und war deshalb auf politische Kategorien der Erläuterung und auf moralische Kategorien der Enttäuschungsabwicklung angewiesen. Die innere Geschlossenheit dieses Vorstellungssyndroms zwingt einem Bewunderung ab; sie erklärt seine hohe Plausibilität und den Denkzwang, den es ausgeübt hat und noch ausübt. Aber zugleich bringt diese Einsicht die Kritik in eine Form, die auf die Prämissen zielt; die also nicht mehr damit zufrieden ist, sich als wertfrei oder als realistisch, zu gebärden.

Kritik der Prämissen aber ist Kritik ihrer Fassungskraft für Komplexität. Jede Theorie muß sich die Frage gefallen lassen, ob sie ihrem Ansatz nach hinreichend komplex und zugleich bestimmt und instruktiv genug ist, um Sätze begründen zu können, die die Realitäten in angemessener (sinnvoll verkürzter) Weise wiedergeben. Vor dieser Testfrage scheitert das alteuropäische Gesellschaftsmodell. Es ist schon als Theorie der modernen Gesellschaft zu einfach und versagt erst recht, wenn man diese Gesellschaft als Weltgesellschaft zu konzipieren versucht. Es besteht damit die Gefahr, daß die zu einfachen Begriffsprägungen der alteuropäischen Gesellschaftsphilosophie über ihre Zeit hinaus nachwirken und unsere Erwartungen und Beobachtungen fehlleiten. Es könnte sein, daß wir die neu entstandene Weltgesellschaft nicht wahrnehmen und deshalb auch nicht realisieren, weil wir sie unter falschen Kategorien, etwa unter der Idee des Weltreichs, erwartet haben (7).

II

Der gegenwärtige Entwicklungsstand der Gesellschaftstheorie erlaubt es nicht, eine überzeugende Neulösung einfach zu substituieren. Bis heute arbeitet die Soziologie mit der Vorstellung einer Mehrheit menschlicher Gesellschaften, (8) hat aber das daraus resultierende Problem einer Definition der Grenzen, die verschiedene Gesellschaftssysteme voneinander trennen, nicht überzeugend lösen können (9). Auch diese konzeptuellen Schwierigkeiten haben, wie wir noch sehen werden, ihren Grund in der Unmöglichkeit, neue Lagen mit den überlieferten Denkmitteln zu bearbeiten. Wir beginnen daher am besten nicht mit den für regionale Gesellschaften entworfenen Konzepten, sondern mit der Frage, ob und in welchen Hinsichten sich weltweite Interaktion schon konsolidiert hat. Als reale Möglichkeit ist sie ein historisch neuartiges Phänomen. „Zum ersten Male dienen alle fünf Weltteile zugleich als Theater" (10). Weltweite Interaktion ist möglich, wenn und so weit Partner unter allen Menschen gewählt werden können, sofern dies nach dem Sinn der Interaktion wünschenswert ist, ohne daß Gesellschaftsgrenzen dies verhindern. Ein Argentinier mag eine Abessinierin heiraten, wenn er sie liebt; ein Seeländer in Neuseeland Kredit aufnehmen, wenn dies wirtschaftlich rational ist, ein Russe, technischen Konstruktionen vertrauen, die in Japan erprobt worden sind; ein französischer Schriftsteller in Ägypten homosexuelle Beziehungen suchen; ein Berliner sich auf den Bahamas bräunen, wenn ihm dies ein Gefühl der Erholung vermittelt. Was läßt sich in solchen Hinsichten faktisch als Weltzustand beobachten?

Auf einer ziemlich konkreten Ebene der Deskription können wir zunächst ein immenses Anwachsen der Kenntnisse über Fakten des Lebens und der Interaktionsbedingungen aller Menschen feststellen. Diese Kenntnisse sind natürlich nicht als reales Wissen des einzelnen vorhanden, wohl aber in der Form des Wissens der Zugänglichkeit des Wissens im Bedarfsfalle. Dieser Hintergrund bleibt nicht ohne Relevanz für dennoch behauptete Ideologien und Moralen (11). Weiter ist das wissenschaftlich gesicherte Wissen (faktisch in der gleichen Form des Wissens von Wissen) universell verbreitet, und mit ihm sind es die Errungenschaften der Technologie. Forschung und wissenschaftliche Kritik arbeiten, trotz aller Restriktionen wirtschaftlicher, politischer, sprachlicher Art, in einem weltweiten Kommunikationsnetz, und die sondergesellschaftlichen Bezüge der Quellen des Wissens sind neutralisiert. Daneben gibt es eine weltweite öffentliche Meinung, die Themen unter dem Aspekt von Neuigkeiten aufnimmt und in Prämissen weiterer Erlebnisverarbeitung übersetzt. Bei allen lokalen, politischen, verbreitungstechnischen Restriktionen ist bei einer Reihe von Themen weltweite Registrierung und Resonanz absehbar und wird vorwegnehmend in Rechnung gestellt. Ferner sind sehr großräumige, zum Teil weltweite wirtschaftliche Verflechtungen entstanden. Allen Autarkiebestrebungen, politischen Kontrollen und Isolierungen zum Trotz werden weltweite Möglichkeiten der Bedarfsdeckung laufend in Betracht gezogen und gegen die Nachteile einer Verflechtung abgewogen. Nationale politische Ziele werden gewonnen aus einem internationalen Vergleich des Entwicklungsstandes in technischer und wirtschaftlicher Hinsicht. Nicht zuletzt ist eine auf Weltfrieden beruhende durchgehende Verkehrszivilisation entstanden, in der sich ein urban erzogener Mensch gleich welcher Provenienz zurechtfindet. Fast überall kann man Kontakte, wenn sie nicht ihrer Natur nach riskant sind, unter einer Art „Normalitätshypothese" einleiten – das heißt unter der Voraussetzung, daß es nur um spezifische Intentionen geht und nichts weiter los ist. Jedes Land hat zwar seine Dazulernquote: man muß in Spanien zum Beispiel lernen, daß die Eisenbahn einen nur mitnimmt, wenn die Fahrkarte besonders abgestempelt ist, in England, daß manche Wagentüren der Eisenbahn sich auch für die Insassen nur von außen öffnen lassen. Aber man gerät nicht in seltsame, völlig unverständliche Situationen, in denen es unmöglich wird, abzuschätzen, was andere von einem erwarten. Jeder kann mit normalen Lernleistungen als Fremder unter Fremden eigenen Zielen nachgehen, und diese Möglichkeit ist Horizont täglichen Bewußtseins geworden. Im übrigen gilt diese Prämisse einer Weltgesellschaft nicht nur für formales und normkonformes, sondern auch für abweichendes Verhalten – so neuerdings etwa für Flugzeugentführungen.

Man kann im Hinblick auf solche Tatbestände die Frage des *Zugangs* zu weltweiten Interaktionen stellen und im Hinblick darauf Veränderungen notieren.

Verglichen etwa mit dem 19. Jahrhundert scheinen die Zugangsvoraussetzungen sich von *Privatvermögen auf Organisationsmitgliedschaften* zu verlagern mit der Folge höherer Variabilität der Zugangsbedingungen. Der hohe Anteil an Dienstreisen fällt auf. Er zeigt, daß man sich in der Frage der Integration nicht allein auf den „fundierenden Wertkonsens" zu verlassen braucht, sondern neuartige institutionelle Symbiosen von privaten Motiven und öffentlichen Zwecken in Rechnung stellen kann. Untersuchungen über Dienstreisen ins Ausland und ihre Motive würden sich lohnen. Unser eigentliches Problem darf aber nicht auf die Frage der Herstellung weltweiter Kontakte von Angesicht zu Angesicht zurückgeschnitten werden. Die Weltgesellschaft konstituiert sich nicht dadurch, daß mehr und mehr Personen trotz räumlicher Entfernung in elementare Kontakte unter Anwesenden treten. Dies ist nur eine Nebenerscheinung der Tatsache, daß in jeder Interaktion ein „Und so weiter" anderer Kontakte der Partner konstituiert wird mit Möglichkeiten, die auf weltweite Verflechtungen hinauslaufen *und sie in die Interaktionssteuerung einbeziehen.*

Der Umfang, in dem solch ein weltweiter Möglichkeitshorizont konkretes Erleben und Handeln mitfärbt oder gar bestimmt, ist schwer anzugeben (12). Tatsache ist, daß das Phänomen eines faktisch vereinheitlichten Welthorizontes neu und in einer Phase irreversibler Konsolidierung begriffen ist. Diese Vereinheitlichung findet sich auf allen Ebenen intersubjektiver Erwartungsbildung: als faktische Übereinstimmung des Horizontes, in dem sich (übereinstimmende oder nichtübereinstimmende) Erwartungen konstituieren, als Erwartung der Übereinstimmung des Erwartungshorizontes anderer mit dem eigenen und als Erwartung, daß andere erwarten, daß ihr Horizont mit dem anderer identisch ist (13). Im Unterschied zu allen älteren Gesellschaften konstituiert die Weltgesellschaft nicht nur eine projektive (eigene Systembedürfnisse widerspiegelnde), sondern eine reale Einheit des Welthorizontes für alle. Oder auch umgekehrt: die Weltgesellschaft ist dadurch entstanden, daß die Welt durch die Prämissen weltweiten Verkehrs vereinheitlicht worden ist (14).

Sehr früh und in unbewußtem Vorgriff auf diese Weltlage hat die abendländische Philosophie dafür die Formel geliefert, indem sie den Menschen in seinem Bewußtsein als Subjekt definierte (15). Diese Formel besagt: das Bewußtsein liege der Weltvorstellung zugrunde – das Bewußtsein des Menschen, das heißt: aller Menschen. Darin liegt beschlossen das Postulat, daß alle Menschen miteinander interagieren können auf der Basis von Erwartungen, die sie in bezug auf die im Bewußtsein des anderen gebildeten Erwartungen bilden können. Die Subjektivität, Allgemeinheit und Freiheit des Subjekts symbolisiert diesen sehr komplizierten Sachverhalt, daß das bewußte Erwarten bewußter Erwartungen weltweit ins Bewußtsein kommt und die Steuerung sozialer Interaktion übernimmt (16). Die darin implizierte Ichheit aller Menschen ist zugleich die moderne Gestalt der Gleichheit, die Gemeinsamkeit begründet.

III

Achtet man auf die Erwartungsstrukturen, die jene universell gewordenen Interaktionsfelder der Wissenschaft und der Technik, der Wirtschaft, der öffentlichen Kommunikation von Neuigkeiten und des Reiseverkehrs orientieren, dann fällt ein deutliches Vorherrschen kognitiver, adaptiver, lernbereiter Erwartungen auf, während normative, Moral prätendierende und vorschreibende Erwartungen zurücktreten. Selbst die internationale Politik hat, sofern man davon überhaupt reden kann, sich diesem Stil angepaßt – abzulesen an symptomatischen Details, zum Beispiel an der Aufgabe des völkerrechtlichen Instituts der humanitären Intervention oder daran, daß das „Anerkennen der Realitäten" in der Politik zu einem moralischen (!) Argument geworden ist.

Der durchgehende Grundzug dieser Präferenz für kognitive Erwartungen läßt vermuten, daß wir einem selektiven Prinzip auf der Spur sind – das heißt: daß die Weltgesellschaft sich zunächst in Interaktionsbereichen konstituiert hat, in denen kognitives Erwarten in bezug auf das Erwarten und Verhalten anderer stabilisiert werden kann. Solche Selektion scheint von der Struktur des Systems der Weltgesellschaft auszugehen. Jene Präferenz zu verstehen, könnte daher etwas dazu beitragen, diese Struktur zu verstehen.

Um den Gründen für diese auffällige einseitige Entwicklung nachzuspüren, müssen wir zunächst die Differenz von normativem und kognitivem Erwarten klären (17). Dabei interessiert nicht die Behauptung eines unüberbrückbaren logischen oder gar metaphysischen Gegensatzes von Sollen und Sein, sondern die Funktion der entsprechenden Erwartungsstile. Der Unterschied liegt im Verhalten angesichts von Enttäuschungen – genauer gesagt: in der Miterwartung der Möglichkeiten des Verhaltens angesichts von Enttäuschungen. Normatives Erwarten zeigt sich als entschlossen, die Erwartung auch im Enttäuschungsfalle festzuhalten, und stützt sich dabei auf entsprechende Ressourcen wie innere Überzeugung, Sanktionsmittel, Konsens. Kognitives Erwarten stilisiert sich dagegen lernbereit, es läßt sich durch Enttäuschungen korrigieren und stützt sich seinerseits auf entsprechende Ressourcen, vor allem auf die Erwartung, daß sich in Enttäuschungslagen die Richtung der Erwartungsänderung hinreichend rasch und hinreichend eindeutig ausmachen läßt. Kognitives Erwarten sucht sich selbst, normatives Erwarten sucht sein Objekt zu ändern. Lernen oder Nichtlernen – das ist der Unterschied.

Beide Formen des Erwartens bilden im Hinblick auf das Enttäuschungsproblem funktional äquivalente Problemlösungen und können daher füreinander substituiert werden: Auf Situationen ohne rasche, eindeutige, sichere Lernmöglichkeit stellt man sich eher normierend ein; auf Situationen ohne Aussicht auf Hilfe für enttäuschte Erwartungen eher kognitiv. Und in Fällen, wo weder die Risiken des einen noch die Risiken des anderen Erwartungsstils getragen werden können, bleibt nur ein in dieser Frage diffuses, unentschieden normativ-kognitives Erwarten ohne Plan für den Enttäuschungsfall übrig. Diese Kurzanalyse soll andeuten, daß normatives und kognitives Erwarten in einem eigentümlich komplizierten Verhältnis zueinander stehen: Sie bilden direkte Gegensätze in der Art, wie sie eine Enttäuschungsabwicklung in Aussicht nehmen (und dieser Gegensatz wird durch die Unterscheidung von Sollen und Sein symbolisiert). Sie bilden gleichwohl funktional äquivalente Strategien, dies aber mit sehr unterschiedlichen Erfolgsvoraussetzungen, Risiken und Folgelasten, so daß die Wahl zwischen beiden Möglichkeiten nicht beliebig erfolgen kann, sondern mit anderen Faktoren, namentlich mit Systemstruktur und Umweltlage, korreliert. Darauf gründet sich die Vermutung, daß es kein Zufall ist, wenn man in bestimmten Interaktionsfeldern vorherrschend normative oder vorherrschend kognitive Erwartungsstrukturen antrifft, und daß auch einer Verschiebung vom einen zum anderen Erwartungsstil erforschbare Zusammenhänge zugrunde liegen.

Es ist keine Frage, daß in allen Sozialsystemen normative und kognitive Erwartungen miteinander und nebeneinander bestehen. Aber die strukturelle Präferenz für normative Leitlinien der Erwartungsbildung auf der Ebene des Gesellschaftssystems tritt markant hervor und verlangt eine Erklärung. Diese liegt ganz einfach darin, daß *normativer Erwartungsstil leichter institutionalisierbar ist als kognitiver* (18). Für fest behauptete, durchzuhaltende Erwartungen oder für die solche Erwartungen organisierenden Symbole lassen sich leichter Mitengagements und Konsensaussichten beschaffen (19) als für lernbereit postulierte Erwartungen; denn im letzteren Falle der kognitiven Erwartungen müßte der Konsens gleichsam pauschal für eine noch unbestimmte Änderung erteilt werden. Zum Teil hängt das damit zusammen, daß man in Enttäuschungslagen schlecht lernen kann, zum Teil damit, daß man im voraus nicht ausmachen kann, wie die Erwartungen geändert werden.

Angesichts dieses Unterschiedes in der Institutionalisierungschance werden die nicht ganz selbstverständlichen, riskanteren Verhaltenserwartungen eher enttäuschungsfest und nicht lernbereit, eher normativ und nicht kognitiv institutionalisiert; das gilt zumindest für strukturtragende Erwartungen, auf deren Enttäuschung man sich nicht ohne weitere Folgen einstellen kann. Dadurch kommt es, wie man in kleinen Gruppen täglich beobachten kann, zu Prozessen der „moralischen Selbstaufwertung" des je eigenen Systems, die ins Irrealistische, (20) aber auch zu

Innovationen führen können. Die bessere Generalisierbarkeit des Wünschbaren und Normativen (21) wird zur Abhebung sozialer Strukturen von der Wirklichkeit ausgenutzt. Im Aufbau von zunehmend „unnatürlichen", nicht selbstverständlichen, zum Beispiel hochspezialisierten Erwartungen der menschlichen Zivilisation übernimmt der normative Erwartungsstil zunächst die Führung. Evolutionär unwahrscheinliche Verhaltensweisen werden in normativen Erwartungsstrukturen zementiert. Belege dafür findet man gerade zu Beginn des Aufbaus der neuzeitlichen Gesellschaft, wo diese Problemlösung noch naheliegt, aber schon keinen Erfolg mehr haben kann: in der religiösen Normierung des Wahrheitsgehaltes wissenschaftlicher Forschung, bevor diese im hypothetischen Charakter ihrer Theorien und in der vorläufigen Nichtfalsifiziertheit von Wahrheiten eine ausreichende Arbeitssicherheit findet; in den normativen Ordnungszielen der Wirtschaftspolitik, bevor die Wirtschaft das Risiko einer rein kognitiven Orientierung an Marktveränderungen inkorporiert; in den Versuchen einer naturrechtlichen Bindung der Rechtspolitik, bevor man das Risiko der Rechtsänderung in eine „demokratische" Ordnung der Politik verlagert und dort stabilisiert.

Vor diesen Wendungen zur Institutionalisierung neuartiger Risiken in ausdifferenzierten Teilsystemen der Gesellschaft waren stets die normativen Mechanismen, waren als sie organisierende Symbole Religion, Recht und Politik Risikoträger der gesellschaftlichen Evolution gewesen. Ihre Ausprägung entschied über die erreichbare Komplexität und damit über die Entwicklungschancen eines Gesellschaftssystems. Diese Leistung wurde im Denken über die Gesellschaft registriert, wurde in der alteuropäischen Tradition durch einen ethischpolitischen Gesellschaftsbegriff honoriert.

Erst nach diesem Rückblick und nur mit Hilfe der verwendeten Distinktion von normativen und kognitiven Erwartungen können wir die volle Tragweite unserer Feststellung erkennen, daß im Bereich weltweit orientierter Interaktionen, also im Bereich dessen, was sich als Weltgesellschaft konstituiert hat, der kognitive Erwartungsstil zu dominieren scheint. Dieser Befund wird gemeinhin als Mangel, als Fehlen welteinheitlicher Moral, Rechtsbildung und Politik empfunden. Aber Weltgesellschaft ist ein evolutionär völlig neuartiges Phänomen. Die Erfolgsaussichten einer solchen Systembildung sind mit den vorhandenen Denkmitteln nicht abzuschätzen, und sie liegen vermutlich nicht in der Blickbahn derjenigen Kategorien, die für die traditionellen, politisch konstituierten Regionalgesellschaften adäquat werden. So gesehen, ist es bereits problematisch, die Weltgesellschaft, wie es zumeist geschieht, als „internationales" System zu definieren und sie damit stillschweigend der Voraussetzung eines Primats der Politik zu unterstellen (22). Über die Feststellung eines Systems von archaischer Primitivität (23) kommt man damit nicht hinaus.

Offensichtlich ist mit Hilfe der normativen Mechanismen, vor allem des Rechts, auf der Ebene politisch konstituierter Regionalgesellschaften eine evolutionär unwahrscheinliche Hochleistung stabilisiert und damit erwartbar gemacht worden – nämlich die verläßliche Motivation zu nahezu beliebig spezialisierbarem Handeln. Auf diese Weise konnte ungewöhnlich hohe Kontingenz und Komplexität in sozialen Beziehungen aufgebaut, strukturell stabilisiert und psychisch tragbar gemacht werden – aber in Abhängigkeit von regional konsolidierten politischen Mechanismen. Es könnte sein, *daß diese eigentümliche Kombination von Recht und Politik gerade in ihrer besonderen Leistungsfähigkeit eine Fehlspezialisierung der Menschheitsentwicklung war, die sich, vorläufig jedenfalls, nicht auf das System der Weltgesellschaft übertragen läßt.* Zumindest werden, ganz abgesehen von den augenblicklichen Realitäten, die eine politische Einigung der Menschheit verhindern, die Grenzen dieser Kombination von Recht und Politik sichtbar: Die Positivierung des Rechts erfordert den Einbau kognitiver, lernbereiter Mechanismen in den Prozeß der Rechtsetzung, (24) und die Politik scheint nach wie vor darauf angewiesen zu sein, den benötigten Konsens aus „Gefahren", Frontenbildungen und Interessengegensätzen zu gewinnen, die eigenen Mechanismen also in bezug auf Grenzen zwischen Menschen zu stabilisieren. Die weitverbreiteten Bedenken gegen einen politisch konsolidierten Weltstaat ziehen ihre Nahrung, nicht nur bei *Treitschke,* aus einer vermuteten *politischen Unfähigkeit.* „Demokratisierung" und „politische Einigung der Welt" könnten sich als widerspruchsvolle Zielsetzungen entpuppen. Das läßt es fraglich erscheinen, ob Recht und Politik weiterhin die evolutionär führenden Risikoträger der Menschheitsentwicklung bleiben werden.

Diese Zweifel verstärken sich, wenn man bedenkt, daß das klassische Modell des völkerrechtlich geregelten internationalen Systems das Einwirken gesellschaftlicher Kontrollen auf der Ebene des Nationalstaates voraussetzte. Die Weltgesellschaft war als „private world-society of individual interests" (25) gedacht – von Interessen also, die sich als private und vor allem als wirtschaftliche auch in der staatlichen Politik Schutz und Gehör zu verschaffen wußten. Inzwischen sind die Prämissen dieses Modells durch die reale Entwicklung überholt. Die Probleme der Weltgesellschaft, wie immer sie liegen mögen, lassen sich nicht auf der Ebene einer nationalen Politik als private Interessen artikulieren; weder passen sie durch das Nadelöhr einer staatlich verstandenen Politik, noch lassen sie sich als private Interessen darstellen und motivieren. Und damit entfällt die weitreichende Ordnungsvorgabe und Entlastung, die das klassische Völkerrecht an jenem Vorgang einer zunächst dynastisch, dann kapitalistisch domestizierten nationalen Politik finden konnte.

Mit all dem ist nicht notwendig ein Stagnieren der gesellschaftlichen Entwicklung vorausgesagt, wohl aber eine Verlagerung des evolutionären und funktionalen

Primats auf andere Teilsysteme und Mechanismen der Gesellschaft. Heute definieren Wirtschaft, Wissenschaft und Technik die in der Gesellschaft zu lösenden Probleme mitsamt den Bedingungen und Grenzen ihrer Lösungsmöglichkeit, und der Rang einer Politik bestimmt sich nicht aus ihr selbst oder aus eigenen normativen Vorstellungen heraus, sondern aus dem Abstraktionsniveau und dem Weitblick, mit dem sie sich ändernde Lagen in Pläne faßt. Wirtschaft, Wissenschaft und Technik aber beruhen heute auf einem ausgeprägt kognitiven Erwartungsstil. Sie können und werden Enttäuschungsrisiken nicht durch normatives Durchhaltenwollen, sondern durch Lernen absorbieren.

Welche Voraussetzungen dafür erfüllt sein müssen, wissen wir nicht. Einige Vermutungen liegen auf der Hand. Lernen kann man nur (und kann man nur erwarten!), wenn Enttäuschungssituationen hinreichend strukturiert sind, so daß man rasch und sicher neue Erwartungen bilden kann. Dafür geeignete Schematisierungen, teils institutioneller, teils gedanklicher Art, sind in der Form von Märkten und Organisationen, (26) Plänen, Theorien und Modellen geschaffen und werden zunehmend als Variablenkombinationen begriffen, das heißt als Schemata für das Auffangen von Veränderungen (27). Dazu kommen vergleichsweise höhere Anforderungen an Sicherheit, nämlich Sicherheit der Verfügung über Ressourcen und Substitutionsmöglichkeiten, die beim Sicheinlassen auf neue Erwartungen aktiviert werden können (28). Nicht zuletzt dürfte Lernfähigkeit von sehr weitgehender Differenzierung und Spezialisierung sozialer Systeme abhängen. Mit all dem sind nur Problemstellungen angedeutet und ist nichts darüber ausgemacht, ob und wie solche Einrichtungen über Lernfähigkeit zur Stabilisierung der Struktur eines Systems der Weltgesellschaft beitragen können. Diese Frage läßt sich heute nicht abschließend beantworten. Aber wir können ihr mit der Hilfe anderer begrifflicher Denkmittel wiederbegegnen.

IV

Immer schon hatte die alteuropäische Tradition Gesellschaft als ein Ganzes interpretiert, das aus Teilen besteht (29). Während man im Verhältnis der Teile zueinander und zum Ganzen zunächst die Ordnung von wesentlichem und unwesentlichem, ursprünglichem und abgeleitetem Sein betonte, wird dieser Denkansatz im 19. Jahrhundert in seiner Widersprüchlichkeit offenbar, wird dynamisiert und mit Hilfe des weiten Horizontes moderner Geschichtsforschung und Ethnographie in eine Theorie der Gesellschaftsevolution eingebaut. Man begreift, besonders seit *Spencer,* (30) die Evolution menschlicher Gesellschaft als Prozeß zunehmender Differenzierung und korrespondierender Integration. Diese These konnte sich stützen auf einen faktisch-historischen Vorgang: auf die Umstrukturierung menschlicher Gesellschaften von segmentärer auf funktionale Differenzierung, wie man im Anschluß an *Durkheim* heute sagt (31). Im Vergleich zu segmentären, aus gleichen Teilsystemen, insbesondere Familien, zusammengesetzten Gesellschaften erfordere, so wird gesagt, funktionale Differenzierung wegen der Verschiedenartigkeit funktional spezialisierter Teilsysteme stärker generalisierte Formen der Integration. Diese werden, ganz in der Blickbahn der alteuropäischen Tradition, wenn nicht in der Politik, so doch in gemeinsamen Normen und Werten gesucht. Das ist ein zunächst sehr plausibler Vorstellungszusammenhang. Seine Übertragung auf das System der Weltgesellschaft, das äußerst differenziert sei und deshalb in hohen Abstraktionslagen effektive Integrationsmechanismen benötige, drängt sich auf und gerät in eine ernüchternde Diskrepanz zu den Fakten. Die postulierten integrativen Werte und Normen sind kaum zu finden. Behält man jene Theorie bei, muß man die Fakten als alarmierenden Mißstand ansehen. Wissenschaftlicher wäre es jedoch, die Theorie angesichts der Fakten zu überprüfen.

Als Ausgangspunkt dient uns ein gelegentlich auftauchender, bisher jedoch nicht durchgedrungener Verdacht – nämlich daß der neuzeitliche Systemgedanke nicht mehr mit Hilfe des Begriffsschemas vom Ganzen und seinen Teilen interpretiert werden kann, sondern auf einer funktionalen Einheitskonzeption beruht (32). Deren Bezugspunkt kann nicht im System selbst, sondern nur in der Umwelt des Systems gefunden werden (33). Seiner stets übermäßig komplexen Umwelt setzt das System seine Einheit als Gesichtspunkt der Selektion eines engeren Kreises von Möglichkeiten entgegen. Systemdifferenzierung ist eine der Strategien der Reduktion hoher Umweltkomplexität. Sie verstärkt die Selektivität des Systems durch Wiederholung der Systembildung in ihm selbst. Das umfassende System garantiert seinen Teilsystemen eine „innere Umwelt" von schon reduzierter Komplexität, also etwa Frieden, Vorhersehbarkeit, Vereinfachung der möglichen Veränderungen auf wenige relevante Variable. Die Teilsysteme können das Systeminnere (das heißt die anderen Teilsysteme) als *ihre* Umwelt behandeln und *nochmals* die Vorteile einer Grenzziehung und grenzgesteuerter Selektionsprozesse erzielen. Unter dieser Voraussetzung können unwahrscheinlich strukturierte Teilsysteme gebildet werden, die sich „in der freien Natur" nicht halten könnten, die aber, einmal geschaffen und stabilisiert, die innere Komplexität des Gesamtsystems steigern und dieses dadurch in die Lage versetzen, auf mehr Umweltveränderungen spezifisch zu reagieren. Durch Differenzierung wird das Komplexitätsgefälle zwischen System und Umwelt verändert in der Richtung, daß komplexere und zugleich voraussetzungsvollere Gesamtsysteme entstehen, die eine komplexere relevante Umwelt haben können, das heißt mit mehr möglichen Zuständen der Welt kompatibel sind.

Geht man von diesen Annahmen aus, wird die These einer streng korrespondierenden Zunahme von Differenzierung und Integration fraglich. Ein Gesamtsystem besteht nicht nur in dem Maße, als es durch einheitliche Werte, Normen oder gar Rollen (Herrschaft!) integriert ist, (34) sondern existiert in der Erfüllung seiner Funktion, den Teilsystemen eine geordnete Umwelt bereitzustellen. Letztlich kommt Integration dadurch zustande, daß Teilsysteme *ihrer eigenen Struktur nach* auf schon reduzierte Komplexität ihrer Umwelt angewiesen sind. Unter diesem Gesichtspunkt der strukturell verankerten Voraussetzung von Reduktionen, die das Teilsystem nicht selbst leisten kann, (35) lassen sich, da er hochgradig abstrahiert ist, mehr verschiedenartige Integrationsweisen als funktional äquivalent vergleichen – etwa Voraussetzung einer akzeptierten Normordnung, Sympathie, Märkte, durch unterstellbare Machtverhältnisse gesicherter Frieden, Vertrauen und anderes mehr. Recht und zentralisierte Politik bieten also eine Integrationsmöglichkeit – aber nur eine unter anderen. Es könnte sein, daß die Konsolidierung der Weltgesellschaft andere Wege erfordert – etwa die gesamtgesellschaftliche Verwirklichung der Voraussetzungen der Institutionalisierung kognitiven Lernens.

Zugleich ergibt dieser Blickpunktwechsel neue Einsichten in die Funktionen und Konsequenzen funktionaler (im Unterschied zu segmentärer) Differenzierung. Funktionale Differenzierung besagt, daß Teilsysteme ihre Identität aus spezifischen Funktionen für das Gesamtsystem gewinnen – und nicht etwa als verkleinerte, unter sich gleiche Kopien des Gesamtsystems. Es geht ihnen primär um Geld oder um Macht oder um Wahrheit oder um Liebe und unterhalb dieser Ebene etwa um Förderung der Wahlgewinnchancen einer Partei, Kristallstrukturforschung, Krankenpflege usw. Die Einseitigkeit solcher Gesichtspunkte legt die Bedingung dessen, was als möglich erscheint, so abstrakt fest, daß die Möglichkeitshorizonte der Teilsysteme immens erweitert und inkompatibel werden. Was zum Beispiel passionierte Liebe von den Liebenden fordert, nimmt weder auf Beruf noch auf Wahrheit, weder auf Politik noch auf Recht noch auf verständiges Umgehen mit Geld ausreichend Rücksicht. So verlieren alte Institutionen ihr „inneres Maß", das heißt ihren Bezug auf geschichtlich ausgereifte, gesamtgesellschaftlich ausgeglichene und Norm gewordene Erfordernisse. Das sie ersetzende Leistungsstreben muß durch explizit gezogene Grenzen in Schranken gehalten werden – exemplarisch abzulesen an der Begrenzung der Politik durch Grundrechte (36). Die offenen Horizonte neuzeitlicher Systemprinzipien lassen fast alles als möglich erscheinen, aber nicht alles auf einmal und nicht alles zusammen. Funktionale Differenzierung führt mithin, gesamtgesellschaftlich gesehen, zu einer strukturell bedingten (und damit im System unvermeidlichen) Überproduktion von Möglichkeiten. Daraus folgen zum Beispiel eine Steigerung der Chancen, aber auch des Zwanges zur Selektion, höhere Unwahrscheinlichkeit und Riskiertheit jeder Festlegung zu bestimmter Form, das Erscheinen einer offenen Zukunft als unendlicher Raum der Darstellung jenes Überhangs an Möglichkeiten, eine hohe Enttäuschungsquote in den Normprojektionen der Teilsysteme, ein vordringendes Bewußtsein des Illusionären, Ideologischen, Hypothetischen, Projektiven der doch notwendig erzeugten Erwartungen und mit all dem gewisse Tendenzen zur Umstellung auf einen kognitiven Erwartungsstil und zur Trivialisierung moralischer Fragen. Wo dieser evolutionäre Prozeß funktionaler Differenzierung und Möglichkeitssteigerung sich durchsetzt, wird die Institutionalisierbarkeit einheitlicher Gesellschaftsgrenzen für alle Teilsysteme problematisch (37). Die einzelnen Teilsysteme fordern jeweils andere Grenzen nicht nur für sich selbst, sondern auch für ihre Gesellschaft (38). Man kann nicht mehr einfach unterstellen, daß die Gesellschaftsgrenzen zwischen zugehörigen und nichtzugehörigen Mitmenschen identisch bleiben, wenn man von politischer Aktivität zu wissenschaftlicher Korrespondenz, zu wirtschaftlichen Transaktionen, zur Anknüpfung einer Liebesbeziehung übergeht. Solches Handeln setzt jeweils andere Abschattungen relevanten Miterlebens und Mithandelns voraus, die insgesamt nicht mehr durch einheitliche territoriale Grenzen auf dem Erdball symbolisiert werden können. Damit ist die Einheit einer alle Funktionen umfassenden Gesellschaft nur noch in der Form der Weltgesellschaft möglich.

Funktionale Differenzierung schließt segmentäre Differenzierung in gleiche Teileinheiten nicht schlechthin aus; sie läßt sich mit ihr kombinieren, verweist sie aber in eine untergeordnete Stellung, die selbst jeweils funktional gerechtfertigt werden muß. Deshalb wird mit vorherrschender funktionaler Differenzierung des Gesellschaftssystems eine regionale (also segmentäre) Primärdifferenzierung der sozialen Realität in einer Mehrheit gleicher Regionalgesellschaften unhaltbar. Gewiß behält der Raum trotz aller technischen Errungenschaften seine Bedeutung als Interaktionssubstrat; aber fragwürdig wird, ob er weiterhin das primäre Differenzierungsschema sozialer Realität und damit Grenzprinzip der Gesellschaftsbildung sein kann, oder ob er auf einen spezifischen Differenzierungsgesichtspunkt zurückgeführt wird, der je nach dem Funktionskontext mehr oder weniger relevant werden kann, also auf der Ebene der gesellschaftlichen Teilsysteme unterschiedlich institutionalisiert werden muß.

Es fragt sich allerdings, ob und wie Gesellschaftsgrenzen bei Aufgabe des Raumprinzips noch überzeugend symbolisiert und institutionalisiert werden können (39). Auch hier scheinen wir vor einer Schwelle zu stehen, jenseits derer unbekannte Formationen zu erwarten sind. Institutionalisierung von Systemgrenzen heißt, daß man im täglichen Verkehr hinreichend sicher unterstellen kann, daß die jeweils anderen Menschen dieselben Grenzen annehmen. Das setzt, soll die Unterstellung plausibel sein, ein relativ konkret definiertes Verständigungsmuster voraus. Solche Muster kommen heute praktisch nur noch für Teilsysteme der Gesellschaft zustande. Die Gesellschaftsgrenzen, die die sozial schlechthin nicht systematisierbaren Möglichkeiten ausgrenzen, fungieren weithin latent, und die territorialen Grenzen der politischen Systeme schieben sich im Bewußtsein an ihre Stelle, weil sie konkret und suggestiv definiert werden können. Ist ein Bewußtsein dessen, was die Gesellschaft selbst an Möglichkeiten ausgrenzt, entbehrlich geworden?

Wäre dem so, würde daraus nicht folgen, daß auch die Soziologie auf einen systemtheoretisch fundierten Begriff der Gesellschaft verzichten könnte. Diesen Begriff brauchte man schon, um einen solchen Sachverhalt darstellen zu können. Eine Theorie der Gesellschaft bleibt als Bezugsrahmen der funktionalen und strukturellen Bestimmung der Differenzierung sozialer Systeme unentbehrlich. Mit ihr verschwände der Begriff für das, was sich differenziert. Aber damit ist nicht präjudiziert, wie eine solche Theorie der Gesellschaft auszusehen hätte. Sie kann heute nur, so viel ist zu sehen, eine Theorie der Weltgesellschaft sein und muß ihren Begriff der Gesellschaftsgrenze entsprechend abstrakt (und vielleicht uninstitutionalisierbar) ansetzen (40). Dabei wird es darauf ankommen, jene Schwerpunktverschiebung von normativen zu kognitiven Erwartungen sowie letzte Bedingungen des Lernens in sozialen Beziehungen mitzuerfassen.

V

Ebenso wie Differenzierung kann auch Evolution nur unter Voraussetzung eines Systems der Gesellschaft sinnvoll erörtert werden. Gesellschaft ist das Substrat der Entwicklung. Familien, Religionsgemeinschaften, Staaten, Betriebe haben je ihre eigene Systemgeschichte und hängen im Typus ihrer Möglichkeiten von der gesellschaftlichen Entwicklung ab. Sie sind insofern evolutionär bedingt. Von Evolution im strengen Sinne einer langfristig wahrscheinlichen Steigerung von Systemkomplexität kann man jedoch nur in bezug auf die Gesellschaft sprechen. Unsere These ist, daß Evolution Weltgesellschaft konstituiert hat und daß daher eine genauere Analyse evolutionärer Prozesse auf der Systemebene der Gesellschaft zum Verständnis des Zustandes der Weltgesellschaft beizutragen vermag.

Im Vergleich zu den ziemlich einfachen Evolutionstheorien des 19. Jahrhunderts sind einige Komplikationen zu berücksichtigen (41). Sie ergeben sich aus dem Einbau moderner, umweltbezogener Systemtheorie in das Evolutionskonzept sowie aus einer genaueren und abstrakteren Analyse der evolutionären Mechanismen.

Evolution kann, auch diese Einsicht deutet sich bei *Spencer* (42) bereits an, nicht als Entfaltung inhärenter Qualitäten begriffen werden, sondern nur als Veränderung in Beziehungen zwischen System und Umwelt. Alle Änderungen haben daher einen Doppelaspekt und setzen unterschiedliche Wirkungsreihen in Lauf je nach dem, ob man das System, das sich ändert, als solches oder ob man es als Umwelt anderer Systeme im Auge hat. Der „Antrieb" der Evolution liegt in dieser Nichtidentität der Wirkungsreihen, die letztlich auf das Komplexitätsgefälle zwischen System und Umwelt zurückzuführen ist. Jede strukturelle Änderung von Systemen (gleich welcher Ursache) verändert nicht nur das System selbst, sondern dadurch zugleich die Umwelt anderer Systeme und löst daher Anpassungen aus. Steigt durch solche Änderungen die Komplexität der relevanten Umwelt anderer Systeme, können (!) diese sich durch Steigerung ihrer Systemkomplexität anpassen. Die Bedingungen und Schranken dieser Möglichkeit liegen in ihrer Systemstruktur fest.

Diese Betrachtungsweise läßt die Frage offen, wie im einzelnen Systemstrukturen als Umwelt anderer Systeme variieren und, langfristig gesehen, höhere Komplexität erzeugen. In die System/Umwelt-Theorie muß eine Theorie evolutionärer Mechanismen eingebaut werden. Dabei kann man nicht mehr, und dies ist der wesentliche Unterschied gegenüber *Spencer,* von einfachen Vorstellungen einer „natural causation" ausgehen. Vielmehr kommt es darauf an, die Strukturabhängigkeit strukturellen Wandels zu begreifen. Als Fazit neuerer Überlegungen zur allgemeinen Evolutionstheorie kann man die Hypothese setzen, daß (jeweils strukturabhängige) Mechanismen der *Variation,* der *Selektion* und der *Stabilisierung* zusammenwirken müssen und daß das Tempo der Evolution vom Ausmaß der Differenzierung dieser verschiedenen Mechanismen abhängt (43). Von da her fällt auf das Phänomen zunehmender funktionaler Differenzierung des Gesellschaftssystems und auf die mit ihr verbundene Überproduktion von Möglichkeiten neues Licht. Differenzierung dient, evolutionär gesehen, der strukturellen Verankerung von Mechanismen der Variation; sie ermöglicht Systemänderungen dadurch, daß sie Teilsysteme voneinander trennt, so daß nicht jede Änderung eines Teilsystems Änderungen und Neubalancierungen in allen anderen Bereichen erfordert. Funktionale Differenzierung produziert einen Überhang von Möglichkeiten und damit einen immens erweiterten Horizont der Selektionen, in dem jede bestimmte Form als kontingent und auch anders möglich erscheint. Die Chancen selektiver Bestimmung müssen, da mit der Erfüllung der Funktionen verknüpft, im System verteilt sein. Daraus resultiert hohe interne Mobilität, Veränderlichkeit und Zeitknappheit in der Gesellschaft. Interdependenz der getrennten Funktionen kommt in strukturell erzeugter Dynamik und in Tempoanforderungen zum Ausdruck, und in weiten Bereichen werden die Teilsysteme füreinander unvorhersehbar. Es liegt auf der Hand, daß evolutionäre Veränderungen in Richtung auf Steigerung gesellschaftlich möglicher Variabilität die *Mechanismen* der Selektion und der Stabilisierung nicht unberührt lassen können.

Man kann die Konsequenzen dieser Entwicklung an den Teilsystemen der Gesellschaft beobachten, vor allem an der Steigerung und Generalisierung der adaptiven Kapazitäten, (44) die es ihnen ermöglicht, mit wirksameren Selektionsverfahren und/oder höherer Indifferenz in einer komplexer und unübersichtlicher gewordenen gesellschaftlichen Umwelt zu bestehen. Dem dienen vor allem zwei gegenläufig konstruierte Systemprinzipien – nämlich Organisation (45) auf der einen und emotionale und institutionelle Aufwertung des Intim-Privaten als Bereich für sich auf der anderen Seite. Beide Lösungen lassen sich nicht auf Gesamtgesellschaften, geschweige denn auf die Weltgesellschaft übertragen; diese ist weder eine Organisation noch eine Liebesgemeinschaft, aber sie muß selektive Verdichtungen in beiden Richtungen (oder funktionale Äquivalente) *ermöglichen*.

Einen anderen Faden können wir an die Unterscheidung von normativen und kognitiven Erwartungsstrukturen knüpfen. Ist diese Differenz als solche einmal stabilisiert – und davon können wir für den Bereich artikulierter Erwartungen heute ausgehen -, kanalisiert sie die Selektion und Stabilisierung brauchbarer Erwartungen entsprechend. Erwartungen werden dann als entweder normativ oder kognitiv, als entweder lernunwillig oder lernbereit stilisiert (46). Man kann vermuten, daß beide Erwartungsstile bei steigender gesellschaftlicher Komplexität stärker beansprucht werden, deutlicher ausgeprägt werden und daß, wenn Selektivität und Kontingenzbewußtsein zunehmen, sich das Verhältnis dieser beiden Typen zueinander verschieben kann. Das ist nur eine andere Fassung der oben gestellten Frage, welcher Erwartungsstil als Risikoträger der gesellschaftlichen Entwicklung dient; denn deren Risiken werden in Prozessen der Selektion übernommen, die Erwartungsstrukturen bilden und damit zugleich das Verhalten im Enttäuschungsfalle vorstrukturieren.

Faßt man auf Grund solcher Überlegungen den Mut zu spekulativen Hypothesen, dann könnte unsere Feststellung, daß weltweite Interaktion primär durch kognitives Erwarten strukturiert wird, im Sinne eines „Führungswechsels" zwischen beiden Erwartungstypen gedeutet und mit der Evolutionstheorie verknüpft werden. Das hieße, daß auf der Ebene der sich konsolidierenden Weltgesellschaft nicht mehr Normen (in Gestalt von Werten, Vorschriften, Zwecken) die Vorauswahl des zu Erkennenden steuern, sondern daß umgekehrt das Problem lernender Anpassung den strukturellen Primat gewinnt und die strukturellen Bedingungen der Lernfähigkeit aller Teilsysteme in Normierungen abgestützt werden müssen. Damit ließe man sich auf die Voraussetzung ein, daß auf sehr hohe und funktionsspezifisch strukturierte Komplexität besser durch Lernprozesse als durch kontrafaktisches Festhaltenwollen vorgegebener Erwartungen reagiert wird.

Selbstverständlich fehlt Aussagen dieser Art die Sicherheit wissenschaftlicher Feststellungen – sowohl im Hinblick auf den Erkenntnisstand der Gesellschaftstheorie als auch in dem, was sie an Evolutionstheorie, Lerntheorie, Normtheorie, Theorie der Systemdifferenzierung voraussetzen. Sie zu formulieren hat vor allem den Sinn, die Fragestellung zu ändern, mit der man das bereits deutlich sichtbare Phänomen der Weltgesellschaft angeht. Mögen sich die gewählten Ausgangspunkte, Bezugsprobleme und Grundbegriffe als Leitlinien der Forschung bewähren oder durch bessere ersetzt werden: zunächst kommt es darauf an, die fortdauernde Abhängigkeit vom traditionellen Konzept der politischen Gesellschaft durch Aufweis einer möglichen Alternative zu brechen.

„Societas civilis" war die Formel für eine evolutionäre Errungenschaft, für die Konstituierung politischer Herrschaft über den Geschlechterverbänden der archaischen Zeit. „Ganzes und Teil" war die Artikulation einer Verlegenheit der Ontologie, angesichts differenzierter Systeme das Sein des Seienden, den Anfang, das Wesen zu begründen. Man kann sicher sein, daß die Entwicklung zur Weltgesellschaft die Problemlage so verändert hat, daß jene Formeln nicht mehr treffen und das begriffliche Instrumentarium der Tradition nicht mehr ausreicht, um die neue Lage zu analysieren. Die Wendung im 18./19. Jahrhundert von der societas civilis zur bürgerlichen Gesellschaft, (47) das heißt von der politischen zur wirtschaftlichen und von der ethisch-human zur wissenschaftlich-positiv zu begreifenden Gesellschaft, hat zu einer Konfusion der Begriffe geführt, ohne den Blick auf die Weltgesellschaft freizugeben. Vielleicht lag das unter anderem daran, daß die klassische Vorstellung des Gesellschaftssystems als eines geschlossenen Ganzen, das aus Teilen besteht, dazu verführte, das Ganze von einem repräsentativen und dominierenden Teil, sei es der Politik, sei es der Wirtschaft, her zu deuten. Der gegenwärtige Zustand der Weltgesellschaft läßt sich jedoch nicht mehr unter dem Gesichtspunkt eines ontisch wesensmäßigen oder hierarchischen Primats eines besonderen Teilsystems begreifen, sondern nur noch aus den Funktionen, Erfordernissen und Konsequenzen funktionaler Differenzierung selbst (48). Dazu bedarf es einer sehr viel abstrakter und komplexer ansetzenden Theorie der Gesellschaft, die ihre Grundlagen in allgemeinen systemtheoretischen Überlegungen zu suchen und ihre Bausteine aus interdisziplinär weit verstreut liegendem Gedankengut, zum Beispiel aus Kybernetik und Entscheidungstheorie, Phänomenologie, Sozialpsychologie, allgemeiner Evolutionstheorie, Organisationssoziologie, Semantik und nicht zuletzt aus den Trümmern unseres philosophischen Erbes neu zusammenzutragen hätte.

VI

Im Übergang zur Vorstellung der Weltgesellschaft spitzt sich ein theoretisches Problem bisheriger Bemühungen um einen Gesellschaftsbegriff zu – nämlich die Frage, im Hinblick auf welche Umwelt die Gesellschaft als ein soziales System verstanden werden könne. Diese Frage kann nicht mehr konkret durch Hinweis auf andere Gesellschaften beantwortet werden. Und sie wird zugleich dadurch zum Schlüsselproblem, daß die moderne Systemtheorie Systeme durch die Unterscheidung von einer Umwelt bestimmt und alle Systemstrukturen auf eine problematische Umwelt hin funktionalisiert. Was also ist die Umwelt der Weltgesellschaft?

Wir möchten eine Beantwortung dieser Frage durch eine Analyse der Weltvorstellung vorbereiten, angeregt durch die Beobachtung, daß sich im Zuge der Herausbildung der Weltgesellschaft die Weltvorstellung in charakteristischer Weise gewandelt hat. Wir sind bisher in bezug auf den Weltbegriff naiv verfahren, gleich als ob es sich um den Erdball und sein Firmament handele. So zu denken entspricht der alltäglichen Welterfahrung, die alles Erleben und Handeln begleitet. Diese Welterfahrung hat jedoch ihre eigene Reflexionsgeschichte und ist stets wieder neuer Analyse zugänglich. Und die dabei herauskristallisierten Weltbegriffe variieren nicht zufällig.

Alle Regionalgesellschaften älterer Hochkulturen haben eine (in der Einzelausführung sehr unterschiedliche) kosmische Weltvorstellung hervorgebracht, die im engen Anschluß an die lebensweltliche Erfahrung Welt als eine natürliche Ordnungsgabe ansah, die den Erscheinungen ihren Lauf und dem Handeln seine Grundsätze und Ziele festlegte. Bewegungen, Alternativen, Ungewißheiten, Enttäuschungen wurden registriert, aber nach Möglichkeit wegerklärt. Die Varietät der Welt selbst wurde gering eingeschätzt, und das entsprach den geringen Erlebnis- und Handlungspotentialen, die in den Gesellschaften geordnet und erwartbar gemacht werden konnten. Gesellschaftssysteme von geringer Komplexität entwerfen sich eine Welt von geringer Komplexität. Wir nehmen an, daß kosmische Weltbilder dieser Art mit politisch konstituierten, primär moralisch kommunizierenden Regionalgesellschaften korrelieren, deren Chancen und Legitimationsbedürfnisse reflektieren und mit ihnen vergehen.

Bezeichnenderweise setzt die Revolutionierung dieses Weltbildes bei einem Problem an, das die Enge bzw. Weite des Fassungsvermögens für Möglichkeiten, die Komplexität der in der Welt zugelassenen Möglichkeiten betrifft. Die Umstellung verbindet sich in der alteuropäischen Tradition mit der Geschichte des Kontingenzproblems (49). Geführt und legitimiert durch denkerische Konsequenzen der theologischen Dogmatik, vor allem der Auslegung göttlicher Allmacht und göttlicher Weltschöpfung, radikalisiert sich die Vorstellung anderer Möglichkeiten und wird auf die (in sich noch kosmisch verstandene) Welt selbst bezogen. Die aus der Antike überlieferte Vorstellung einer Mehrheit gleicher Welten (analog zu einer Mehrheit gleicher poleis, gleicher Gesellschaften) wird in die Vorstellung möglicher anderer und andersartiger Welten transformiert. In der aktualen Infinität möglicher Schöpfungsakte Gottes verankert, wird das logisch Mögliche zur Grundstruktur der Welt, auf die hin alles Notwendige, Gesetzmäßige, Schöne, Gute zu begründen ist (50). Trotz modallogischer Präsentation des Gedankens übernimmt nicht die Logik die Führung des Problembewußtseins (51); dieses bleibt theologischen Fragen verhaftet und mit der Interpretation kausaler Selektivität, (52) mit der Kontroverse um Determinismus und Indeterminismus, (53) mit der Behandlung temporaler Modalitäten, besonders von Aussagen über die Zukunft, (54) mit dem Willensproblem (55) und dem Verhältnis göttlicher und menschlicher Voraussicht und mit dem Verständnis von Natur und Moral (56) verknüpft. Im weiteren Diskussionsverlauf wird das Prädikat der Kontingenz auf die Welt selbst fixiert und so unschädlich gemacht: Die kontingent entstandene, auch anders mögliche Welt kann in sich als Mechanismus begriffen werden. In diesem Sinne läuft sich die Vorstellung einer Mehrheit möglicher Welten bei *Fontenelle* und *Leibniz* ohne weitere Entwicklung fest.

Zugleich motiviert das Kontingenzproblem jedoch den Beginn der neuzeitlichen Bewußtseinsmetaphysik, die Interpretation des menschlichen Bewußtseins als letztgewisses (nicht kontingentes) subiectum der Welt. Für das Subjekt, das sich mit sich identisch weiß, kann es nur mehr eine einzige Welt geben. Auf diese Welt kann das Prädikat aktualer Infinität, sobald die Theologie es nicht mehr als Attribut Gottes blockiert, übernommen werden. Diese Konsequenz zieht, mit ausdrücklicher Fortführung des Kontingenzproblems, *Husserl*. Welt ist für ihn „Horizont" menschlichen Erlebens, notwendiges „Aktkorrelat" sinnhafter Intentionen, das sich selbst immanent transzendiert (57). Die Kontingenz der Welt wird damit zum Korrelat der Kontingenz intendierender Akte, (58) gleichsam deren Aggregation. Die damit verbundenen Probleme der Mehrheit von sich wechselseitig mitkonstituierenden Subjekten und der Intersubjektivität der Weltkonstitution hat *Husserl* gesehen, aber nicht überzeugend lösen können (59). Sie zwingen dazu, *Welt nicht als Aktkorrelat, sondern als Interaktionskorrelat* – und deshalb als Systemkorrelat zu begreifen. Erst in Interaktionen konstituiert sich Welt als objektivierbarer Horizont des Erlebens, der andere Möglichkeiten auch dann präsent hält, wenn sie nicht ergriffen oder wenn sie gar explizit negiert werden (60). Interaktionen aber ordnen sich als soziale Systeme, da ein Bezug auf andere Erlebende und Handelnde nur in der Ausgrenzung von anderen Möglichkeiten des Erlebens und Handelns seine Ordnung finden kann (61). In dem Maße, als universelle Interaktionsverflechtungen realisierbar und die Erlebnishorizonte aller Menschen erwartbar werden, fließen als Bedingung der Erwartbarkeit des Erwartens alle Letzthorizonte zu einer Einheit zusammen. Die Menschheit realisiert ihre Einheit auf den beiden Ebenen der Welt und des Gesellschaftssystems. Zugleich trennen diese Ebenen sich stärker als zuvor: Die Weltvorstellung wird entkonkretisiert, gleichsam von Gehalten entleert und ein Führungsbegriff für alles Mögliche; die leitenden kulturellen Symbole repräsentieren nicht mehr in Punkt-für-Punkt-Korrelationen Probleme des sozialen Systems der Gesellschaft (62). Und Kontingenz kann jetzt nicht mehr gedacht werden als Auswechselbarkeit dieser Welt gegen andere, sondern als Weltproblem, in bezug auf das sich Gesellschaft als selektives System konstituiert.

Von hier aus liegt die Hypothese nahe, daß es die Kommunikationsstrukturen sozialer Systeme – letztlich der Gesellschaft – sind, die das Ausmaß der als Welt erscheinenden Kontingenz und Komplexität regulieren. Die Komplexität kontingenter anderer Möglichkeiten des Erlebens und Handelns, vor allem die Komplexität einer „offenen" Zukunft, muß in sozialen Interaktionen getragen werden – oder sie erscheint nur als unbestimmte Komplexität, als „Hinterwelt" oder als jenseitige Kraft, die mit unsichtbarer Hand in das Diesseits hineinregiert. Die Formen, in denen Kontingenz (z. B. durch Konstitution von „Geltung") ausgeschaltet und Komplexität reduziert wird, entscheiden darüber, welche Überproduktion von Möglichkeiten eine Gesellschaft sich leisten, wie abstrakt und variantenreich sie sich ihre Umwelt als „die Welt" konstituieren kann (63). Weltvermögen, Systemstrukturen und Selektionsleistungen bedingen sich wechselseitig. Sie werden auf der Ebene des Gesellschaftssystems evolutionsfähig.

In diesem begrifflichen Bezugsrahmen könnte die Soziologie das umfassende Programm einer „kognitiven Kritik der bisherigen Geschichte" (64) in Angriff nehmen. Sie könnte sich eben damit von den letzten Bindungen an das begriffliche Instrumentarium der alt-europäischen Tradition freimachen und der Tatsache unbefangen gegenübertreten, daß eine Weltgesellschaft sich konstituiert hat, ohne sich auf politische und normative Integration zu stützen. Sie könnte dann einer Vermutung nachgehen, die sich als Fazit unserer Überlegungen aufdrängt: daß der prekäre unbalancierte Zustand der Weltgesellschaft weniger einem Versagen der „an sich zuständigen" politisch-rechtlichen Integrationsmechanismen zuzuschreiben ist (und also nur in Richtung auf einen Weltstaat hin gebessert werden könnte); sondern daß das Problem in einer weiten Diskrepanz von Möglichkeitsproduktion und Lernfähigkeit liegt, einer Diskrepanz, die nur durch kognitive Mechanismen der Forschung und Planung langsam vermindert werden kann.

Anmerkungen

1   Politik, Bd. I, Leipzig 1897, S. 29 bzw. 28.
2   Bau und Leben des Sozialen Körpers, Bd. I, 2. Aufl., Tübingen 1896, S. 330 ff. Ähnlich
    René Worms, Organisme et société, Paris 1895, S. 32 f.
3   Zum letzteren die sehr ernst zu nehmenden Bedenken von *Erwin K. Scheuch,* „Me-
    thodische Probleme gesamtgesellschaftlicher Analysen", in: Spätkapitalismus oder
    Industriegesellschaft?, Verhandlungen des 16. Deutschen Soziologentages Frankfurt
    1968, Stuttgart 1969, S. 153-182. Als ein für die Gesamtlage typisches Erzeugnis vgl.
    Samuel Z. Klausner (Hrsg.), The Study of Total Societies, Garden City, N. Y. 1967.
4   Zur Abgrenzung von Moral und Recht unter diesem Gesichtspunkt vgl. *Jean Piaget,*
    „Les relations entre la morale et le droit", in *ders.,* Etudes sociologiques, Genf 1965,
    S. 172-202.
5   Hierzu trägt *Ottheim Rammstedt* (mündlich) den Gedanken bei, daß zunehmend welt-
    weite Faktenkenntnis und Interaktionsverflechtungen die moralischen Prätentionen
    auf ein Minimum reduzieren oder in Bereiche folgenlosen Handelns verlagern. Das
    würde in anderen Worten bedeuten, daß man die Achtung anderer Menschen zuneh-
    mend weniger von „Bedingungen" abhängig machen kann; oder daß jedenfalls das
    Gesellschaftssystem selbst dazu nicht mehr legitimiert.
6   Dies war das Thema von *Gerhart Niemeyer,* Law Without Force: The Function of
    Politics in International Law, Princeton/London/Oxford 1941.
7   Insofern gehören diese Überlegungen ins allgemeine Kapitel der Wahrnehmbarkeit
    von Neuerungen. Vgl. dazu *F. E. Emery,* „The Next Thirty Years: Concepts, Methods,
    and Anticipations", Human Relations 20 (1967), S. 199-237 (209 ff.), oder *Albert O.
    Hirschman,* „Obstacles a la perception du changement dans les pays sous-développés",
    Sociologie du travail 10 (1968), S. 353-361.
8   Bezeichnend dafür sind neuere Publikationen, die sich thematisch mit dem alle Men-
    schen umfassenden System befassen, ihm aber den Titel „Gesellschaft" vorenthalten,
    und Gesellschaften als Teilsysteme dieses Globalsystems (so *Wilbert E. Moore,* „Glo-
    bal Sociology: The World as a Singular System", The American Journal of Sociology
    71 (1966), S. 475-482) bzw. politischen Systemen (so in einem sehr weiten Sinne von
    Politik *Herbert J. Spiro,* World Politics: The Global System, Homewood Ill. 1966)
    zu begreifen suchen. *Kenneth S. Carlston,* Law and Organization in World Society.
    Urbana Ill. 1962, der sich vornimmt, einen „structural view of world society" aus-
    zuarbeiten (S. 64 ff.), bleibt dann doch bei der Feststellung, daß die Weltgesellschaft
    eigentlich keine Gesellschaft sei (S. 66), und zwar deshalb nicht, weil Interaktion auf
    der internationalen Szene durch Organisationen vermittelt werde. *Leon Mayhew* läßt
    seinen Artikel „Society", Encyclopedia of the Social Sciences Bd. 14, New York 1968,
    S. 577-586 (585), in einen vagen Hinweis auf einen „emergent global level of social
    reality" ausmünden, nennt diesen aber nicht „society". Auch die ältere Literatur sprach
    eher von Weltreich oder Weltstaat als von Weltgesellschaft. Darin wirkt die Tradition
    eines Totalitätsanspruchs im Gesellschaftsbegriff nach, der auf der Ebene eines Sys-
    tems aller Menschen nicht realisierbar zu sein scheint.
    Besonders interessant ist in diesem Zusammenhang Parsons' Gesellschaftstheorie,
    weil hier gut verfolgbare Konstruktionsinteressen die klassische Position begründen.
    Soziale Systeme sind für Parsons Teilsysteme des allgemeinen Handlungssystems

mit einem Schwerpunkt in integrativen Funktionen. Daher gibt auch die Gesellschaft als Höchstform eines sozialen Systems der Integrationsfunktion den Primat, findet in ihrem integrativen Subsystem, der „community", ihre „core structure" und in der Herstellung effektiver Solidarität ihr Prinzip – und kann in der Spezialisierung auf gerade diese Leistungen nicht sinnvoll als Weltgesellschaft gedacht werden. Sie bleibt nationale Gesellschaft. So besonders klar *Talcott Parsons,* „Systems Analysis: Social Systems", Encyclopedia of the Social Sciences Bd. 15, New York 1968, S. 458-473 (461 f.).

9   Zumeist wird die Frage per implicationem als schon beantwortet unterstellt. Unter den wichtigsten expliziten Lösungsvorschlägen wären zu nennen: territoriale Grenzen des politischen Systems; kulturelle Grenzen; Schwellen der Kommunikations- oder Interaktionshäufigkeit; Unterschiede relativer Interdependenz des Handelns. Die Lösungsvorschläge beruhen also entweder auf Dominantsetzen eines Teilsystems und dessen Grenzen oder auf Kriterien, deren Anwendung für die einzelnen Teilsysteme der Gesellschaft zu höchst unterschiedlichen Ergebnissen führen würde. Stillschweigend scheint sich mit den letzteren Kriterien übrigens ein unterstellter Primat des Wirtschaftlichen durchzusetzen.

10   So formulierte *E. I. Bekker,* Das Recht als Menschenwerk und seine Grundlagen, Sitzungsberichte der Heidelberger Akademie der Wissenschaften, Philosophisch-historische Klasse, Heidelberg 1912, S. 3, ohne allerdings vorauszusehen, was wenig später auf diesem Theater gespielt werden würde.

11   Vgl. dazu *Robert E. Lane,* „The Decline of Politics and Ideology in a Knowledgeable Society", American Sociological Review 31 (1966), S. 649-662.

12   Die Schwierigkeit besteht schon darin, daß sich das Problem nicht einfach durch Klassifikation und Auszahlung lösen läßt, wobei der Wissenschaftler nach irgendwelchen Daumenregeln Interaktionen in weltweite und lokale einzuordnen hätte. Er würde dann finden, daß nach wie vor überwiegend homogam geheiratet wird usw. (Siehe z. B. *Alain Girard,* Le choix du conjoint, Paris 1964). In solchen Untersuchungen lassen sich Veränderungen in Richtung auf eine Vergrößerung des faktisch wirksamen Auswahlbereichs der Kontakte feststellen. Die eigentliche Neuerung aber besteht in der Konstituierung eines weltweiten Bewußtseinshorizontes, in der entsprechenden Steigerung des Selektivitätsbewußtseins und in der Umformung der Institutionen dahin, daß sie hohe Selektivität rechtfertigen und Selektionsleistungen übertragen können – im Falle der Gattenwahl etwa in der Umstellung von präskriptiver oder durch die Familie arrangierter Auswahl auf Liebe.

13   Zu diesen verschiedenen Ebenen (oder Perspektiven und Metaperspektiven) der Erwartungsbildung vgl. *Ronald D. Laing,* The Self and Others: Further Studies in Sanity and Madness, London 1961; *Ronald D. Laing/Herbert Phillipson/A. Russell Lee,* Interpersonal Perception: A Theory and a Method of Research, London 1966.

14   Eine ausreichende Erläuterung dieser schwierigen Passagen würde den Rahmen dieser Abhandlung sprengen. Sie beruhen auf dem Versuch, den Husserlschen Horizontbegriff von Akten auf Interaktionen zu übertragen (dazu Näheres unter VI) und ihn mit neueren Überlegungen zur Theorie interpersonaler Reflexivität des Erwartens als Grundlage jeder Interaktionssteuerung zu verbinden. Das führt auf die These, daß nicht nur das Erwarten, sondern auch die Horizonthaftigkeit des Erwartens anderer und die mir im Erwarten anderer zugeschriebene Horizonthaftigkeit meines Erwar-

tens erwartbar sein muß, und daß die Identität der Welt als ein symbolisches Kürzel für die komplizierte reziproke Erwartbarkeit der Horizonte des Erwartens fungiert.

15 Daß diese Formel trotz ihrer logischen Radikalität zunächst noch projektive und insofern partikulare Züge trug, das heißt die Welt der „bürgerlichen Gesellschaft" projektierte, kann *Bernard Willms, Revolution und Protest. Oder Glanz und Elend des bürgerlichen Subjekts: Hobbes, Fichte, Hegel, Marx, Marcuse, Stuttgart/Berlin/Köln/ Mainz 1969, zugegeben werden. Aber Willms sieht das bürgerliche Subjekt als Ganzes, als einmalige historische Gestalt, die jetzt in ihrer besonderen Kombination von Radikalität und Partikularität sichtbar wird und zu begreifen ist, während mir diese Figur eine Überleitungsfunktion zu haben scheint – eine Funktion der Überleitung von Gesellschaften mit projektiv konstituierter Welteinheit zur Weltgesellschaft mit real konstituierter Welteinheit.

16 Die Ungewöhnlichkeit dieser Steuerungsweise wird deutlich, wenn man sie mit der Art vergleicht, in der ältere Sozialordnungen die Orientierung am miterlebenden Anderen vorsahen. Für archaische Gesellschaften siehe *Jean Cazeneuve,* „La connaissance d'autrui dans les sociétés archaïques", Cahiers Internationaux de Sociologie 25 (1958), S. 75-99.

17 Hierzu und zum folgenden ausführlicher *Johan Galtung,* „Expectations and Interaction Processes", Inquiry 2 (1959), S. 213-234; *Niklas Luhmann,* „Normen in soziologischer Perspektive", Soziale Welt 20 (1969), S. 28-48.

18 Das Argument, darauf sei nochmals eigens hingewiesen, hängt ab von unserer eigenwilligen Begriffsbildung, die kognitive Einstellung parallel zur normative nicht als passive Rezeption eines möglichst richtigen Eindrucks der Realität definiert, sondern durch Bereitschaft zur Korrektur der Erwartungen nach Maßgabe von Erfahrungen. Diese Begriffsbildung bewährt sich ihrerseits dadurch, daß sie ein solches Argument und die von ihm abhängigen Einsichten ermöglicht.
Im übrigen beschränken wir unser Argument auf die Ebene des sozialen Systems. Vermutlich könnte jedoch die psychologische Persönlichkeitstheorie sekundieren und zeigen, daß auch für psychische Systeme normative Erwartungseinstellungen leichter internalisierbar sind als kognitive.

19 Auch der Konformitätsdruck scheint bei diesen Erwartungen typisch höher zu sein; so jedenfalls die Feststellungen bei *Peter M. Blau,* „Patterns of Deviation in Work Groups", Sociometry 23 (1960), S. 245-261 (258 f.).

20 Dazu *Claude C. Bowman,* „Distortion of Reality as a Factor in Morale", in: *Arnold M. Rose und andere* (Hrsg.), Mental Disorder, London 1956, S. 393-407.

21 Vgl. *Ralph M. Stogdill,* Individual Behavior and Group Achievement. New York 1959, S. 59 ff.

22 Siehe als ein typisches Beispiel *Raymond Aron,* Paix et guerre entre les nations, Paris 1962 (dt. Übers.: Frieden und Krieg: Eine Theorie der Staatenwelt, Frankfurt 1963). Für die Schwierigkeiten, ein so konzipiertes „internationales System" überhaupt noch als System zu denken, bezeichnend *J. P. Nett/Roland Robertson,* International Systems and the Modernization of Societies: The Formation of National Goals and Attitudes, London 1968, insb. S. 137 ff., und für Zweifel, die sich innerhalb der Sphäre des Politischen bewegen, *Chadwick F. Alger,* „Comparison of Intranational and International Politics", The American Political Science Review 57 (1963), S. 406-419.

23 So u. a. *Roger D. Masters*, „World Politics as a Primitive Political System", World Politics 16 (1964), S. 595-619; *Michael Barkun*, Law without Sanctions: Order in Primitive Communities and the World Community, New Haven-London 1968.

24 Hierzu näher: *Niklas Luhmann*, Positivität des Rechts als Voraussetzung einer modernen Gesellschaft", Jahrbuch für Rechtssoziologie und Rechtstheorie 1 (1970), S. 175-202.

25 So *Niemeyer*, a.a.O., S. 209, im Rahmen einer kritischen Analyse des Zerfalls dieses Systems.

26 In diesem Zusammenhang verbinden sich mit internationalen Organisationen und ihrer funktionalen, lernfähigen Arbeitskonzeption Hoffnungen, deren Verhältnis zur Politik der Staaten jedoch problematisch geblieben ist. Siehe als Quelle *David Mitrany*, A Working Peace System: An Argument for the Functional Development of International Organization, London 1943, mit dem bezeichnenden Schlagwort from „rights" to „services" (S. 7 ff.), und für den heutigen Stand der Diskussion namentlich *Ernst B. Haas*, Beyond the National-State: Functionalism and International Organization, Stanford, Cal. 1964.

27 „Planen in Modellen", notiert *Hans K. Schneider*, „Planung und Modell", in: Zur Theorie der allgemeinen und regionalen Planung, Bielefeld 1969, S. 42-59 (51), „induziert einen systematischen Lerneffekt".

28 Hierfür hat es symptomatische Bedeutung, daß „Frieden" in der neueren Zeit als Sicherheitsproblem gesehen wird – und nicht mehr in alter Weise als Rechtsproblem.

29 Siehe als eine der klassischen Quellen *Aristoteles*, Politik, z. B. 1252a, 19 ff., 1274b, 38 ff

30 Zum geistesgeschichtlichen Kontext siehe *J. W. Burrow*, Evolution and Society: A Study in Victorian Social Theory, Cambridge/Engl. 1966.

31 Vgl. *Emile Durkheim*, De la division du travail social, Paris 1893, und als Beleg für die Fortführung dieses Gedankens z. B. *Talcott Parsons*, „Some Considerations on the Theory of Social Change", Rural Sociology 26 (1961), S. 219-239, und zum Zusammenhang dieser These mit der Annahme eines proportionalen Verhältnisses von Differenzierung und generalisierter Integration *ders.*, „Durkheim's Contribution to the Theory of Integration of Social Systems", in: *Kurt H. Wolff (Hrsg.)*, Emile Durkheim 1858-1917, Columbus, Ohio 1960, S. 118-153.

32 Bemerkenswerte klare, aber in der Soziologie bisher unbeachtete Fassungen dieser Kritik findet man bei *Hermann Cohen*, Logik der reinen Erkenntnis, Berlin 1902, S. 280 ff.; *Andras Angyal*, „The Structure of Wholes", Philosophy of Science 6 (1939), S. 25-37, mit kleineren Änderungen neu gedruckt in *ders.*, Foundations for a Science of Personality, New York 1941, S. 243-261. Im Unterschied zu diesen Autoren verstehen wir Einheit nicht lediglich als ein logisches Prinzip, sondern als ein dynamisches Verhältnis zur Umwelt auf der Basis geringerer Komplexität des Systems.

33 Insofern stützen wir uns auf neuere Entwicklungen der Systemtheorie, die hier nicht im einzelnen dargestellt werden können. Vgl. auch *Niklas Luhmann*, „Funktionale Methode und Systemtheorie" und „Soziologie als Theorie sozialer Systeme" in: *ders.*, Soziologische Aufklärung I, 4. Aufl. Opladen 1974, *ders.*, Zweckbegriff und Systemrationalität: Über die Funktion von Zwecken in sozialen Systemen, Tübingen 1968, Neudruck Frankfurt 1973, S. 117 ff.

34 Im Gegenteil: *systemeinheitliche* Werte, Normen oder Rollen können immer nur Teile
    des Systems sein, da es in ihm ja auch nichteinheitliche Werte, Normen und Rol-
    len gibt. Aus diesem Grunde wurde im alteuropäischen Denken, das sich mit Hilfe
    der Kategorien Ganzes und Teil explizierte, der Gedanke der *hierarchischen Reprä-*
    sentation zwangsläufig. Vgl. als Ausgangspunkt *Aristoteles,* Politik, 1254a, 28-31.
    Repräsentation und Legitimierung der Repräsentation des Ganzen durch einen Teil
    markierten als politische Kategorien das Problem, das wir beim Übergang zur Welt-
    gesellschaft möglicherweise durch das Problem der Lernfähigkeit von Systemen in
    einer überaus komplexen Umwelt ersetzen müßten.
35 Hier sind Überlegungen über die Funktion von Strukturen und über die begrenzte
    Reduktionskapazität von Systemen vorausgesetzt, die näher erläutert sind in: *Niklas*
    Luhmann, „Soziologie als Theorie sozialer Systeme", a.a.O.
36 Zu dieser Interpretation der Grundrechte näher *Niklas Luhmann,* Grundrechte als In-
    stitution: Ein Beitrag zur politischen Soziologie, Berlin 1965, Neudruck 1974.
37 Siehe auch die Kritik jener Einheitsvorstellung bei *Ronald Cohen,* „Conflict and
    Change in a Northern Nigerian Emirate", in: *George K. Zollschan/Walter Hirsch*
    (Hrsg.), Explorations in Social Change, London 1964, S. 495-521 (518 f), oder bei
    Mayhew, a.a.O., S. 583 f. Ältere Ausführungen über den Zusammenhang von Innen-
    differenzierungen und Differenzierung äußerer Grenzen findet man bei *Guillaume de*
    Greef, La Structure Générale des Sociétés, 3 Bde., Bruxelles – Paris 1908, insb. Bd. II,
    S. 245 ff., 299 ff.
38 Eines der frühesten Beispiele findet sich in der Entstehung unterschiedlicher Bezugs-
    gruppen für Religion und Politik in den antiken Großreichen. Vgl. dazu *S. N. Eisen-*
    stadt, „Religious Organizations and Political Process in Centralized Empires", The
    Journal of Asian Studies 21 (1962), S. 271-294.
39 Als einen Versuch der Behandlung dieser Frage, für den jedoch ausdrücklich nur
    analytische, nicht auch empirisch konkrete Bedeutung in Anspruch genommen wird,
    vgl. *Talcott Parsons,* „Systems Analysis: Social Systems", Encyclopedia of the Soci-
    al Sciences Bd. 15, New York 1968, S. 458-472 (466 f.), wobei allerdings noch eine
    Mehrheit von Gesellschaften zu Grunde gelegt wird.
40 Als Vorschlag einer nur noch funktionalen Bestimmung der Gesellschaftsgrenze als
    Leistung letzter, grundlegender Reduktionen vgl. *Niklas Luhmann,* „Moderne Sys-
    temtheorien als Form gesamtgesellschaftlicher Analyse", in: Spätkapitalismus oder
    Industriegesellschaft? Verhandlungen des 16. Deutschen Soziologentages Frankfurt
    1968, Stuttgart 1969, S. 253-266.
41 Die heute übliche Distanzierung von älteren Evolutionstheorien, besonders von Spen-
    cer, arbeitet freilich mit Unterstellungen, die näherer Nachprüfung nicht standhalten.
    Es genügt nicht, biologische und kulturelle Evolution zu unterscheiden oder einen un-
    linearen, notwendigen, kontinuierlichen, irreversiblen Fortschritt zu bestreiten. Solche
    Thesen sind im 19. Jahrhundert kaum und allenfalls von drittrangigen Autorenvertre-
    ten worden. Vgl. z. B. *Herbert Spencer,* Principles of Sociology, Bd. I, 3. Aufl. London-
    Edinburgh 1885, S. 93 ff. Richtig ist allerdings, daß weder die älteren noch die neueren
    Evolutionstheorien über theoretisch nicht begründbare „Konzessionen" im Hinblick
    auf gegenläufige Entwicklungen hinausgelangt sind. Siehe die Kritik von *J. T. D. Peel,*
    „Spencer and the Neo-Evolutionists", Sociology 3 (1969), S. 173-191.
42 A.a.O.

43 Diese Hypothese wird noch kaum in dieser allgemeinen Fassung, wohl aber in An-
    wendung auf bestimmte Systemarten, also in konkreterer Interpretation, vertreten.
    In der Theorie des Organismus unterscheidet man zum Beispiel Mutation (im ein-
    zelnen: Genmutation, Änderungen in Struktur und Zahl der Chromosomen, geneti-
    sche Rekombination), natürliche Auslese und reproduktive Isolation. Vgl. *G. Ledyard
    Stebbins*, Evolutionsprozesse, Stuttgart 1968. In der Theorie sozialer Systeme unter-
    scheidet *Alvin Boskoff*, „Functional Analysis as a Source of a Theoretical Repertory
    and Research Tasks in the Study of Social Change", in: *George K. Zollschan/ Walter
    Hirsch* (Hrsg.), Explorations in Social Change, London 1964, S. 2 13-243 (224 ff.),
    Quellen innovativer Werte oder Verhaltensweisen, Filterprozesse mit Kontrolle der
    Innovationen und daraus entstehende Strukturen und Rückwirkungen. Für die Lern-
    theorie könnte man in Anlehnung an *Donald T. Campbell* „Methodological Sugge-
    stions from a Comparative Psychology of Knowledge Processes", Inquiry 2 (1959),
    S. 152-182 (163), an wahrnehmungsmäßige Konfrontierung mit einer übermäßig kom-
    plexen, variablen Umwelt, Lust/Unlust-Mechanismus und Gedächtnis denken. Bei der
    Evolution des Rechts scheinen gesellschaftliche Differenzierung mit Überproduktion
    von Normprojektionen (im oben erörterten Sinne), Entscheidungsverfahren und re-
    gulative, satzungsmäßige, schließlich dogmatisch kontrollierte Formulierung des
    geltenden Rechts zusammenzuwirken. Hierzu näher *Niklas Luhmann*, „Evolution des
    Rechts", Rechtstheorie 1 (1970) S. 3-22.
44 In solchen durch „das kulturelle System" ermöglichten „greater generalized adaptive
    capacities" sieht *Talcott Parsons*, Societies: Evolutionary and Comparative Perspecti-
    ves, Englewood Cliffs, N. J. 1966, diejenigen evolutionären Errungenschaften, die die
    Entwicklung tragen. Vgl. auch *ders.*, „Evolutionary Universals in Society", American
    Sociological Review 29 (1964), S. 339-357, neu gedruckt in: *ders.*, Sociological Theo-
    ry and Modern Society, New York/London 1967, S. 490-520.
45 Hierzu *Niklas Luhmann*, „Gesellschaftliche Organisation", in: *Thomas Ellwein u. a.*
    (Hrsg.), Erziehungswissenschaftliches Handbuch, Bd. 1, Berlin 1969, S. 387-407, und
    ausführlicher *ders.*, Funktionen und Formen formaler Organisation, Berlin 1964, Neu-
    druck 1972.
46 Genauer formuliert: Es gibt Erwartungen, die regeln, wie man zu erwarten hat. Die
    Stilwahl und mit ihr der Modus der Enttäuschungsabwicklung sind dem einzelnen
    nicht freigestellt, sondern ihrerseits institutionell geregelt durch normatives Erwarten
    normativen bzw. kognitiven Erwartens.
47 Vgl. *Manfred Riedel*, „Hegels ‚bürgerliche Gesellschaft' und das Problem ihres ge-
    schichtlichen Ursprungs", Archiv für Rechts- und Sozialphilosophie 48 (1962), S. 539-
    566.
48 Zum dann noch möglichen Begriff des funktionalen Primats des jeweils komplexesten
    und dadurch evolutionär führenden Teilsystems siehe näher *Niklas Luhmann*, „Wirt-
    schaft als soziales System", in: ders., Soziologische Aufklärung I, 4. Aufl., Opladen
    1974.
49 Vgl. dazu umfassend *Hans Blumenberg*, Die Legitimität der Neuzeit, Frankfurt 1966,
    und spezieller zur Geschichte von Kontingenz *ders.*, „ Kontingenz", in: Die Religion
    in Geschichte und Gegenwart, 3. Aufl. Bd. III, Tübingen 1959, Sp. 1793 f., mit Hin-
    weisen auf die ältere Lit.; ferner *Heinrich Schepers*, Möglichkeit und Kontingenz: Zur
    Geschichte der philosophischen Terminologie vor Leibniz, Turin 1963; *ders.*, „Zum

Problem der Kontingenz bei Leibniz: Die beste der möglichen Welten", in: Collegium Philosophicum: Studien J. Ritter zum 60. Geburtstag, Basel/ Stuttgart 1965, S. 326-350.

50   Zu dieser Umkehrung, derzufolge nicht mehr das offene Mögliche in einer an sich kosmischnotwendigen Welt, sondern das Notwendige in einer an sich kontingenten Welt zum Problem wird, vgl. *Celestino Solaguren,* „Contingencia y creación en la filosofía de Duns Escoto", Verdad y Vida 24 (1965), S. 55-100 (insb. 67 ff.).

51   Siehe hierzu *Henry Deku,* „Possibile Logicum", Philosophisches Jahrbuch der Görres-Gesellschaft 64 (1956), S. 1-21.

52   Zur Entstehungsgeschichte, vor allem zur Umdenkung des antiken Bewegungsproblems in ein Problem der Abhängigkeit durch Avicenna vgl. *Guy Jalbert,* Nécessité et Contingence chez saint Thomas d'Aquin et chez ses Prédécesseurs, Ottawa 1961, und speziell zum Kausalproblem *Cornelio Fahro,* „Intorno alla nozione ‚Tomista' dié contingenza", Rivista dié Filosofia Neoceolastica 30 (1938), S. 132-149.

53   Vgl. etwa *Guy Picard,* „Matière, contingence et indeterminisme chez gaint Thomas", Laval Théologique et philosophique 22 (1966), S. 197-233.

54   Vgl. *Philotheus Boehner,* The Tractatus de praedestinatione et de praescientia Dei et de futuris contingentibus of William Ockham, St. Bonaventura, N. Y. 1945; *Léon Baudry,* La querelle des futurs contingents (Louvain 1465-1476), Paris 1950; *Nicholas Rescher,* Temporal Modalities in Arabic Logic, Dordrecht 1967.

55   Siehe z. B. *Konstanty Michalski,* „Le problème de la volonté à Oxford et à Paris au XIVe siécle", Studia Philosophica 2 (1937), S. 233-365.

56   Hierzu mehrere Beiträge in: La Filosofia della Natura nel Medioevo: Atti del Terzo Congresso Internazionale di Filosofia Medioevale, Mailand 1966.

57   Vgl. *Edmund Husserl,* Ideen zu einer reinen Phänomenologie und phänomenologischen Philosophie, Bd. I, Husserliana, Bd. II, Den Haag 1950, S. 57 ff., 110 ff., insb. S. 113 f., über „Logische Möglichkeit und sachlicher Widersinn einer Welt außerhalb unserer Welt"; Die Krisis der europäischen Wissenschaften und die transzendentale Phänomenologie, Husserliana, Bd. VI, Den Haag 1954, S. 105 ff.; Erfahrung und Urteil, Hamburg 1948, S. 23 ff. An Sekundärliteratur siehe *Helmut Kuhn,* „The Phenomenological Concept of ‚Horizon'", in: *Marvin Farber* (Hrsg.), Philosophical Essays in Memory of Edmund Husserl, Cambridge, Mass. 1940, S. 106-123; *Ludwig Landgrebe,* „The World as a Phenomenological Problem", Philosophy and Phenomenological Research 1 (1940), S. 38-58 (dt. in: *ders.,* Der Weg der Phänomenologie, Gütersloh 1963, S. 41 ff.); *Gerd Brand,* Welt, Ich und Zeit. Nach unveröffentlichten Manuskripten Edmund Husserls, Den Haag 1955. Im Anschluß an letztlich phänomenologische Analysen scheint auch die analytische Philosophie auf dem Wege zu sein, den Gedanken einer Mehrheit möglicher Welten aufzugeben und sich das Mögliche als Ergebnis einer generalisierenden Kombinatorik von Aktualitäten einer Welt vorzustellen. So jedenfalls *Nelson Goodman,* Fact, Fiction, and Forecast, 2. Aufl. Indianapolis 1965, insb. S. 56 f.

58   So namentlich in: Erste Philosophie (1923/24), Husserliana Bd. VIII, Den Haag 1959, S. 44 ff.

59   Vgl. *Edmund Husserl,* Cartesianische Meditationen, Husserliana, Bd. I, Den Haag 1950, S. 121 ff. Dazu kritisch *Alfred Schütz,* „Das Problem der transzendentalen Intersubjektivität bei Husserl", Philosophische Rundschau 5 (1957), S. 81-107; *René Tou-*

lemont, L'essence de la société selon Husserl, Paris 1962; *Michael Theunissen,* Der Andere: Studien zur Sozialontologie der Gegenwart, Berlin 1965.

60 Eine genauere Begründung würde genetische und funktionale Analysen des Negierens und des Erlebens von Möglichkeiten voraussetzen, die hier nicht vorgelegt werden können. Eine wertvolle Vorarbeit ist *René A. Spitz,* Nein und Ja: Die Ursprünge menschlicher Kommunikation, Stuttgart o. J.

61 Grundlegend hierfür ist Parsons' Einsicht in die funktionelle Interdependenz der Doppelunterscheidung von *actor-situation* und *system-environment:* Dadurch, daß ein Handelnder sich auf eine Situation hin versteht, ist er genötigt, sich als actor-in-situation einem System zuzuordnen, das sich von einer nichtdazugehörigen Umwelt abgrenzen läßt. Der theoretische Reichtum der Parsonsschen Soziologie beruht wesentlich auf der Nichtidentität dieser beiden Unterscheidungen.

62 Hierzu gut *Daniel Bell,* „The Disjunction of Culture and Social Structure: Some Notes on the Meaning of Social Reality", in: *Gerald Holton* (Hrsg.), Science and Culture: A Study of Cohesive and Disjunctive Forces, Boston/Cambridge, Mass. 1965, S. 236-250.

63 Vgl. hierzu auch *Niklas Luhmann,* Soziologische Aufklärung I, 4. Aufl., Opladen 1974, S. 66 ff., 113 ff.

64 Wie Hans Jürgen Krysmanski, „Soziale Konflikte und Problemlösungsprozesse", Archiv für Rechts- und Sozialphilosophie 56 (1970), S. 325-349 (339), freilich von anderen Ausgangspunkten her, formuliert.

Selbst-Thematisierung
des Gesellschaftssystems

Über die Kategorie der Reflexion
aus der Sicht der Systemtheorie

In der klassischen Reflexionsphilosophie war der Reflexionsbegriff prozessual an die intentionale „Bewegung" des Denkens und substantiell an die Vorstellung eines im Denken des Denkens sich selbst bestätigenden Subjekts gebunden gewesen. Die Kategorie der Reflexion wurde von diesem Träger-Begriff her definiert, also von Zurechnungsinteressen her bestimmt (1)*. Die Frage, wer reflektiert, war im Reflexionsbegriff schon mitbeantwortet, nämlich das Subjekt. Das Subjekt ist zunächst das, was sich im Denken des Denkens als Identität durchhält, dasjenige, was das Denken des Denkens als Nichtwegdenkbares verbindet. Dafür hatte man in der frühen Neuzeit den Begriff des Zu-Grunde-Liegenden rezipiert, nämlich aus einem vordem rein objektiven Kontext herausabstrahiert. Das Subjekt ist also keineswegs der Mensch (oder der Unmensch?) mit allem drum und dran. Ungeachtet dessen, was unter dem Titel des Subjekts zu denken ist, verfällt eine soziologische Verwendung dieses Terminus immer wieder einer Anthropologisierung. Dem Subjekt wird dann Sprache und Freiheit oder Anspruch auf Freiheit zugeschrieben, es soll tunlichst emanzipiert werden, partizipieren können, repräsentiert werden – so als ob diese römischen bzw. mittelalterlichen Begriffe den Rang dessen erreichen könnten, was unter dem Titel Subjekt gedacht worden ist.

Wenn die Soziologisierung des Reflexionsproblems mit solchen Übermalungen bezahlt werden müßte, wäre es besser, sie aufzugeben. Das Subjekt ist kein Objekt, was soll es also in der Theorie! Die letzte Zuflucht des „Subjekts" sind allenfalls

---

*   Anmerkungen siehe S. 123

die Arrangierkünste des Theoretikers, die der Tendenz nach unter Kontrolle zu bringen sind.

Ein anderer Weg wäre, den im Subjektbegriff bereits erreichten Abstraktionsgewinn festzuhalten und zu generalisieren. Das Ziel ist dann nicht die Wiederherstellung des Subjekts oder gar das Einfordern seiner unvollendeten Freiheiten (*Oelmüller* 1972), sondern die Aufhebung des Subjekts in einer Generalisierung seiner Form, in einem Versuch der Ausweitung auf sinnhafte Prozesse und Systeme schlechthin.

Im Folgenden soll der Versuch unternommen werden, die Kategorie der Reflexion auf Gesellschaftssysteme zu übertragen (2). Das erfordert einige Vorarbeiten in einer höheren Abstraktionslage und mit Anspruch auf eine breitere Verwendung im Rahmen einer allgemeinen Theorie sinnkonstituierender Systeme.

I

Reflexion ist der unwahrscheinlichste Fall einer weit verbreiteten Technik der *Relationierung*. Relationierung soll heißen, daß für etwas ursprünglich einheit-lichkonkret-kompakt Gegebenes eine Relation oder eine Relationskette gesetzt wird (3). Durch Relationierung wird die Verweisungsstruktur lebensweltlicher Horizonte spezifiziert, schematisiert und für progressive Operationen des Erlebens und Handelns verfügbar gemacht (3a). Das hat nur in dem Maße Sinn, als das, was durch die Relation aufeinander bezogen wird, *kontingent* gesetzt wird. Mit „kontingent" ist gemeint, daß das, was aufeinander bezogen wird, auch anders möglich ist. Wie alle Modalbegriffe hängt auch der Begriff der Kontingenz ab von angebbaren *Bedingungen der Möglichkeit,* die die Komplexität und Beliebigkeit anderer Möglichkeiten einschränken (4). Solche strukturellen Bedingungen der Möglichkeit anderer Möglichkeiten sind im Relationsbegriff vorausgesetzt als *Kontext,* der einer Relation überhaupt erst verständlichen, nachvollziehbaren Sinn gibt. Der Kontext definiert den besonderen Charakter einer Relation. Ein solcher Kontext ermöglicht es, Relationen als (für diesen Kontext) *nichtkontingente Beziehungen zwischen Kontingentem* zu konstituieren. Sinngebende Kontexte können *abstrahiert* und, soziologisch gesprochen, aus Situationskontexten *ausdifferenziert* werden, wenn und soweit es gelingt, sie über größeren Spielräumen für andere Möglichkeiten zu konstituieren.

Alte Beispiele für kontextspezifische Relationierungen bieten die Moral mit Konditionierungen menschlicher Achtung, das Recht mit Konditionierungen bindender Entscheidungen, die Zweck-Mittel-Rationalität, ferner die symbolischen Codes der wichtigsten Kommunikationsmedien Wahrheit, Liebe, Geld, Macht. Mit der *Abstraktion* solcher Kontexte und der Erweiterung ihrer Möglichkeitsspielräume hat sich zugleich ein Bedarf für *Kriterien der Konsistenz von Relationierungen* ergeben, das heißt ein Bedarf für *Relationierung von Relationierungen* auf einer Metaebene, auf der zugleich die zunächst nichtkontingente Beziehung zwischen Kontingenzen als ihrerseits kontingent behandelt werden kann. Beispiele für solche Kriterien sind Gerechtigkeit und Wirtschaftlichkeit – Gerechtigkeit nicht mehr nur verstanden als Gleichheit innerhalb der Tauschund Vergeltungsbeziehung (Gleiches für Gleiches), sondern als Konsistenz der verschiedenen Beziehungen von Rechtsbedingungen und Rechtsfolgen; Wirtschaftlichkeit nicht mehr nur verstanden als Maximierung eines durch Aufwand erreichten Ertrags, sondern als Optimierung des Verhältnisses verschiedener möglicher Beziehungen zwischen Aufwand und Ertrag (5).

Im Anschluß an diese für Teilbereiche gesellschaftlichen Handelns bewährten Formen der Relationierung und der Relationierung von Relationierungen läßt sich die Kategorie der Reflexion bestimmen als Prozeß, mit dem ein System ein Verhältnis zu sich selbst herstellt. Wir nennen Reflexion deshalb auch, und prägnanter, Selbst-Thematisierung. Durch Selbst-Thematisierung wird ermöglicht, daß die Einheit des Systems für Teile des Systems – seien es Teilsysteme, Teilprozesse, gelegentliche Akte – zugänglich wird. Reflexion ist insofern eine Form von Partizipation. Ein Teil kann das Ganze zwar nicht *sein,* kann es aber *thematisieren,* indem er es sinnhaft identifiziert und auf eine ausgegrenzte Umwelt bezieht.

Selbst-Thematisierungen sind nicht nur auf der Ebene psychischer sondern auch auf der Ebene sozialer Systeme denkbar. Es ist notwendig, diese Systemreferenzen zu unterscheiden, denn die Selbst-Thematisierung sozialer Systeme kann nicht auf die Selbstthematisierung psychischer Systeme zurückgeführt werden. Vielleicht kann auf Grund dieser Vorüberlegungen der Begriff des Subjekts redefiniert werden als kulturelle Vorschrift für die Selbst-Thematisierung psychischer Systeme. Daraufhin könnte dann nach den evolutionären und gesellschaftsstrukturellen Bedingungen der Möglichkeit einer solchen Vorschrift und nach ihren weiteren Implikationen gefragt werden. Das lassen wir hier offen. Unser Thema ist die Selbst-Thematisierung von Gesellschaftssystemen.

Bevor wir uns diesem Thema zuwenden, muß die Frage des Kontextes einer solchen Relationierung geklärt werden. In welchem Kontext ist Selbst-Thematisierung möglich, das heißt sinnvoll spezifizierbar?

Einen Bedarf ebenso wie eine Möglichkeit der Identifikation eines Systems gibt es nur, wenn das System sich von seiner Umwelt unterscheiden und abgrenzen läßt. Als Kontext der Selbst-Thematisierungs-Relation dient daher die *Diskontinuität von System und Umwelt.* Diese Diskontinuität ist nicht nur Identifikationsvoraussetzung; sie bedeutet zugleich, daß das als *Einheit* identifizierbare System eine

Vielheit möglicher Umweltbeziehungen haben kann. Die Thematisierung der Systemeinheit dient im Reflexionsprozeß dem Durchgriff auf jene Vielheit, der selektiven Reduktion von Umweltkomplexität. Und in dem Maße, als die Systemeinheit in der Reflexion bestimmbar wird, gewinnt das System die Möglichkeit, in einer für es unbestimmbaren, ja unbekannten Umwelt gleichwohl sinnvoll-selektive Entscheidungen zu treffen.

Selbst-Thematisierung erfordert, daß *in Systemen* das jeweilige System als *System-in-einer-Umwelt* themafähig wird. *Themafähig* heißt für psychische Systeme bewußtseinsfähig, für soziale Systeme geeignet als Gegenstand thematisch integrierter Kommunikation. Thematisierung setzt einen „Horizont" anderer Möglichkeiten voraus und erschließt einen geordneten Zugang zu diesen Möglichkeiten (6). Die Diskontinuität von System und Umwelt ermöglicht es dabei, Innenhorizont und Außenhorizont zu differenzieren und zueinander in Beziehung zu setzen. Als Element dieser Beziehung wird das System zum im System bestimmbaren Thema; als Element dieser Beziehung wird das System zugleich für sich selbst kontingent, zum Beispiel in Anpassung an die Umwelt variierbar.

Diese Beziehung kann in hohem Maße unabhängig von der Erforschung der vollen Komplexität der Außen- und der Innenhorizonte festgestellt werden (6a). *Darauf beruht die Möglichkeit der Selbst-Thematisierung.*

So wie man jeweils Relationen und Relationierungen ermöglichende Kontexte auseinanderhalten muß, so muß man in diesem Falle der Reflexion unterscheiden zwischen der Beziehung des Systems zu sich selbst als Thema und dem System/Umwelt-Verhältnis. Die Möglichkeit der Reflexion beruht auf der Nichtidentität dieser beiden Beziehungen. Ihre Identifikation würde nicht zur *Reflexion* führen, sondern zur *Projektion* – dazu, daß das System sich selbst in seiner Umwelt sieht, sich dort aber nicht zum Thema machen kann. Die Ermöglichung von Reflexion hängt demnach ab von dem Abbau eines projektiven Umwelt-Verhältnisses – für die Gesellschaft von einer De-Sozialisation ihrer Umwelt (7). Sie ist nicht zuletzt aus diesem Grunde eine voraussetzungsreiche, evolutionär späte Erscheinung.

Zum gleichen Ergebnis kommen wir auf einem zweiten Wege, der von der *Reflexivität von Prozessen* ausgeht. Mit Reflexivität meine ich, im Unterschied zu Reflexion, die Anwendung eines Prozesses auf sich selbst bzw. auf einen Prozeß gleicher Art (8). Reflexivität erfordert, anders wäre die Identität bzw. Gleichheit des Prozesses nicht auszumachen, funktionale Spezifikation – also zum Beispiel Festlegung als Denken (und nicht als Lieben, Tauschen, Werten, Reinigen usw.). Funktionale Spezifikation erfordert Grenzsetzung als Absicherung des Bei-Sich-Bleibens des spezifizierten Prozesses. Auch Reflexion erfordert, wie eben gezeigt, Grenzsetzung. Ein Zusammenhang von Reflexivität und Reflexion ist demnach zu vermuten. Er läßt sich systemtheoretisch klären, und zwar gerade an den klassi-

schen, vom Prozeß der Erlebnisverarbeitung ausgehenden Beispielen der Bewußt-
seinsphilosophie der zweiten Hälfte des 18. Jahrhunderts: am Falle des Denkens
des Denkens, des Wollens des Wollens, des Wählens des Wählens – wir können
abstrakt zusammenfassend sagen: Der Selektion von Selektionen.

Normalerweise verlaufen Prozesse der Erlebnisverarbeitung themengesteuert,
nicht ichgesteuert. „The ideas themselves prevail, and not the ,I' (*Gallagher* 1964:
485). Entsprechend besteht wenig Kontrolle über das, was man erlebt oder redet.
Mit zunehmender Reflexivität dieses Prozesses – das heißt dann, wenn er sich auf
sich selbst zu richten beginnt – wird jedoch die Identität des ihn tragenden Systems
sichtbar und thematisierbar. Dazu genügt es nicht, die Prämissen der Erlebnisverarbeitung als Begriffe oder Ideen zu thematisieren und zu kategorisieren. Auf sich
selbst richtet sich das Erleben nur, wenn es seine Prämissen *in ihrer Funktion* als
Struktur des Prozesses erlebt, wenn es also miterlebt, wie und wozu sie dienen.
Solche Funktionalisierung oder Relationierung von Prämissen der Erlebnisverarbeitung setzt für die eigene Steuerung Prämissen höherer Ordnung voraus. Die
Iteration führt letztlich auf ein Über-Thema, das nur noch durch Negation über-
boten werden kann.

Eine Antwort auf dieses Problem hatte die frühe Neuzeit darin gesehen, daß
sie den Zusammenhang reflexiver Prozesse als Einheit hypostasierte *und ihn der
Negation entzog*. Die alteuropäische Formel dafür lautet: Einheit (oder Rationabi-
lität) in der Vielheit und Verschiedenartigkeit (varietas) – durchgehalten bis zum
Begriff des Konkreten bei *Marx* (9). Mit dieser Formel verbindet sich stets das
Problem der Theodizee – nämlich die Frage, wie sie mit dem Negativen in sich
selbst fertig wird (10). Das Muster dafür hat die Theologie geliefert. In der Neuzeit treten an deren Stelle system- bzw. prozeßspezifische Formeln. Die psychische Reflexivität des Denkens, des Wollens und des Fühlens wurde zum Beispiel
identifiziert als das Subjekt, das sich selbst nicht negieren kann. Das rechtliche
Normieren des Normierens mündete aus im Begriff des souveränen Staates, gegen
dessen Recht es keine berechtigten Sanktionen geben kann. In beiden Fällen blieb
das „Verhältnis zwischen einem System und seiner Hypostasierung" (11) oder das
Verhältnis der Varietät zu ihrer Einheit dunkel, und dies Dunkel war wohl eine der
Wirkungsbedingungen jener Nicht-Negierbarkeit. Die Frage ist nun: Muß Selbst-
Thematisierung Selbst-Hypostasierung sein – und bleiben?

Will man andere Möglichkeiten suchen, muß man nach dieser Analyse beim
Problem der Negierbarkeit ansetzen. Wir greifen dafür auf unsere Ausgangsüber-
legungen zur Technik der Relationierung zurück.

Alles sinnhafte Erleben und Handeln setzt zunächst die Lebenswelt als eine in
bezug auf Position und Negation *unqualifizierte* Vorgegebenheit voraus. Sobald
man dafür Relationen substituiert, muß diese Vorgegebenheit rekonstruiert und in

die Form der *Unnegierbarkeit* gebracht werden, nämlich in die Form einer nicht-kontingenten Beziehung zwischen Kontingentem. Dafür bietet die Systemtheorie mit ihrer Unterscheidung von System und Umwelt einen Ausgangspunkt. Erlebnis-prozesse, die die Funktion von Prämissen des eigenen Erlebens mitthematisieren, erfordern, daß die Negierfähigkeit nach innen gerichtet werden kann, sich also nicht nur auf Umweltdaten, sondern auch auf systemeigene Prämissen zu beziehen vermag. Damit wird genau dies unnegierbar, daß diese Möglichkeit besteht, denn ihre Negation setzt sie selbst voraus.

Prozeßreflexivität impliziert also letztlich Nichtnegierbarkeit der Fähigkeit zu selbstbezüglichen Negationen. Auch der Nichtgebrauch dieser Fähigkeit ist jetzt nur noch als Entscheidung gegen ihren Gebrauch möglich (12). Nur diese Nichtne-gierbarkeit – und nicht etwa die Perfektion oder die Hypostasierung des Systems – ist Voraussetzung der Reflexivität. Gelangt ein System bis zur Bewußtheit dieser Lage, hat das Konsequenzen für Sinn und Möglichkeiten seiner Selbst-Thematisie-rung. Es kann sich selbst nur auf Grund der Nicht-Kontingenz dieser Kontingenz begreifen.

Mit diesem Problem der Nicht-Kontingenz von Kontingenzen haben vor allem Theologen Erfahrungen (*Deku* 1956). Versteht man Reflexion aktförmigintentio-nal, etwa als Denken der (perfekten bzw. hypostasierten) Einheit, läßt es sich nur durch Glauben an eine Art „supramodale Notwendigkeit" dieser Einheit lösen. Versteht man in dem eingangs vorgeschlagenen Sinne Reflexion als Relationie-rung, verschiebt sich das Problem in die Frage nach nichtkontingenten Beziehun-gen zwischen Kontingentem. Man kann dann unterscheiden zwischen der Bezie-hung des Systems zu sich selbst und der Beziehung des Systems zu seiner Umwelt. Die zweite dient als Kontext für die Definition der ersten Beziehung und garan-tiert ihr damit eine relative Nicht-Kontingenz. Nur weil das System eine Umwelt hat, kann es sich auf sich selbst beziehen. Nur die Erfahrungen mit Anpassung an und Einwirkung auf die Umwelt ermöglichen Selbstselektion. So wird begreifbar, daß ein System sich selbst und seine Strukturen dann als kontingent thematisieren kann, wenn es sich zugleich auf eine ebenfalls kontingente Umwelt bezieht und in diesen *Beziehungen* (nicht in sich selbst!) ein nicht-kontingentes Prinzip findet. Dieses Prinzip postuliert, daß Kontingenz nur als *doppelte* Kontingenz, als Diffe-renz von System und Umwelt konstituiert werden kann.

Eine solche Problemfassung setzt voraus, daß man den Kontext dieser Relatio-nierung hinreichend präzisieren, also eine Systemtheorie ausarbeiten kann. Wir werden im folgenden zunächst auf die historisch vorliegenden Selbst-Thematisie-rungen der Gesellschaft eingehen (II) und im Anschluß daran versuchen, mit Hilfe der Systemtheorie abstraktere Kontext-Bedingungen für gesellschaftliche Selbst-Thematisierungen zu formulieren (III-V).

II

Alle historisch vorliegenden Selbst-Thematisierungen des Gesellschaftssystems sind Leistungen dieses Systems selbst, sind ihm also nicht etwa von außen angedichtet oder zugeschrieben, sondern sind in ihm selbst erarbeitet worden. Ein Bedarf für die Thematisierung der Gesellschaft und die Möglichkeit dazu entsteht in Abhängigkeit von der Entwicklung der Gesellschaft. Es wäre schon eine Abstraktion, wollte man eine Geschichte der Gesellschaftsbegriffe und -theorien als bloße Gedanken- oder Begriffsgeschichte schreiben. Die literarische Überlieferung ist vielmehr ein Reflex der Reflexionsgeschichte des Gesellschaftssystems, wenngleich dieser Charakter als Reflexionsgeschichte erst mit Hegel mitthematisiert und erst mit Marx der Gesellschaft selbst als Moment ihrer Selbst- Thematisierung zugeschrieben wird.

Die Vorbedingungen und auslösenden Veränderungen dieser Reflexionsgeschichte werden in ihr selbst interpretiert – aber nicht in einer theoretischen Weise bewußt, die den Ausblick auf Alternativen und auf Möglichkeiten grundlegender Umstrukturierungen eröffnen könnte. Die historisch vorliegenden Selbst-Thematisierungen des Gesellschaftssystems sind reaktiv formuliert worden in Erkenntnis einer fortgeschrittenen evolutionären Lage des Systems, nicht jedoch planerisch im Vorgriff auf eine andersartige Zukunft. Erst eine evolutionär späte Theorie der Gesellschaft, die die Reflexionsgeschichte des Gesellschaftssystems mitreflektiert, sie also ihrerseits noch auf Bedingungen hin relationiert, formuliert Kategorien eines Abstraktionsgrades, der die Zukunft offen hält und einbezieht.

Unter Vorwegnahme von Kategorien, die wir erst später theoretisch begründen werden, gehen wir davon aus, daß die Selbst-Thematisierungen der Gesellschaft zeitlich mit dem Stande der Evolution, sachlich mit dem Grade der Systemdifferenzierung und sozial mit der symbolischen Generalisierung besonderer Kommunikationsmedien zusammenhängen. Der Zustand des Gesellschaftssystems in diesen drei Hinsichten markiert Bedingungen und Grenzen möglicher Reflexion und gibt ihr intendierbare Ziele vor. Von der historischen Konkretion dieser drei Variablen hängt die Bestimmbarkeit der Gesellschaft für sich selbst ab.

Für den Beginn einer thematischen Erfassung und Beschreibung des sozialen Ganzen der Gesellschaft liegt der wesentliche Anstoß im Übergang von archaischen Siedlungs- und Stammesgemeinschaften zu politisch konstituierten und zusammengehaltenen, also kollektiv entscheidungsfähigen Einheiten größeren Zuschnitts. Dieser Übergang steigert nicht nur die Fähigkeit zu aggregiert gemeinsamem Wirken, die auch die archaischen Gesellschaften besaßen; er führt darüber hinaus mit Hilfe von Machtkonzentration die Möglichkeit zu bindenden Konfliktentscheidungen ein und ermöglicht dadurch die Erfahrung, daß das soziale Ganze sich nicht ohne weiteres aus dem natürlich-gemeinsamen Dahinleben ergibt, sondern in gewissen Hinsichten Kontingenz voraussetzt und Kontingenz-überwindung erfordert.

Deutlich ablesbar ist diese kritische Stellung des Kontingenzproblems an zwei nun notwendigen Distanzierungen: [1] an dem Verhältnis von Politik und Religion, das in politisch konstituierten Gesellschaften in gewissem Umfang gelockert und dissoziiert werden muß, so daß Machtausübung durch prominente Rollen nicht mehr eo ipso religiöses Handeln ist, sondern nur noch religiös verantwortet werden muß, also eigene Möglichkeiten zum Guten und zum Schlechten erhält (13); und [2] an dem Erfordernis einer politischen Systemgeschichte als einer Geschichte von Ereignisverkettungen, die die archaische Doppelung von mythischer und genealogischer Zeit ersetzt (13a).

Dem politischen Konstitutionsprinzip dieser Gesellschaften entspricht es, daß die Kontingenz primär im menschlichen Handeln gesehen und als Kontingenz des Handelns generalisiert wird. Eine gewisse Ausdifferenzierung von Rollen oder Rollensystemen für politisches Handeln ermöglicht die Erfahrung (und dann die Antizipation der Erfahrung), daß deren Handeln sich gegen andere Möglichkeiten profiliert und durchsetzt. Für die Übertragung selektiv reduzierter Möglichkeiten des Handelns auf andere benötigt und konstituiert die Gesellschaft Macht – ein spezialisiertes, symbolisch generalisiertes Kommunikationsmedium besonderer Art, das in Funktion tritt, wo Sprache und gemeinsamer Realitätsglaube nicht mehr ausreichend koordinieren. Die Gesellschaft wird daher herrschaftlich strukturiert. Die Kontingenzformeln und symbolischen Generalisierungen des Macht-Codes sind zugleich [1] die auszeichnenden evolutionären Errungenschaften, nämlich die nichtselbstverständlichen kulturellen Innovationen, [2] die Bezugsprobleme der Selbst-Thematisierungen und [3] die Ausgangspunkte weiterer Evolution. Selbst-thematisierungen werden damit zugleich evolutionskritische Festlegungen.

Demnach lag das Kernproblem zunächst in der Kontingenz menschlichen Handelns. Im Bereich des Erlebens bleibt die Grundstimmung alternativenloser Selbstverständlichkeit des Vorhandenen erhalten. Die zu verarbeitende Erfahrung war: daß man anders handeln kann, als Impuls oder Gewohnheit nahe legen; daß man anders hätte handeln können, mit anderen Folgen, nach anderen Zwecken; daß andere anders handeln können. Diese Erfahrung „relationiert" das Handeln als Vermittlung von Bedingungen und Folgen und gibt ihm damit Alternativen und Beweglichkeit an die Hand. Solche Relationierung erfordert einen Kontext, der der Relation Sinn und Interpretierbarkeit garantiert. Für diese Kontext-Funktion bilden politisch-konstituierte Gesellschaften eine *generalisierte Moral* aus, welche relativ allgemeine (relativ situationsfrei verwendbare) Bedingungen zwischenmenschlicher Achtung institutionalisiert. Sie moralisieren daraufhin ihre Religion, ihr Recht, ihre Geschichte, ihren Kosmos und können so politische Herrschaft legitimieren, *obwohl und weil* sie über Alternativen verfügt. Die Problemlösung liegt in der Moral, weil sie handlungsbezogen formuliert werden kann und weil sie auf dieses „obwohl und weil" durch generalisierte Prämissen eine einheitliche Antwort gibt.

Bei einem heute möglichen universalhistorischen Überblick zeigt sich rasch, daß es ein breites Spektrum verschiedenartiger (aber nicht beliebige!) Möglichkeiten gibt, auf diese Situation thematisch und institutionell zu reagieren. Entsprechend unterschiedlich sind die Ausgangspunkte für eine Selbst-Thematisierung der Gesellschaft. In China entwickelt sich das Zentralproblem des Verhältnisses von Politik und Moral unter den besonderen Bedingungen der „Kämpfenden Reiche" zu einem Gegensatz von politischer Effizienz und traditionaler Sittenhaftigkeit, der als Schulenstreit von Legisten und Konfuzianern artikuliert und politisch zu Gunsten der Konfuzianer entschieden wurde – was eine Integration auf der Basis höherer Freiheiten ausschloß. Für die frühen Hochkulturen Vorderasiens war bezeichnend, daß politische Kontingenz primär im Verhältnis zu religiösen Mächten thematisiert wurde, daß sie deren Disziplinierung, Moralisierung, Vertragsfähigkeit, Universalisierung erzwingt bis hin zum Monotheismus, der auch politische Katastrophen noch deuten kann. Daher werden Problemlösungen hier primär durch religiöse Erfindungen und nicht durch rechtlich-politische Errungenschaften gesucht – namentlich durch die Vorstellung eines Bundes Gottes mit einem ausgewählten Volk und durch die Auflösung der Diskrepanz zwischen der Idee des einen Welt-Gottes und den politischen und sozialen Schicksalen seines Volkes durch eine Eschatologie.

Eine Selbst-Thematisierung der Gesellschaft, die den evolutionär entscheidenden Faktor der politischen Konstitution unmittelbar erfaßt und die Moralisierung kontingenten Handelns, das neue, postarchaische Ethos, einbezieht, gelingt nur in den griechischen Stadtstaaten. Es ist schwer zu sagen, weshalb gerade hier. Vielleicht hat eine Rolle gespielt, daß die Konsolidierung politischer Entscheidung hier nicht erstmals, originär und allmählich zu entwickeln war, also auch nicht an die besonderen Bedingungen und Hilfestellungen der Einlaufphase gebunden war, sondern nach dem Zusammenbruch der mykenischen Kultur nur zu rekonstruieren war aus zweiter Hand, mit höheren Freiheitsgraden und mit Möglichkeiten der bewußten Abweichung von den Vorbildern hausmäßigpatrimonialer politischer Herrschaft. Wie dem auch sei – die griechische Polis wird am Ende in ihrer Schönheit und Wohlgeordnetheit begriffen als die politische Gesellschaft, (14) nämlich als die Stadt, die sich über wahlfreiem Handeln aller Bürger im Hinblick auf das Gute und Gerechte in einer Ämterverfassung als entscheidungsfähig selbst konstituiert.

Wir brauchen hier nicht nach dem Abbildungswert und dem Realitätsgehalt dieser Formel und nicht nach ihren Opfern zu fragen. Ihr Erfolg ist weniger ihrer Realitätsnähe als vielmehr ihrer Problemnähe zu danken. Sie thematisiert die Gesellschaft in der Hinsicht, in der sie bereits kontingent war. Damit hat sie die alteuropäische Tradition des ethisch-politischen Denkens über Gesellschaft begründet. Bis weit in die Neuzeit hinein begreift man die Gesellschaft als civitas sive societas civilis (*Riedel* 1965) und selbst der Nachfolgebegriff der „bürgerlichen Gesellschaft" tritt, äußerlich gesehen, als bloße Übersetzung ins Leben. Damit bleibt politische potestas der Potential-Begriff der Gesellschaft, bleiben begrenztkontingentes Handeln, bleiben „natürliche" Grenzen von Moral, Recht und Politik Reflexionskontext der Gesellschaftstheorie. Durch sie wird bestimmt, was relationierbar ist. Themenveränderungen vollziehen sich innerhalb dieses Rahmens. Auch die im Mittelalter zunehmende Differenzierung von religiös begründeter Sozialethik und territorialer Politik, die die fraglos etablierte Selbstverständlichkeit politischer und kirchlicher Organisationsformen widerspiegelt, sprengt diesen Rahmen nicht (15). Sie ermöglicht die Entwicklung einer von Politik unabhängigen, in dieser Hinsicht also auch verantwortungsfreien, an die Beichtpraxis gebundenen Moraltheologie, die auf Politik allenfalls noch über Personen, aber nicht mehr über Selbst-Thematisierungen der Gesellschaft Einfluß nimmt. Die konfessionellen Bürgerkriege beschleunigen die Tendenz der Politik, sich religiös zu neutralisieren. Das erfordert gesamtgesellschaftlich einen höheren Grad an Generalisierung der Integrationsvorstellungen, nämlich abstraktere Prämissen über Natur und/oder menschliche Natur und/oder Vernunft. Selbst in der Zeit des frühbürgerlichen Vernunftrechts wird jedoch die Gesellschaft noch als handlungsfähiger „Körper" gedacht. Handlungsfähigkeit kann nur politisch erreicht werden, weil einer oder einige für alle handeln müssen, und sie muß – wie anders sonst? – moralisch-rechtlich gebunden werden. Das Syndrom von Moral, Recht und Politik bleibt Constituens und Leitthema des Gesellschaftssystems.

Diese Lage impliziert, vom Bedarf wie von den Möglichkeiten her gesehen, eigentümliche Reflexionsschranken. Die Selbst-Thematisierung der Gesellschaft kann sich von moralischen Prämissen, von der Ausrichtung auf das Gute, nicht ablösen, solange sie das Handeln selbst im Kontext von Moral begreift Das aber ist nötig, wenn und solange für die Gesellschaft selbst gehandelt werden kann und keine anderen Kontexte zur Verfügung stehen, die einer Relationierung des Handelns, seiner Auflösung in Zweck und Mittel, in Kontingenz, in Fungibilität Sinn verleihen. Solche Vorbedingungen machen Ansätze zu einer moralfreien Reflexion zwar nicht unmöglich, aber unmoralisch. Selbst politische Reflexion kann sich, wie alle Machiavellisten erfahren mußten, einer Bewertung innerhalb der Moral nicht entziehen. Es fehlt eine höhere Ebene der Reflexion. Die höchsten Nichtnegierbarkeiten sind innerhalb der Moral fixiert, so daß die Relevanz von Moral in keinem Falle negiert – sei es abgelehnt, sei es auch nur versuchsweise in Frage gestellt werden kann. Die moralische Disjunktion guten oder schlechten Handelns läßt sich nicht unabhängig von der in sie eingebauten Präferenz verwenden. Es fehlt das, was Frege in bezug auf die epistemologische Disjunktion von wahren oder unwahren Sätzen die Ebene des Gedankens genannt hat (16). So ist es unmöglich, für die Selbst-Thematisierung der Gesellschaft jene Distanz zu gewinnen, aus der heraus die Soziologie später unterscheiden wird zwischen der gesellschaftlichen Realität der Moral und der Art und Weise, wie ein Moralist die Moral sich vorstellt (17). Fachlich und lehrgeschichtlich kommen diese Reflexionsschranken darin zum Ausdruck, daß die Lehre von der Gesellschaft sich als Teil der „praktischen Philosophie" begreift.

Eine Konzeption dieser Art kann nicht durch ihre Eigenlogik außer Kraft gesetzt werden. Wenn unsere Annahme zutrifft, daß die Selbst-Thematisierungen der Gesellschaft durch die Struktur des Gesellschaftssystems ermöglicht, durch Veränderung in der evolutionären Lage des Systems ausgelöst und durch Differenzierungsgrad und relative Prominenz der Kommunikationsmedien bestimmt werden, muß ein Anstoß zu grundlegender Veränderung aus der Gesellschaft selbst hervorgehen. Das war in der Tat der Fall. Es war die Ausdifferenzierung eines nach Art und Umfang neuartigen, geld- und marktorientierten Wirtschaftssystems, die das alte Gesellschaftsgefüge im Laufe des 17.-18. Jahrhunderts revolutioniert hat. Was jetzt als „bürgerliche Gesellschaft" bezeichnet wird, ist ein Gesellschaftssystem neuen Typs, in dem *jede* Struktur einen höheren Grad an Selektivität und Unwahrscheinlichkeit erhält und damit neu bestimmt werden muß. Der funktionelle Primat der Politik wird durch einen Primat der Wirtschaft abgelöst (18). Der Potentialbegriff der potestas wird durch den Potentialbegriff der Produktion ersetzt. Die dafür erforderliche Kommunikation wird an Geld, nicht an Macht orientiert. Das heißt keineswegs, und vor allem heute nicht mehr, daß das politische System der Gesellschaft an Bedeutung, an Größe, an Komplexität abnimmt. Im Gegenteil: Die Funktionen der Politik nehmen im organisierten Staat an Gewicht, an Effektivität, an Kontrolldichte zu. Gleichwohl wird die Wirtschaft das führende Teilsystem der Gesellschaft, weil sie den Entwicklungsstand der Gesellschaft definiert und Progression bzw. Regression von ihr abhängen (19). Politische Fehlleistungen, selbst politische Katastrophen bleiben möglich und kommen auf regionaler Basis vor; aber sie betreffen den Entwicklungsstand der Gesellschaft nur noch insofern, als sie wirtschaftliche Konsequenzen haben. Bei hoher Rekuperationsfähigkeit der Wirtschaft gleichen sie den gelegentlichen Explosionen einzelner Dampfkessel, die zwar einige Personen in die Luft sprengen, aber an den gesellschaftlichen Verhältnissen nichts ändern.

Nach dem Dominantwerden der Geldwirtschaft kann das soziale Ganze nicht mehr ernsthaft als handlungsfähiger „Körper" begriffen werden. Niemand kann für die Wirtschaft zu handeln beanspruchen, auch wenn Unternehmer oder Unternehmerverbände gelegentlich so auftreten. Das Wirtschaftssystem ist eine sich selbst regulierende Ordnung individuellen Handelns, die niemanden braucht und niemanden hat, der sie als System vertritt und verpflichtet. Sie kann daher – in Anlehnung an eine Unterscheidung von Parsons (20) – nicht als Kollektivität, sondern nur als soziales System in einem weiteren Sinne begriffen werden. Entsprechend tritt – nach vorübergehenden, die Überleitung ermöglichenden Symbiosen von Profit und Moral – die moralische Integration der Wirtschaft zurück. Das wirtschaftliche Streben wird nicht durch Bedingungen wechselseitiger Achtung eingeschränkt; eher zieht der ökonomische Erfolg Achtung nach sich. Pleonexie ist dann weder Untugend noch Tugend, ihr Resultat aber Basis gesellschaftlichen Prestiges.

In dem Maße, als die Gesellschaft sich im Sinne des neuen Begriffs der „bürgerlichen Gesellschaft" von der Wirtschaft her definiert, gilt diese Abstraktion mit Verlust der Handlungsfähigkeit auch für das Gesellschaftssystem selbst. Damit entfällt die oben erörterte Bedingung, unter der Moral verbindlicher Kontext der Relationsstruktur des Handelns gewesen war. Als Ersatz-Kontext rückt ein neuer Begriff von Rationalität ein, nachdem bereits das 17./18. Jahrhundert mit einem neuartigen Begriff des Handelns auf der Grundlage vorgesellschaftlicher, (21) „natürlicher" Freiheit zur Bedürfnisbefriedigung die Voraussetzung dafür geliefert hatte. *Rational* ist jetzt, in krassem Unterschied zum Wirtschaftsdenken früherer Epochen, nicht mehr die schlichte, ausbeuterische Maximierung von Erträgen, sondern eine *Relationierung* von Aufwand und Ertrag, die bestimmten Kriterien (zum Beispiel solchen der Optimierung oder der Profitmaximierung) genügt (22). Das Kriterium der Wirtschaftlichkeit nimmt nunmehr genau den Platz ein, den vordem das Kriterium der Gerechtigkeit gehalten hatte, nämlich den Platz der wertindifferenten Mitte (23). Es definiert das Reflexionsprinzip der bürgerlichen Gesellschaft, das *alle* ihre Werte und Bestrebungen zu vermitteln in der Lage sein soll: das Prinzip der Relationierung ihrer Relationierungen.

Die Vorteile sind evident. Der neue Kontext wirtschaftlicher Rationalität gibt der Kontingenz des Handelns einen abstrakteren Sinn, ein höheres Maß an Fungibilität, Substituierbarkeit, Variierbarkeit mit der Möglichkeit des präzisen Anschlusses an sich ändernde Bedingungen. Die damit erreichten Freigaben waren für die technisch-industrielle Entwicklung der modernen Gesellschaft eine unerläßliche Voraussetzung. Weniger eindeutig waren die Konsequenzen für die Selbst-Thematisierung des Gesellschaftssystems. Solange man Dominanz noch als Herrschaft denkt, fällt es schwer, der Wirtschaft die Führungsrolle in der Gesellschaft zuzusprechen. Die Notwendigkeit von Politik, nämlich die Notwendigkeit kollektiv-bindender Entscheidungen, bleibt daneben bestehen und erfordert nach wie vor eine Art moralische Deckung. Die Differenzierung nicht nur von Politik und Religion, sondern jetzt auch von Politik und Wirtschaft schließt es aus, von einem dieser Teilsysteme die Repräsentation der Gesellschaft zu erwarten (24). Mit dieser zunehmenden Differenzierung steigt der Generalisierungsgrad der Ebene, auf der noch systemeinheitliche Aussagen formuliert werden können, (25) und damit auch der Generalisierungsgrad etwaiger Selbst-Thematisierungen.

Unter diesen Umständen wird es schwierig, die Gesellschaft noch als das sozial Ganze zu denken; geschweige denn, sie durch Prämissen zu integrieren, für die noch eine moralische Bedeutung für die Fremd- bzw. Selbstachtung der Menschen postuliert werden könnte (26). Weithin setzt das 19. Jahrhundert an die Stelle der Totalität die Dichotomie von (wirtschaftlicher) Gesellschaft und (politischem) Staat, begriffen als verschiedene Aspekte volkhaft-nationalen Zusammenlebens auf einem bestimmten Gebiet. Für die Einheit des so Unterschiedenen fehlt jedoch (wenn man Hegels Lösung mit Hilfe eines zweifachen Staatsbegriffs nicht akzeptiert) ein Begriff. Die Einheit des Ganzen wird nicht mehr zum Thema, wird in ihrer Selbstselektivität – nämlich in dem, was sie ausschließt – nicht mehr reflektiert. Die Selbst-Thematisierung der bürgerlichen Gesellschaft nimmt zunächst den Weg der Selbst-Kritik, weil die neue Gesellschaft ihre Folgen zu sehen bekommt, bevor sie sich selbst begriffen hat. Eine Selbsthypostasierung der bürgerlichen Gesellschaft im Sinne eines Verhältnisses zur eigenen Perfektion ist nicht mehr möglich. Die Selbstbestimmungslast einerseits, die Selbstbegründungslast andererseits gehen auf Nachfolgebegriffe der Perfektion über: auf Entwicklung einerseits, auf Reflexion andererseits.

Unter den zahlreichen, kontrovers gebliebenen Reflexionsangeboten für die bürgerliche Gesellschaft haben die von *Karl Marx* ausgehenden die breiteste Wirkung erreicht. Mit Recht, denn sie halten einen Begriff der Gesellschaft fest, der als Totalität formuliert und auf das historisch vorliegende Problem der Wirtschaftsgesellschaft bezogen wird. *Marx* konnte eine Übergangssituation nutzen, in der sich Nähe und Abstandnahme zur Selbstrealisation der bürgerlichen Gesellschaft auf eigentümliche Weise kombinieren ließen. In dieser Situation konnte er die bürgerliche Gesellschaft vollständig und falsch interpretieren – nämlich in *allen* ihren Grunddimensionen aus der zu konkreten Optik des *Übergangs* heraus. In der Dimension sachlich-sinnhafter Gesellschaftsstrukturen wurde ihm der Primat der Wirtschaft zum Primat eines materialistisch fundierten Systems der Bedürfnisse. Deshalb wird die besondere Kategorie der Produktion als „Begriff des größten Umfanges, als gesellschaftlich allgemeine Bestimmung" (*Morf* 1970: 90) zum Substitut für das Ganze, obwohl sie selbstverständlich nur ein Teilphänomen erfaßt. In sozialer Hinsicht wurde ihm das „Bürgerliche" an dieser Gesellschaft identisch mit der (jetzt angeblich herrschenden!) Klasse, die diesen Gesellschafts-typus durchgesetzt und sich in ihm etabliert hatte. Als Klassenmerkmal gilt ihm, zunächst annähernd treffend, das Eigentum. In der Zeitdimension wurde ihm Evo-lution zu einer historisch-dialektischen Gesetzmäßigkeit, die das jeweils zuvor Er-rungene im folgenden Zustand aufhebt, das heißt als Bestimmtes negiert und in seiner bestimmenden Funktion bewahrt.

Für alle drei Dimensionen werden wir den Begriffsrahmen der Gesellschafts-theorie erweitern müssen. Das geschieht, wie bereits angedeutet, unter den Titeln Systemdifferenzierung, Kommunikationsmedien und Evolution mit Hilfe von jeweils sehr komplexen Einzeltheorien. Die *Marx*schen Reduktionen erscheinen vor diesem Hintergrund dann als zeitbedingte Konkretisierungen, die selbst der „Aufhebung" verfallen können. Zu bewahren wäre dabei die Auffassung der Ge-sellschaft als eines sich selbst abstrahierenden, kategorisierenden, thematisieren-den Sozialsystems, also die Negation einer gesellschaftsexternen Geistigkeit, eines transzendentalen Bewußtseins, das sich selbst die Gesellschaft erklärt. Zu verzich-ten wäre auf Konkretionen, die dem historischen Moment und der polemischen Konfrontation verpflichtet waren – so zum Beispiel auf die

Selbstetikettierung als Materialismus, die von der Negation des transzendenta-len Idealismus lebt und mit diesem ihre eigene Bestimmbarkeit verloren hat; oder auf die Beschränkung der sozialen Kritik auf bloße Kritik des Privateigentums, nachdem Eigentum nichts weiter mehr ist als die in jedem Geld-Code erforderliche Garantie eines binären Schematismus (Haben/Nichthaben).

Die Vollständigkeit jenes zu situationsnah und vorschnell konkretisierenden Konzepts hatte nur den Effekt, die bürgerliche Gesellschaft ideologisch und poli-tisch zu spalten in ein „kapitalistisches" und ein „sozialistisches" Lager. Diese Frontbildung hat jedoch nicht – und zwar weder in ihren Elementen, noch als Rela-tion – zu einer adäquaten Reflexion der Einheit des Gesellschaftssystems geführt; sie hat selbst die Registrierung des unbestreitbaren Faktums der Einheit einer ein-zigen Weltgesellschaft verhindert. Man mag darin einen historischen Zufall sehen, der der bereits konstituierten Weltgesellschaft die vielleicht letzte Chance bietet, unter der Vorstellung einer Mehrheit von Gesellschaftssystemen mit unterschied-lichen Konzepten zu experimentieren – und das heißt praktisch: das Problem der wirtschaftlichen Sozialplanung von unterschiedlichen Ausgangslagen heranzuge-hen.

Darüber hinaus bahnen sich in den letzten Jahren neuartige Formen einer öko-nomischen und zugleich gesamtgesellschaftlichen Reflexion ihren Weg, die – ganz analog zu den Verfassungs- und Rechtsstaatsbestrebungen der frühen bürgerlichen Gesellschaft – auf eine Selbstlimitierung der Wirtschaft im Hinblick auf ihre di-rekten und indirekten gesellschaftlichen Folgen hinauslaufen.

Ein Hinweis auf die Aktivitäten des Club of Rome und ihre Resonanz mag genügen. Es wird nicht mehr schlicht unterstellt, daß die Selbstrationalisierung und Selbstoptimierung des Wirtschaftssystems gesamtgesellschaftlich adäquate Ergebnisse einträgt. Das Wirtschaftssystem – und das sind keineswegs nur die Unternehmer, sondern zum Beispiel auch die Verbraucher – muß lernen, sich auch als Umwelt anderer gesellschaftlicher Teilsysteme zu reflektieren und darüber hinaus seine Auswirkungen auf die gesamtgesellschaftliche Umwelt in Betracht zu ziehen. Daraus folgt ein Bedarf für Kriterien zur Beurteilung rein ökonomischer Kriterien. Ob solche Reflexionsleistungen bei der gegebenen Struktur des Wirtschaftssystems möglich sind oder ob sie Repolitisierungen und Entdifferenzierungen dieses Systems (zum Beispiel neue Formen von nicht marktorientierter Koordination von Produktion und Konsum) erfordern, ist eine derzeit offene Frage.

Wir fassen zusammen: Die Erinnerung an Themengeschichte unter dem Gesichtspunkt einer Selbst-Thematisierungsgeschichte dient nicht der bloßen Sortierung guter und schlechter Gedanken, der Abklärung wahrer und unwahrer Aussagen über die Gesellschaft. Sie verwendet vielmehr die gedankliche Technik der Relationierung, die sie der Gesellschaft zuschreibt, selber. Sie fragt selber nach dem Verhältnis der Gesellschaft zu sich selbst als eines Systems-ineiner-Umwelt. In diese Fragestellung ist die Annahme eingebaut, daß sich zwischen kontingenten, evolutionär variablen Gesellschaftsstrukturen und kontingenten, evolutionär variablen Selbstbestimmungen nichtkontingente Beziehungen feststellen lassen (27).

Ein Rückblick dieser Art ist also heimlich schon geleitet durch ein verändertes Anspruchsniveau, das diese Thematisierung von Thematisierungen erst ermöglicht. Die Selbst-Thematisierungen der alteuropäischen und der bürgerlichsozialistischen Gesellschaftsreflexion sind bereits historisch geworden und lassen sich entsprechend behandeln, sobald sie von ihrer Reflexionsfunktion entlastet sind. Dazu bedarf es einer Theorie, einer zeitgemäßen Selbst-Thematisierung des Gesellschaftssystems, die das *Marxsche* Postulat aufnimmt und gegen *Marx* wendet: von dem jeweils fortgeschrittensten kategorialen Niveau aus zu analysieren.

Diese Absicht macht es, weil es möglich ist, unausweichlich, den historischen Wandel von Selbst-Thematisierungen mitzuthematisieren. Die Gesellschaftstheorie muß diese Möglichkeit und Variabilität von Selbst-Thematisierungen, muß die Kontingenz von Reflexion und damit ihre eigene Reflexionsgeschichte einbeziehen. Eben deshalb kann sie heute nicht mehr unbefangen von der Funktion und der Struktur des jeweils dominanten Teilsystems ausgehen und wie *Aristoteles* oder *Marx* pars pro toto setzen, indem sie es für „natürlich" hält, daß der Mensch als Mensch ein ethisch-politisches bzw. ein materiellwirtschaftendes Wesen ist und sich als solches in seiner Geschichte auf Perfektion bzw. Entwicklung hin entfaltet.

Sie muß ein abstrakteres Instrumentarium ansetzen, das es erlaubt, auch solche „natürlichen" Bestimmungen noch zu relationieren.

Wir haben im ersten Abschnitt gesehen, daß Systemreflexionen in der bisherigen Geschichte die Form von Hypostasierungen angenommen haben, die das Verhältnis des Systems zu seiner Hypostasierung im Dunkel lassen mußten. Wir haben im zweiten Abschnitt gesehen, daß sie jeweils ein Teilsystem für das Ganze gesetzt haben und deshalb das Verhältnis von Ganzem und Teil strukturell unentschieden lassen mußten. Wir vermuten, daß zwischen diesen beiden Ergebnissen Zusammenhänge bestehen mit der Folge, daß jeweils ein Teil als das Ganze hypostasiert werden mußte (28). Diese Form der Systemreflexion scheint durch den Wandel des Gesellschaftssystems überholt zu sein. Soll die heutige Weltgesellschaft sich selbst zum Thema werden, kann dies nur mit Hilfe einer Kombination abstrakterer Denkmittel geschehen, die eine Mitthematisierung der Geschichtlichkeit und Kontingenz jeweiliger Selbst-Thematisierungen ermöglicht. Das läuft auf ein Reflexivwerden der Reflexion hinaus. Selbst-Thematisierungen werden damit als Systemprozesse bewußt. Dies erfordert, wie wir im folgenden Abschnitt zeigen wollen, [1] einen höheren Grad an Bewußtheit der gesellschaftlichen Konstitution von Sinn, damit zusammenhängend [2] die Verfügbarkeit der Einsicht, daß alle Sinnbildung immanent kontingent ist, das heißt über sich hinaus auf andere Möglichkeiten verweist, (29) und [3] die Funktionalisierung der Reflexion im Hinblick auf die Differenz von System und Umwelt. Als Bezugssystem für diese Erörterung kommt weder die Einzelperson (als Subjekt) noch ein Erkenntnissystem (oder die Wissenschaft), sondern nur die Gesellschaft in Betracht.

III

Unter Gesellschaft soll hier verstanden werden das jeweils umfassendste System kommunikativer Beziehungen zwischen menschlichen Erlebnissen und Handlungen, die füreinander erreichbar sind (*Luhmann* 1971c; *Luhmann* 1971e). Zwischenmenschliche Kommunikation ist Bedingung der Konstitution von Sinn. Das *umfassendste* System solcher Kommunikation ist daher jenes, das in *jeder* Kommunikation und darüber hinaus in *jedem* sinnhaften Erleben und Handeln vorausgesetzt werden muß. *Max Adler* (1936) hat von der Gesellschaft als dem Sozialapriori gesprochen. An die Stelle dieser der transzendentalen Erkenntnistheorie verpflichteten Formel setzen wir den Begriff eines sinnkonstituierenden sozialen Systems.

Mit „Sinn" ist gemeint jenes Zugleich von Möglichkeitshorizont und Selektion, das für Systeme besonders effektive Formen der Selektivität erschließt, nämlich laufende Erfassung von Selektion als Selektion. Mit Hilfe von Sinn können Selektionen in ihrer Selektivität einer Kontrolle und Korrektur unterworfen werden, weil in der Selektion das „Woraus" der Selektion erhalten und sichtbar bleibt. Sinn modalisiert, mit anderen Worten, die Selektionsprozesse des Erlebens und Handelns derart, daß sie ihre eigene Selektivität ergreifen und kontrollieren können. Diese *Eigenart* von Sinn läßt sich naivphänomenologisch beschreiben und in Analysen der Intentionalität verifizieren, nicht aber die *Konstitution* von Sinn (30). Zur Konstitution eines Bewußtseins von Selektivität gehört doppelte Selektivität, gehört Kommunikation, in der man am Verhalten anderer die Selektivität des eigenen ablesen und sinnhaft strukturieren lernt (31). Kommunikation aber erfordert, daß mit Hilfe von Erwartungsstrukturen Grenzen erwartbaren Verhaltens gezogen werden, erfordert also Kontinuitätsunterbrechungen im Rahmen des Möglichen: Systembildung. Als Minimalerfordernisse der Konstitution von Sinn haben demnach zu gelten: eine Mehrheit von physisch-organisch nicht koordinierten Selektionszentren und eine Reduktion des für sie Möglichen durch ein System, das das wechselseitig erwartbare Verhalten gegenüber anderen möglichen Ereignissen abgrenzt. Ein sinnkonstituierendes System ist immer zugleich ein für sich selbst sinnhaftes System (32). Es definiert sowohl Erwartungen als auch seine Grenzen sinnhaft, konstituiert daher die Differenz von Innen und Außen als Differenz von unterschiedlichen Horizonten für weitere Thematisierung (33). Diese Differenzierung ist die grundlegende Bedingung der Möglichkeit von sinnhafter Selbst-Thematisierung.

Die Einheit von Sinnkonstitution und Sinnhaftigkeit zeigt an, daß mit der Fähigkeit zu sinnhafter Selektivität ein Evolutionsniveau erreicht ist, das von den Systemen, die diese Fähigkeit besitzen, nicht mehr unterschritten werden kann (34). Es gibt für sie keine Anhaltspunkte außerhalb ihrer sinnhaft konstituierten Welt. Die Realität selbst ist für sie Sinn. Bei Fortexistenz seiner physischorganischen Voraussetzungen ist gesellschaftlich konstituierter Sinn eine irreversible evolutionäre Errungenschaft.

Mit dieser Errungenschaft ist die Anlage zur Reflexivität sinnorientierter Prozesse verbunden (35). Das ist nur eine andere Formulierung für das, was wir oben Einheit von Sinnkonstitution und Sinnhaftigkeit genannt hatten. Diese Reflexivität ist ein (wiederum phänomenologisch verifizierbares) Faktum, von dem die Sozialwissenschaften nur auf Kosten des Lebensweltbezugs ihrer Erkenntnisse abstrahieren können. Sie ist in der Verweisungsstruktur von Sinn mitgegeben. Diese Verweisungsstruktur und die darin steckende Rückbezüglichkeit aller sinnorientierten Prozesse können nicht ausgeschaltet, sie können nur genutzt und rationalisiert werden durch jene Technik der Relationierung, von der unsere Überlegungen ausgegangen sind. Reflexion ist ein Fall von Relationierung, ist als Selbst-Thematisierung sinnkonstituierender Systeme die konsequenteste Entfaltung ihrer Möglichkeit zur Rationalität. Die Selbst-Thematisierung des Gesellschaftssystems ist demnach – und das bestätigt unsere Analyse der Reflexionsgeschichte der Gesellschaft – die der gesellschaftlichen Evolution entsprechende Form der Rationalität.

Eine genauere Analyse dieser Errungenschaft Sinn und ihrer Möglichkeit zur Rationalität muß deshalb auf die Systemreferenz der Gesellschaft eingestellt werden und muß zu erklären versuchen, wie sich durch diese Errungenschaft das Niveau der Auseinandersetzung von System und Umwelt verändert. Diese Veränderung kann man mit Hilfe der Begriffe Generalisierung und Modalisierung sowie mit Hilfe einer Unterscheidung mehrerer Sinndimensionen beschreiben. Diese Konzepte zusammen definieren den Kontext, durch den die Relation der Selbst-Thematisierung historisch möglich und interpretierbar wird.

Mit Generalisierung ist gemeint, daß Sinn festgehalten werden kann als kompatibel mit einer Mehrheit unterschiedlicher Zustände des Systems bzw. seiner Umwelt. Mit Modalisierung ist gemeint, daß mit Hilfe solcher Generalisierungen die Interaktion mehrerer Systeme gesteuert wird, indem eine Ebene generalisierter Vorverständigungen als Bedingung kommunikativer Verständigung vorausgesetzt wird (36). Modalisierungen können als bloße Themenhorizonte stillschweigend unartikuliert, stimmungsmäßig, am Rande des Bewußtseins fungieren – und das ist lebensweltlich normal (37). Zum Beispiel braucht eine Gesellschaft normalerweise keine eindeutigen Zeitvorstellungen, sondern kommt mit sehr vagen, widerspruchsvollen Orientierungsmustern aus (38). Gleichwohl können Modalisierungen unter besonderen Umständen auch thematisiert und problematisiert, das heißt der Möglichkeit einer Negation ausgesetzt werden. Eine Thematisierung von Modalitäten stellt jedoch hohe Anforderungen an die Selbst-Thematisierung der beteiligten Systeme. Sie ist als Möglichkeit daher abhängig vom Entwicklungsstande der Gesellschaft.

Mit diesen Leistungen der Horizontbildung, Generalisierung und Modalisierung ist Sinnkonstitution eine Vorbedingung dafür, daß das Verhältnis von System und Umwelt selbst als Relation gedacht und verfügbar wird. Die Relation zur Umwelt wird dadurch in stark verkürzter, kategorisierter Form zur Struktur und zum Prozeß-Thema des Systems selbst; man kann im System über sie nachdenken, über sie reden, über sie entscheiden. Als Kontext für eine solche Relationierung von System und Umwelt kann nur eine die Relation übergreifende, System und Umwelt einbeziehende Weltvorstellung dienen. Damit differenziert sich für das System (in einer Weise, die ohne Sinnkonstitution nicht möglich wäre) die *Umwelt,* der es sich gegenüber sieht, und die *Welt,* der es zugehört. Diese Doppelung ist *zugleich* [1] Bedingung der Möglichkeit von Selbst-Thematisierungen und [2] Bedingung der symbolischen Generalisierung und Modalisierung von System/Umwelt-Prozessen. Deshalb ist anzunehmen, daß Selbst-Thematisierungen mit den Formen variieren, in denen System/Umwelt- Beziehungen sinnhaft erfaßt und verarbeitet werden (39).

In seinem Weltbezug hat aller Sinn drei notwendige Dimensionen, die sämtlich die Differenz von System und Umwelt übergreifen, nämlich für System und Umwelt die gemeinsame Welt artikulieren (*Luhmann* 1971a: 48 ff.). Sinn verweist *sachlich* auf andere Möglichkeiten, er konstituiert *zeitlich* den Doppelhorizont von Vergangenheit und Zukunft, er setzt *sozial* eine Mehrheit von selektierenden Systemen voraus, die ihn – konsentierend oder dissentierend – gemeinsam thematisieren. Zwischen diesen Dimensionen bestehen Abhängigkeiten sowohl was die Konstitution, als auch was die Generalisierung von Sinn angeht. Eine höhere Abstraktion der Zeitvorstellung hat zum Beispiel Voraussetzungen und Konsequenzen in der Auffassung sozialer Beziehungen und umgekehrt.

Das kann hier nicht näher ausgearbeitet werden. Für unser Thema der Selbst-Thematisierung von Gesellschaftssystemen interessiert jedoch, daß und wie diese drei Dimensionen als Kontext für die Relationierung des Systems auf sich selbst und auf seine Umwelt fungieren. Wir gehen davon aus, daß es für alle Selbst-Thematisierungen unerläßlich ist, sich in diesen drei Dimensionen zu artikulieren – was nicht ausschließt, daß die Schwerpunkte unterschiedlich gewählt werden und die Artikulation der einen Dimension die der anderen führt. Die eigene Identität des Systems, auf die Prozesse im System sich beziehen können, hat als Sinn notwendigerweise eine sachliche, eine zeitliche und eine soziale Kontingenz und Negierbarkeit. In der Behandlung der *Marxschen* Theorie hatten wir behauptet, daß *Marx* den Gesellschaftsbezug dieser Dimensionen als Bedürfnissystem, als dialektische Entwicklung und als Klassenherrschaft zeitbedingt und inadäquat interpretiert hatte. Es verbleibt die Aufgabe, diese Interpretationen durch höher generalisierte Konzepte der soziologischen Theorie zu ersetzen.

In *sachlicher* Hinsicht artikuliert sich die Identität des Gesellschaftssystems durch das Schema der *Systemdifferenzierung* – im groben durch die Verteilung von segmentären und funktionalen Formen der Differenzierung. Je nach dem, ob die Primärdifferenzierung des Gesellschaftssystems als segmentäre oder als funktionale institutionalisiert ist, je nach dem also, ob sie auf dem Prinzip der Gleichheit oder dem Prinzip der Ungleichheit beruht, bieten sich andere Selbst-Thematisierungen an. Segmentierte Gesellschaften können das soziale Ganze ohne Schwierigkeiten als größere Form der Teilsysteme denken, etwa als große Familie oder als das Land, alle Siedlungen zusammengenommen. Entsprechend projizieren sie ihre soziale Ordnung in nochmaliger Vergrößerung auf die Welt, den sozialen Kosmos. An zunehmender funktionaler Differenzierung zerbricht diese Form der Selbst-Thematisierung, bis schließlich heute die Einheit des Gesellschaftssystems sachlich kaum noch zu bestimmen ist, weil sie alles übergreift, was immer Menschen verbindet. Die Teilsystemperspektiven werden hochgradig autonom und damit unfähig, Gesellschaft als Ganzes zu repräsentieren. Auch der Versuch, einem ausgezeichneten Teilsystem, dem für Politik, dann dem für Wirtschaft, den gesellschaftlichen Primat und damit die Repräsentation des Ganzen zuzuweisen, vermag heute nicht mehr voll zu überzeugen.

Unter diesen Umständen findet man auf der Ebene gesellschaftlicher Teilsysteme oder gar einzelner Organisationen oder Interaktionssysteme kaum noch einen artikulierbaren Bezug auf das Gesellschaftssystem. Der gesellschaftlichen Differenzierung wird nicht durch thematisch konzentrierte Reflexion, sondern durch Schranken der strukturellen Kompatibilität der Teilsysteme Rechnung getragen. Immerhin könnte man sich auch bei ausgeprägter funktionaler Differenzierung eine Überwindung dieses Reflexionsdefizits denken, vor allem dadurch, daß die funktional ausdifferenzierten Teilsysteme sich selbst zugleich als adäquate Umwelt anderer Teilsysteme zu identifizieren und zu beschränken lernen. Ihre Identität würde damit an der Nichtidentität zweier Vorstellungen orientiert und variiert werden: an ihrer spezifischen Funktion und an ihrer Eigenschaft als gesellschaftliche Umwelt anderer Systeme (40). In dem Maße, in dem dies geschieht, reflektiert die gesellschaftliche Differenzierung sich in den Strukturen und Prozessen der Teilsysteme.

In *zeitlicher* Hinsicht wird die Identität des Gesellschaftssystems thematisiert im Hinblick auf *Evolution*. Schon politische Gesellschaften hatten ihr Selbstverständnis auf die Feststellung einer fortgeschrittenen geschichtlichen Lage gegründet, deren Errungenschaften gefeiert und daraus Chancen wie Anforderungen hergeleitet (41). Für das Selbstverständnis der neuzeitlichen bürgerlichen Gesellschaft ist das universalhistorische, als Evolution theoretisierte Bewußtsein eine Selbstverständlichkeit (42). Die entscheidende Alternative (die mit derjenigen von segmentierender und funktionaler Differenzierung verglichen werden könnte, historisch aber später zum Zuge kommt) liegt in der Frage, ob die Gesellschaft primär im Hinblick auf ihre *Vergangenheit* oder primär im Hinblick auf ihre *Zukunft* zum Thema wird. Mit dem Übergang zur bürgerlichen Gesellschaft scheint sich ein „Führungswechsel" der Zeithorizonte in dem Sinne anzubahnen, daß als Bezugshorizont für Selbst-Thematisierungen nicht mehr die Vergangenheit, sondern die Zukunft dient (43). Entsprechend verlagert sich der Strukturbedarf für Entscheidungen aus der Erinnerung in die Prognose. Diese Umstellung mag zunächst mit dem Übergang des funktionellen Primats von der Politik auf die Wirtschaft zusammengehangen haben; denn Politik ist infolge ihres Legitimations- und Konsensbedarfs eher auf eine artikulierte Geschichte, Wirtschaft infolge ihres Kalkulationsbedarfs eher auf eine artikulierbare Zukunft angewiesen. Mit der Konsolidierung einer einzigen Weltgesellschaft verfestigt sich dieser Wandel aus zwei Gründen: Zum einen müssen die unterschiedlichen Geschichten der Regionalgesellschaften abgestoßen oder in eine gemeinsammögliche Zukunft eingeschmolzen werden. Zum anderen ist die Zeit der zufallsabhängigen Evolution und des Experimentierens in einer Vielzahl von Gesellschaftssystemen zu Ende. Die weitere Evolution der einen, einzigen Weltgesellschaft kann, ihrem Selbstverständnis nach, sich weder aus der Vergangenheit ergeben noch dem Zufall überlassen bleiben. Somit wird diese Gesellschaft sich in der Zeitdimension auf die Zukunft hin orientieren. Dies erfordert eine Umstellung der Selbst-Thematisierung auf Kontingenz, also Mitreflexion der Möglichkeit, auch anders sein zu können.

Systemdifferenzierung und Evolution gehören seit dem 19. Jahrhundert zum klassischen (wenngleich umstrittenen und zeitweise diskreditierten) Themenbestand der Soziologie. Die Selbst-Thematisierung der Gesellschaft könnte in diesen Hinsichten auf eine gewisse fachliche Zuarbeit zurückgreifen. Für die Sozialdimension fehlte zunächst ein Konzept von vergleichbarer Tragweite. Erst in jüngster Zeit setzen in der Theorie *generalisierter Medien der Kommunikation* Bemühungen ein, diese Lücke zu füllen (44).

Diese Theorie bezieht sich speziell auf das Grundproblem der Sozialdimension. Sie setzt eine Mehrheit eigenständiger Selektionszentren (personaler bzw. sozialer Systeme) voraus und stellt die Frage, wie unter veränderlichen gesellschaftsstrukturellen Bedingungen gleichwohl die Übertragung von Selektionsleistungen erreicht wird. Sie behandelt den Zusammenhang der Chancen und Risiken des Auseinanderziehens von Selektionsleistungen: Chancen der Selektivitätsverstärkung durch Kettenbildung und Risiken des Abreißens und der wechselseitigen Interferenz von Prozessen. Wichtige Beispiele für solche Medien sind Wahrheit, Liebe, Geld, Macht. Die Übertragbarkeit reduzierter Komplexität wird durch symbolisch generierte Kommunikations-Codes gewährleistet, die die Bedingungen fixieren, unter denen die Selektion des einen den anderen zur Annahme motiviert. Im Laufe der gesellschaftlichen Evolution werden die genannten Medien als Spezial-Codes für besondere Situationen ausdifferenziert und zur Grundlage gemacht für die Ausdifferenzierung der wichtigsten gesellschaftlichen Teilsysteme. Damit steigt das Niveau der Vermittlung von Chancen und Risiken und zugleich die im Gesellschaftssystem erreichbare Komplexität sozialer Prozesse.

Das alles kann hier nur angedeutet und weder allgemein noch für einzelne Medien ausgearbeitet werden. Für unser Thema der Systemreflexion ist wichtig, daß die Mittel der symbolischen Darstellung der Identität und der Selektivität des Gesellschaftssystems den Medien-Codes entnommen werden oder ihnen zumindest kompatibel sein müssen. In dem Maße, als übergreifende religiöse Mittel der Interpretation der Kontingenz des Gesellschaftssystems entfallen und zugleich

Medien-Codes differenziert und spezialisiert werden, wird auch die Reflexion der Einheit des Gesellschaftssystems ihrer Darstellungs- und Überzeugungsmittel beraubt. Sie ist keine Einheit mehr, die durch machtvolle Herrschaft repräsentiert werden könnte, ist auch kaum in Geld meßbar etwa als Zuwachs des Brutto-Sozialprodukts; ja selbst die Wahrheitsfähigkeit von Aussagen über die Gesellschaft im ganzen kann an Hand der üblichen methodologischen Standards in Zweifel gezogen werden. Trotzdem ist die Gesellschaft da – evident in ihrer Faktizität und in ihrer Selektivität. Daß keines der spezialisierten Medien ausreicht, um die Einheit der Gesellschaft zu thematisieren, liegt vielleicht einfach daran, daß man für die Annahme dieser Einheit keine Gründe und keine Motive mehr braucht.

Das hat besondere Gründe, die in der Funktionsweise und Struktur des Gesellschaftssystems liegen. Die Gesellschaft ist eine selbstsubstitutive Ordnung. Sie kann nicht durch etwas anderes, sondern nur durch sich selbst ersetzt, das heißt nur weiterentwickelt werden. Eben deshalb erreicht die in Selbstkritik zerfallene Konzeption der bürgerlichen Gesellschaft als kapitalistisch oder sozialistisch nicht mehr den Rang einer Gesellschaftstheorie, wenn sie sich darauf beschränkt, Gesamtidentifikationen des Gesellschaftssystems zu kontrastieren. Die Identifikation der Weltgesellschaft läuft nicht mehr über ein richtiges Prinzip ihrer Perfektion, etwa Gerechtigkeit, sondern über Bedingungen und Beschränkungen ihrer Entwicklung. Entwicklung erfolgt immer über Teiländerungen. Nur dafür sind Kommunikationsmedien und Motive erforderlich. Die symbolischen Codes einzelner Medien – selbst Wahrheit! – leisten deshalb keinen repräsentativen Ausdruck der Einheit und Wahrheit und Güte der Gesellschaft, sondern sind Reflexionsperspektiven, in denen die Funktion des jeweiligen Mediums auf die Selektivität von Bestand und Entwicklung des Gesellschaftssystems bezogen werden kann. Reflexion leistet insoweit die Herstellung spezieller Beziehungen zwischen den einzelnen gesellschaftlich funktionsfähigen, symbolisch generalisierten Medien und dem Gesellschaftssystem, das durch die Herstellung einer solchen Beziehung thematisiert und zugleich kontingent gesetzt wird. Gesellschaftliche Reflexion gewinnt damit die Form von Sonderperspektiven, die aus dem Gesichtswinkel der einzelnen Medien-Codes und Medien-Systeme auf die Gesellschaft im ganzen gerichtet werden. Wir werden im Schlußabschnitt (V) dieser Möglichkeit im Hinblick auf die besonderen Bedingungen wissenschaftlicher (= wahrheitsfähiger) Reflexion weiter nachgehen, ohne damit die Möglichkeiten künstlerischer Reflexion, politischer Reflexion, ökonomischer Reflexion, religiöser Reflexion zu leugnen oder hintanzustellen.

IV

Zugleich mit Sinn werden Horizonte weiterer Möglichkeiten des Erlebens und Handelns konstituiert. Als Horizont solcher Horizonte fungiert die Welt. Diese Thesen *Husserls* (1948: 26 ff.) leben zunächst von der Metapher des „Horizontes", die einiges (vor allem: das konstante Begleiten bei aller Bewegung, die Unnegierbarkeit, die als endlich fingierende Unendlichkeit) plausibel macht, die aber unklar bleibt in bezug auf das, was uns berechtigt, bei variabler Innenstruktur die *Einheit* eines Horizontes bzw. der Welt zu unterstellen (45). Gerade diese Frage könnte jedoch für das Problem der Reflexion bedeutsam werden – besonders wenn man in Zweifel zieht, daß das Subjekt als Garantie der Einheit der Welt genügt.

Für ältere Gesellschaften hat die Welt nicht diese Form eines Horizontes. Ursprünglich war die Welt, wenn überhaupt, vorstellbar nur als Gesellschaft im großen, als übergreifende soziale Ordnung. Erst die allmähliche De-Sozialisation der Umwelt der Gesellschaft, (46) die allmähliche Ausdifferenzierung eines spezifisch sozialen Systems der Gesellschaft erzwingt einen höher generalisierten Weltbegriff, der die Natur und die menschlichen Beziehungen trotz ihrer Verschiedenartigkeit übergreift. Mit dem Übergang von archaischen zu hochkultivierten Gesellschaften differenziert sich für das Gesellschaftssystem Umwelt und Welt, Anpassung bzw. Einwirkung und Reflexion. Den politischen Selbst Thematisierungen entspricht ein *Aggregatbegriff* der Welt: Die Welt wird kategorial abstrahiert zur universitas rerum, zur Sachgesamtheit. Das hat angebbare Folgen. In einem bloßen Aggregatbegriff der Welt wiederholen sich die logischen Probleme der Differenz von Ganzem und Teil, die uns auf der Ebene des Gesellschaftssystems beschäftigt haben. Sie können hier wie dort durch Herrschaft „gelöst" werden (47). Ferner zwingt die Sinnhaftigkeit der Sachgesamtheit zur Frage nach den Grenzen der Welt und nach der Transzendenz. Die Ordnung und erst recht die Perfektion einer Sachgesamtheit ist nur in Grenzen vorstellbar, die Beliebigkeit ausschließen. Die Einheit der Welt wird nicht nur als bloße Menge, sondern als Ordnung, im Mittelalter vorwiegend als Zentriertheit gedacht. Der Mensch findet sich im Mittelpunkt der Welt (was nicht unbedingt ein günstiger Platz ist). Die Zeit wird in bezug auf (handlungsanalog gedachte) Prozesse vorgestellt, was (im Unterschied zur modernen Evolutionstheorie) Willkür des Anfangs und damit Willkür des Endes und Indifferenz gegen Inhalte ausschließt. Deshalb ist auch eine Mehrheit von Welten vorstellbar und wird häufig als Realität, zumindest aber als Möglichkeit, (48) unterstellt, ohne daß der Weltbegriff es ermöglichte, die Welt der Welten zu thematisieren. Die Gesamtheit der (realen bzw. möglichen) Welten ist selbst keine Welt. Zwischen den Welten können daher keine Beziehungen bestehen, es sei denn in Form der gemeinsamen Abhängigkeit von Gott. Darin mag man ein schwaches Echo der Erfahrung einer Mehrheit von Gesellschaften sehen, einer Mehrheit, die in der Mehrzahl politischer Herrschaften ihre Grundlage und ihre Plausibilität hat. Gesellschaften thematisieren sich politisch als je eine unter vielen, als Teile der Welt.

Das alles ändert sich – und das wird man soziologisch kaum als Zufall ansehen können – mit dem Übergang zur bürgerlichen Gesellschaft. Aus der Mehrheit möglicher oder auch realer Welten wird die Einheit der Welt des Möglichen (*Pape* 1968). Diese Umstellung der Orientierung spiegelt sich begriffstechnisch zunächst darin, daß man in der Theorie der Modalitäten nicht mehr nur von den Möglichen, Kontingenten, Notwendigen, Künftigen, Vergangenen (Dingen) spricht, sie nur zu Gattungen abstrahierend, sondern von der Möglichkeit, der Zukunft usw. und damit eine andere Ebene der Modalisierung des Seins ins Auge faßt – eben das, was Husserl dann Horizont nennt. So kann nicht nur nach Herkunft und Eigenschaften des Möglichen gefragt werden, sondern nach den Bedingungen der Möglichkeit als Modalität schlechthin – zunächst mit Kant als Formen des Erkennens (49). Und während zuvor das Reale die perfekte Ordnung war, die aus den Möglichen durch die Schöpfung ausgewählt worden war, wird nun der Entwurf von Möglichkeiten zum Orientierungssystem für die Selektion einer angestrebten Wirklichkeit und in dieser Funktion auf Erkenntnis- bzw. Selektionsvermögen abgestimmt. Die Welt selbst wird damit zum Horizont jeder Bewegung, jeder Grenzüberschreitung, jeder Innovation. An die Stelle eines *Aggregatbegriffes* der Welt tritt ein *Korrelatbegriff*. Diese „nur" begriffsgeschichtlichen Umdispositionen laufen parallel mit, und münden ein in, Veränderungen der Reflexionserfordernisse des Gesellschaftssystems. Die jeweils zeitgenössischen Zusammenhänge brauchen wir nicht aufzuspüren, da es uns nicht um historische Kausal- und Motivforschung geht. Der Zusammenhang der Resultate ist evident. Das Gesellschaftssystem hat sich durch Ausdifferenzierung des Wirtschaftssystems und deren Folgen grundlegend gewandelt. Es ist sehr viel heterogener und komplexer geworden als je zuvor, daher in seiner Einheit kaum noch bestimmbar und kann – das 19. Jahrhundert versucht es mit dem Begriff der Nation und mit einer Politik des Imperialismus vergeblich – seine Teilsysteme nicht mehr durch gemeinsame (etwa territoriale) Außengrenzen integrieren. Gesellschaft ist von jetzt ab nur noch als Weltgesellschaft möglich. Ihre ausgeprägte funktionale Differenzierung mit der Verschiedenartigkeit der Sonderperspektiven in den Teilsystemen so wie die verbleibenden Unterschiede der Regionalkulturen erzwingen eine *Possibilisierung* der Welt. Die Einigungspunkte liegen zunehmend in Prämissen über das Mögliche, in der Zukunft, vor allem in bewerteten Steigerungsrichtungen, nicht in der Akzeptierung des Vorhandenen oder Geltenden. Für die Weltgesellschaft kann es nur noch eine einzige Welt geben, die nicht mehr nur als universitas rerum begriffen werden kann, sondern darüber hinaus alles Mögliche einschließt und gerade dieser Möglichkeitshorizont des Vorhandenen oder Geltenden ist. Die Weltgesellschaft konstituiert eine Welt mit offener Zukunft (49a). Was immer möglich ist oder möglich sein wird, hat diese eine Systemreferenz und diesen einen Horizont. Jedes Überschreiten sinnhaft konstituierter Grenzen wird in diesem System vollzogen und begleitet von einer entsprechenden Expansion der Welt. Es ist dieses System (und nicht etwa das Bewußtsein des Subjekts), das die Immanenz der Transzendenz realisiert. So wie die Welt als Horizont, so scheint die Weltgesellschaft als System die Unnegierbarkeit einer zwangsläufigen Einheit zu sein, der die Bestimmbarkeit durch Grenzen des Möglichen fehlt.

Diese Lage des Gesellschaftssystems wird in all seinen Bereichen als Reflexionsdefizit registriert – am auffälligsten, weil hier als Defizit schon wieder Gegenstand der Reflexion, in der Kunst. Sie erzwingt vielleicht aber nur einen neuartigen Stil der Reflexion: den der Selbst-Thematisierung. Reflexion kann sich nach der Konstitution einer Weltgesellschaft nicht mehr an Widerständen motivieren – weder an Widerständen in der Umwelt der Gesellschaftssysteme, die nur Anlässe zur Einwirkung oder Anpassung sind, noch an den Grenzen des in der Welt Möglichen. Sie muß sich selbst ermöglichen und die Bedingungen des für sie Möglichen in jeweils den Systemen finden, deren Einheit und Kontingenz sie reflektiert.

Wirklichkeit ist jeweils faktisch, historisch, positiv, evolutionär situiert gegeben – und auch anders möglich, Die Bedingungen anderer Möglichkeiten liegen in der Selbstabstraktion wirklicher Systeme. Reflexion ist ein Moment dieser Selbstabstraktion. Ein dafür adäquater Weltbegriff faßt nicht mehr Dinge, sondern Horizonte zusammen. Dabei ist Welt nicht etwa nur der umfassende Horizont beliebigen Inhalts, die äußerste Grenzlinie, die bei jeder Annäherung zurückweicht; die Welt ist Totalhorizont, das Ineinanderübergehen aller Horizonte, (50) die Verweisungsstruktur des täglichen Lebens, die in jedem Einzelthema und von jeder Selbst-Thematisierung aus zugänglich ist. Sie ist eine zentrierte Ordnung, aber eine solche, in der jedes Element Zentrum ist. Sie ist konkret und unendlich zugleich.

V

Diese Analysen zwingen dazu, die Frage nach den Bedingungen der Wahrheitsfähigkeit von Reflexionsleistungen allgemein und vordringlich für das Gesellschaftssystem selbst neu zu stellen. Sobald in Reflexionsleistungen Wahrheit selbst thematisch und Gegenstand von Aussagen wird, ergibt sich das bekannte Problem zirkulärer Definitionen: Der Aussagende verliert die Unbefangenheit, die Aussage

die Unabhängigkeit von ihrem Gegenstand (51). Das gefährdet die Erkenntnistechnik der Relationierung, die Bedingungen der Möglichkeit unabhängiger Variation
von Aussage und Gegenstand (51a). Für dieses Problem gibt es wohl keine „Lösungen", die es zum Verschwinden brächten mit der Folge, daß es nicht mehr als
Problem, sondern allenfalls noch als Fehler vorkommt; es gibt aber eine Reihe von
Behandlungsvorschlägen, die unterschiedliche Folgeprobleme nach sich ziehen.
Die Hermeneutik bemüht sich, nicht „aus dem Zirkel heraus – sondern in ihn nach
der rechten Weise hineinzukommen" (*Heidegger* 1949: 153). Die Logik verlangt
die Unterscheidung mehrerer Aussage-Ebenen, so daß für sie das Problem darin
besteht, nach der rechten Weise von der einen Ebene auf die andere zu kommen
(52). Für *Gotthard Günther* (1959) verdichtet sich das Problem zu der Einsicht,
daß die Reflexion den binären Schematismus des Wahrheits-Codes sprengt, so daß
sie eine „mehrwertige Logik" (oder vielleicht eine Mehrheit binärer Schemata, die
nach der rechten Weise miteinander zu verknüpfen wären?) erfordert. Gemeinsam
ist all diesen Versuchen ein Ausgangspunkt: Die Bestimmung der Reflexion als
Prozeß des Denkens oder Erkennens. Sobald die Gesellschaftstheorie diesen Ausgangspunkt verändert und von einem (nicht schon auf Denken oder Erkennen *spezialisierten!*) Prozeß der Selbstthematisierung ausgeht, wird sie versuchen müssen,
das Problem von ihren Ausgangspunkten her zu rekonstruieren.

Sieht man von der exklusiven Beschränkung der Problemstellung auf Prozesse
des Denkens oder Erkennens ab, fallen Parallelen in anderen Medien-Systemen
auf. Eine erste Aufhellung erhoffen wir uns deshalb von dem Hinweis auf die Pa-
rallellage im Falle des Kommunikationsmediums Macht. Auch hier hat die gesellschaftliche Ausdifferenzierung von Macht in der Form des „souveränen Staates"
dazu geführt, daß der normative Code politischer Macht kontingent gesetzt und
dieser Macht selbst unterworfen wurde.

Rechtsschranken der Machtausübung können seitdem nicht mehr nur faktisch,
sondern auch normativ durch diese selbst unterlaufen werden – mit der Folge, daß
der Macht-Code als Selbstbeschränkung politischer Macht neu legitimiert und in
der Form des verfassungsmäßigen Rechtsstaates unter abstrakteren Bedingungen
gesellschaftlicher Kompatibilität neu ausgearbeitet werden mußte (53). Das ist zumindest in einigen Territorialstaaten gelungen, also vielleicht logisch, aber jedenfalls nicht gesellschaftlich unmöglich (54).

Die Thematisierung der Wahrheit und ihrer Code-Bedingungen im Wissenschaftssystem läuft auf das gleiche Problem hinaus. In der neuzeitlichen Gesellschaft läßt sich Wahrheit nicht mehr als von der vorgegebenen Welt her dirigiert,
etwa als Angleichung des Denkens an die Sachverhalte begreifen, aber auch nicht
schlicht umgekehrt als Angleichung der Sachverhalte an das Denken. Die Norm
der adaequatio intellectus ad rem und ebenso die Norm der adaequatio rei ad in-

tellectum und diese wiederum in ihrer mittelalterlich-theologischen. Fassung als Schöpfung, in ihrer frühneuzeitlichen-mechanistischen Fassung als Herstellung und in ihrer transzendentalistischen Fassung als Konstitution bleiben Konzepte einer Rekonstruktion des Erlebens als Relation zwischen Denken und Sachverhalt – also Relationierungen erster Stufe (55). Innerhalb einer solchen Angleichungsbeziehung kann die Wahrheit nur external oder internal – nur dem Sachverhalt oder dem Denken – zugerechnet werden. Sie bleibt eine Eigenschaft von etwas. Erst neuestens wird problematisierbar, was in diesen beiden Versionen der Beziehung zwischen Denken und Sachverhalten „Gleichheit", „adäquatio", „Übereinstimmung", „convenientia", „Richtigkeit" heißen kann. Mit dieser Frage wird der Wahrheits-Code selbst, ähnlich wie der normative Code politischer Macht, kontingent gesetzt und im Wissenschaftssystem disponibel. Damit wird eine Relationierung jener Relation erforderlich, und die weiteren Fragen sind: welche Form diese zweistufige Relationierung annehmen kann, welches die Bedingungen ihrer Möglichkeit sind und welchen Kontrollen sie unterliegt.

Eine Antwort auf diese Fragen liegt nicht auf der Hand und kann mangels Erfahrung mit dafür relevanten Konzepten auch nicht erwartet werden. Die Frage selbst kann jedoch weiter präzisiert werden. Nach einem Rückblick auf die Geschichte bisheriger Selbst-Thematisierungen der Gesellschaft liegt es nahe, die Problemlösung wiederum in der Form der Hypostasierung eines Teils für das Ganze zu sehen und die Veränderung nur im Auswechseln des dafür in Betracht kommenden Mediums und Teilsystems zu suchen. An die Stelle von Macht und Geld träte damit Wahrheit, an die Stelle von Politik und Wirtschaft Wissenschaft. Die künftige Gesellschaft wäre zu erwarten als societas scientifica. Die Wissenschaft würde die dabei unerläßlichen Aporien pragmatisch unterlaufen mit Hilfe von Strukturen und Prozessen die, obwohl logisch unmöglich, gesellschaftlich durchaus möglich, mit anderen Anforderungen an die Gesellschaft kompatibel, evolutionsgünstig und im Wissenschaftssystem selbst funktionsadäquat institutionalisiert sind (56).

Käme es zu einem solchen gesellschaftlichen Primat ausdifferenzierter Wahrheit und Wissenschaft, würden sich für eine Selbst-Thematisierung Schwerpunkt- und Problemverschiebungen ergeben. Es ergäbe sich ein Führungswechsel in den leitenden Problemen, auf die hin die Gesellschaft sich als so-und-auch-anders-möglich identifiziert. In der politischen Gesellschaft war die Rekonstruktion sozialer Kontingenz durch die Alternative von Recht und Unrecht und die daran orientierte binäre Schematisierung physischer Gewalt als für oder gegen Staat und Recht das bestimmende Moment gewesen. In der wirtschaftlichen Gesellschaft hatte sich darübergelagert die Rekonstruktion sozialer Kontingenz durch Knappheit im Geld-Code und dessen binäre Schematisierung durch das Eigentum, das eine universale und eindeutige Zuordnung von Haben und Nichthaben, damit

Tausch und damit universelle Differenzierung von Produktion und Konsum ermöglicht. In beiden Fällen steckt die evolutionäre Errungenschaft in der binären
Schematisierung als solcher. Das läßt kein Ausspielen der einen gegen die andere
Seite des Schemas mehr zu – weder, um mit *Sorel* (1936: 256 f.) zu sprechen, ein
Ausspielen von violence gegen force, noch einen Aufstand der Nichteigentümer
gegen die Eigentümer mit dem Ziele der Aufhebung dieser Differenz. Eine „Aufhebung" könnte allenfalls darin liegen, daß ein anderer Schematismus, etwa derjenige der Logik, die Führung übernimmt und die Alternativen von rechtmäßiger/
rechtswidriger Gewalt oder von Eigentum/Nichteigentum beibehält, aber umformt
und entlastet. Auch dann werden mit einer binären Schematisierung, nämlich mit
der Annahme einer vollständigen Disjunktion von Wahrheit/Unwahrheit, Probleme verbunden sein, die aus der sozialen Kontingenz, dem systemspezifischen
Problem der Gesellschaft, entstammen. Die Logik der Interaktion zwischen Partnern, die *beide* über die Fähigkeit des Negierens verfügen, bleibt unterbestimmt
auch dann, wenn die Interaktion selbst als ein neues System nichtnegierbare Steuerungsebenen erzeugt und voraussetzt. Das läuft auf eine Neufassung der alten Frage nach den Bedingungen der Möglichkeit eines Wahrheits-Codes für Sozialwissenschaften hinaus; oder auch, mit *Gotthard Günther,* auf die Frage nach einer
mehrwertigen Logik, in der die Interessen an einer Reflexionswissenschaft und
an einer Sozialwissenschaft konvergieren. Unter anderem stößt man hier auf das
Problem der Voraussagbarkeit eines künftig an Wahrheiten orientierten Handelns
(*Popper* 1963: 293 ff.).

Selbst-Thematisierungen der Gesellschaft hängen nicht davon ab, daß Grundla-
genprobleme dieser Art lösbar sind. Dies zu behaupten, wäre Selbsthypostasierung
des Teilsystems Wissenschaft; wäre die Prätention, die Gesellschaft als Ganzes
der wissenschaftlichen Wahrheit zu unterwerfen. Dazu neigen wir auf Grund einer
philosophischen Tradition, die den Begriff der Reflexion an den Prozeß des Erkennens der Wahrheit gebunden hatte – so als ob das primäre wenn nicht einzige
Ziel der Reflexion sei, Täuschungen abzubauen und Wahrheiten festzustellen. Gerade Wissenschaft könnte aber disponiert sein, sich von Selbsthypostasierungen
freizuhalten, zumal sie auch eine andere Tradition hat, die Grenzen der Vernunft
betreffend.

Damit stellt sich für das Wissenschaftssystem die Aufgabe, zur Selbst-Thematisierung der Gesellschaft beizutragen nicht durch Hypostasierung von Wahrheit,
sondern durch Reflexion der kontingenten Identität des Teilsystems Wissenschaft
in einer gesellschaftlich „domestizierten", evolutionär voraussetzungsvollen Umwelt. Diese Aufgabenstellung impliziert eine Übersetzung älterer Problemfas-
sungen, die von der Endlichkeit des Menschen, den Grenzen seiner Vernunft und
seiner Instrumente, den Bedingungen der Möglichkeit von Erkenntnis ausgingen,

in eine systemtheoretische Sprache. Auf der Ebene der Gesellschaftstheorie (57) ergeben sich hierfür aus den vorangegangenen Analysen folgende Anregungen:

Differenzierung der Gesellschaft in funktional spezifizierte Teilsysteme fordert von der Wissenschaft, daß sie Systemreferenzen unterscheiden kann – und zwar nicht nur in ihrem Gegenstandsbereich, sondern auch in der Reflexion auf sich selbst. Instrumente und Erkenntnisse der Wissenschaft sind nicht ohne weiteres Instrumente und Erkenntnisse der Gesellschaft, wissenschaftliche Wahrheiten bzw. Unwahrheiten nicht notwendigerweise auch lebensweltliche Wahrheiten bzw. Unwahrheiten der gesamten Gesellschaft. Vom Standpunkt des Wissenschaftssystems aus ist diese Differenz bisher überwiegend als Problem der „Anwendung" beschrieben worden, aber das ist ein systemrelativer und im übrigen unvollständiger Aspekt. Hinzu kommt zum Beispiel, daß die Risiken wissenschaftlicher Wahrheitsproduktion gesellschaftlich nicht ohne weiteres tragbar, ihre Chancen gesellschaftlich nicht ohne weiteres nutzbar sind (58). Schwerer wiegt vermutlich, daß die Wissenschaft nicht nur Wahrheiten, sondern auch Unwahrheiten produziert, das heißt gesellschaftliche Wahrheiten diskreditiert ohne Rücksicht darauf, ob sie noch gebraucht werden. Es scheint, daß die Vermittlung zwischen Gesellschaft und Wissenschaft in erster Linie über Themenwahlen und Prioritäten läuft (vgl. z. B. *Weingart* 1970), nicht dagegen die Form einer Abschwächung und Anpassung wissenschaftsinterner Standards annimmt und damit mit wissenschaftlichem Fortschritt (wenngleich nicht mit wissenschaftlich *gesteuertem* Fortschritt) kompatibel bleibt. Das alles erfordert eine Neufassung des Wahrheitsbegriffs, auf die wir zurückkommen werden.

Einem allgemeinen Theorem der Systemtheorie folgend, können wir annehmen, daß funktionale Differenzierung die Komplexität eines Systems (und der für es bestimmbaren Umwelt) steigert, indem sie im System die Funktion der Systembildung reproduziert und Teilsysteme befähigt, auf Grund der Voraussetzung des Gesamtsystems komplexere Selektionsmöglichkeiten zu erzeugen und zu reduzieren. Dies gilt geradezu exemplarisch auch im Verhältnis von Gesellschaftssystem und Wissenschaftssystem. Die Funktion des Wissenschaftssystems wird nicht angemessen begriffen, wenn man sie schlicht unter dem Gesichtspunkt der Vermehrung des Wissens sieht. Das mag die Intention von Forschung sein (59). Die Ausdifferenzierung eines Sozialsystems für Wissenschaft erweitert vor allem die *Wissensmöglichkeiten,* den Selektionshorizont des Wissens, in einer Weise, die es erlaubt, mehr Wahrheiten und mehr Unwahrheiten als festgestellte Sätze zu seligieren. Die Zahl *und die Selektivität* wissenschaftlich als wahr bzw. unwahr beglaubigter Sätze nimmt zu. *Und es ist vor allem dieser Aspekt der Veränderung des Niveaus, auf dem Produktion und Reduktion von kognitiver Komplexität etabliert sind, der die Bedingungen gesellschaftlicher Selbst-Thematisierung beeinflußt.* Denn jene Veränderung bedeutet, daß die Selbst-Thematisierungen des Gesellschaftssystems nicht mehr eo ipso wahrheitsfähig sind, sondern Wahrheit eine gesellschaftlich legitimierte Teilperspektive wird, in der ein Teilsystem gesellschaftliche Selbst-Thematisierungen reflektiert.

So wie Systemdifferenzierung einem Teilsystem die Möglichkeit gibt, sich selbst als Umwelt anderer Teilsysteme zu reflektieren und sich in deren Erwartungen zu identifizieren, gibt Evolution die Möglichkeit eines historischen Bewußtseins. Auch hier führt die systemtheoretische Analyse zu einer Tieferlegung des Kontingenzbewußtseins unter Einbeziehung des Wahrheits-Codes selbst. Auch Kommunikationsmedien haben ihre Geschichte – eine Geschichte vor allem der Ausdifferenzierung, symbolischen Generalisierung und der funktionalen Spezifikation (60). Die Wahrheit selbst unterliegt daher der Evolution. Das schließt nicht aus, Evolutionstheorien mit Anspruch auf Wahrheit zu formulieren, erfordert aber, daß diese Theorien sich selbst als Teil der Reflexionsgeschichte des Gesellschaftssystems thematisieren. Sie können und müssen sich an den Wahrheitskriterien, die sie als evolutionäre Errungenschaft ihrer Gesellschaft ermitteln, selbst messen.

Teilsystemrelativierung ebenso wie historische Relativierung bringen eine Wahrheitstheorie in Schwierigkeiten, die Wahrheit quasiontologisch als Eigenschaft eines Objekts begreift, sei es eines Seienden selbst, sei es einer Vorstellung oder eines Satzes. Solche Objekte können danach nur wahr oder nichtwahr sein (sein!). Beides, die Doppelmöglichkeit der externalen oder internalen Zurechnung von Wahrheit und die Eindeutigkeit ihrer binären Ja/Nein-Attribution, hängt damit zusammen, daß die Adäquationstheorie nur eine einfache Relation ins Auge faßt. Versteht man dagegen Wahrheit als symbolisch generalisiertes Kommunikationsmedium, das unter wechselnden gesellschaftlichen Bedingungen solche Relationen ermöglicht, ergibt sich die Möglichkeit, diese Relationen nochmals zu relationieren. Das kann in einem *wissenschaftstheoretischen* Sinne geschehen – etwa mit dem Ziele der Entwicklung von Kriterien für adäquate, Konsistenz noch ermöglichende Komplexität des Wissenschaftssystems (61) – oder, wie hier, in einem *gesellschaftstheoretischen* Sinne. *Der Einbau der Wahrheitskonzeption in eine Theorie der Kommunikationsmedien korrespondiert mit Folgeproblemen, die sich aus der Selbst-Thematisierung des Gesellschaftssystems im Hinblick auf Differenzierung und Evolution ergeben, und sucht ihnen Rechnung zu tragen.*

Kommunikationsmedien sind symbolisch generalisierte Codes für die Übertragung von Selektionsleistungen – im Falle der Wahrheit von Selektionsleistungen des Erlebens, deren Selektivität der Welt zugerechnet wird (62). Wahrheit ist eine durch Sinnkonstitution erforderlich werdende Selektivitätsverstärkung. Sie beruht auf [1] der Differenzierung von Struktur und Prozeß (Code und Kommunikation) und [2] der Kombination unterschiedlich situierter selektiver Perspektiven (von Alter und Ego) im Kommunikationsprozeß. Code-Bestandteile sind beispielsweise: die Einsetzung und Interpretation des binären Schematismus der Logik; Regulative für das Verhältnis des Wahrheitsprozesses zu symbiotischen Mechanismen auf unteren Systemebenen (hier Wahrnehmung); Kriterien für adäquate, mit Konsistenz noch zu vereinbarende Systemkomplexität; Regeln für das Einsetzen und Auswechseln von Substrukturen für Teilmengen wahrheitsfähiger Kommunikationen (Theorien); Regelungen der Folgeprobleme der Kontingenz des Wahrheits-Codes, insbesondere Ermöglichung des Reflexivwerdens von Wahrheit. Prozeßprobleme sind beispielsweise Fragen der Kettenbildung und damit der Transitivität wahrheitsgetragener Kommunikation und Fragen der Varietät heterogener Selektionsstandpunkte, die mit Wahrheit noch überbrückt werden kann. In dem Maße, als Wahrheit und Wissenschaft ausdifferenziert werden, müssen für diese verschiedenen Probleme Lösungen gefunden werden, die systemintern aufeinander abgestimmt werden können und auf hohen Niveaus sinnhafter Generalisierung mit den Strukturen der gesellschaftlichen Umwelt kompatibel sind.

Wir waren von der Frage nach der Wahrheitsfähigkeit gesellschaftlicher Reflexionsleistungen ausgegangen und können zu dieser Frage nicht zurückkehren. Es zeigt sich, daß sie zu pauschal gestellt war. Wahrheitsfähigkeit (im Unterschied zu schlichter, lebensweltlich fungierender Wahrheit) ist eine Kategorie, die erst durch Ausdifferenzierung von Wissenschaft möglich wird, weil sie hinreichende Indifferenz gegenüber dem Unterschied von Wahrheit und Unwahrheit, binäre Schematisierung usw. voraussetzt. Sie gehört in den Kontext der Selbst-Thematisierung des Wissenschaftssystems und in die sich daraus ergebende Perspektive auf die Einheit des Gesellschaftssystems. Diese beiden Systemreferenzen können nur per Hypostasierung des Teils für das Ganze ineins gesetzt werden. Diese Hypostasierung wird jedoch gerade unter dem Gesichtspunkt von Wahrheit unmöglich, wenn das Wissenschaftssystem seine eigene kontingente Identität als Teilsystem der Gesellschaft reflektiert.

Eine Reflexion, die dem Abbau von Selbsthypostasierungen durch Selbst- Thematisierung des Wissenschaftssystems dient, ist nicht gebunden an die im Nominalismus überlieferte Form der Anerkennung von Schranken der Vernunft und ihrer Instrumentierungen. In Husserls Begriff der „Lebenswelt" ist eine andere Möglichkeit – zumindest postuliert; nämlich die Form eines Gegenkonzepts der gesellschaftlich konstituierten Welt, an der sich die Wissenschaft als nur wissenschaftlich brechen und als Perspektive erkennen kann (63). Die Selbsthypostasierung der Wissenschaft ist für *Husserl* die Naivität (Unreflektiertheit) eines universell (weltkongruent) gesetzten Objektivismus, die ihren „Boden" und damit die Bedingung ihrer Möglichkeit, die intersubjektiv konstituierte Lebenswelt, vergessen hat. Ob freilich die Kategorie des „Lebens" einen ausreichenden Anhalt für gegenläufige Selbst-Thematisierungen im Wissenschaftssystem zu bieten vermag und ob sie den Weltbegriff nicht voreilig ins Humane konkretisiert, bleibt zu fragen (64). Im Augenblick sieht man nur, daß jeder Zusammenhang zwischen Lebensweltphilosophie und Wissenschaftstheorie abgerissen ist (65). Ich vermute, daß eine system-theoretisch angesetzte Gesellschaftstheorie bessere Resultate erbringen kann.

Der gefürchtete Zirkel von Wahrheit über Wahrheit gewinnt dann die Form einer systemtheoretischen Analyse, die gesellschaftliche Kompatibilität, evolutionäre Lage und systeminterne Abstimmbarkeit der komplexen Problemlösungen des Wahrheitsmediums zu klären versucht – und sich selbst als Systemtheorie an den Resultaten der Analyse reorientiert. Ob Wissenschaft einmal den Primat unter den Teilsystemen der Gesellschaft erhält, wird sich nicht auf dieser Ebene, sondern durch Leistungen der Forschung entscheiden. Auf der Ebene der Reflexion aber entscheidet sich, ob ein solcher Primat wiederum die Form der Selbsthypostasierung annimmt, oder ob er sich daraus begründen läßt, daß die Wissenschaft die relativ höchste, noch bestimmbare Komplexität unter den Teilsystemen der Gesellschaft erreicht.

Anmerkungen

1   Zur Kritik dieser Verortung in einem Träger vgl. *Frey* (1965: 15 f.); *Pothast* (1971). Im übrigen besteht ein enger Zusammenhang mit der Adäquationstheorie der Wahrheit, auf die wir unten S. 114 noch zurückkommen werden.

2   Ich antworte damit auf die Frage nach dem Reflexionsbegriff der Systemtheorie, die *Maciejewski* (1972) gestellt hat.

3   Zur Verwendung dieses Terminus bin ich angeregt worden durch die Diplomarbeit von *Werner Loh* (1972) und durch einen auf sie aufbauenden Dissertationsplan. *Loh* nennt das Resultat von Relationierungen Form und verwendet als Kontext der Erläuterung dessen, was eine Relation ist, ausschließlich das Regelungsmodell der Kybernetik.

3a Vgl. dazu im Hinblick auf elementare logische Formen *Eley* (1969; 1972).

4   Im Unterschied zu einer verbreiteten, vor allem im deutschen Idealismus, aber auch im französischen Kontingentismus (*Boutroux* u. a.) vorherrschenden Auffassung verstehen wir unter Kontingenz also gerade nicht die Grenzfälle von Zufall (im Erleben) und Freiheit (im Handeln), sondern im Rückgang auf den mittelalterlichen Sprachgebrauch Reduktionen solcher Beliebigkeit, strukturierten Zugang zu anderen Möglichkeiten. Ordnung wird demgemäß gesehen nicht als Negation von Kontingenz, sondern als Rekonstruktion von Kontingenz.

5   Hierzu und zum evolutionären Verhältnis dieser beiden Kriterien *Luhmann* (1973a).

6   Zu diesem Thema/Horizont-Zusammenhang siehe (im Anschluß an *William James* und *Edmund Husserl*) *Gurwitsch* (1957: 246 ff.); *Schutz* (1970).

6a Siehe hierzu für artifizielle (und insofern kontingente) Systeme *Simon* (1969): 9 ff.).

7   Dieser Begriff und bemerkenswerte Erläuterungen dazu bei *Luckmann* (1970). Zur Funktion der religiösen Entwicklung für die De-Sozialisation und damit für eine Umstellung des Gesellschaftssystems von Projektionen auf Möglichkeiten der Reflexion vgl. auch Luhmann (1972c). Die im folgenden behandelten Formen der Selbst-Thematisierung des Gesellschaftssystems beziehen sich auf spätere Phasen des Evolutionsprozesses; sie setzen De-Sozialisation (= Entprojektivierung) des Umweltverhältnisses der Gesellschaft als evolutionäre Errungenschaft voraus.

8   Hierzu näher *Luhmann* (1971d). Die Unterscheidung von (Prozeß-) Reflexivität und (System-) Reflexion hat vor allem den Sinn, das Problem der unendlichen Iteration zu lösen: Prozesse könnten einander endlos thematisieren. Für die Systemtheorie hat es dagegen keinen Sinn, über die Stufe der Thematisierung von Selbst-Thematisierungen hinauszugehen. Weitere Reflexionsstufen würden die intendierte Einheit nicht mehr umqualifizieren.

9   Vgl. *Thomas von Aquino*, Summa Theologiae I q. 47 a. 1 (Gott wird als höchste Einheit hypostasiert und mit der Welt als rerum multitudo et distinctio durch *Intention verknüpft*); Leibniz (1885: 603); *Marx* (1961: 632) (die hypostasierte Einheit des Konkreten hier begriffen als Selbstabstraktion des Wirklichen in seiner Totalität). Als begriffsgeschichtliche Monographie und für weitere Hinweise zu diesem Thema siehe *Lovejoy* (1936).

10 Die Lösungen dieses Problems können verschiedene Formen annehmen und damit auch das Problem selbst verschieden auffassen; das sind jedoch sekundäre Varianten. Es gibt logische Lösungen (beruhend auf der Annahme, daß die Negation von Unwerten als Wert bilanciert werden könnte – hierzu ausgezeichnet *Katkov*, 1937), eschato-

logische oder historischdialektische Lösungen und naive Lösungen (zum Beispiel in der Form von Wohlfahrtsfunktionen).

11 Diese Formulierung bei *Kelsen* (1923: 274). Auch die Analyse von Kelsen legt es nahe, für diese Form der Problemstellung das Vorbild in der Theologie zu vermuten, nämlich im Verhältnis von Welt und Gott. Dafür spricht auch, daß die Nicht-Negierbarkeit solcher Hypostasierungen mit Perfektionsvorstellungen untermauert wird – eine Möglichkeit, die jedoch im 18. Jahrhundert aufgegeben werden mußte und durch die Entwicklungsvorstellung ersetzt wird.

12 Ein genau analog gebautes Argument braucht bereits Bossuem, um darzutun, daß man sich der Fähigkeit zur Reflexion nicht, weil wiederum nur durch Reflexion, entledigen könne. Vgl. *Spaemann* (1963: 126). Wir fügen dem lediglich eine verfeinerte Unterscheidung von Reflexivität, Negation und Reflexion hinzu. Und während für Bossuet sich aus diesem Argument ergab, daß Reflexion eine Thematisierung des Selbst als Interesse erzwingt, folgt für uns daraus die *Kontingenz* von Selbst-Thematisierungen in System/Umwelt-Beziehungen.

13 Hierzu und zu den korrespondierenden Transformationen, Generalisierungen und Disziplinierungen der Götterwelt ausgezeichnet *David* (1949).

13a Siehe etwa *Gese* (1958) und in einem weiteren theoretischen Rahmen *Luhmann* (1973b).

14 ατη δ, ἐστώ ἡ καλοθμένη πόλις καί ἡ κοωωνία ἡ πολιτική, lautet die berühmte, als „civitas sive societas civilis" in die abendländische Lehrtradition eingehende Formulierung des Aristoteles in Pol. 1252a 6-7.

15 Siehe zur spezifisch deutschen Lehrtradition *Maier* (1962).

16 *Frege* (1966: 30 ff.). Hierzu weiterführende Analysen bei *Eley* (1969: 81 ff.).

17 Diese Unterscheidung bei *Durkheim* (1902: 7).

18 Diese These wird, vor allem von Politologen, bestritten unter Hinweis darauf, daß Politik ein dauerhaftes und unentbehrliches Element jeder Gesellschaftsordnung ist und „ihren Primat in der Gesellschaft auch dann noch behält, wenn sie darauf verzichtet, ihn auszuüben" (so *Dettling* 1972: 61). Deshalb sei nochmals klargestellt: Unter Primat ist weder die funktionale Unentbehrlichkeit zu verstehen, die zahlreiche Funktionen in Anspruch nehmen können, noch eine Art von Herrschaft, was eine implizite Festlegung auf Politik wäre. Primat soll vielmehr heißen, daß die Erhaltung des Entwicklungsstandes und die weitere Entwicklung der Gesellschaft in erster Linie von *einem* ihrer funktional notwendigen Teilsysteme abhängt und daß die anderen von da her ihre Probleme und Beschränkungen vordefiniert erhalten. Der Primat der Wirtschaft zeigt sich in der Politik daran, daß das Urteil über politische Erfolge von wirtschaftlichen Erfolgen abhängig wird und daß die Erhaltung der gesellschaftlichen Differenzierung von Politik und Wirtschaft, in der Antwort auf die Frage steckt, wie weit es für die Politik *politisch* möglich ist, sich von den Fluktuationen des wirtschaftlichen Geschehens zu distanzieren.

19 Hierzu auch *Luhmann* (1971f: 225 ff.).

20 Ich beziehe mich auf die Unterscheidung collectivity/social system in: *Parsons* und *Smelser* (1956: 15). Daran knüpft auch *Lessnoff* (1968: 186) an mit einer Kritik der Auffassung der Gesellschaft als collectivity bei *Parsons*.

21 Was damals noch heißen mußte: der politischen Konstitution der Gesellschaft vorgegebener Freiheit. Der Fehlschluß auf vorsoziale oder gar asoziale, rein physisch-orga-

nische Freiheit war solange fast zwangsläufig, als man die Gesellschaft selbst noch als politisch konstituiert verstand.

22 Eine knappe Darstellung dieser Umorientierung gibt auf Grund wirtschaftsethnologischer Forschungen Röpke (1971; 1970: 29 ff.).

23 Zu diesem Vergleich Luhmann (1973a).

24 Die mittelalterlichen Kategorien der Repräsentation und der Partizipation können deshalb nur in sehr problematischer Weise fortgeführt werden und verlieren den Zusammenhang mit dem hier erörterten Problem der Selbst-Thematisierung. Hierzu auch *Rammstedt* (1970); *Luhmann* (1972b: 220 ff.; 1973c).

25 Zu dieser auf *Spencer* und *Durkheim* zurückgehenden Einsicht vgl. Parsons (1960: 130 ff.); *Ackerman* und *Parsons* (1966: 36 ff.).

26 Man sollte es *Hegel* nicht antun, seine Kategorie des Sittlichen (und damit seinen Staatsbegriff) als moralisch mißzuverstehen. Gleichwohl bleibt zu fragen, ob er mit dieser Kategorie – und ähnlich mit der Bestimmung des Rechts als Freiheit – wirklich eine metamoralische Ebene von Nichtnegierbarkeiten anzielt, von der aus die moralische – bzw. die rechtliche – Disjunktion als Rekonstruktion von Kontingenz beurteilt werden könnte. Daran hindert ihn schon sein Begriff der Freiheit.

27 Genauer müßte man formulieren: Beziehungen, die für die jeweilige Gesellschaft selbst als nichtkontingente fungieren, die aber in der Analyse gleichwohl als kontingent behandelt werden können.

28 In der Notwendigkeit eines solchen Verstoßes gegen die logische Differenz von Ganzem und Teil durch die Praxis lag für die bisherige Gesellschaftstheorie die Funktion und Begründung von Herrschaft. Herrschaft durchbricht diese Differenz, indem sie sich als Teil (als die „maiores partes", als die „Partei" oder wie immer) für das Ganze setzt. Auf der Ebene der allgemeinen Theorie sozialer Systeme formuliert diesen Gedanken explizit *Ramsöy (1963: 191 f.).

29 Man könnte auch formulieren: Interpretation der Transzendenz als Kontingenz.

30 Anders bekanntlich *Husserl* seit seiner Wendung zu einer *transzendentalen* Phänomenologie. Die Behauptung eines transzendentalen Charakters subjektiver Intentionalität hat für Husserl das Problem der Intersubjektivität unlösbar und den Begriff der Konstitution unscharf werden lassen. Vgl. u. a. *Schutz* (1957) und *Fink* (1957: 334 f.). Diese Kritik darf jedoch nicht den bleibenden Gewinn der phänomenologischen Analyse sinnhafter Intentionalität, nämlich die Entdeckung der Horizontstruktur (Welthaftigkeit) allen Sinnes verdecken. Diese Entdeckung läßt. sich phänomenologisch verifizieren, obwohl und gerade weil sie nicht falsifizierbar ist. An sie knüpfen wir an.

31 Hierzu *MacKay* 1964/1969; ferner für den elementaren Fall unmittelbarer Interaktion *Luhmann* 1972a: 52 f.).

32 In der transzendentalen Egologie wird im Anschluß an *Husserl* die Frage diskutiert, „wie ein und dasselbe zugleich konstituierendes, reines Ich und konstituiertes reales Ich sein kann" (*Ingarden* 1950: 213). Vgl. auch *Asemissen* (1959). – Die genetische Fragestellung, ob Voraussetzungen der erstmaligen Konstitution von Sinn *vor* jedem Sinn existiert haben, ist für unser Argument belanglos, da wir Evolution als einen Prozeß kleiner Schritte annehmen, der sich in seinen Ergebnissen von seinen Anfangsursachen unabhängig macht.

33   Siehe hierzu *Luhmann* (1971b: 300 ff.). Vgl. auch die an intendierten Gegenständen
     orientierte Unterscheidungen von „Innenhorizonten" und „Außenhorizonten" von
     Husserl (1948: 26ff.) ferner *Schutz* (1970: 31 ff.).
34   Damit dürfte zugleich ausgeschlossen sein, daß man mit *Maciejewski* (1972: 141) –
     und vielleicht *Habermas*? – das „abstrakte sprachliche Regelsystem zur Erzeugung
     von grammatisch wohlgeformten Sätzen" aus anthropologischen Gründen als eine
     „einzig mögliche Möglichkeit" ansehen und der Sinnkonstruktion vorordnen kann.
     Was *Maciejewski* mit „einzig möglicher Möglichkeit" meint, wird nicht ganz klar.
     Jedenfalls müssen *alle* Sprachregeln Sinn im Horizonte anderer Möglichkeiten sein,
     weil sie anders gar nicht zur Anwendung gebracht, d. h. fallweise als zutreffend ge-
     wählt werden könnten. Fraglich kann nur sein, wie weit sie latent fungieren und wie
     weit sie formuliert werden. Das gilt auch für die Regeln, nach denen Regeln gewählt
     werden, weil auch sie nicht unaufhörlich, sondern nur selektiv, nämlich hin und wie-
     der, zur Anwendung kommen. Mit dieser Klarstellung dürfte die Polemik von *Ma-
     ciejewski* über weite Strecken den Boden verlieren – sofern sie nicht ihren Begriff
     der „einzig möglichen Möglichkeit" schärfer profilieren und gegen jede Selektion im
     laufenden Prozeß der Erlebnisverarbeitung abschirmen kann.
35   So die Ethnomethodology, die unter Reflexivität die Tatsache versteht, daß sinnhaftes
     Erleben und Handeln die Situationsdefinitionen und Typisierungen zugleich erzeugt,
     auf die es sich thematisch-selektiv bezieht. Vgl. *Garfinkel* (1967), und zu den dadurch
     möglichen praktischen „formulations" *Garfinkel* und *Sacks* (1970). Gerade die me-
     thodologischen Probleme dieser Einsicht der Ethnomethodology scheinen aber für sie
     selbst noch unformulierbar zu sein. Dazu *Churchill* (1972: 185).
36   Auf Einzelheiten kann an dieser Stelle nicht eingegangen werden. Neben sprachtheo-
     retischen Forschungen und den Ansätzen des symbolischen Interaktionismus bezieht
     sich vor allem *Parsons'* Theorie der pattern variables auf dieses Problem, ferner auch
     meine Unterscheidung von kognitiven und normativen Erwartungsstilen und schließ-
     lich die aus der philosophischen Tradition stammenden Theorien der Modalitäten,
     namentlich Möglichkeitstheorie und Zeittheorie. Eine begriffliche Integration dieser
     verschiedenen Ansätze steht noch aus.
37   Vgl. hierzu *Watzlawick* u. a. (1967).
38   Daran sind alle Versuche gescheitert, bestimmten Gesellschaften entweder lineare
     oder zyklische Zeitvorstellungen zuzuordnen. Erst die hochkomplexe neuzeitliche
     Gesellschaft scheint eine hochgradig abstrakte Zeitvorstellung als Koordinationsvor-
     aussetzung ausdifferenzierter Teilsysteme zu erzwingen.
39   Ein gutes Beispiel dafür findet man in der politischen und religiösen Geschichte der
     Hebräer – nämlich in der Entwicklung der Vorstellung eines Welt-Gottes, der sein
     auserwähltes Volk und dessen Feinde zugleich dirigiert, also nicht nur als Teil des
     eigenen Systems fungiert. In diesem Konzept lag die Chance, [1] die Umwelt differen-
     zierter und widerspruchsreicher zu sehen, nämlich als Feind, der zugleich Werkzeug
     des eigenen Gottes ist; [2] den Zeithorizont weltweit zu expandieren als Universal-
     geschichte, die eine Kette verschiedenartiger Ereignisse übergreift; [3] die eigene
     Systemidentität abstrakter zu thematisieren, nämlich auf einer Ebene oberhalb der
     Unterscheidung von gutem und schlechtem Verhalten und oberhalb von glücklichen
     und unglücklichen Ereignissen; [4] im Anschluß daran eine Innendifferenzierung des
     Systems in politischer Führung, etabliertem Kult und prophetische Kritik zu begrün-

den – und mit all dem: ein abstrakteres Niveau der Verarbeitung von Kontingenzen in der Umwelt und im eigenen System zu erreichen.

40   Die rechtliche Selbstbeschränkung des „souverän" gewordenen politischen Systems ist ein guter Beleg für diese Möglichkeit. Siehe dazu *Luhmann* (1965 und 1973c).

41   Das vielleicht deutlichste, für praktisch-politische Folgerungen bemerkenswerteste Beispiel bietet die chinesische Legisten-Schule. Hierzu sehr instruktiv die Einleitung zu *Duyvendak* (1928). Für die griechische Kontrastierung von archaischem, haus- bzw. dorfgebundenem und politischem Ethos hat Aristoteles die Formulierung ge- liefert. Dazu Beiträge von *Ritter* (1969).

42   An die freilich heute selbst unter Marxisten explizit erinnert werden muß. Vgl. *Schmidt* (1971).

43   Das ist häufig festgestellt worden. Vgl. z. B. *Gent* (1926); *Berger* (1964: 226 ff.); fer- ner *Kaufmann* (1970: 178 ff.). Selbstverständlich sind in rudimentärer Form stets beide Zeithorizonte relevant, sonst gäbe es kein Zeitbewußtsein. Nur die Weite der Kontinuität mit der Gegenwart und damit das Orientierungs-, Explorations- und Aus- arbeitungsinteresse variieren und infolgedessen die Form der Zeitvorstellung. Deshalb kann man sich gegen die oben formulierte These weder auf alte Eschatologien noch auf den modernen Historismus berufen. Eschatologien verraten (sofern man sie über- haupt als zukunftsbezogen und nicht als bloße Wiederherstellung der Vergangenheit zu denken hat) in der Form ihres Interesses ein Desinteresse an der Zeitlichkeit der Zukunft. Und Historismus ist in mancher Weise ein Reflex des Zukunftsinteresses unserer Gesellschaft. Dazu u. a. *Löwith* (1953: 230 ff.).

44   Vgl. meine einführenden Bemerkungen, in diesem Bande S. 212-240. Auch die im Druck befindliche Festschrift für *Talcott Parsons* wird eine Einführung von *Rainer Baum* und eine Reihe von Beiträgen zu diesem Thema enthalten. Die folgenden Aus- führungen legen mein Verständnis der Kommunikationsmedien zu Grunde, das im wesentlichen Hinsichten von Parsons' Konzept der generalized media of interchange abweicht.

45   Versuche einer Klärung des Horizontbegriffs haben bisher nicht viel ergeben. Vgl. namentlich *Kuhn* (1940); *van Peursen* (1945); ferner Graumann (1960: 66 ff.).

46   Dazu bereits oben S. 117.

47   Andere Lösungen laufen über Ähnlichkeitsunterstellungen. So für Leibniz: Herring (1966).

48   Zu dieser Differenz Blumenberg (1962: 43 ff.).

49   Vgl. z. B. Kritik der reinen Vernunft, 2. Aufl. S. 286 f. (1901: 264 f.) oder Kritik der Urteilskraft § 76 (1902: 278 ff.). Vgl. demgegenüber noch den Aufbau der Philosophia Prima sive Ontologia von *Christian Wolff,* Pars I Sectio II (1962: 62 ff.), wo im ersten Kapitel de possibili et impossibili, im zweiten Kapitel de determinato et indeterminato gehandelt wird und erst darauf im dritten Kapitel, de notione entis, die eigentlichen modaltheoretischen Erörterungen folgen.

49a „The world-horizon is itself the future", formuliert *Eley* (1972: 326).

50   Ich vermeide bewußt die Formulierung „Aggregation aller Horizonte" und damit die Parallele zur Vorstellung einer Sachgesamtheit. Denn die Einheit der Welt ist nicht die einer Menge, se ipsam et omnia continens, sondern die der unabreißbaren, unabweis- baren Möglichkeit des Übergehens von einem zum anderen – kein Aggregatbegriff, sondern ein Korrelatbegriff sinnhaften Erlebens und Handelns.

51   Vgl. dazu die sehr prinzipiellen Bemerkungen zum systemtheoretischen Begriff der
      Wahrheit von *Habermas* (1971: 221 ff.). *Habermas* sieht in der Art, wie die System-
      theorie Aussagen über Wahrheit als Kommunikationsmedium formuliert, an denen
      sie sich dann selbst mißt, eine Strategie der Immunisierung gegen Kritik und ein ge-
      sellschaftliches Engagement zwar, aber kein praktisch-vernünftiges. Im übrigen kann
      man der Systemtheorie nicht diesen Zirkel und zugleich mangelndes Verständnis für
      Reflexion vorwerfen, denn der Zirkel ist die Reflexion.
51a   Auf das weitere Problem der unendlichen Wiederholbarkeit gehen wir hier nicht mehr
      ein. Siehe dazu oben Anm. 8.
52   Siehe statt anderer *Stegmüller* (1957).
53   Dazu *Luhmann* (1973c). Zu den logischen Problemen auch *Ophüls* (1968), und dazu
      die Kritik von *Hoerster* (1970), *Ross* (1969) und *Raz* (1972).
54   Die Formulierung des Textes setzt voraus, daß man auf bestimmte ontologisch-theo-
      logische Denkvoraussetzungen verzichtet, denen zufolge das logisch Unmögliche
      schlechthin unmöglich ist, und statt dessen Aussagen über Unmögliches ebenso wie
      Aussagen über Mögliches durchweg auf anzugebende strukturelle Bedingungen der
      Möglichkeit relativiert. Vgl. auch oben Anm. 28, zur logischen Unmöglichkeit von
      Herrschaft.
55   Im Sinne der Analyse oben im Abschnitt 1.
56   Zu ähnlichen Folgerungen aus der im Wissenschaftssystem bewußt gewordenen Kon-
      tingenz des Wahrheits-Codes siehe den bedeutenden Aufsatz von *Jensen* und *Nau-
      mann* (1972).
57   Die Ebene der Wissenschaftstheorie selbst lassen wir an dieser Stelle außer acht. Es
      mag der Hinweis genügen, daß sich auch hier Anwendungsmöglichkeiten soziologi-
      scher Systemanalyse abzeichnen mit dem Versuch, nicht nur externe Faktoren, son-
      dern auch die inhaltliche Entwicklung kognitiver Orientierungen, Methoden, Paradig-
      mata, Theorien und Selektionskriterien in die soziologische Analyse einzubeziehen.
      Siehe dazu *Weingart* (1974).
58   Seit dem Verzicht auf eine religiöse und moralische Kontrolle wissenschaftlicher Pro-
      duktion von Wahrheiten bzw. Unwahrheiten – und dieser Verzicht ist für das Wissen-
      schaftssystem Produktivitätsbedingung – fehlt es an einem Organ der Artikulation
      solcher Schranken. Deren Beachtung kann nur in der Form der Reflexion und Selbst-
      beschränkung des Wissenschaftssystems selbst erfolgen oder in System/Umwelt-Pro-
      zessen des Leistungsaustausches durchgesetzt werden – ähnlich wie gegenüber der
      Politik des souveränen Staates.
59   Ob auch das *Motiv* von Forschung, ist bereits zweifelhaft. Dazu *Hagstrom* (1965).
60   Hierzu einige Skizzen bei *Luhmann* (1972d).
61   Dies würde zugleich eine weitere systemtheoretische Kritik der Adäquationstheorie
      nahelegen, nämlich, daß sie nur Punkt-für-Punkt Korrelationen einzelner Items postu-
      liert, und keine Ausdrucksmöglichkeiten für generelle System/Umwelt-Beziehungen
      besitzt, etwa für Beziehungen zwischen Systemkomplexität und Umweltkomplexität
      oder zwischen Änderungsrhythmen des Systems und der Umwelt.
62   Vgl. dazu das Kapitel Wahrheit als Kommunikationsmedium bei *Luhmann* (1971b:
      342 ff.)
63   Diese Bemerkungen zielen sehr stark auf den Gehalt (nicht die Intention!) der ur-
      sprünglichen Formulierungen *Husserls*. Siehe besonders das Lebenswelt-Kapitel in

Husserl (1954: 105 ff.) im Kontext einer allgemeinen Kritik der Technizität der objektiven Wissenschaften. Vgl. dazu auch *Janssen* (1970) und speziell zur Problematik von „Außerwissenschaftlichkeit" *Strasser* (1964: 61 ff. und passim). Für weiterführende Analysen des Begriffs und der Strukturen von Lebenswelt zum Beispiel *Schutz* (1966) (mit allmählich schulbildenden Effekten in der Soziologie) und jetzt vor allem *Brand* (1971).

64   Mit *Habermas* insistiert auch *Maciejewski* (1972) auf einer Weiterverwendung der Kategorie des „Lebens" in der Gesellschaftstheorie. Siehe andererseits die nur noch „titularische" Verwendung dieses Begriffs bei Brand (1971: 383 ff.), die sich leicht in eine System/Umwelt-Theorie übersetzen ließe.

65   Eine Ausnahme bildet *Eley* (1969 und 1972).

Literatur

Ackerman, Ch. und Parons, T., 1966: The Concept of „Social System" as a Theoretical Device. In: Concepts, Theory, and Explanation in the Behavioral Sciences, hrsg. von G. J. DiRenzo, New York 19-40.

Adler, M, 1936: Das Rätsel der Gesellschaft: Zur erkenntniskritischen Grundlegung der Sozialwissenschaften. Wien.

Aristoteles, 1957: Politica, hrsg. von W. D. Ross, Oxford.

Asemissen, H. U., 1959: Egologische Reflexion. Kant-Studien 50, 262-272.

Berger, G., 1964: Phénoménologie du temps et prospective. Paris.

Blumenberg, H., 1962: Ordnungsschwund und Selbstbehauptung: Über Weltverstehen und Weltverhalten im Werden der technischen Epoche. In: Das Problem der Ordnung: Sechster Deutscher
Kongreß für Philosophie München 1960, hrsg. von *H. Kuhn* und *F. Wiedmann.* Meisenheim, 37-57.

Brand, G., 1971: Die Lebenswelt: Eine Philosophie des konkreten Apriori. Berlin.

Churchill L., 1972: Ethnomethodology and Measurement. Social Forces 50, 182-191.

David, M., 1949: Les dieux et le destin en Babylonie. Paris.

Deku, H., 1956: Possibile Logicum. Philosophisches Jahrbuch der Görres-Gesellschaft 64, 1-21.

Dettling, W., 1972: Rezension. Zeitschrift für Politik 19, 58-63.

Durkheim, E., 1902: De la division du travail social, 2. Aufl. Paris.

Duyvendak, J. J. L., 1928: The Book of Lord Shang: A Classic of the Chinese School of Law. London.

Eley, L., 1969: Metakritik der Formalen Logik: Sinnliche Gewißheit als Horizont der Aussagenlogik und elementaren Prädikatenlogik. Den Haag.

Eley, L., 1972: Life-world Constitution of Propositional Logic and Elementary Predicate Logic. Philosophy and Phenomenological Research 32, 322-340.

Fink, E., 1957: Operative Begriffe in Husserls Phänomenologie. Zeitschrift für philosophische Forschung 11, 312-337.

Frege, G., 1966: Der Gedanke: Eine logische Untersuchung. Neu gedruckt in: *Ders:* Logische Untersuchungen, hrsg. von *G. Patzig,* Göttingen.

Frey, G., 1965: Sprache – Ausdruck des Bewußtseins. Stuttgart.

Gallagher, K. T., 1964: On Choosing to Choose. Mind 73, 480-495.

Garfinkel H., 1967: Studies in Ethnomethodology. Englewood Cliffs N. J.

Garfinkel, H. und Sacks, H., 1970: On Formal Structures of Practical Actions. In: Theoretical Sociology: Perspectives and Developments, hrsg. *von J. C. McKinney/E. A. Tiryakian,* New-York, 327-366.

Gent, W, 1926: Die Philosophie des Raumes und der Zeit. Bonn.

Gese, H., 1958: Geschichtliches Denken im Alten Orient und im Alten Testament. Zeitschrift für Theologie und Kirche 55, 127-145.

Graumann, C. F., 1960: Grundlagen einer Phänomenologie und Psychologie der Perspektivität. Berlin.

Günther, G., 1959: Idee und Grundriß einer nicht-Aristotelischen Logik. Bd. I, Hamburg.

Gurwitsch, A., 1957: Théorie du Champs de la conscience. o. O. (Paris).

Habermas, J., 1971: Theorie der Gesellschaft oder Sozialtechnologie? In: *J. Habermas* und *N. Luhmann:* Theorie der Gesellschaft oder Sozialtechnologie – Was leistet die Systemforschung?, Frankfurt, 142-290.

Hagstrom, W. O., 1965: The Scientific Community. New York.

Heidegger, M., 1949: Sein und Zeit. 6. Aufl. Tübingen.

Herring H., 1966: Über den Weltbegriff bei Leibniz. Kant-Studien 57, 142-154.

Hoerster, N., 1970: Zur logischen Möglichkeit des Rechtspositivismus. Archiv für Rechts- und Sozialphilosophie 56, 43-59.

Husserl, E., 1948: Erfahrung und Urteil: Untersuchungen zur Genealogie der Logik. Hamburg.

Husserl, E., 1954: Die Krisis der europäischen Wissenschaften und die transzendentale Phänomenologie. Husserliana Bd. VI. Den Haag.

Ingarden, R., 1950: Kritische Bemerkungen. In: *E. Husserl:* Cartesianische Meditationen und Pariser Vorträge. Husserliana Bd. I. Den Haag.

Janssen, P., 1970: Geschichte und Lebenswelt. Ein Beitrag zur Diskussion von Husserls Spätwerk. Den Haag.

Jensen, St. und *Naumann, J.,* 1972: Methodologische Probleme der Bildungsökonomie. Zeitschrift für Pädagogik 18, 45-61.

Kant, I., 1901: Kritik der reinen Vernunft. Hrsg. von *v. Kirchmann,* Leipzig 1901.

Kant, I, 1902: Kritik der Urteilskraft. Hrsg. von Vorländer. Leipzig 1902.

Katkov, G., 1937: Untersuchungen zur Werttheorie und Theodizee, Brünn/Wien/Leipzig.

Kaufmann, F.-X., 1970: Sicherheit als soziologisches und sozialpolitisches Problem. Stuttgart.

Kelsen, H., 1923: Gott und Staat. Logos 11, 261-284.

Kuhn, H., 1940: The Phenomenological Concept of „Horizon". In: Philosophical Essays in Memory of Edmund Husserl, hrsg. von M. Farber, Cambridge, Mass.

Leibniz, G. W, 1885: Principes de la nature et de la grace, fondés en raison. In: Die philosophischen Schriften von Gottfried Wilhelm Leibniz Bd. 6, 589-606, hrsg. von *C. J. Gerhardt,* Berlin.

Lessnoff M. H., 1968: Parsons' System Problems, The Sociological Review 16, 185-215.

Löwith, K., 1953: Die Dynamik der Geschichte und der Historismus. Eranos-Jahrbuch 21, 217-254.

Loh, W., 1972: Kritik der Theorieproduktion von N. Luhmann und Ansätze für eine Kybernetische Alternative, Frankfurt.

Lovejoy, A. O., 1936: The Great Chain of Being. Cambridge Mass.

Luckmann, Th., 1970: On the Boundaries of the Social World. In: Phenomenology and Social Reality: Essays in Memory of Alfred Schutz, hrsg. von *M. Natanson.* Den Haag.

Luhmann, N., 1965: Grundrechte als Institution. Berlin.

Luhmann, N., 1971a: Sinn als Grundbegriff der Soziologie. In: *J. Habermas* und *N. Luhmann:* Theorie der Gesellschaft oder Sozialtechnologie – Was leistet die Systemforschung? Frankfurt, 25-100.

Luhmann, N., 1971b: Systemtheoretische Argumentationen. In: *J. Habermas* und *N. Luhmann:* Theorie der Gesellschaft oder Sozialtechnologie – Was leistet die Systemforschung? Frankfurt, 291-405

Luhmann, N., 1971c: Moderne Systemtheorien als Form gesamtgesellschaftlicher Analyse. In: *J. Habermas und N. Luhmann: Theorie der Gesellschaft oder Sozialtechnologie – Was leistet die Systemforschung?*, Frankfurt, 7-24.

Luhmann, N., 1971d: Reflexive Mechanismen. In: *Ders.:* Soziologische Aufklärung, 2. Aufl. Opladen: 92-112.

Luhmann, N., 1971e: Gesellschaft. In: *Ders.:* Soziologische Aufklärung. 2. Aufl. Opladen, 137-153.

Luhmann, N., 1971f: Wirtschaft als soziales System. In: *Ders.:* Soziologische Aufklärung, 2. Aufl. Köln/Opladen. 204-231.

Luhmann, N., 1972a: Einfache Sozialsysteme. Zeitschrift für Soziologie 1, 51-66; in diesem Band S. 25-47.

Luhmann, N., 1972b: Politikbegriffe und die „Politisierung" der Verwaltung. In: Demokratie und Verwaltung, Berlin 211-228.

Luhmann, N., 1972c: Religiöse Dogmatik und gesellschaftliche Evolution. In: Religion-System und Sozialisation, hrsg. von *K. W. Dahm/N. Luhmann/D. Stoodt.* Darmstadt/Neuwied.

Luhmann, N., 1972d: Generalized Media and the Problem of Contingency. In: Explorations in General Theory in the Social Sciences, hrsg. von *J. J. Loubser/R. C. Baum/A. Effrat/V. Lidz.* New York.

Luhmann, N., 1973a: Gerechtigkeit in den Rechtssystemen der modernen Gesellschaft. Rechtstheorie, 131-167.

Luhmann, N., 1973b: Weltzeit und Systemgeschichte: Über Beziehungen zwischen Zeithorizonten und sozialen Strukturen gesellschaftlicher Systeme. In: *Peter Christian Ludz* (Hrsg.), Soziologie und Sozialgeschichte, Sonderheft 16 der Kölner Zeitschrift für Soziologie und Sozialpsychologie, Opladen, 81-115; in diesem Band S. 128-166.

Luhmann, N., 1973c: Politische Verfassungen im Kontext des Gesellschaftssystems, Der Staat 12, 1-22, 165-182.

Maciejewski, F., 1972: Sinn, Reflexion und System: Über die vergessene Dialektik bei Niklas Luhmann. Zeitschrift für Soziologie 1, 139-155.

MacKay, D. M., 1964/1969: Communication and Meaning: A Functional Approach. In: Cross-Cultural Understanding: Epistemology in Anthropology, hrsg. von *F. S. C. Nortbrop* und *H. H. Livingston.* New York/Evanston/London, 162-179. Neu gedruckt in: *Ders.:* Information, Mechanism and Meaning. Cambridge Mass./London, 105-119.

Maier, H., 1962: Die Lehre von der Politik an den deutschen Universitäten vornehmlich vom 16. bis 18. Jahrhundert, In: Wissenschaftliche Politik: Eine Einführung in Grundfragen ihrer Tradition und Theorie, hrsg. von *D. Oberndörfer.* Freiburg/Brsg.

Marx, K., 1961: Zur Kritik der politischen Ökonomie. In; *Karl Marx/Friedrich Engels:* Werke, Band 13, Berlin.

Morf O., 1970: Geschichte und Dialektik in der politischen Ökonomie. 2. Aufl. Frankfurt/Wien.

Oelmüller, W., 1972: Was ist heute Aufklärung? Düsseldorf.

Ophüls, C. F., 1968: Ist der Rechtspositivismus logisch möglich? Neue Juristische Wochenschrift 21, 1745-1752.

Pape, L, 1968: Von den „möglichen Welten" zur „Welt des Möglichen": Leibniz im modernen Verständnis. In: Studia Leibnitiana Supplema I: Akten des Internationalen Leibniz-Kongresses Hannover, November 1966. Bd. I. Wiesbaden, 266-287.

Parsons, T., und *Smelser, N. J.,* 1956: Economy and Society, Glencoe Ill.

Parsons, T., 1960: Durkheim's Contribution to the Theory of Integration of Social Systems. In: Emile Durkheim 1858-1917, hrsg. von K. H. Wolff. Columbia Ohio, 188-153.

Peursen van, C. A., 1954: L'horizon. Situation 1, 204-234.

Pothast, U., 1971: Über einige Fragen der Selbstbeziehung. Frankfurt.

Rammstedt, O., 1970: Partizipation und Demokratie. Zeitschrift für Politik 17, 343-357.

Ramsöy, O., 1963: Social Groups as System and Subsystem. New York/London.

Raz, J., 1972: Professor A. Ross and Some Legal Puzzles. Mind 81, 415-421.

Riedel, M., 1965: Zur Topologie des klassisch-politischen und des modern-naturrechtlichen Gesellschaftsbegriffes. Archiv für Rechts- und Sozialphilosophie 51, 291-318.

Ritter, J., 1969: Metaphysik und Politik: Studien zu Aristoteles und Hegel. Frankfurt.

Röpke, J., 1970: Primitive Wirtschaft, Kulturwandel und die Diffusion von Neuerungen. Tübingen.

Röpke, J., 1971: Neuere Richtungen und theoretische Probleme der Wirtschaftsethnologie. In: Lehrbuch der Völkerkunde, hrsg. von *H. Trimborn.* 4. Aufl. Stuttgart, 446-457.

Ross, A., 1969: On Self-Reference and a Puzzle in Constitutional Law. Mind 78, 1-24.

Schmidt, A., 1971: Geschichte und Struktur: Fragen einer marxistischen Historik. München.

Schutz, A., 1957: Das Problem der transzendentalen Intersubjektivität bei Husserl. Philosophische Rundschau 5, 81-107.

Schutz, A., 1966: Some Structures of the Life World. In: Collected Papers Bd. III. Den Haag, 116132.

Schutz, A., 1970: Reflections on the Problem of Relevance. New Haven/London.

Simon, H. A., 1969: The Sciences of the Artificial, Cambridge Mass./London.

Sorel, G., 1936: Réflexions sur la violence. 8. Aufl. Paris.

Spaemann, R., 1963: Reflexion und Spontaneität: Studien über Fénelon. Stuttgart.

Stegmüller, W., 1957: Das Wahrheitsproblem und die Idee der Semantik: Eine Einführung in die Theorien von A. Tarski und R. Carnap. Wien.

Strasser, St., 1964: Phänomenologie und Erfahrungswissenschaft vom Menschen: Grundgedanken zu einem neuen Ideal der Wissenschaftlichkeit. Berlin.

Thomas von Aquino, 1952 ff.: Summa Theologiae. Rom/Turin (Marietti).

Watzlawick, P./Beavin, J. H./Jackson, D. D., 1967: Pragmatics of Human Communication: A Study of Interactional Patterns, Pathologies, and Paradoxes. New York.

Weingart, P., 1970: Selbststeuerung der Wissenschaft und staatliche Wissenschaftspolitik. Kölner Zeitschrift für Soziologie und Sozialpsychologie 22, 567-592.

Weingart, P., 1974: On a Sociological Theory of Scientific Change, in: Richard Whitley (Ed.), Social Processes of Scientific Development, London/Boston.

Wolff, Ch., 1736/1962: Philosophia Prima sive Ontologia. 2. Aufl. Frankfurt/Leipzig 1736, Neudruck Darmstadt 1962.

Weltzeit und Systemgeschichte

Über Beziehungen zwischen Zeithorizonten und
sozialen Strukturen gesellschaftlicher Systeme

I

Das naive Verhältnis menschlichen Lebens zu seiner eigenen Geschichte kann in verschiedener Weise durch Reflexion gebrochen werden. Die eine Möglichkeit ist, das Vergangene als einen besonderen Gegenstandsbereich anzusehen und nach den Bedingungen seiner Erkenntnis zu fragen. In dieser Perspektive kann, wenn man Erkenntnis über Erinnerung hinaus szientifizieren will, auch nach den Bedingungen gefragt werden, unter denen solche Erkenntnis als wissenschaftliche zu gelten hat, weil die Ergebnisse der Geschichtsforschung intersubjektive Gültigkeit erreichen. Legt man diese „epistemologische" Perspektive zugrunde, gilt als ausgemacht, daß das Vergangene etwas ist, was gewesen ist; und weiter, daß aus der Fülle des objektiv Vergangenen forschungswürdige Themen unter dem Gesichtspunkt von Erkenntnisinteressen ausgewählt werden können. Eine ideologische Verzerrung solcher Erkenntnisinteressen (immer: *Erkenntnis*interessen!) mag man zugeben und mit mehr oder weniger Optimismus für ausmerzbar halten. Die Sozialgeschichte würde sich dann als wissenschaftliche Disziplin mit der Erkenntnis vergangener sozialer Strukturen und Prozesse befassen. Sie könnte zur Beurteilung der Zusammenhänge und als Selektionshilfe soziologische Theorien heranziehen, die gegenwärtig anerkannt sind und sich forschungsmäßig bewährt haben. In diesem Sinne lassen sich etwa Theorien über Zusammenhänge zwischen Gesellschaftsdifferenzierung, Teilsystemautonomie und symbolischer Generalisierung für historische Forschung auswerten (1)*.

---

*   Anmerkungen siehe S. 165

Das Recht und die Möglichkeit, so vorzugehen, sollen hier nicht bestritten werden. Man sollte jedoch nicht verkennen, daß dabei weite Problembereiche übersprungen werden, die auch noch in die Kompetenz soziologischer Theorie fallen. Sie betreffen die sozialen Bedingungen der Konstitution von Zeit und Geschichte. Die Konstitution temporaler Modalitäten und die Selektion dessen, was in ihnen relevant wird, sind nicht nur eine Frage der Erkenntnis; sie sitzen schon im Gegenstand selbst. Das muß man anerkennen, wenn man annimmt, daß der Gegenstand soziologischer wie sozialgeschichtlicher Forschung aus sinnhaftem, selbstselektivem menschlichem Erleben und Handeln besteht, dem die Möglichkeit der Reflexion auf seine eigene Selektivität innewohnt. In dem Maße, als die soziologische Theorie das Sinnproblem einbezieht, (2) wird Zeitlichkeit zu einer konstituierenden Dimension ihres Gegenstandes und kann nicht länger nur als Bedingung der Erkenntnis des Gegenstandes behandelt werden.

Möglicherweise kann die historische Forschung sich freimachen vom „historischen Bewußtsein" ihres Gegenstandes Gesellschaft, den sie erforscht – gleichsam als Nachfolgerin der alten, mit allen Zeiten simultanen omnscientia Dei (3). Wie dem auch sei – der Weg dahin ist weit und nur zu betreten, wenn man zuvor die Zeitlichkeit des Gegenstandes analysiert, um zu erkennen, wovon und wie man eventuell abstrahieren muß.

In der Soziologie ist es zwar ein Gemeinplatz, daß das Zeitbewußtsein in verschiedenen sozialen Systemen differiert und abhängt von ihrer sozialen Struktur (4). Die These wird vor allem im Hinblick auf Tempo des Zeitlaufes, Zeitknappheit und Weite des handlungsrelevanten Zeithorizontes ausgearbeitet – besonders also auf ökonomische oder „bürgerliche" Aspekte von Zeit. All dies sind jedoch bestenfalls Teilaspekte des allgemeinen Zeitproblems. Darüber hinaus wird in der Theorie der bürgerlichen Gesellschaft seit *Hegel* und vor allem im Anschluß an *Marx* die Geschichtlichkeit der je gegenwärtigen gesellschaftlichen Bewußtseinslage und ihrer Reflexionsmittel diskutiert, in diesem Falle noch ohne deutliche Unterscheidung von erkenntnistheoretischen Fragestellungen (5). Unsere weiteren Überlegungen verfolgen das Ziel, diese Einzelelemente mit Hilfe abstrakterer, systemtheoretischer Fragestellungen zusammenzufügen. Es soll gezeigt werden, daß und wie soziale Systeme Zeit, Zeithorizonte und bestimmte Auslegungen zeitlicher Relevanzen konstituieren. Und konstituieren soll nicht heißen „herstellen" oder ab nihilo kreieren, sondern soll heißen, sinnhaft verfügbar machen als Bedingung des Aufbaus und der Reduktion von Komplexität.

Wir beschränken uns dabei auf den Vergangenheitshorizont der Zeit. Die Konstitution einer offenen Zukunft bedürfte, vom gleichen systemtheoretischen Ansatz aus, zusätzlicher Überlegungen.

II

Mit Hilfe eines systemtheoretischen Ansatzes läßt sich zunächst in anderer Weise, als bisher üblich, Erleben und Handeln unterscheiden. Unter Erleben verstehen wir den der Selbsterfahrung zugänglichen Bewußtseinsprozeß, sofern dessen Selektivität nicht dem selektierenden System, sondern seiner Umwelt zugerechnet wird (6). Zurechnung von Selektivität (und damit Konstitution von Erleben und Handeln) ist nur möglich auf Grund einer bewußt gehaltenen, stabilisierten Differenz. Diese erfordert simultane Präsenz (mindestens) zweier Ebenen – zum Beispiel des Möglichen und des Wirklichen, des Gegenwärtigen und des Nichtgegenwärtigen, des Bekannten und des Unbekannten usw. Diese Simultaneität zweier Ebenen wollen wir als *Modalisierung* des Selektionsprozesses bezeichnen, meinen damit also das Präsenthalten jener zweiten Ebene, die dem Selektionsprozeß seinen Charakter als Selektion verleiht.

Auf Grund dieser Vorüberlegungen können wir ein jeweils gegenwärtiges Zeiterleben, das auf nichtaktuelle Zeithorizonte verweist, als Modalisierung gegenwärtigen Erlebens bezeichnen (7). Aussagen über Vergangenes sind zum Beispiel gegenwärtige Aussagen im Modus der Vergangenheit. Man kann, mit anderen Worten, gegenwärtiges Erleben so modalisieren, daß seine Inhalte den allgemeinen Charakter des Vergangenen erhalten. Neben temporalen Modalisierungen gibt es mehrere andere Modalisierungsformen – zum Beispiel epistemologische, Erkenntnis betreffend; oder possibilistische, eine Mehrheit vn Möglichkeiten betreffend; oder soziale, die Zurechnung von Selektionen betreffend. Die klassische Diskussion der Modalitäten, die Modalisierungen zunächst auf eine ontologisch interpretierte Logik, dann auf Sprache, dann auf Bedingungen der Erkenntnis bezog, hat eine volle analytische Trennung und Gleichgewichtung dieser verschiedenen Arten von Modalisierung nicht erreicht (8). Damit fehlt auch ein hinreichend abstrakter und hinreichend leistungsfähiger Begriff der Modalität, also der Begriff, von dem aus wir Zeitlichkeit als „ein Fall von …" begreifen könnten. An dieser Stelle könnten systemtheoretische Überlegungen weiterhelfen.

Den Weg für den ersten Schritt hat *Talcott Parsons* gebahnt. Sein berühmtes Systemproblemschema (adaptation, goal attainment, integration, latent pattern maintenance) setzt in der Konstruktion zwei Achsen voraus. Die eine drückt die Differenz von System und Umwelt aus, die andere ist die Zeitachse, dichotomisiert als Unterschied von gegenwärtiger und zukünftiger Erfüllung. Dahinter steht, wie neuerdings klar formuliert, (9) die Grundthese, daß *die Differenzierung von System und Umwelt Zeitlichkeit produziert,* weil sie eine momenthafte, Punkt für Punkt korrelierende Erhaltung der Differenz ausschließt. Es kann nicht mehr alles gleichzeitig geschehen. Die Erhaltung braucht Zeit und hat Zeit. Die kritische

Wirkung eines Teils der Systemprozesse tritt erst später ein und muß auch dann noch ein sinnvolles Umweltverhältnis finden; sonst löst die Differenz von System und Umwelt sich wieder auf.

Damit läßt sich ein zweiter Gedankenschritt verbinden. Systemtheoretisch können alle Modalisierungen als *Generalisierung* von Systemstrukturen begriffen werden. Generalisierung heißt, daß die Struktur mit mehr als einem Umweltzustand bzw. Systemzustand kompatibel ist; der Begriff setzt eine Differenz von System und Umwelt voraus (10). In diesem Sinne sind zum Beispiel Möglichkeiten modale Generalisierungen, mit denen entweder Wirkliches als auch anders möglich oder Mögliches als entweder wirklich oder nichtwirklich identifiziert werden kann. Temporale Modalisierungen sind Generalisierungen eines anderen Typs (11). Sie beruhen auf dem Festhalten der Identität der Welt oder eines Systems im Nacheinander verschiedener Zustände.

Alle weiteren Überlegungen bauen auf der Annahme auf, daß solche Generalisierungsleistungen mit den Systemstrukturen selbst variieren – also weder rein beliebig vorkommen, noch als bloße „Zutat" des Erkenntnisprozesses eine Art transzendentaler Schein sind. Aus dieser Annahme ergibt sich die Aufgabe, genauer zu untersuchen, wie Zeithorizonte und Strukturen sozialer Systeme zusammenhängen. Dazu benutzen wir als Ausgangspunkt zwei Prämissen: den Sinnbegriff und erneut die System/Umwelt-Differenz.

III

Die Sinnhaftigkeit menschlichen Erlebens und Handelns ist insofern konstitutiv für Zeit und Geschichte, als sie die erfahrbare Selektivität aller Bestimmungen begründet. Alles, was sinnhaft geschieht, geschieht in einem Horizont anderer Möglichkeiten. Das ist selbst dann der Fall, wenn andere Möglichkeiten als Möglichkeiten negiert und das Geschehen damit als notwendig eingeführt wird; denn Negationen „können" (!) – und dieses „Können" ist seinerseits notwendig – ihrerseits negiert werden (12). Historische Ereignisse sind mithin nicht in ihrer puren Faktizität und auch nicht allein in ihrer faktischen Verlaufsverkettung, sondern in ihrer Selektivität relevant. Weltgeschichte hat Sinn als Selbstselektion des Seins und ist daher theoretisch als Evolution zu begreifen – in einer Gesellschaft, die ein nicht mehr nur politisches oder theologisches, sondern ein wissenschaftliches Interesse an Geschichte ermöglicht und durchsetzt.

Zum Begriff einer sinnhaften Geschichte gehört eine (je gegenwärtig konstituierte, in die Vergangenheit projizierte) Differenz von Möglichem und Wirklichem. Das „Geschichtsbild" einer Gesellschaft variiert deshalb nicht nur infolge der je

gegenwärtigen Selektion und Aufmachung von Fakten, die man aus erkenntnis-
mäßigen oder anderen Gründen für berichtenswert hält; sondern es variiert in den
Konstitutionsbedingungen der Selektivität, vor allem in der Unaufhebbarkeit der
Möglichkeit anderer Möglichkeiten, die heute möglich sind. Um nur ein Beispiel
zu geben: Es ist nahezu unvermeidbar, daß wir Gesellschaften ohne politisch organisierte Möglichkeit einer bindenden Entscheidung von Rechtskonflikten unter
dem Gesichtspunkt des „Fehlens" dieser Möglichkeiten betrachten und Über-
gangslagen so analysieren, als ob es beide Möglichkeiten „gäbe" und erst die eine,
dann allmählich die andere verwirklicht würde (13). Man muß also Heute-Mög-
liches wegdenken, Mögliches negieren, um die Erlebens- und Handelnshorizonte
vergangener Gesellschaftssysteme zu rekonstruieren – und das ist eine nur fiktiv
durchführbare, begrifflich schwer präzisierbare und kaum kontrollierbare gedankliche Operation, die als Bedingung ihrer eigenen Möglichkeit Wissenschaft (und
insofern wiederum Gegenwart) voraussetzt. Wir kommen darauf unter dem Titel
der Reflexivität des Zeitverständnisses zurück.

Diese Einsicht in die Selektivität geschichtlicher Fakten gibt uns den Schlüssel
für die Herstellung des Zusammenhangs von sozialen Strukturen und Zeithorizonten. Geschichte entsteht als Selektion aus Möglichkeitshorizonten, und Möglichkeiten setzen als Bedingung der Möglichkeit Systembildungen voraus. Hier
wird erneut deutlich, daß wir einen in der Erkenntnistheorie gebrauchten Begriff,
nämlich „Bedingung der Möglichkeit", in die Systemtheorie übertragen müssen.
Die zunächst in der Erkenntnistheorie gewonnene Einsicht, daß Möglichkeiten
abhängig sind von Bedingungen der Möglichkeit und sich also unterscheiden je
nachdem, welche Bedingungen der Möglichkeit gemeint sind, läßt sich durch das
Konzept der modalen Generalisierung auf Systeme schlechthin übertragen (14).
Systemstrukturen müssen vorausgesetzt werden, wenn Mögliches von Unmöglichem getrennt werden soll, (15) und sie müssen weiter vorausgesetzt werden,
will man verschiedene Arten des Möglichen, etwa das politisch Mögliche, das
wirtschaftlich Mögliche, das technisch Mögliche differenzieren. „Voraussetzen",
„Trennen", „Differenzieren" sind hier als Operationen des täglichen Lebens gemeint, nicht nur, aber auch, als Erkenntnisprozesse. Es geht letztlich darum, daß
nicht nur beim Erkennen, sondern bei allen Bewußtseinsoperationen, also bei aller
Innenverarbeitung von Selektivität, modale Generalisierungen in verschiedener
Richtung möglich sind und daher mit Differenzierungen erkauft werden müssen.

Als Konsequenz ergibt sich für die Geschichtstheorie, daß alle Selektivität und
daher alle Ereignishaftigkeit von Fakten auf Systemstrukturen beruht, die einen
Möglichkeitshorizont bedingen, aus dem, durch welche Prozesse immer, Ereignisse ausgewählt werden. Je nach Differenzierungsgrad und Differenzierungsform
gibt es in Systemen unterschiedliche Möglichkeitsprojektionen und daher in ihrem

Vergangenheitshorizont eine unterschiedliche Selektivität von Ereignissen. Zum Beispiel bezeichnet der Naturbegriff der griechischen Klassik (und damit des Anfangs der societas civilis-Tradition Alteuropas) die Grenzen des Möglichen in politisch-rechtlicher Hinsicht und damit die Grenzen der historischen oder positiven Selektion des Nomos, bedingt durch die politische Konstitution der Gesellschaft über den archaischen Geschlechterverbänden. Bei den chinesischen Legisten bezeichnet ein ähnlicher Gedanke jene Zufälligkeit (Kontingenz) der umweltabhängigen Bedürfnisbefriedigung, die es durch politische Planung der Wirtschaftsordnung zu überwinden galt – für die Griechen, die ihre Wirtschaft außerhalb der Bürgergesellschaft sahen, ein unvollziehbarer Gedanke. In der bürgerlichen Gesellschaft des 18./19. Jahrhunderts schließlich bezeichnet er die Grenzen des wirtschaftlich Disponiblen. Die Unterschiede sind bedingt durch Unterschiede in der Institutionalisierung der Systemdifferenzierung und des relativen Primats von Wirtschaft und Politik; *und sie werden in allen Fällen zur Reproduktion der jeweiligen Geschichte des Gesellschaftssystems verwandt* (16). In archaischen Gesellschaften mit geringer Differenzierung und gering entwickeltem Möglichkeits- und Selektionsbewußtsein fehlt entsprechend nicht nur eine tiefenscharfe Geschichte, sondern auch ein diskriminierender Begriff der Natur (17).

Wenn es nun zutrifft, daß Systemgeschichte als Selektionsgeschichte in Abhängigkeit von strukturellen Bedingungen der Möglichkeit konstituiert wird, ist Erinnerung ein sehr anspruchsvoller Vorgang, nämlich nicht einfach Zugriff auf gespeichert vorhandene Zeichen vergangener Fakten, sondern Reproduktion der Selektivität von Ereignissen (18). Das setzt nicht nur Bekanntheit der Faktengeschichte, sondern auch Miterinnerbarkeit anderer, nicht aktuell gewordener Möglichkeiten voraus. Die Unterscheidung von System und Umwelt und im Anschluß daran die Unterscheidung von Systemgeschichte und Weltgeschichte wird damit in näher angebbarer Weise bedeutsam. Reproduktion der Selektivität von Ereignissen stellt so hohe Anforderungen, daß man nicht davon ausgehen kann, daß sie in allen sinnverarbeitenden psychischen bzw. sozialen Systemen gleichsinnig erfolgt. Ein System *reproduziert* in der Erinnerung seine *eigene Selektionsgeschichte,* die Geschichte der Selektivität seines eigenen umweltbezogenen Erlebens und Handelns. Es *rekonstruiert* darüber hinaus auch eine *Weltgeschichte* nichtmitvollzogener Selektivität, die es braucht, um die eigene Anschlußselektivität begreifen zu können (19). Die Unterscheidung von Systemgeschichte und Weltgeschichte braucht für das System selbst nicht thematisch zu werden, gleichwohl leitet sie Bewußtseinsoperationen dadurch, daß jeweils fungierende Bedingungen des Möglichen der Welt und des Systems sich unterscheiden.

Die Differenz von Systemgeschichte und Weltgeschichte drängt sich auch dadurch auf, daß für die Reaktualisierung jeweils andere Bedingungen gelten. In den

Kommunikationsprozessen sozialer Systeme wird die Geschichte des je eigenen Systems mit sehr viel größerer Deutlichkeit und Zwangsläufigkeit in die Erwartungsstrukturen aufgenommen als eine Vorgeschichte oder eine Umweltgeschichte. Man kann zum Beispiel vor Gericht leugnen, daß man den Mord begangen hat; es ist aber sehr viel schwieriger, im gleichen System zu leugnen, daß man geleugnet hatte, den Mord begangen zu haben (20). Unter Teilnehmern an sozialen Systemen gilt, mit anderen Worten, die Regel, daß man Identität der gemeinsam erlebten Systemgeschichte voraussetzen und Gemeinsamkeit des Erinnerns erwarten kann. Systemgeschichte dient somit als eine natürliche (untechnische) Gewähr für Anschlußselektivität weiteren Erlebens und Handelns. Sie kann in dieser Funktion nur durch komplizierte technische Einrichtungen (z. B. durch Recht) ersetzt werden. Nur wenn und soweit diese Voraussetzung funktioniert, kann Geschichte zugleich als Systemstruktur dienen (21). Gegenüber der Weltgeschichte können unter Umständen mehr oder weniger große, weil für das System „unschädliche", Freiheiten privater Rekonstruktion legitimiert oder doch faktisch ermöglicht werden (22).

Gemeinsam erlebte und erinnerbare Systemgeschichte ist eine wesentliche Verständigungsvoraussetzung, die durch eine objektiv feststehende Weltgeschichte nicht ersetzt werden kann. Bei divergierender Tiefenschärfe der Erinnerungen können Erfahrungen und Kommunikationsprämissen nicht mehr vermittelt werden. Daraus entstehen Verständigungsbarrieren zwischen den Generationen, aber auch in der Zusammenarbeit in organisatorischen Gremien mit häufig wechselnden Teilnehmern, in denen das soziale System selbst nur ein extrem kurzes Gedächtnis haben kann und die Beteiligten darüber hinaus nur noch die gemeinsam-bekannte Weltgeschichte voraussetzen können (23). Es können dann allenfalls noch aus feststellbaren vergangenen Fakten, nicht aber aus der Selektivität dieser Fakten gemeinsame Schlüsse gezogen werden, so daß vergangene Selektionen nicht fortgeführt, sondern wiederholt oder durchkreuzt werden.

IV

Unsere Hauptthese ist im ersten Anlauf einfach zu formulieren. Sie besagt, daß komplexere Gesellschaftssysteme weitere, abstraktere und in sich differenziertere Zeithorizonte bilden als einfachere Gesellschaften. Sie erreichen damit eine höhere, möglichkeitsreichere Weltkomplexität, die ihnen das Erreichen höherer Selektivität im Erleben und Handeln ermöglicht. Sie können auf diese Weise zugleich innergesellschaftliche Systemgeschichten besser synchronisieren – und zwar auch Systemgeschichten, die sehr verschiedenartig sind und inhaltlich (zum Beispiel moralisch) nicht integriert werden können; und auch Systemgeschichten, die verschieden lang dauern oder verschieden schnell ablaufen.

Diese abstrakte These einer Korrelation zwischen Gesellschaftskomplexität und Weltkomplexität wird unsere weiteren Überlegungen leiten. Sie ist jedoch – diese Warnung muß gleichsam vor die Klammer gezogen werden – aus angebbaren systemtheoretischen Gründen viel zu einfach formuliert und in dieser groben Form sicher nicht haltbar. Erhebliche Komplikationen werden eingebaut werden müssen in dem Maße, als die Gesellschaftstheorie Fortschritte macht. Erfahrungen aus anderen Anwendungsbereichen der Systemtheorie, vor allem der Organismus-Theorie, der Theorie psychischer Systeme und der Organisationstheorie zeigen, daß der Begriff „Systemkomplexität" noch keine empirisch brauchbare Variable bezeichnet, und das würde auch der Historiker erfahren, wenn er versuchen wollte, die Komplexität des jeweiligen Gesellschaftssystems direkt mit historisch überlieferten Zeit- und Geschichtsvorstellungen zu konfrontieren. Vor allem zwei Modifikationen sind erforderlich:

Zum ersten ist Komplexität keine einfache, eindimensional meßbare Eigenschaft eines Systems, sondern ein mehrdimensionales Konzept, so daß man ohne weitere Spezifikation nicht in jedem Falle angeben kann, ob ein System komplexer ist als das andere (24). Zum anderen bedeutet höhere Systemkomplexität nicht ohne weiteres eine Steigerung der Komplexität in *jeder* Weltdimension oder in *jeder* Umweltbeziehung. Komplexere Gesellschaften haben daher nicht notwendig eine entsprechend komplexere Geschichte, geschweige denn eine *in jeder Hinsicht* komplexere Geschichte. Vielmehr haben vor allem Forschungen über kognitive und motivationale Komplexität psychischer Systeme ergeben, daß komplexere (abstrakter strukturierte) Systeme die Fähigkeit gewinnen, *sowohl* einfache *als auch* komplexe Umweltbeziehungen zu haben. Ihre Umwelt wird nicht in jeder Hinsicht zunehmend komplexer, was auch die komplexesten Systeme sehr rasch überfordern würde, sondern die strukturelle Abstraktion eröffnet ein Nebeneinander von komplexen und einfachen, differenzierten und undifferenzierten Umweltbeziehungen und bietet damit die Möglichkeit, Tiefenschärfe und Differenziertheit der erfaßten Umwelt sektoral zu spezifizieren und gegebenenfalls zu verlagern (25). Die sprachliche Formulierung führt irre. Komplexität ist keine „Eigenschaft" des Systems; komplexere Systeme brauchen nicht, weil sie komplexer „sind", *alles* komplexer zu erleben.

Diese allgemeinen Einsichten sind nicht auf die Systemtypen beschränkt, an denen sie zunächst im Scheitern von zu einfach angesetzten Anfangsthesen entdeckt worden sind. Sie können auch der Gesellschaftstheorie als Vorwarnung dienen. Wir können daher vorweg unterstellen, daß es zu einfach wäre, ein schlicht lineares Steigerungsverhältnis der Komplexität von Gesellschaftssystem und Zeithorizont zu unterstellen. Andererseits reicht der Entwicklungsstand der Gesellschaftstheorie für eine entsprechend komplex angesetzte Forschung nicht aus, und es wäre auch lästig, diese Einschränkungen in jedem Satz immer wieder in Erinnerung zu rufen. Wir werden sie zunächst beiseite lassen und erst gegen Ende in den Abschnitten VII und VIII darauf eingehen, daß zunehmend komplexe Gesellschaften nicht einfach eine komplexere (etwa im Sinne von faktenreichere) Geschichte haben, sondern daß sie auf Grund ihrer Komplexität zugleich Geschichte neutralisieren, selektiv beleuchten (VII) und sie abstoßen können (VIII). Wenn in komplexeren Gesellschaften Geschichte relevant wird, wird sie zugleich kontingent, wird zugleich Erinnern und Vergessen, detailliertes Interesse und indifferentes Abschieben in eine erledigte Vergangenheit nebeneinander möglich, und dies Nebeneinander ist derjenige Tatbestand, der mit der Komplexität des Systems korreliert.

V

Normalerweise fragen weder Historiker noch Soziologen danach, was die Zeit eigentlich ist. Diese Frage wird – so direkt und als Wesensfrage gestellt – auch kaum zu beantworten sein. Andererseits ist die Gefahr groß, daß man unangemessen denkt, wenn man sie offen läßt – etwa schlicht von der Vorstellung eines „Flusses" ausgeht oder sich an den Kalender hält. Die bisherigen Erörterungen über Sinn, Selektivität, modale Generalisierungen, System, Umwelt, Systemgeschichte, Weltgeschichte ermöglichen zumindest einige Präzisierungen.

Durch Ereignisse wird mit ihrer Selektivität immer auch Zeit konstituiert, weil Selektion erst in der Abhebung gegen eine durchgehaltene Möglichkeitsstruktur sich als Ereignis profiliert. Schon physische Systeme konstituieren, sofern sie sich von ihrer Umwelt unterscheiden und ihr gegenüber mehr als einen Zustand annehmen können, Zeit (26). Die Möglichkeit, mehr als einen Zustand anzunehmen, ist wiederum bedingt durch nichtvollständige Interdependenz, das heißt dadurch, daß nicht *jede* Änderung *alles* ändert. Und Interdependenzunterbrechungen, die durch Systembildung möglich werden, sind Voraussetzungen dafür, daß Zukunft und Vergangenheit differenziert werden können. In Sinnsystemen wird die Selektivität sinnhafter Ereignisse erfahrbar in einem Horizont anderer Möglichkeiten, der, sofern er das selektive Geschehen überdauert, als Zeit bewußt wird. Das Zeitbewußtsein ist mithin eine – wie immer ausformulierte – Antwort auf die Notwendigkeit, als Bedingung von Selektivität im Verhältnis System/Umwelt Konstanz und Veränderung zugleich zu denken. Diese sehr abstrakte Ableitung des Zeitbegriffs läßt sehr verschiedenartige Formen des Zeitbewußtseins offen, die, wie wir wissen, mit Gesellschaftsstrukturen variieren. Größere Präzision dürfte daher nur erreichbar sein, wenn man den Zeitbegriff historisch und gesellschaftlich relativiert, also nicht-allgemeingültige Prämissen akzeptiert.

Irgendein Zeithorizont entsteht demnach mit jeder Erfahrung von Selektivität, also bereits mit der Naherfahrung eigener Systemgeschichte. Ein solcher Zeithorizont kann sehr konkret am Geschehen selbst und seinen unmittelbaren Vorbedingungen und Folgen haften, mit dem Geschehen also fast zusammenfallen, so daß es sich nicht lohnt, Zeit und Ereignisse zu unterscheiden. Diese Lage findet sich in frühen Entwicklungsstufen psychischer wie sozialer Systeme, bei Kindern und in archaischen Gesellschaften (27). Sie ergibt sich, wenn Gesellschaftssysteme primär ihre eigene Systemgeschichte erleben und ihr Bedarf für Reproduktion von Geschichte konkret durch ihre je gegenwärtigen Situationen bestimmt und begrenzt ist. Ihre Zeitrechnung bleibt damit abhängig von (mehr oder weniger typifizierten, wiederholbaren) Ereignissen ihrer Systemgeschichte (28). Ohne abstrakteren Zeitbegriff können auch Vergangenheit und Zukunft keine Tiefenschärfe gewinnen, ja über das unmittelbar Gewesene und Kommende hinaus nicht einmal deutlich getrennt werden. Weit verbreitet findet man auf dieser Grundlage eine ausgeprägte Unterscheidung von naher und ferner Vergangenheit (bzw. Zukunft), wobei Fernzeiten nicht im eigentlichen Sinne Zeit sind, sondern Dunkelzonen, für die andere Regeln der Glaubwürdigkeit und der Relevanz gelten (29). Der Grund dafür dürfte sein, daß bei einer Mehrzahl von Subjekten die Erlebnisperspektiven sowohl in der Gegenwart als auch in der unmittelbar absehbaren Zukunft bzw. Vergangenheit notwendig divergieren und erst in einem weiteren Zeithorizont sozial homogenisiert werden können (30). Die Doppelung von Nahzeit und Fernzeit ist die gleichsam naheliegendste und anspruchsloseste Lösung dieses Problems. Es gibt für diese Gesellschaften also keine durchgehende Universalhistorie oder Weltgeschichte in unserem Verständnis. Alle weitere Entwicklung ist, von diesem Ausgangspunkt her gesehen, Abstraktion – nicht der Erkenntnis von Zeit, sondern des sozialen Erlebens von System- und Weltzeit.

Ein erster Bedarf für zeitliche Dimensionalität dürfte der mythischen (31) und erst recht der begrifflichen Darstellung der Zeit vorausgehen und mit einer Ausdifferenzierung und Generalisierung religiösen Gedankenguts zusammenhängen (32). Der Ausgangspunkt wird von manchen in der Art gesehen, wie (im Unterschied zu Ägypten) in altmesopotamischen Städten das Verhältnis von Religion und Politik eingespielt war (33). Wie dem auch sei, erst wenn prominente gesellschaftliche Prozesse zeremonieller oder politischer Art sich als solche herausheben und wenn sie nicht mehr als gleichsam natürlicher Ablauf religiösen Geschehens erlebt werden, sondern nur noch die *Aufgabe* haben, durch eigene Anstrengung und Wohlverhalten eine Harmonie der kosmischen und der irdischen Sphäre zu gewährleisten, entsteht ein Bedarf für Zeit als eine besondere Dimension des Erlebens und Handelns. Erst dann wird nämlich die Möglichkeit des *Scheiterns* an dieser Aufgabe bewußt, werden gesellschaftliche Prozesse in gewissem Umfange *kontingent* und als abhängig von *variablen* Faktoren erlebt; erst dann entsteht ein Bedarf für das Auffangen dieser Kontingenz in einer *doppelten* Möglichkeit der *Zurechnung* von Erfolg oder Mißerfolg auf göttliche Kräfte oder auf eigenes bzw. fremdes Fehlverhalten, und damit entsteht eine Dimension, die aufeinanderbezogene *selektive* (und damit *konditionierbare*) Ereignisse im Nacheinander ordnet – oder später nur noch „aufnimmt". Eine der folgenreichsten und zugleich eigenartigsten Erweiterungen von Systemgeschichte zur Weltgeschichte, die deutlich auf die „inneren Kontingenzen" des Systems zurückgeht, ist im Alten Testament greifbar. Die politisch wechselvolle Geschichte Israels wurde auf der Grundlage der eben geschilderten Vorgaben als kontingente Unglücksgeschichte erfahren, der andere Möglichkeiten offen gestanden hätten. Unter gegebenen monotheistischen Prämissen konnte sie aber nicht mehr zureichend als Geschichte des eigenen Volkes in einer Umwelt interpretiert werden, vielmehr mußte die außenpolitische *Umwelt* als Werkzeug des *eigenen* Gottes begriffen und zur *eigenen* Schlechtigkeit in Beziehung gesetzt werden (34). An der Sünde des eigenen Volkes zerbrach die einfache Dichotomie von System und Umwelt im Sinne einer Kongruenz von nah/fern, vertraut/fremd, gut/schlecht. Das Kontingenzproblem mußte in die Form einer System und Umwelt übergreifenden Weltgeschichte gebracht werden und erforderte die Generalisierung des eigenen Gottes zum Welt-Herrn. Die spätere Prophetie fand für diese zunächst soziale Problematik eine Auflösung in der zeitlichen Form der Eschatologie (deren Zeitstruktur freilich unklar blieb). Eschaton ist kein Volksbegriff mehr, sondern ein Weltbegriff.

Der Bedarf für die Abstraktion eines relativ kontextfreien Zeithorizontes hängt weiter – hier, wie in anderen Fällen kultureller Abstraktionen (35) – zusammen mit zunehmender Differenzierung des Gesellschaftssystems. In zunehmend differenzierten Gesellschaften, die über Systemgrenzen hinweg kommunikativen Verkehr vorsehen müssen, reicht die Erinnerung an die je eigene Systemgeschichte als Struktur nicht mehr aus. Man braucht Abstraktionen als koordinierende Generalisierungen, die es erlauben, verschiedene Systemgeschichten, wenn nicht zu integrieren, so doch aufeinander zu beziehen (36). Die je eigene Systemgeschichte kann nur noch auf einer abstrakt gemessenen Zeitdimension, einer datierbaren Zeitpunktreihe, mit Ereignisreihen der Umwelt konsistent begriffen werden (37). Anders formuliert: Bei zunehmend funktionaler Systemdifferenzierung nehmen Zahl, Verschiedenheit und Interdependenz von Systemgeschichten so sehr zu, daß abstraktere Formen ihrer Vermittlung gefunden werden müssen. Die Weltzeit muß als koordinierende Generalisierung jetzt gewährleisten: 1. *Homogenität*, das heißt

Unabhängigkeit von bestimmten Bewegungen und ihren Geschwindigkeiten, eigenen oder fremden; 2. *Reversibilität*, das heißt gedankliche Rückrechenbarkeit trotz irreversiblen Verlaufs (38); 3. *Bestimmbarkeit* durch Datierung und Kausalität und 4. *Transitivität* als Bedingung des Vergleichs verschieden liegender Zeitstrecken.

Die jeweilige Ausformung der Weltzeit, vor allem die Vorstellung einer linearen Zeitpunktreihe, entspricht diesem Bedarf. Lineare Zeit ist eine relativ späte, in abstrakter Form erst neuzeitliche Vorstellung (39). Sie ermöglicht in dem Maße, als die Gegenwart durch abstrakte Strukturbildung geordnet werden und damit heterogene Zukünfte und Vergangenheiten präsentieren kann, eine vollständige Trennung von Zukunft und Vergangenheit als je eigenständiger Zeithorizonte, deren Bestände kontinuieren oder auch nicht kontinuieren können, also gegenwärtig verknüpft oder auch nicht verknüpft werden können (40). *Der Zusammenhang des Vergangenen mit dem Künftigen wird prinzipiell kontingent*. Diese Kontingenz zeitlicher Verknüpfung wird auf mittelalterlich-theologischen Grundlagen in der Neuzeit bewußt. Sie macht es erforderlich, nicht mehr nur gattungsmäßig aggregierend von Künftigem und Vergangenem zu sprechen, sondern darüber hinaus *Zukunft* und *Vergangenheit* als Horizonte der Selektion zu unterscheiden; denn Künftiges und Vergangenes ist jetzt kontingent, Zukunft und Vergangenheit dagegen notwendig verknüpft. Die diese Errungenschaften summierende Vorstellung der Weltzeit als unendliche Zeitpunktreihe ist kompatibel mit einem verschiedenen Stellenwert von Zeitpunkten in Systemgeschichten; sie kann schließlich durch weitere Abstraktion der Zeitvorstellung kompatibel gemacht werden mit beliebigem Geschehen an den einzelnen Zeitpunkten, so daß die Zeit selbst überhaupt nichts mehr darüber sagt, was geschieht.

Ist dieser Entwicklungsstand erreicht, sagt die Zeit nichts mehr darüber aus, was möglich ist. In der Theorie müßte dann die oben geforderte Konsequenz gezogen werden, temporale und possibilistische Modalisierungen analytisch zu trennen und ihre Interdependenzen zu erforschen.

Eine über allen Systemgeschichten konstituierte abstrakte Zeit ist Weltzeit, ist eine Dimension des Welthorizontes. Die einheitlich gemessene Weltzeit läßt alle jeweils aktuellen Systemprozesse *gleichzeitig* laufen – eine Bedingung der Möglichkeit weltweiter Kommunikation (41). Sie ist aber zugleich *Systemzeit der Weltgesellschaft*, das heißt des umfassenden Systems aller kommunikativ erreichbaren menschlichen Erlebnisse und Handlungen. Die Identität von Weltzeit und Systemzeit des Gesellschaftssystems hebt den Unterschied von System und Welt nicht auf. Sie ist begründet in der These, daß die Gesellschaft dasjenige soziale System ist, das durch Reduktion unbestimmt-beliebiger Komplexität die Welt konstituiert als Horizont bestimmbarer Möglichkeiten (42).

Für diesen Fall der ausgedehnten, abstrakt vereinheitlichten Weltzeit eines sehr komplexen Gesellschaftssystems liefert *Parsons* die Hypothese, daß dann primär *kulturelle* Faktoren die Steuerung der Evolution übernehmen (43). Wenn man jedoch, mit *Parsons*, von Ein-Faktor-Erklärungen abrückt und zugesteht, daß alle Systembildungsebenen erhaltungs- und entwicklungsnotwendig sind, werden Begriffe wie Steuerung (control) oder relatives Gewicht oder funktioneller Primat unscharf und präzisierungsbedürftig. Man wird die Frage nach den *dominanten* Faktoren durch die Frage nach den kritischen Faktoren ersetzen müssen. Ein recht aussichtsreicher Weg weiterer Präzisierung dürfte mit einer Art „Engpaß"-Vorstellung angezeigt sein. Das würde besagen:

Bei gegebenem Stand systemstruktureller Bedingungen der Möglichkeit auf den verschiedenen Ebenen der Systembildung liegt der Engpaß weiterer Evolution, das heißt die Stelle, an der Mögliches in Unmögliches umschlägt, bei längeren Zeithorizonten zunehmend im Bereich kultureller Faktoren.

VI

Eine abstrakte Zeitmessung legt noch nicht fest, welche Zeitpunkte als Vergangenheit, Gegenwart oder Zukunft fungieren. Diese Festlegung ist kein Koordinationserfordernis; unentbehrlich für Zwischensystembeziehungen ist vielmehr nur, daß für alle Systeme einheitlich bestimmt wird, welche Zeitpunkte jeweils der Vergangenheit, Gegenwart oder Zukunft zuzurechnen sind (44). Damit ist indes ein komplexes Ineinanderschieben der Zeitbestimmungen nicht ausgeschlossen. Es kann geschehen mit Hilfe einer Strukturierungstechnik, die wir *Mehrfachmodalisierung* oder *reflexive Modalisierung* nennen können.

Damit ist gemeint, daß Modalbestimmungen wiederum modalisiert werden können (45). Man kann über die Möglichkeit von Wirklichkeiten und über die Wirklichkeit von Möglichkeiten sprechen, wohl auch über die Möglichkeit von Möglichkeiten, die Möglichkeit von Notwendigkeiten usw.; und man muß bei genauerer Untersuchung von Modalproblemen zu solchen Mehrfachmodalisierungen greifen. Das gleiche gilt für temporale Modalitäten. Schon *Augustin* hatte diese Möglichkeit, zumindest partiell, benutzt, wenn er in der Zeituntersuchung des 11. Buches der „Confessiones" unterschied zwischen praesens de praeteritis, praesens de praesentibus, praesens de futuris. Im Mittelalter tauchen weitere Kombinationen auf – etwa im Diskussionszusammenhang de futuris contingentibus die Frage nach vergangenen künftigen Kontingenzen (46). Im ganzen scheint man jedoch aus theologischen Gründen die Trennung temporaler Modalisierungen auf zwei Zeitebenen bevorzugt zu haben, so daß man die menschliche Zeit mit ihrer Ver-

gangenheit/Gegenwart/Zukunft als zugleich gegenwärtig in Gott dachte und das
Verhältnis der Ebenen als Simultaneität und als Herrschaft auffaßte. Die volle Historisierung einer einheitlichen Weltzeit wurde erst im 19. Jahrhundert denkbar.

Unter „Historisierung der Zeit" (47) soll das Reflexivwerden der Zeitbestimmungen durch voll durchgeführte Mehrfachmodalisierung verstanden werden.
Man kann sich nun prinzipiell klar darüber werden, daß es eine gegenwärtige
Zukunft gibt, die man von künftigen Gegenwarten unterscheiden muß – allein
deshalb schon, weil die gegenwärtige Zukunft mehr Möglichkeiten enthält, als
in künftigen Gegenwarten Wirklichkeit werden können; daß man entsprechend
künftige Gegenwarten, gegenwärtige Gegenwarten und vergangene Gegenwarten
unterscheiden muß, daß die Gegenwart der Vergangenheit, nämlich die Geschichte, etwas anderes ist als die vergangenen Gegenwarten; daß man bei der historischen Erforschung vergangener Gegenwarten die damals gegenwärtige Zukunft
und die damals gegenwärtige Vergangenheit mit berücksichtigen, also Dreifach-
modalisierungen verwenden muß, und so weiter. Historisierung der Zeit bedeutet
mithin, daß in den beiden Zeithorizonten der Gegenwart, von der man ausgehen
muß, wiederum Gegenwarten mit eigenen Zeithorizonten, nämlich Zukünften und
Vergangenheiten, auftauchen, und so weiter mit Iterationsmöglichkeiten, die nicht
logisch, sondern nur durch Fragen der Kapazität und der Interessenentfaltung begrenzt werden. Demgemäß sehen wir die Eigenart des modernen „Geschichtsbe-
wußtseins" nicht in besonderen Bemühungen um ein *Erkennen* der Vergangenheit,
sondern in der *Verzeitlichung* der Vergangenheit, und wir vermuten, daß diese aus
einem besonderen Interesse an Zukunft folgt.

Die mit *Hegel* abgeschlossene Richtung der Vereinheitlichung und Radikali-
sierung der Zeitvorstellung zur Weltgeschichte, die *alles,* was existiert, temporalisiert, bleibt damit erhalten. Sie läßt sich weder aufgeben, noch auf der Basis der
Vorstellung einer historischen Bewegung überbieten. Mehr als alles kann nicht in
Bewegung gedacht werden. Der Begriff einer reflexiven Zeitlichkeit geht gleichwohl über die bloße Vorstellung eines welthistorischen Prozesses hinaus. Bezogen
auf den Grundbegriff der Bewegung kann Reflexivität allenfalls als Bewegung der
Bewegung, also als Beschleunigung bzw. Verlangsamung gedacht werden. Daraufhin werden in der Neuzeit naturwissenschaftliche Gesetze umformuliert (48).
Die Geschichtswissenschaft kann darüber hinaus Reflexivität als Zeitlichkeit der
Zeit selbst in den Zeithorizonten des Prozesses erfassen. Damit kann der historische Prozeß nicht nur in seiner Bewegung, sondern auch in seiner Selbstselektivität formuliert werden, indem die Verschiebung der Zeithorizonte als Selektion
begriffen wird. Erst die Fähigkeit, vergangene Gegenwarten als Gegenwarten mit
eigenen Zukünften und Vergangenheiten zu sehen und sie von der gegenwärtigen
Gegenwart zu unterscheiden, ermöglicht es uns, historische Gegenwartsfolgen als

Selektionsketten mit wechselnden Zukünften und Vergangenheiten zu begreifen. Die Selektivität des historischen Prozesses beruht darauf, daß *jede* seiner Gegenwarten sich in ihren Zeithorizonten die gesamte Zeit präsentiert, und gleichwohl *keine* dieser Zeitbestimmungen simultan mit anderen existiert. Die Individualität des historischen Ereignisses beruht demnach nicht, wie der Historismus annahm, (49) allein auf seiner bloßen Lage in einer irreversiblen, unwiederholbaren Zeitpunktreihe, sondern auf der für das Ereignis spezifischen Konstellation der Zeithorizonte, die seine Selektivität konstituiert.

Die Unterscheidung von gegenwärtiger Vergangenheit und vergangenen Gegenwarten, die wir soeben konstruiert haben, wird durch die geläufigere Unterscheidung eines subjektiven und eines objektiven Geschichtsbegriffs verfehlt und verstellt (50). Der Rückgang auf rein temporale (statt auf metaphysische oder erkenntnistheoretische) Begriffe eignet sich besser zur Verdeutlichung dessen, was die moderne Geschichtsforschung tut. Wissenschaftliche Geschichtsforschung befaßt sich mit vergangenen Gegenwarten, nicht mit der Gegenwart von Vergangenheit (51). Sie versucht, Vergangenheit als damalige Gegenwart zu erhellen, und sie macht damit die Gesellschaft sozusagen unabhängig von ihrem eigenen Gedächtnis, distanziert also das System von seiner Geschichte. Sie weiß sich selbst in einer anderen Gegenwart als ihren Gegenstand, bricht mit allen Versuchen, ihn in ihre Gegenwart zu überführen, (52) und kann sich deshalb nach Maßgabe eigener Forschungsinteressen selektiv zu ihm einstellen. Diese Selektivität läuft Risiken, ist aber kein prinzipieller Einwand gegen wissenschaftliche Objektivität, vielmehr gerade eine Vorbedingung objektiver Forschung. Der Historismus selbst ist nicht ausreichend begriffen, wenn man ihn als Intensivierung der Geschichtsforschung sieht (53). Es kommt vielmehr darauf an, diese eigentümlich spezifizierte Zeitperspektive als eine nicht selbstverständliche, ja ungewöhnliche Option zu erkennen und nach ihren Funktionen und den gesellschaftlichen Bedingungen ihrer Möglichkeit zu fragen. Tiefer gesehen, ist Historismus die Ermöglichung dieser Differenz von gegenwärtiger Vergangenheit und vergangenen Gegenwarten, wurzelt also im Reflexivwerden der Zeit selbst.

Bereits *Martin Heidegger* hatte in seiner Freiburger Probevorlesung (54) nach der Besonderheit des Zeitbegriffs der Geschichtswissenschaft gefragt und die Antwort gesucht in der Unterscheidung eines quantitativen, Bewegung messenden, naturwissenschaftlichen Zeitbegriffs und eines historischen Zeitbegriffs, der auf die qualitative Andersartigkeit der Zeiten abstellt. Das ist im letzteren unklar, im ersteren unrichtig, weil quantitative Zeitkoordinierung ebenfalls ein historisch-geisteswissenschaftliches Phänomen ist. Unser Begriff der Historisierung der Zeit soll über diesen Diskussionsstand hinausführen. In einer voll historisierten Zeit können die Zeitmodi weder als insgesamt feststehende Qualitäten der Zeitachse begriffen werden, noch als teils beweglich, teils feststehend, so daß die Zeit sich in ihrer Verschiebung gegeneinander konstituierte – sei es in dem alten Sinne, daß die Zukunft durch die feststehende Gegenwart in die Vergangenheit abwandere, die dann als Zukunft wiederkehre, so daß die Gegenwart das Kreisen der übrigen Zeitmodi sei; noch in dem neuzeitlichen Sinne, daß die Gegenwart dem subjektiv erlebenden Menschen gleichsam anhänge und mit ihm aus der Vergangenheit in die Zukunft vorlaufe. Vielmehr muß die temporale Modalisierung *insgesamt* auf die Zeit relativiert werden. Was sich in der Zeit bewegt, sind Vergangenheit/Gegenwart/Zukunft *zusammen,* ist, mit anderen Worten, die Gegenwart *mit* ihren Zeithorizonten Vergangenheit und Zukunft. Nur unter dieser Voraussetzung: daß sich mit dem Zeitpunkt auch die Horizonte von Zukunft und Vergangenheit verschieben, lassen sich Ereignisse historisch individualisieren; das Datum allein garantiert die Einmaligkeit nicht (55). Die historische Zeit konstituiert sich als Kontinuität und Irreversibilität der Bewegung von Vergangenheit/Gegenwart/Zukunft insgesamt, und sie konstituiert sich als Einheit dadurch, daß die Zeithorizonte der jeweiligen Gegenwart, nämlich Vergangenheit und Zukunft, sich mit anderen (gewesenen bzw. kommenden) Gegenwarten und deren Zeithorizonten überschneiden und so der jeweiligen Gegenwart eine hinreichende (und zwar nicht nur zeitliche, sondern auch sachliche und soziale) Kontinuität mit anderen Gegenwarten garantieren (56).

Zur Verdeutlichung dieser leider nur sehr umständlich formulierbaren zeitlichen Reflexivität können wir die Frage nach der Nichtidentität zeitlicher Modalisierungen benutzen. Nichtidentität heißt, für die Zeitdimension, Ungleichzeitigkeit. Wir möchten sagen können, daß die Gegenwart mit der Gegenwart der Gegenwart gleichzeitig ist und daß sie darin eine besondere Auszeichnung hat (57); daß ferner die Gegenwart auch mit der Gegenwart der Vergangenheit gleichzeitig ist, *nicht aber mit vergangenen Gegenwarten,* also erst recht nicht mit den Vergangenheiten vergangener Gegenwarten und auch nicht mit den vergangenen Gegenwarten gegenwärtiger Zukunft, sondern nur mit einer der zukünftigen Gegenwarten vergangener Gegenwarten (58). Im Begriff der Gegenwart stecken mithin Regeln für die Verwendung der Vorstellung der Gleichzeitigkeit, die ihrerseits wiederum, in der Sozialdimension, Kommunikationsvoraussetzung ist.

Achtet man auf solche reflexiven Spiegelungen von Zeiten in Zeiten, wird es möglich, nicht nur Faktengeschichten, sondern auch unterschiedliche systemstrukturelle Ausgangslagen für die Institutionalisierung von Bedingungen der Möglichkeit zeitlich zu trennen. In diesem Sinne läßt sich das Postulat, vom jeweils fortgeschrittensten Niveau der Geschichte aus zu analysieren, beibehalten und doch relativieren (59). Man kann in vergangenen Gegenwarten andere Möglichkeitsbedingungen finden als in der gegenwärtigen Gegenwart und Geschichte mit unterschiedlichen Ergebnissen von beiden Gegenwarten aus analysieren. Für die Planungstheorie käme die Notwendigkeit hinzu, die gegenwärtige Gegenwart als Vergangenheit einer zukünftigen Gegenwart von deren Möglichkeitshorizonten aus zu analysieren, um aktuelle Selektion steuern zu können. Mit dem Ansatz von Gegenwart in Vergangenheit, Gegenwart oder Zukunft, über den die Analyse verfügt, wird mithin über die systemstrukturelle Ausgangslage der Möglichkeitsprojektionen entschieden, gegen die sich Selektionen feststellen lassen. Die Historisierung der Zeit ermöglicht den Zugriff auf eine weltzeitlich unterscheidbare Abfolge von Möglichkeitshorizonten, (60) sie verweist damit auf eine systemtheoretisch konzipierte Modaltheorie, die angeben kann, wie Systeme durch Generalisierung von Strukturen Möglichkeiten erzeugen (eine Theorie, die heute weitgehend noch Desiderat ist). Auf dieser Ebene des Verständnisses sind Systemtheorie und ein die Reflexivität der Zeit einbeziehender Historismus komplementäre Erscheinungen in einem Gesellschaftssystem, das entsprechende temporale Komplexität zu tragen vermag.

Damit ist das Ende notwendiger Komplizierungen noch nicht erreicht, da auch reflexive Zeit in der Zeit gespiegelt werden kann. Wir müssen auch nach der Geschichte (und nach der Zukunft!) der Zeit selbst noch fragen können, zum Beispiel nach dem Zeitpunkt und den Gründen der Entstehung historisierter Zeit. Gewiß kann der Historismus seine eigene Geschichte auch naiv erzählen als „geistesgeschichtliche" Faktengeschichte. Das setzt jedoch einen konstant gehaltenen Zeitbegriff voraus, dessen Konstanzprämisse mit Sicherheit falsch ist, oder ein Absehen von Zeit überhaupt und damit ein Verfehlen des Gegenstandes. Historisierung ebenso wie Futurisierung der Zeit entsteht erst in der Neuzeit, etwa gleichzeitig mit dem Übergang von politischer Bürgergesellschaft zur ökonomischen bürgerlichen Gesellschaft unserer Tage. Erst seitdem erhalten sprachliche Tempora einen ganz deutlich zeitlichen Sinn (61). Erst seitdem treten die räumlichen Metaphern, die sich daraus ergeben hatten, daß Zeit an Bewegung erscheint, zurück. Erst das Reflexivwerden der Zeitdimension zwingt zu einem und ergibt sich aus einem rein zeitlichen Verständnis von Zeit. Es ist plausibel, wenngleich schwer zu belegen, daß der Übergang von primär politischer zu primär ökonomischer Gesellschaftsevolution eine Umstellung der zeitlichen Primärorientierung vom Horizont der Vergangenheit auf den Horizont der Zukunft mit sich gebracht und dadurch zunächst die Futurisierung, dann die Historisierung der Zeit ausgelöst hat. Der Nachweis ist nicht unser Thema (62). Die Fragestellung interessiert als Beleg dafür, daß scheinbar einfache Forschungsthemen höchst verschrobene Mehrfachmodalisierungen voraussetzen und nur auf diese Weise auf Gegenwart von Systemstrukturen zu beziehen sind.

Man muß diese durch Mehrfachmodalisierungen entstehenden Komplikationen einmal zu durchdenken versuchen, dann sieht man eine weitere Funktion der zur Weltzeit abstrahierten Normalzeit. Sie dient der Glättung, Einebnung, Egalisierung von an sich sehr viel komplizierteren Zeitverhältnissen. Mit Hilfe von Datierungen kann man nicht nur die Unterschiede der Systemgeschichten überspielen, sondern auch die Unterschiede der jeden Zeitpunkt individualisierenden Zeithorizonte; das Datum dient dann gleichsam als Ersatz und als Chiffre für die den Zeitpunkt individualisierende Konstellation temporaler Modalitäten.

Wir lassen zunächst einmal offen, wozu man in Gesellschaften oder in anderen Sozialsystemen historisierte Systemgeschichte braucht, und nähern uns dieser Frage auf einem Umweg. Reflexive Temporalisierung hat nämlich eine formale, aber verblüffende Ähnlichkeit mit Verhältnissen sozialer Reflexivität, die viel besser untersucht und bekannt sind (63). Auch in der Sozialdimension konstituiert sich Bewußtsein, zumindest „modernes" Bewußtsein, über Reflexivverhältnisse, nämlich dadurch, daß Ego Alter nicht nur als Objekt, sondern auch als Subjekt, als alter Ego sehen lernt und damit sich selbst als Alter eines alter Ego, vielleicht auch als alter Ego eines alter Ego erleben kann. Auch hier gibt es Strukturen und Verhaltensanforderungen, die nur auf höheren Ebenen der Reflexivität ausgebildet werden können, z. B. Takt. Auch hier gibt es mehrstufige Iteration bis hin zu Kapazitäts- und Interessenschranken. Und auch hier ist die Umgangssprache nur mühsam in der Lage, den komplizierten Strukturaufbau reflexiven sozialen Bewußtseins nachzuzeichnen, (64) und das alltägliche Gebrauchsbewußtsein bleibt darauf angewiesen, Verkürzungen, Chiffren, zum Beispiel „Geltung" von Normen, oder intuitive Vereinfachungen bis hin zu unartikulierbaren Sensibilisierungen zu benutzen, um Anforderungen des sozialen Verkehrs mit geringen eigenen Kapazitäten gerecht zu werden (65).

In bezug auf soziale Reflexivität kann man fragen, ob es „Metaperspektiven" gibt, durch deren Institutionalisierung man einen hohen Grad individueller Subjektivität und wechselseitige Erwartbarkeit von Erwartungen ermöglichen kann, ohne konkret an bestimmte Erwartungen oder biographisch festgelegte Subjekte gebunden zu sein, das heißt: ohne zu privilegieren! Einige der Leitsymbole der bürgerlichen Gesellschaft scheinen auf diese Funktion zugeschnitten zu sein: Recht als Kompossibilität subjektiver Freiheiten, Liebe als Passion, Geld. Das sind seltene, evolutionär späte Errungenschaften (66). Man könnte die gleiche Frage nun auch für temporale Reflexivität stellen: Gibt es auch hier „Metaperspektiven", die Zeithorizonte verschiedener Systeme zu verschiedenen Zeitpunkten hochgradig differenzieren und zugleich auf hohe Anforderungen an Konsistenz und wechselseitige Selektivitätsverstärkung einstellen können. Meine Vermutung ist, daß dies Zukunftsperspektiven sein müssen, weil Zukunft der Zeithorizont mit höchster Komplexität ist, und daß sie in einer Theorie der Planung ausgearbeitet werden müßten. Die weltweite Expansion und die immanente Selbstkritik der bürgerlichen Gesellschaft haben dahin geführt, daß die Suche nach jenen reflexiven Metaperspektiven kaum noch auf institutionelle Legitimationsformeln oder normative Programme abzielt, sondern eher auf mögliche Arbeit. Dabei wird die Einsicht unabweisbar, daß die Thematisierung sozialer oder zeitlicher Reflexivverhältnisse nicht dem Alltagsverhalten als einer Art dauernd mitlaufenden Bewußtseins abverlangt werden kann, wenn man einmal von den besonderen Möglichkeiten intimer Beziehungen absieht. Arbeit an Reflexivität kann nur in Sozialrollen geleistet werden, die dafür ausdifferenziert werden müssen: durch Psychotherapeuten, Sozialpsychiater, Historiker, Sozialplaner. Sie wird von da her die Form der Arbeit an Problemfällen annehmen, die im Normalvollzug gesellschaftlichen Lebens anfallen und einer Sonderbehandlung wert erscheinen. Schon weil er honoriert werden muß, wird man den Weltgeist nicht alle Tage bemühen.

Angesichts einer so komplizierten Zeitstruktur als Vergangenheit und als Zukunft unserer Gesellschaft muß auch die Frage nach Kriterien historischer Relevanz und damit die Frage nach dem theoretischen Gerüst der Geschichtswissenschaft neu gestellt werden. Wir hatten oben (S. 132 f.) schon notiert, daß Erinnerung im Sinne von Reproduktion der Selektivität vergangener Selektionen als laufende Nebenleistung sozialer Systeme nur sehr begrenzt gelingt. Eine darauf spezialisierte Geschichtswissenschaft steht vor dem gleichen Kapazitätsproblem. Schon das Konzept einer objektiven Faktengeschichte hatte sie überfordert, um so mehr gilt dies für das Konzept einer Selektionsgeschichte. Sie wird daher Selektionen nur selektiv thematisieren können. Nur durch Auswahl eigener (wissenschaftlicher) Selektionskriterien kann sie ihre Kapazität auf das geforderte Niveau bringen.

Bei der Wahl solcher Kriterien kann man sich nicht nur an die Irreversibilität der Zeit und in diesem Sinne an die bloße Faktizität der Geschichte halten, das ließe zu viel offen. Andererseits sind Fortschrittstheorien, die sich an bestimmte wertorientierte Steigerungslinien halten, zu eng, da es faktisch auch pathogene Entwicklungen gibt, Fortschritt also nicht als theoretisches, sondern nur als normatives oder als politisches Veränderungskonzept eingeführt werden kann (67). Die Soziologie hat ihre überzeugendsten Konzeptionen gerade umgekehrt für pathogene Entwicklungen formuliert (68). Für die Systemtheorie läge es nahe, an die Vorstellung eines Wandels von Systemstrukturen anzuschließen und geschichtliche Entwicklung stabilisierender oder destabilisierender, fortschrittlicher oder pathogener, progressiver oder regressiver Art zu definieren als *Veränderung derjenigen Strukturen, die die Bedingungen der Möglichkeit weiterer Veränderungen definieren.* Damit wäre, in abstraktester Form, das Problem der Erhaltung von

Selektivität in System/Umwelt-Beziehungen als Kriterium historischer Relevanz formuliert; das selektive Interesse richtet sich auf Selektivität.

VII

Um unsere Analysen auf einem etwas konkreteren Niveau fortsetzen zu können, kehren wir zu unserem Ausgangsproblem zurück – zu der Frage, wie Zeithorizonte, Geschichtsbedarf und soziale Strukturen zusammenhängen. Ein Historiker, der sich für das Selektionspotential sozialer Systeme interessiert, müßte an dieses Thema die Frage stellen, wie der Bedarf für Zeit und Geschichte aus der zunehmenden Selektivität von System/Umwelt-Beziehungen entsteht und soziale Systeme daraufhin ihre Zeitvorstellungen und ihre Geschichte auswählen, um ihr Selektionspotential zu entfalten und zu begrenzen. Das läßt sich an einigen Beispielen zeigen.

1. Frühe archaische Gesellschaften haben nur den kurzen Zeithorizont einfacher Interaktionssysteme. Sie leben hauptsächlich gegenwartsorientiert – und dies nicht in Entgegensetzung zu einer andersartigen Vergangenheit oder Zukunft, sondern getragen von einem konkreten, gleichzeitigen Netz lateraler Sozialbeziehungen (69). Ein Interesse am Präsenthalten einer nicht selbsterlebten Geschichte mit größerer Tiefenschärfe entsteht mit der *Ausdifferenzierung politischer Herrschaftsrollen* im Zusammenhang mit der Ungesichertheit ihres Aktionsradius und ihrer Legitimationsbedürftigkeit (70). Systemgeschichte wird in spätarchaischen Gesellschaften zunächst eine (relativ kurzfristige) Genealogie, dann mit der Entwicklung zur Hochkultur eine Tatengeschichte des Herrscherhauses oder eine politisch konzipierte Stammesgeschichte (71). Sie nimmt moralische Implikationen an, berichtet von Verdiensten und Verfehlungen, von Handlungen, die auch hätten unterbleiben können – im biblischen Fall sehr kennzeichnend von Verträgen, an die zu erinnern ist. Das setzt eine entsprechende Generalisierung religiöser Vorstellungen voraus, die politische Kontingenz jetzt zulassen und zugleich moralisch vorqualifizieren müssen. Das Zeitbewußtsein expandiert. Die archaische Trennung von mythischer und genealogischer Zeit wird in eine einheitliche, aber religiös bestimmte Geschichtskonstruktion überführt, deren Kontinuität mit der Gegenwart artikulierbar ist (72). Aus der Geschichte können moralische oder gar rationale Schlüsse gezogen, können Handlungsdirektiven abgeleitet werden. Der geringe Grad an Differenzierung politisch, religiös und ökonomisch prominenter Rollen spiegelt sich in der kosmischreligiös-moralischen Integration der Leitgedanken, die das politische Motiv oft unerkennbar macht (73). Im ganzen kommt es zu einer Ausweitung der je gegenwärtig fungierenden Zeithorizonte und da-

mit zur Möglichkeit bestimmter ethisch-politischer Errungenschaften, die einen weiteren Zeithorizont voraussetzen; im Rechtsbereich zum Beispiel zum Syndrom von Schuld und Sühne im Sinne einer zeitlich begrenzten Kombination selektiver Ereignisse (74); zur Gerichtsbarkeit, die als bloße Möglichkeit schon in Rechnung gestellt wird; zu promissorischen Eiden und schließlich zum Konsensualvertrag, der ohne jede gegenwärtige oder vergangene Realgrundlage die Zukunft zu binden vermag (75).

Moralische Geschichte dieses Typs gehört in politisch konstituierte Gesellschaften, die ihre primären evolutionären Errungenschaften und damit ihre relevanten Unsicherheiten in der politischen Kompetenz zu bindenden Entscheidungen finden. Sie ist sinnvoll, wenn und so lange Politik der Potentialbegriff des Gesellschaftssystems ist. Daß noch *Droysen* und *Treitschke* politische Geschichte erzählen, war bereits ein Anachronismus, der freilich seine besonderen Gründe hatte. Diese Gründe liegen wohl darin, daß die primär wirtschaftlich orientierte bürgerliche Gesellschaft mit ihren zukunftsorientierten Potentialbegriffen, namentlich Produktion und Geld, den Geschichtshorizont der Politik weder umkonstruieren noch überbieten, sondern allenfalls zu einem bloßen Bildungsgut neutralisieren konnten. Und „auch heute noch ist", so meint *Karl Löwith*, „der natürliche Begriff von Geschichte politisch bestimmt" (76). Als „natürlich" erscheint hier aber nur die Gewohnheit.

2. Auch *Knappheit* macht Geschichte, sagen Marxisten. *Jean-Paul Sartre* fügt dem eine bemerkenswerte Analyse des Zusammenhangs von Knappheit und Kontingenz an (77). Das leitet über zu unserem systemtheoretischen Konzept modaler Generalisierung.

Knappheit macht insofern Geschichte, als sie Möglichkeiten als interdependent und Selektionen damit als in bestimmter Weise kontingent erscheinen läßt, nämlich als erfolgt „auf Kosten von …". Aber Knappheit ist nicht für jede Gesellschaft dasselbe (78). Sie läßt sich als Kontingenzformel nochmals generalisieren und durch den Geldmechanismus unabhängig machen von Erwerbssituationen, Bedürfnissen und vorhandenen Gütermengen (79). Dabei kommen geschichtsneutralisierende Faktoren ins Spiel, die wir noch genauer analysieren müssen. Die Produktions- und Erwerbsvorgänge können in die Vergangenheit abgestoßen, aus der relevanten Geschichte entlassen werden, wenn für gegenwärtige Operationen nicht mehr bedeutsam ist, welche Löcher sie in einen festen Güterbestand rissen; wenn es nicht mehr auf Dankbarkeit ankommt und nicht mehr auf Verdienst, weil das Summenkonstanzprinzip entfällt. Insofern braucht die bürgerliche Gesellschaft für ihre eigenen Operationen keine Geschichte. Was sie davon braucht, kann in Form von Geld, Eigentum, Verträgen aufgehoben werden. Sie erreicht das, was die an Legitimität gebundene, rechtlich-politisch konstituierte Gesellschaft nicht erreichen konnte: geschichtsfrei konzipierbare Potentialbegriffe. Und dies, obwohl Knappheit nach wie vor Geschichte *macht*.

3. Im Sektor *Wissenschaft*, einem zunehmend bedeutsamen Teilsystem des Gesellschaftssystems, erscheint die Geschichte des Wissenschaftssystems ebenfalls als Selektion aus Möglichkeiten, hängt also ab von den spezifisch wissenschaftlichen Formen des Entwurfs und der Erhaltung von Possibilität.

Wissenschaftsgeschichte wird heute vielfach als Problemgeschichte verstanden, als Geschichte von Problemstellungen und Problemlösungen. Dabei wird die Differenz von Möglichkeitshorizont und ausgewählter Wirklichkeit gesehen als Differenz von Problemen und Problemlösungen (mit der Voraussetzung, daß es für ein Problem mehrere mögliche Lösungen geben kann). Das wiederum setzt voraus, daß unabhängig von spezifischen Problemlösungen angegeben werden kann, worin die Bedingungen der Lösbarkeit eines Problems bestehen. Der Status letzter Potential- und Dispositionsbegriffe des Wissenschaftssystems – zum Beispiel des Wahrheitswertes als der Möglichkeit einer Aussage, wahr oder falsch zu sein, der Wahrnehmbarkeit, Verifizierbarkeit, Falsifizierbarkeit, Operationalisierbarkeit, Meßbarkeit – ist wissenschaftstheoretisch noch wenig geklärt (80). Auch ohne diese Klärung fungiert aber in der laufenden Forschung ein operatives Bewußtsein, das mit diesen unanalysierten Abstraktionen arbeitet und mit ihnen Geschichte macht.

Ähnlich wie im Falle wirtschaftlicher Knappheit stellt sich hier die Frage, ob und wozu wissenschaftliche Forschung ihre eigene Problemgeschichte braucht. Eine Antwort wäre: um die Wiederholung von Irrtümern zu vermeiden und auf korrigierten Irrtümern aufzubauen (81). Das läßt sich indes am besten durch eine auf den aktuellen Forschungsstand gebrachte Begrifflichkeit erreichen, in der Geschichte, ähnlich wie im Geld, aufgehoben ist und entthematisiert werden kann. Die Funktion eines historisch gewendeten problemgeschichtlichen Bewußtseins dürfte eher in der Erhaltung der Possibilität selbst liegen, das heißt in der Erhaltung des Bewußtseins der Kontingenz jeder Problemlösung und in dem davon ausgehenden Abstraktionszwang.

4. Ein recht wichtiges, instruktives Beispiel für Geschichtsbedarf sozialer Systeme pflegt man bei einer makrosoziologischen Gesellschaftsbetrachtung leicht zu übersehen, nämlich die Bedeutung von *Liebesgeschichten*. Ich meine nicht Affären, die *andere* sich erzählen, sondern den Geschichtsbedarf der Liebenden selbst. Romantische, passionierte Liebe – die kulturelle Norm, nach der in der bürgerlichen Gesellschaft Gefühle zu fühlen sind und Liebesgeschehen, ja sogar Familiengründung, abzulaufen hat – weist sowohl in ihrem Code wie im Verhalten bekannt instabile Züge auf (82). Instabilität, Zufälligkeit, Bedingungslosigkeit, Leidenschaftlichkeit und damit Unsicherheit wird als Voraussetzung eines weiten

Möglichkeitshorizontes gesellschaftlich unkontrollierter Partnerwahl legitimiert. Hinzu kommt, daß Liebe keine Spezifikation von Rechten und Pflichten, Sexualität keine Bemessung der wechselseitigen Leistungen verträgt. Dieser hochgradig unbestimmte Möglichkeitshorizont wird durch eine Mischung von Strategie und Geschichte auf einigermaßen verläßliche Erwartungsgrundlagen reduziert. Die Strategien beziehen sich auf die Produktion einer Systemgeschichte, die das Verhältnis festigt (83). Durch Liebe gewinnt man zunächst geschichtsunabhängige Anschlußselektivität. Man liebt unabhängig davon, was vorher geschehen ist. Aber die Geschichte selbst wird doch benötigt – zunächst als Liebesbeweis, dann als Liebesersatz. Sie bestätigt zunächst die schrittweise erfolgende wechselseitige Auswahl und geht dann unmerklich über in eine Beweislastregel in dem Sinne, daß derjenige, der abweichen will, sich nicht mehr einfach auf Liebe berufen kann, sondern begründen muß.

Die vorstehenden Kurzanalysen, die bewußt aus verschiedenen Teilsystemen funktional differenzierter Gesellschaften gewählt wurden, (84) machen deutlich, daß Anlässe und Selektionsräume von Systemgeschichten mit den Möglichkeitsgeneratoren und Selektionsinteressen der Systeme variieren. Wenn dies so ist, wird man auf die Frage nach Sinn und Funktion von Systemgeschichte keine zugleich allgemeingültige und konkret einsichtige Antwort erwarten dürfen.

VIII

Wir nehmen gleichwohl noch einen zweiten Anlauf. Die Frage, wozu Geschichte, kann nämlich auch umgekehrt gestellt werden: Wie kann man Geschichte, nachdem sie durch die Entwicklung des Gesellschaftssystems als ein Möglichkeitshorizont gegenwärtiger Orientierung unabweisbar geworden ist, wieder loswerden? Wie kann man relevante Geschichte wieder vergleichgültigen? Wie kann man die Gegenwart von dem unabhängig machen, was sie herbeigeführt hat und in ihr fortwirkt? Wir gewinnen mit dieser Umkehrung bekannte Vorteile negativer Fragestellungen, die sich auf Eliminierungen beschränken und zu komplexe positive Interdependenzen im Unbestimmten lassen (85). Um die Fragestellung präzisieren zu können, müssen wir Systemstruktur voraussetzen. Wir fragen nicht nach dem natürlichen Entlastungsprozeß des Vergessens, sondern setzen ein Gesellschaftssystem voraus, das diesen Prozeß in gewissem Umfange inhibiert und eine Welt- und Systemgeschichte nicht selbsterlebter Ereignisse sich vergegenwärtigt als einen möglichen Kontext, aus dem alles Erleben und Handeln Sinn gewinnen kann. In einer solchen, gleichsam überdokumentierten Gesellschaft gibt es Institutionen und Mechanismen, die gegenüber der Geschichte eine *relative Kontext-*

freiheit für gegenwärtige Selektionen herstellen. Man verwendet Geschichte nicht mehr unmittelbar als sinnbestimmende Systemstruktur, wie es in einfachen Systemen unausweichlich ist, sondern distanziert sich von ihr durch ein Verhältnis des Aufbaus und der Reduktion übermäßiger Komplexität.

Edmund Husserl hat – im entgegengesetzen Interesse einer Rekonstruktion der gesamten Geschichte ursprünglich sinnstiftender Bewußtseinsleistungen – eine solche idealisierende Abstraktion von Subjektivität und Geschichtlichkeit mit der Kategorie der „Technisierung" bezeichnet (86). Damit ist das Verhältnis von Technik und Geschichte in neuartiger Weise zum Problem geworden – ganz anders, als man es von einem durch Herstellung oder Produktion definierten Begriff der Technik aus oder mit Hilfe der Unterscheidung von Natur- und Geisteswissenschaften hätte formulieren können. Technik entlastet nicht nur von eigenhändigen manuellen Operationen; sie entlastet in viel weiterreichendem Sinne um größerer Möglichkeiten und größerer Selektivität willen vom Mitvollzug der Subjektivität und der Geschichtlichkeit von Sinn. Was *Husserl* als Sinnverlust in einer europäischen Krise sieht, hat eine andere Seite als Steigerungsbedingung.

Diese Kehrseite läßt sich verdeutlichen durch den Hinweis, daß Ausdrücke, die konkret auf Subjekte oder Zeitlagen verweisen, in ihrer Verständlichkeit auf einfache Systeme unmittelbarer Interaktion und auf Situationskenntnis angewiesen sind (87). Entfällt diese Voraussetzung, müssen Ausdrücke wie „ich", „du", „wir" durch Namen, die jedermann verwenden kann, Hinweise auf „gestern", „heute", „vor längerer Zeit" durch Daten ersetzt werden. Jener oben als Systemdifferenzierung beschriebene evolutionäre Prozeß, der Systemgeschichten und Weltgeschichte trennt, bildet zugleich damit relativ kontextfrei verwendbare Symbolsysteme aus, die schließlich auch von ihrer eigenen Geschichte unabhängig werden können. Technisierung ist eine auf kontextfreie Sprache folgende zweite evolutionäre Stufe der Symbolbildung, auf der sich selektive Prozesse den Verfügungshorizonten eines möglichkeitsreichen, sehr komplexen Gesellschaftssystems anpassen müssen. Sie bewirkt – im großen und ganzen -, daß Vergangenes als erledigt, als abgeschlossen präsentiert wird und nicht mehr unmittelbar gegenwärtig ist in der Weise des Mitlebens der Toten oder der Kontinuität von Schuld.

Wie technische Aufhebung, Neutralisierung und Objektivierung von Geschichte vor sich geht, läßt sich am besten an Beispielen erkennen. Wir halten uns zunächst an Organisationsstrukturen, die auf der Identifikation von *Stellen* aufbauen. Stellen sind abstrakte Identifikationsgesichtspunkte für Rollen, bei denen Personen, Aufgaben und organisatorische Zuordnungen geändert werden können (88). Die Identifikation als Stelle ermöglicht technisch beliebige Kontinuitätsunterbrechungen, indem man in Stellen Personen oder Aufgaben oder organisatorische Zuordnungen (nur nicht alles zugleich) auswechseln kann. Die Schranke sinnvoller

Änderungen, zum Beispiel der Auswahl einer neuen Person für die Stelle, liegt nicht im Vorgänger, also nicht in der Zeitdimension, sondern in den beibehaltenen Aufgaben und Zuordnungen, also in *sachlicher* Kompatibilität mit den jeweils anderen Stellenbestimmungen, die mit Hilfe der Stellenidentität kontrolliert werden kann.

Damit ist das organisationstechnisch Mögliche bezeichnet. Faktisch gelingt diese Neutralisierung von Geschichte nur zum Teil. Besonders bei stark personalisierten Rollen, etwa bei Professuren (im früheren Sinne) oder bei Spitzenpositionen, färbt der Vorgänger auf den Nachfolger ab. *Horst Baier* wurde trotz seines Protests als „Adorno-Nachfolger" bezeichnet (89). Auch die Chance, sich als Nachfolger gegen seinen Vorgänger zu profilieren, ist durch den Stellenwechsel und den geschichtlichen Bezug zugleich bedingt; in gewisser Weise fordert der Wechsel zum Vergleich und zur Rückerinnerung oder gar zur Konstruktion eines Vorgängermythos geradezu heraus (90). Distanzierung von der Geschichte kann also selbst in einer technisch fortgeschrittenen Form nicht ein Rückfall in archaische Geschichtslosigkeit, nicht ein Abschaffen oder Vergessen der Vergangenheit sein. Eher legt unser Beispiel die Annahme nahe, daß technische Neutralisierung der Geschichte nicht die Funktion der Ausschließung, sondern der Spezifikation geschichtlicher Relevanzen erfüllt. Dem liegt dann ein prinzipiell ambivalentes Verhältnis zur Vergangenheit zugrunde: Man kann sich zu ihr positiv oder negativ einstellen (zum Beispiel den Nachfolger am guten oder am schlechten Vorgänger messen), und man kann durch Differenzierung verschiedener Möglichkeitsebenen geschichtsfrei und geschichtsgebunden zugleich operieren – etwa in der „formalen Organisation" geschichtsfrei, in der „informalen Organisation" dagegen geschichtsgebunden (91). *Die strukturelle Differenzierung verschiedener Möglichkeitsebenen des Verhältnisses zur Geschichte scheint eine Voraussetzung dafür zu sein, daß auf mindestens einer dieser Ebenen besondere Negations- und Spezifikationsmöglichkeiten aktualisiert werden können.*

In anderen Beispielen finden sich diese zusammenhängenden Aspekte technischer Neutralisierung von Geschichte wieder. Auch *Geld* ist, ähnlich wie Stellen, geschichtslos verwendbar – nämlich unabhängig von dem Kontext, in dem man es erworben hat (92). Bei genauerem Zusehen zeigt sich indes, daß dies nur für liquide Geldmengen gilt. Versteht man unter Geld im weiteren Sinne die Gesamtheit der Güter und Leistungen, sofern sie monetisiert, das heißt dem Geldcode unterworfen sind, dann erkennt man, daß Geld in überwiegender Menge investiert, also durch Geschichte festgelegt ist. Diese Festlegung interessiert ökonomisch in ganz spezifischer Weise: nicht als gegenwärtige Vergangenheit und nicht als vergangene Gegenwart, sondern als nicht mehr verhinderbare Zukunft. „Nicht mehr verhinderbar" ist ein Möglichkeitsbegriff, dessen Bedingungen der Möglichkeit/

Unmöglichkeit durch die Bedingungen ökonomischer Kalkulation definiert werden, also etwa durch Regeln der Abschreibung. Liquide Geldmittel sind nur die kritische Teilmenge, die es dem gesamten Wirtschaftssystem ermöglicht, das Verhältnis von Zukunft und Vergangenheit in dieser besonderen Weise zu behandeln. Damit kann man das sehr allgemeine Problem, daß gute Anpassungen der Vergangenheit bessere in Gegenwart und Zukunft verhindern, zwar nicht beseitigen, aber kalkulieren.

Unser drittes Beispiel ist *Positivität der Rechtsgeltung.* Sie bedeutet, daß das Recht kraft Entscheidung gilt; und zwar nicht deshalb, weil in einer vergangenen Gegenwart Recht durch Setzung gestiftet worden ist – das wäre „Thesmos" im altgriechischen Sinne mit Parallelen in vielen frühen Hochkulturen -, sondern deshalb, weil es jederzeit geändert werden kann, so daß die Nichtbenutzung dieser Möglichkeit als Richtigkeitsvermutung fungiert (93). Auch hier ist die Niveauveränderung der Problemlage durch technische Neutralisierung von Geschichte deutlich greifbar. Es kommt für die Rechtsgeltung weder auf das Alter noch auf die Qualität des alten Rechts an; bloße Dauer gibt noch keinen Qualitätsvorsprung. Auch die Umkehrung durch die Gegenthese, das neue Recht sei besser als das alte, trifft die Geltungslage nicht. Maßgebend ist, daß die Geltung überhaupt nicht mehr auf einem Rückblick in die Geschichte beruht, sondern auf gegenwärtigen und künftigen Änderungsmöglichkeiten, die mit jeder Geschichte kompatibel sind.

Allerdings fungieren diese nichtbenutzten Möglichkeiten nur dann als Indikator für Richtigkeit, wenn sie wirklich möglich sind. Das ist nur der Fall, wenn die organisatorischen, politischen und begrifflichen Vorkehrungen für eine laufende Überprüfung des Rechts geschaffen, das heißt in Systemstrukturen verankert sind. Davon sind wir weit entfernt. So gibt es auch im Recht eine zweite Ebene von Möglichkeiten und Unmöglichkeiten, auf der die organisatorischen, politischen und informationstechnischen Bedingungen möglicher Rechtsänderung registriert werden und viel rechtlich Mögliches unmöglich wird. Hier liegt der Ansatzpunkt für eine technische Kritik der Gegenwart, die zu viel Vergangenes zwar nicht als Geschichte, aber als status quo beibehält (94).

Wir gehen nun abschließend zu Beispielen aus dem Bereich *wissenschaftlicher Forschung* über. Vor allem läßt die *Geschichtsforschung* selbst, sofern sie nicht einfach gegenwärtig geltende Systemgeschichte ausmalt, heroisiert, adaptiert, sondern vergangene Gegenwarten vergegenwärtigt, sich als objektivierender Neutralisierungsmechanismus begreifen. Schon die Vorstellung einer noch unbekannten, nicht überlieferten Geschichte ist sozialgeschichtlich höchst ungewohnlich. Wir hatten oben (S. 141) bereits gesagt, daß die Gesellschaft durch Geschichtsforschung mehr oder weniger unabhängig wird von ihrem Systemgedächtnis, dessen Erhaltung ein Interesse an Benutzung im Dienst anderer Funktionen voraussetzt.

Darüber hinaus mag es, mehr oder minder gut, gelingen, aktuelle (zum Beispiel politische) Selektionsinteressen zu neutralisieren (95). In etwas anderem Sinne läßt sich auch *Systemtheorie* als technische Neutralisierung von Geschichte begreifen – als Herstellung mehrerer Ebenen der Beziehung zur Geschichte mit besonderen Negations- und Spezifikationsmöglichkeiten auf mindestens einer Ebene (96). Das setzt unter anderem analytische Kontrolle zeitlicher Reflexivverhältnisse voraus. Selbstverständlich wird damit nicht die kausale Wirksamkeit vergangener Fakten geleugnet – weder auf der Ebene der Gegenstände (Systeme) noch auf der Ebene der Theorie. Neutralisierung kann nur heißen, Herstellung jenes indirekten, ambivalenten Verhältnisses zur Geschichte, in dessen Rahmen die Selektivität zeitlicher Ereignisse eine unterschiedliche Bedeutung gewinnen kann.

Als Struktur eines Forschungssystems ermöglicht die Systemtheorie andere Möglichkeitsentwürfe als die Strukturen der Systeme, die sie thematisiert; überspitzt formulierend könnte man sagen, daß die Möglichkeit der Erkenntnis sich gerade auf die Unmöglichkeiten in den erkannten Systemen stützt, nämlich auf ihre strukturellen „constraints". Eine Systemtheorie der Systemtheorie hätte demnach das Unmögliche am Programm der Systemtheorie zu thematisieren – wobei nicht zu vergessen ist, daß Möglichkeit und Unmöglichkeit in der Systemtheorie keine logisch-apodiktischen Begriffe sind, sondern stets relativ auf strukturelle Bedingungen der Möglichkeit zu verstehen sind. Thema einer Systemtheorie der heutigen Systemtheorie ist vor allem die Unmöglichkeit der Erforschung hoher und strukturierter Komplexität. Hiermit – „Systemtheorie der *heutigen* Systemtheorie" – ist zugleich angedeutet, daß die Systemtheorie auch auf dieser Stufe der Reflexivität ihren Gegenstand temporalisiert, um seine modalen Generalisierungen im Hinblick auf andere Möglichkeiten erfassen zu können.

Die simultane Verwendung verschiedener, reflexiv verknüpfter Aussageebenen, in die auch verschiedene Stufen der Selbstreflexion sozialer Systeme einbezogen werden können, ermöglicht die gleichzeitige Aktualisierung unterschiedlicher Geschichtsverhältnisse. Man kann Systemgeschichte der politisch konstituierten Gesellschaften als politische Geschichte schreiben und daneben systemtheoretisch analysieren, weshalb in Gesellschaftssystemen mit Primat politischer Funktionen Geschichte sich als politische ereignet. Daß diese Analysen *gleichzeitig* geschehen können, heißt, daß ihre Möglichkeit ein Aspekt der Gegenwart von Vergangenheit in Gesellschaften ist, die über eine entsprechende analytische Kapazität verfügen. Eine ganz andere Frage ist, wie vergangene Gegenwarten ausgesehen haben.

IX

Eine allein auf Geschichte als Vergangenheit gerichtete Betrachtung bleibt unvollständig. Geschichte als temporale Modalisierung von Systemen ist kein Gegenstand an sich. Sie ist ein Zeithorizont, der immer auch den anderen, die Zukunft impliziert. Keine historische Forschung kann daher die Zukunft außer acht lassen. Die Unvollständigkeit der Auffassung von Geschichte als Vergangenheit wird schärfer bewußt, wenn man [1] temporale Reflexivität und [2] technische Neutralisierung von Zeithorizonten berücksichtigt. Zugleich kompliziert und differenziert das die Möglichkeiten der Analyse.

Für Zwecke fachhistorischer Forschung muß man in der gegenwärtigen Vergangenheit vergangene Gegenwarten auswählen. Der Gegenhorizont Zukunft kommt damit in mehrfachem Sinne ins Spiel: als Zukunft unserer Gegenwart, die überhaupt erst eine forschungstechnische Objektivierung von Geschichte ermöglicht, als zukünftige Gegenwart der untersuchten vergangenen Gegenwart und als gegenwärtige Zukunft der untersuchten vergangenen Gegenwart. Der Historiker kann also nicht schlicht davon ausgehen, daß „die" Zukunft der griechischen Polis im römischen Reich lag. Er würde damit die welthistorische Perspektive seiner Gegenwart anwenden. Vielmehr muß er diese Zukunft als damals künftige, heute vergangene Gegenwart unterscheiden von der systemeigenen gegenwärtigen Zukunft der griechischen Polis. Diese war bestimmt durch Möglichkeitsbedingungen, die sich zum Beispiel aus der Wiederholung der Nomothesie, aus der Nichtinkorporierbarkeit von Wirtschaft in die Gesellschaft, aus der geringen, weiträumigen Frieden ausschließenden Größe des Systems usw. ergaben. Diese Unterscheidung von künftigen Gegenwarten und gegenwärtiger Zukunft, die in die vergangene Gegenwart projiziert werden muß, wird den Historiker nötigen, Systemanalyse anzuwenden und systemeigene Zukunft als modale Generalisierung von Systemstrukturen zu begreifen; sonst wird ihm die damals gegenwärtig gelebte Zukunft in die dann kommenden Gegenwarten verschwimmen.

Die gleiche Interdependenz der beiden Zeithorizonte Zukunft und Vergangenheit kann man auch für das Gesellschaftssystem unserer Gegenwart und für seine Zeitperspektiven durchdenken. Wir haben dann zu fragen: Wie muß ein soziales System im Hinblick auf seine gegenwärtige Zukunft und seine gegenwärtige Vergangenheit modalisiert sein, damit Zeit reflexiv werden kann und Zeithorizonte neutralisiert sind. In den Andeutungen zur Genetik des neuzeitlichen Zeitbewußtseins (oben S. 143-144) haben wir die Antwort bereits vorweggenommen: Es muß sich um ein Gesellschaftssystem handeln, das sich durch seinen Zukunftshorizont dominieren läßt; um ein Gesellschaftssystem, für das die Selektivität der Zukunft wichtiger ist als die Selektivität der Vergangenheit.

Diese Aussage bedarf der Präzisierung. Was sich geändert hat, liegt weder auf der Ebene von Kausalitäten noch von Wertungen. Vielmehr wechselt der Zeithorizont, der die Selektivität der Gegenwart primär steuert. Es ist nicht mehr vergangene, sondern künftige Selektivität, auf die bei gegenwärtiger Verhaltenswahl hauptsächlich geachtet wird. Die Gegenwart versteht sich als Vergangenheit künftig-kontingenter Gegenwarten und wählt sich selbst als Vor-Auswahl im Rahmen künftiger Kontingenz. Die Konsistenzlinien, die Selektivitätsketten verstärken, laufen nicht mehr von der Vergangenheit in die Gegenwart, sondern von der Zukunft in die Gegenwart. Deshalb wird Zukunft als Horizont von Selektivität thematisch. Deshalb zerbricht in der Neuzeit eine Tradition der Modaltheorie, die die Reduktion des logisch Möglichen auf eine wirkliche Welt – eine unter anderen möglichen – als einen *vergangenen* Prozeß gesehen hatte: nämlich als Schöpfung und nicht als Evolution (97). Erst im Zusammenhang damit ändern sich die fungierenden Interpretationen von Kausalitäten, Zwecken und Werten. Zwecke zum Beispiel werden nicht mehr als gegenwärtige Kulmination einer Entwicklung, sondern als gegenwärtige Selektion einer kontingenten Zukunft aufgefaßt und fallen damit in ihrer Wertschätzung unter das Verdikt der Wahrheitsunfähigkeit künftiger Kontingenzen.

Die systemstrukturellen Bedingungen dieses Wandels dürften in Veränderungen zu suchen sein, die zur Erzeugung eines Möglichkeitsüberschusses führen, der nur in der Zukunft lokalisiert werden kann. Das sind vor allem: ausgeprägte funktionale Systemdifferenzierung, hohe Teilsystemautonomie, Abstraktion funktionaler Perspektiven und Mediencodes mit der Folge inkongruenter, überzogener Möglichkeitsprojektionen in den Teilsystemen. Gesellschaften mit diesen Strukturmerkmalen öffnen ihre Zukunft für mehr als eine mögliche Gegenwart je Zeitpunkt, um wenigstens im Künftig-Möglichen Kompatibilität der Teilsystemprojektionen zu erreichen. Recht und Wahrheit, Politik und Wirtschaft, wissenschaftliche Forschung und Erziehung, Persönlichkeitsemanzipation und Organisation sind nur noch dadurch kompatibel zu machen, daß ihre Entwicklungsperspektiven in eine kontingente Zukunft projiziert werden, die in der Gegenwart gegenläufige Ansprüche, Erwartungen, Selektionsstrategien auslöst. Das Künftig-Mögliche hat eine höhere Aufnahmefähigkeit für Komplexität; es ist mit mehr verschiedenartigen Gesellschaftszuständen kompatibel. Und genau darin liegt der Grund für den Führungswechsel der Zeithorizonte. Nur in der Zukunft vermag die Orientierung in der Zeitdimension einen Grad an Komplexität zu erreichen, der der strukturellen Komplexität des gegenwärtigen Gesellschaftssystems entspricht.

Nimmt man an, daß aus diesem Grunde auch die Zeit selbst komplexer, nämlich eigenständig, objektivierbar und reflexiv werden mußte, dann kann der Historismus unserer neuzeitlichen Gesellschaft als ein Reflex ihrer Zukunft bezeichnet

werden. Das ist kein neuer Gedanke (98). Wir können ihn heute jedoch so formulieren, daß er nicht mehr an ein linear-teleologisches Zukunftsverständnis gebunden ist. Und damit erst lohnt es sich, eine Geschichte zu haben, weil sie Bedingungen der Möglichkeit definiert, aber kein Ziel hat.

Anmerkungen

1 Vgl. – mit freilich weitem Abstand zu quellensicherer historischer Forschung – *S. N. Eisenstadt,* The Political System of Empires, New York/London 1963; *Talcott Parsons,* Societies: Evolutionary and Comparative Perspectives, Englewood Cliffs, N. J., 1966; *ders.,* The System of Modern Societies, Englewood Cliffs, N. J., 1971.

2 Hierzu *Niklas Luhmann,* Sinn als Grundbegriff der Soziologie, in: *Jürgen Habermas/ Niklas Luhmann,* Theorie der Gesellschaft oder Sozialtechnologie – Was leistet die Systemforschung?, Frankfurt 1971, S. 25-100.

3 Der Vergleich kann zugleich dienen als Hinweis auf die ungelösten logischen Probleme solcher Simultaneität zweier Zeitebenen. Vgl. dazu *Arthur N. Prior,* The Formalities of Omniscience, in: *ders.,* Paper on Time and Tense, Oxford 1968, S. 26-44.

4 Vgl. z. B. *Pitirim A. Sorokin/Robert K. Merton,* Social Time: A Methodological and Functional Analysis, in: The American Journal of Sociology 42 (1937), S. 615-629; *Pitirim A. Sorokin/Clarence Q. Berger,* Time Budgets of Human Behavior, Cambridge Mass. 1939; *Meyer Fortes,* Time and Social Structure: An Ashanti Case Study, in: *Meyer Fortes,* Hrsg., Social Structure: Studies Presented to A. R. Radcliffe-Brown, 2. Auflage, New York 1963, S. 54-84; *Wilbert E. Moore,* Man, Time, and Society, New York/London 1963; *Elliott Jaques,* The Measurement of Responsibility, London 1956; *Murray A. Straus,* Deferred Gratification, Social Class and the Achievement Syndrome, in: American Sociological Review 27 (1962), S. 326-335; *Georges Gurvitch,* The Spectrum of Social Time, Dordrecht 1964; *George W. Wallis,* Chronopolitics: The Impact of Time Perspectives on the Dynamics of Change, in: Social Forces 49 (1970), S. 102108.

5 An die Unaufgebbarkeit dieser These des historischen Bewußtseins für eine marxistische (und nicht nur für eine marxistische) Theorie der Gesellschaft erinnert mit Recht *Alfred Schmidt,* Geschichte und Struktur: Fragen einer marxistischen Historik, München 1971.

6 Als kritische Diskussion dieses Erlebnisbegriffs und des ihm entgegengesetzten Handlungsbegriffs vgl. *Habermas/Luhmann,* a.a.O., S. 75 ff., 202 ff., 305 f. *Michael Theunissen* hat überdies (mündlich) eingewandt, daß auch im Erleben des Erlebens Selbstzurechnung erfahrbar wird. Das trifft zu für die Selbstidentifikation als „Subjekt" des Erlebens. Davon ist aber zu unterscheiden die Zurechnung der Selektionsleistung selbst. Ich würde bestreiten, daß denn Selbstzurechnung etwas anderes ist als die Konstitution von Handlungsbewußtsein. Wer sich als jemand erlebt, der selbst auswählt (oder im typischen Falle: ausgewählt hat), erlebt sich als Handelnden. Die mit dem Reflexionsproblem aufkommende Komplikation kann, und kann nur, in einer Begriffssprache bewältigt werden, welche die einfachen Kategorien Erleben und Handeln nochmals aufeinander bezieht, also von Erleben des Erlebens, Erleben des Handelns, Behandeln von Erlebnissen zu sprechen erlaubt. -

7 So geht auch die logische Analyse von Zeitaussagen vor. Siehe etwa *Arthur N. Prior,* Time and Modality, Oxford 1957; *ders.,* Past, Present and Future, Oxford 1967; *ders., a.a.O.,* 1968; *Nicholas Rescher,* Temporal Modalities in Arabic Logic, Dordrecht 1967; *ders.,* Topics in Philosophical Logic, Dordrecht 1968, S. 196 ff. mit weiteren Hinweisen. Nicht anders ein Historiker, der Geschichte definiert als „die geistige

Form, in der sich eine Kultur über ihre Vergangenheit Rechenschaft gibt" (*J. Huizinga*, Wege der Kulturgeschichte. Studien, München 1930, S. 86).

8   Ich vermute, daß dies mit der logisch-ontologischen Ursprungsfassung des Problems der Modalitäten und mit ihrer späteren Wendung ins Erkenntnistheoretische zusammenhängt, und zwar deshalb, weil diese Problemfassung eine Klärung des Zusammenhangs von Modalisierung und Negation blockiert. Es fällt zum Beispiel auf, daß die maßgebende Quelle (*Aristoteles*, de interpr. Kap. 12 und 13) in der epistemologischen Modalisierung positive und negative Aussagen als nicht äquivalent behandelt, in der possibilistischen Modalisierung dagegen als äquivalent – und dies, obwohl die epistemologische Modalisierung (denkbar, erkennbar) die possibilistische voraussetzt. So gilt zwar die Äquivalenz „Es ist möglich, dass ... = Es ist möglich, daß nicht ...". Aber es gilt nicht die Äquivalenz „Es ist denkbar, ... = Es ist denkbar, daß nicht ...". Vgl. dazu auch *Heinrich Barth*, Philosophie der Erscheinung: Eine Problemgeschichte, Bd. 1, 2. Aufl. Basel/Stuttgart 1966, S. 332 f. Dieses Ungleichgewicht in bezug auf Negierbarkeit hat für die logisch-ontologisch-theologische Tradition des Abendlandes weittragende Bedeutung gehabt und drückt sich bis heute aus in dem einleitend behandelten Primat erkenntnistheoretischer Fragestellungen im Bereich der Zeit- und Geschichtstheorie.

9   Vgl. *Talcott Parsons*, Some Problems of General Theory in Sociology, in: *John C. McKinney/Edward A. Tiryakian*, Hrsg., Theoretical Sociology: Perspectives and Developments, New York 1970, S. 27-68 (30 ff.). Vgl. auch *Rainer C. Baum*, On Media Dynamics: An Exploration, in: *ders./Jan J. Loubser/A. Effrat/Victor Lidz*, Hrsg., Explorations in General Theory in the Social Sciences, New York. Ganz ähnlich übrigens für psychische Systeme *Jean Piaget*, Die Bildung des Zeitbegriffs beim Kinde, Zürich 1955, insbes. S. 275 f.

10 Ursprünglich stammt der Begriff der Generalisierung aus der behavioristischen Psychologie und drückt genau diese Funktion der organisierten Indifferenz und des selektiven Verhaltens angesichts einer Überfülle von Umweltunterschieden aus. Vgl. z. B. *Clark L. Hull*, Principles of Behavior, New York/London 1943, S. 183 ff.; *Franz Josef Stendenbach*, Soziale Interaktion und Lernprozesse, Köln/Berlin 1963, S. 90 ff. Als Anstoß zur Erweiterung über die Psychologie hinaus und zur Ausdehnung auch auf den Fall der ,Kompatibilität mit einer Mehrheit von Systemzuständen siehe *Talcott Parsons/Robert F. Bales/Edward A. Shils*, Working Papers in the Theory of Action, Glencoe, Ill., 1953, bes. S. 41 f., S. 81.

11 In der Modaltradition wird diese Typendifferenz häufig verwischt. Das wohl bedeutsamste Beispiel bietet die Diskussion de futuris contingentibus im Anschluß an de interpr. 9, in der die Problemstellung durch ein Kombinat von temporaler und possibilistischer Modalisierung definiert war und von *Anselm von Canterbury* bis *Thomas Hobbes* aus zunächst theologischen, dann szientistischen Gründen mit einer epistemologischen Modalisierung gelöst wurde, nämlich als Unzulänglichkeit menschlicher Erkenntnis. – Weniger bekannt ist eine entsprechende Verquickung im scholastischen Generalisierungsbegriff der „ampliatio", der zeitliche Erstreckungen, aber auch Erweiterungen des Möglichen übergreift. Siehe z. B. *Joseph Mullally*, The Summulae Logicales of Peter of Spain, Notre Dame, Ind. 1945, S. 38 ff.; *Vicent* Muñoz *Delgado*, La lógica nominalista en la Universidad de Salamanca (1510-1530), Madrid 1964, S. 238 ff. Auch heute sind wir weit davon entfernt, den Unterschied und das wechsel-

seitige Bedingungsverhältnis von possibilistischen und temporalen Modalisierungen geklärt zu haben. Unter anderem muß man, und das scheint den Begriff der ampliatio nachträglich zu rechtfertigen, daran denken, daß Möglichkeitsmodalisierungen gebraucht werden zur Konstitution zeitlicher Kontinuität der erfahrbaren Welt, nämlich für das „filling in of gaps in actual experience with a fabric of possibles" – so *Nelson Goodman,* Fact, Fiction, and Forecast, 2. Aufl. New York/Kansas City 1965, S. 50. Somit dürfte es kein Zufall sein, daß die mittelalterlichen und frühneuzeitlichen Schwierigkeiten der Modaltheorie, die zu ihrer Reduktion auf Erkenntnistheorie führten, zusammenfallen mit den Schwierigkeiten, die Kontinuität der Zeit zu denken. Vgl. etwa *Ingetrud Pape,* Tradition und Transformation der Modalität, Bd. I, Hamburg 1966; *Georges Poulet,* Fénelon et le temps, in: La Nouvelle revue francaise 1954, S. 624-644; *Nicholas Rescher,* Logische Schwierigkeiten der Leibnizschen Metaphysik, Studia Leibnitiana Supplementa I, Akten des Internationalen Leibniz- Kongresses Hannover, 14.-19. November 1966, Bd. I, Wiesbaden 1968, S. 253-265 (256 ff.).

12 Diese Vorordnung des Möglichen vor das Notwendige war bereits in den berühmten Kapiteln 12 und 13 de interpretatione angelegt, ist aber erst in der Schöpfungstheorie des Mittelalters als Bedingung der Freiheit Gottes verabsolutiert und zur Sprengung des kosmologischen Weltverständnisses benutzt worden mit der These, „quod contingentia non est tantum privatio vel defectus entitatis (sicut est deformitas in actu illo qui est peccatum), immo contingentia est modus positivus entis (sicut necessitas est alius modus), et esse positivum – quod est in effectu – principalius est a causa priore"; – *Duns Scotus,* Ordinatio I. dist. 39 ad arg. pro tertia opinione, zit. nach Opera Omnia, Civitas Vaticana ab 1950, Bd. VI, S. 444. Insofern ist die Schöpfungstheorie direkte Vorläuferin der Evolutionstheorie.

13 Siehe etwa *Hans Julius Wolff,* Der Ursprung des gerichtlichen Rechtsstreits bei den Griechen, in: *ders.,* Beiträge zur Rechtsgeschichte Altgriechenlandes und des hellenistisch-römischen Ägyptens, Weimar 1961, S. 1-90. Daß dies nicht nur ein Erfordernis wissenschaftlicher Analyse ist, sondern zum Beispiel auch ein Erfordernis politischer Verständigung und Legitimation sein kann, zeigen die „Eumeniden" des *Aischylos.*

14 Schon die erkenntnistheoretische Problemfassung, die sich bei *Kant* findet, war im übrigen eine Generalisierung älterer modaltheoretischer Fragestellungen, nämlich eine Folge davon, daß man nicht mehr nur nach *dem Möglichen* fragt, sondern nach *der Möglichkeit* und damit nach der begrifflichen Möglichkeit des Möglichkeitsbegriffs. Vgl. dazu *Pape,* a.a.O., S. 216 ff. Bei dieser schon doppelmodalisierten (siehe unten V) Fragestellung stößt *Kant* auf die Frage nach den Möglichkeitsbedingungen der Möglichkeit und stellt sie nicht mehr theologisch, sondern erkenntnistheoretisch als Frage nach den Bedingungen, unter denen Erkenntnis mit Modalkategorien operieren kann.

15 So namentlich die marxistische Theorie der Systemevolution mit wichtigen Hinweisen auf die historische Relativität der Differenz von Möglichem und Unmöglichem. Siehe *Gerd Pawelzig,* Dialektik der Entwicklung objektiver Systeme, Berlin 1970, insbes. S. 197 ff.

16 Sehr deutlich ergibt sich dieser Zusammenhang bei den chinesischen Legisten. Siehe namentlich die Einleitung von *J. J. L. Duyvendak,* The Book of Lord Shang: A Classic of the Chinese School of Law, London 1928; ferner ausführlich *Léon Vandermeersch,* La formation du légisme: Recherches sur la constitution d'une philosophie politique charactéristique de la Chine ancienne, Paris 1965. Die Sekundärliteratur über den

europäischen Naturbegriff hat im allgemeinen den politisch-ökonomischen Kontext nicht deutlich vor Augen, aber sie läßt Rückschlüsse zu, wenn man zum Beispiel das Verhältnis von Wirtschaft und Politik in der griechischen Polis berücksichtigt. Zum Naturbegriff im Verhältnis zur Gesellschaft siehe etwa *J. W. Beardslee*, The Use of Physis in Fifth-Century Greek Literature, Diss. Chicago 1918; *Joachim Ritter*, „Naturrecht" bei Aristoteles, Stuttgart 1961; Gaines Post, Studies in Medieval Legal Thought, Princeton 1964, S. 494 ff.; La Filosofia della natura nel Medioevo. Atti del Terzo Congresso Internazionale di Filosofia Medioevale, Mailand 1966; *Hans Blumenberg*, „Nachahmung der Natur": Zur Vorgeschichte der Idee des schöpferischen Menschen, in: Studium Generale 10 (1957), S. 266-283; *Heribert M. Nobis*, Frühneuzeitliche Verständnisweisen der Natur und ihr Wandel bis zum 18. Jahrhundert, in: Archiv für Begriffsgeschichte 11 (1967), S. 3 7-58; *Robert Spaemann*, Genetisches zum Naturbegriff des 18. Jahrhunderts, in: Archiv für Begriffsgeschichte 11 (1967), S. 59-74; *Alfred Schmidt*, Der Begriff der Natur in der Lehre von Marx, Frankfurt 1962.

17 Vgl. z. B. *Siegfried F. Nadel*, Reason and Unreason in African Law, in: Africa 26 (1956), S. 160-173 (164 f.).

18 Dem entspricht die Forderung, sowohl den Begriff der Information als auch den Begriff des Bewußtseins funktional auf das Selektionsproblem zu beziehen. Siehe für den Informationsbegriff etwa *Donald M. MacKay*, Information, Mechanism and Meaning, Cambridge Mass./London 1969. Für die Bewußtseinspsychologie kann dieser Gedanke mindestens bis auf William James zurückverfolgt werden und ist seitdem vor allem in Forschungen über Aufmerksamkeit zu finden. Siehe als eine prinzipielle Formulierung, die ihren Rückbezug auf Problemstellungen des transzendentalen Idealismus nicht leugnen würde, *Gotthard Günther*, Bewußtsein als Informationsraffer, in: Grundlagenstudien aus Kybernetik und Geisteswissenschaft 10 (1966), Heft 1, S. 1-6.

19 Einen interessanten Beleg für die Differenzierung von universaler Gesellschaftsgeschichte und spezielleren Systemgeschichten (clan Geschichte, „personal history") findet man bei *Ian Cunnison*, History on the Luapula: An Essay on the Historical Notions of a Central African Tribe, Cape Town/London/New York 1951, interessant auch deshalb, weil Bericht und Interpretation der Systemgeschichte als anspruchsvolle und prekäre Angelegenheiten den Inhabern von Statuspositionen im System vorbehalten bleiben. Ähnlich, wenngleich mit geringerer Intensität der Geschichtsorientierung, die Ergebnisse bei *Paul Bohannan*, Concepts of Time Among the Tiv of Nigeria, in: Southwestern Journal of Anthropology 9 (1953), S. 251-262. Zu entsprechenden Ebenendifferenzierungen im religiösen Weltbild archaischer Gesellschaften vgl. *Robin Horton*, The Kalabari World-View: An Outline and Interpretation, in: Africa 32 (1962), S. 197-220; *John Middleton*, Lugbara Religion: Ritual and Authority Among an East African People, London 1960, S. 235 f.

20 An sozialen Systemen wie Verhören, Gerichtsverhandlungen, Untersuchungen jeder Art kann der besondere Fall demonstriert werden, daß die Systemgeschichte mit einer partiellen Neutralisierung der Weltgeschichte beginnt und deren Rekonstruktion zum Ziele hat. Gerade dann müssen die selektiven Stationen der Systemgeschichte besonders bindend, in ihrer Selektivität verständlich und sichtbar vollzogen werden, weil sie eine offene, zweifelhafte oder umstrittene Weltgeschichte betreffen. Systemgeschichte muß hier als Sicherheitsbasis für Weltgeschichte substituiert werden. Vgl. dazu *Aaron*

V. Cicourel, The Social Organization of Juvenile Justice, New York/ London/Sydney 1968, besonders die Zusammenfassung S. 328 ff.

21 Hierzu *Niklas Luhmann*, Einfache Sozialsysteme, in diesem Band, S. 25-47 (31 ff.).

22 Ein gutes Beispiel bietet die Freiheit des Umgangs mit eigenen Biographien, die man in Bars beobachten kann. Vgl. *Sherri Cavan*, Liquor License: An Ethnography of Bar Behavior, Chicago 1966, S. 54 f., 79 ff. Das Beispiel zeigt zugleich, daß Freiheiten gegenüber der Weltgeschichte unter anderem mit der Frage zusammenhängen, ob das System in der Welt eine Zukunft hat, die unvorhersehbare Anforderungen an Konsistenz und Kompatibilität stellen könnte. Vgl. dazu auch *Egon Bittner*, The Police on Skid-Row: A Study of Peace Keeping, in: American Sociological Review 32 (1967), S. 699-715.

23 Das Problem verstärkt sich, wenn auch funktionale Äquivalente für Geschichte ausfallen wie Recht, Programme, Führung. Die Folgen kann man derzeit in zahlreichen Universitätsgremien beobachten.

24 Hier liegen vor allem Modellbildungserfahrungen der Organisationstheorie vor. Siehe statt anderer *Andrew S. McFarland*, Power and Leadership in Pluralist Systems, Stanford Cal. 1969, S. 16; *Gerd Pawelzig*, Dialektik der Entwicklung objektiver Systeme, Berlin 1970, S. 136.

25 Siehe aus der reichhaltigen Forschung über Komplexität psychischer Systeme z. B. *O. J. Harvey, David E. Hunt, Harold M. Schroder*, Conceptual Systems and Personality Organization, New York/London/Sydney 1961; *Edward L. Walker*, Psychological Complexity as a Basis for a Theory of Motivation and Choice, Nebraska Symposium on Motivation 1964, S. 47-95; *William A. Scott*, Cognitive Complexity and Cognitive Flexibility, in: Sociometry 25 (1962), S. 405-414; ders., Cognitive Complexity and Cognitive Balance, in: Sociometry 26 (1963), S. 66-74; *Joseph S. Vannoy*, Generality of Cognitive Complexity – Simplicity as a Personality Construct, in: The Journal of Personality and Social Psychology 2 (1965), S. 385-396; *Peter Suedfeld, Siegfried Streufert*, Information Search as a Function of Conceptual and Environmental Complexity, in: Psychonomic Science 4 (1966), S. 3 51-352; *Harold M. Schroder, Michael J. Driver, Siegfried Streufert*, Human Information Processing, New York 1967; *Uriel G. Foa, Terence R. Mitchell, Fred D. Fiedler*, Differentiation Matching, in: Behavioral Science 16 (1971), S. 130-142.

26 In ähnlicher Weise wurde bereits in der Antike aus sachlicher Differenzierung (Varietät) als Bedingung der Möglichkeit von Bewegung auf ein Zugleich von Welt und Zeit geschlossen – nur daß diesem Schluß nicht der Selektionsbegriff, sondern der Bewegungsbegriff zu Grunde lag und sein Geltungsrahmen, die Welt, daher im Sinne einer endlich-geordneten Menge begriffen wurde. Vgl. *Aristoteles*, Physik IV, 14; *Augustin*, Confessiones XII, 8.

27 Ein Hinweis darauf ist, daß sprachliche Mittel der Darstellung von Zeit am Verbum haften und sich im Laufe des kulturellen Abstraktionsgewinns zunächst räumlicher Veranschaulichungen bedienen. Vgl. z. B. *John Mbiti*, Les Africains et la notion du temps, in: Africa 8 (1967), S. 33-41.

28 Ein gutes Beispiel, das zugleich den Zusammenhang mit dem Prinzip segmentarer Gesellschaftsdifferenzierung vermittelt, erläutert *E. E. Evans-Pritchard*, The Nuer: A Description of the Modes of Livelihood and Institutions of a Nilotic People, Oxford 1940, S. 105 ff.; *ders.*, Nuer Time Reckoning, in: Africa 12 (1939), S. 189-216.

29 Vgl. *Bohannan*, a.a.O.; *Mbiti*, a.a.O.; *Nicholas J. Gubser*, The Nunamiut Eskimos: Hunters of Caribou, New Haven/London 1965, S. 28 ff.; *John Middleton*, The Lugbare of Uganda, New York 1965, S. 18 ff.; *Ernst Jenni*, Das Wort „ōlām" im Alten Testament, Berlin 1953. Als Spätform dieser ursprünglichen Zeitvorstellung, die Künftiges und Vergangenes in einer fernen Dunkelzone zusammenlaufen läßt, entsteht das rationale Modell vom „Kreislauf der Zeit". Die bekannteste Darstellung ist *Mircea Eliade*, Kosmos und Geschichte: Der Mythos der Ewigen Wiederkehr, Düsseldorf 1953. Eine andere Rationalform dieser ursprünglichen Problemfassung ist die Vorstellung einer doppelten Zeit, die im Anschluß an *Timäus* 37 D-38 C und an *Boethius*, Consolatio Phiosophiae im Mittelalter ausdiskutiert worden ist. Dabei wurde Ewigkeit vorgestellt nicht als zeitlich unbegrenzter Bestand, sondern als ein allen Zeiten simultaner „presentarius status", von dem aus der Zeitlauf durch Gott beherrscht werde. Vgl. manches bei *Pierre Duhem*, Le système du monde: Histoire des doctrines cosmologiques de Platon á Copernic, 2. um mehrere Bände erweiterte Auflage, Paris ab 1954, insbes. Bd. VII, S. 303 ff. *J. M. Parent*, La doctrine de la création dans l'école de Chartres: Études et textes, Paris 1938, S. 95 ff. Die Kreislauftheorie und die Mehrebenentheorie sind unterschiedliche Rationalisierungsformen jenes Ursprungsgefühls, daß es eine augenblicksferne Identität von Zukunft und Vergangenheit geben müsse. Der zukunftsweisende Charakter der Mehrebenentheorie liegt darin, daß sie den Zeitlauf nicht mehr durch ein festliegendes Vorher und Nachher begrenzt, sondern nur noch durch den (dann „säkularisierbaren") Steuerungswillen Gottes.

30 Vgl. dazu *Josiah Royce*, The Problem of Christianity, New York 1913, Neudruck Chicago/London 1968, S. 248 f.

31 Vgl. hierzu *S. G. F. Brandon*, History, Time and Deity: A Historical and Comparative Study of the Conception of Time in Religious Thought and Practice, Manchester 1965.

32 Hiermit ist noch keine Kausalhypothese aufgestellt, denn die geschichtlichen Ursachen des Anlaufens einer solchen Entwicklung dürften sehr komplex sein, zum Beispiel damit zusammenhängen, daß die Entwicklung Mesopotamiens über eine Vielzahl von Stadtsystemen läuft, politisch sehr wechselvoll gewesen ist und deshalb nicht zu einer einzigen alternativenlosen Einheitshierarchie für religiöse, ökonomische und militärisch-politische Funktionen führen konnte.

33 Hierzu ausgezeichnet *M. David*, Les dieux et le destin en Babylonie, Paris 1949; ferner *John G. Gunnell*, Political Philosophy and Time, Middletown Conn. 1968, insbes. S. 39 ff. Die Schärfe der Kontrastierung von ägyptischer und mesopotamischer Kultur bedarf der Überprüfung, da sich auch in Ägypten eine gewisse Distanzierung von höchster Gottheit und Herrscher, eine Ethisierung der Religion, eine Problematisierung von Wahrheit/Gerechtigkeit (Maat), ein Problem der Theodizee und mit all dem Ansätze zu einem historischen, zugleich zyklisch und linear orientierten Zeitbewußtsein ausbilden. Vgl. zu all dem *Siegfried Morenz*, Ägyptische Religion, Stuttgart. 1960. Die evolutionstheoretische Hypothese eines Zusammenhangs von Kontingenz und Zeit wird hierdurch eher bestätigt als abgeschwächt.

34 Siehe statt anderer *Hans Wildberger*, Jesajas Verständnis der Geschichte, in: Supplements to Vetus Testamentum, Vol. IX, Leiden 1963, S. 83-117.
Mitgesehen werden muß im übrigen ein zweiter Zusammenhang von Sozialdimension und Zeitdimension, bei der *J. Marsh*, The Fullness of Time, London 1952, anklingt: Die volkhafte Einheit Israels in einer feindlichen Umwelt (corporate personality?)

wird so stark erlebt, daß diese Totalität auch auf die Zeit abfärbt und die Zeithorizonte Vergangenheit und Zukunft in der Gegenwart (oder zumindest vergegenwärtigungsfähig) zusammenhält.

35 Ein Beispiel wäre die Bildung eines besonderen Wahrheitsbegriffs über der unmittelbar gegebenen Welterfahrung; ein anderes Beispiel wäre die Bildung eines Rechtsbegriffs und der Vorstellung geltender Normen über den unmittelbar gelebten und zuweilen enttäuschten normativen Erwartungen.

36 In der Geschichte des Denkens über Zeit findet dieses Erfordernis darin Ausdruck, daß man die Zeit nicht mehr als Bewegung, sondern als Maß der Bewegung bestimmt. Etwa gleichzeitig werden Rechtsnormen dem Kriterium der Gerechtigkeit unterworfen und Erfahrungswissen einem binär logisierten Wahrheitsbegriff.

37 Die Parallele in der Entwicklung psychischer Systeme hat *Jean Piaget, Die Bildung des Zeitbegriffs beim Kinde,* Zürich 1955, untersucht. Die psychische Entwicklung kann *heute* natürlich auf verfügbare, am Verhalten anderer ablesbare, lehrbare kulturelle Muster und Mechanismen, etwa Uhren, zurückgreifen und ist insofern abhängig vom Stande gesellschaftlicher Evolution.

38 Ein gutes Beispiel für die Implausibilität einer gegenläufigen Rückrechnung in der Zeit bietet die Schwierigkeit und Langsamkeit der Einführung der Datierung von Christi Geburt an rückwärts statt von der Erschaffung der Welt an vorwärts – eine Rechnung, die sich gegen das biblische Bild der Weltgeschichte erst im 18. Jahrhundert endgültig durchgesetzt hat, und dies nicht aus theologischen Gründen, sondern wegen der Präzisions- und Gewißheitsvorteile für die historische Forschung. Vgl. *Adalbert Klempt, Die Säkularisierung der universalhistorischen Auffassung: Zum Wandel des Geschichtsdenkens im 16. und 17. Jahrhundert,* Göttingen/Berlin/Frankfurt 1960; auch *Reinhard Wittram, Das Interesse an der Geschichte,* 2. Aufl. Göttingen 1963, S. 123 ff.

39 Die verbreitete Unterstellung, bereits die Hebräer hätten Zeit linear gedacht, bedarf schon aus soziologischen Gründen der Überprüfung. Vgl. auch die Bedenken bei *Gunnell* a.a.O., S. 63 f. Die Zweifel richten sich nicht gegen die räumliche Analogie als solche, (die sich auch in Ägypten schon findet – vgl. *Siegfried Morenz,* Ägyptische Religion, Stuttgart 1960, S. 79 ff.), sondern gegen die darin implizierte Abstraktion von der Gegenwart und gegen die These, daß schon so früh nur ein einziges Zeitkonzept gegolten habe. Kritisch zu dieser, vor allem von Theologen verbreiteten Vorstellung auch *J. Barr,* Biblical Words for Time, London 1962, und *Arnaldo Momigliano,* Time in Ancient Historiography, in: History and the Concept of Time, Beiheft 6 von History and Theory, o. O. (Middletown Conn.) 1966, S. 1-23; *Max Seckler, Das Heil in der Geschichte: Geschichtstheologisches Denken bei Thomas von Aquin,* München 1964, insbes. S. 151 ff. Entsprechend problematisch und unvollständig ist das Gegenbild eines zyklischen Zeiterlebens der Griechen. Dazu außer Momigliano a.a.O. auch *Pierre Vidal-Naquet,* Temps de dieux et temps des hommes: Essai sur quelques aspects de l'expérience temporelle chez les Grecs, in: Revue de l'histoire des religions 157 (1960), S. 55-80.

40 Vgl. oben Anm. 29.

41 Damit ist nicht geklärt, was „Gleichzeitigkeit" eigentlich besagt. Datierungen bieten selbstverständlich nur ein technisches Substitut für Verständnis. Die theologische Tradition des Problems ebenso wie die Behandlungen bei *Kierkegaard, Bergson, Schütz*

sprechen dafür, daß der Begriff letztlich nur mit Hilfe der Sozialdimension bestimmt werden kann, nämlich als kommunikative Erreichbarkeit. Eben deshalb liegt das Problem nicht in der Gleichzeitigkeit von Ereignissen, sondern in der Gleichzeitigkeit von selektiven Prozessen, die selbst Zeit brauchen.

42 Vgl. *Niklas Luhmann*, Moderne Systemtheorien als Form gesamtgesellschaftlicher Analyse, in: *Habermas/Luhmann* a.a.O., S. 7-24; *ders.*, Gesellschaft, in: Soziologische Aufklärung I, 4. Aufl. Opladen 1974, S. 137-153.

43 Wörtlich zitiert: „The longer the time perspective, and the broader the system involved, the greater is the relative importance of higher, rather than lower, factors in the control hierarchy, regardless of whether it is pattern maintenance or pattern change that requires explanation" (Societies. Evolutionary and Comparative Perspectives, Englewood Cliffs, N. J., 1966, S. 113). Hinter dieser Hypothese steckt keine ausführliche Analyse der Zeitdimension, sondern die Vorstellung einer zunehmenden Differenzierung von (relativ kurzfristigen) sozialen Systemen und (relativ langfristigen) kulturellen Systemen.

44 Darin liegt eine der wichtigsten Einschränkungen von Möglichkeiten. Wer darauf aus ist, der Zarin *Katharina* einen Heiratsantrag zu machen, würde im heutigen Leningrad kaum komplementäres Erleben und Handeln finden.

45 Vgl. z. B. *A. Meinong*, Über Möglichkeit und Wahrscheinlichkeit: Beiträge zur Gegenstandstheorie und Erkenntnistheorie, Leipzig 1915, insbes. S. 125 f. *Meinong* spricht von Iteration.

46 Siehe z. B. *Thomas von Aquino*, Quaestiones disputatae de veritate q. II. art. 12 ad septimum.

47 Den Ausdruck benutzt mit Bezug auf das 19. Jahrhundert auch *Werner Gent*, Das Problem der Zeit, Frankfurt 1934, Neudruck Hildesheim 1965.

48 Auch das hat selbstverständlich Konsequenzen für den erforderlichen Abstraktionsgrad der Zeittheorie. Siehe in diesem Zusammenhang zu „changes of changes", *Arthur N. Prior*, Papers on Time and Tense, Oxford 1968, S. 1 ff. Zu Konsequenzen im Rahmen der Entwicklungstheorie des historischen Materialismus *Gerd Pawelzig*, Dialektik der Entwicklung objektiver Systeme, Berlin 1970, S. 46 ff.

49 Vgl. *Theodor Litt*, Die Wiedererweckung des geschichtlichen Bewußtseins, Heidelberg 1956, S. 75.

50 Siehe als ein Beispiel für viele *O. Philippe*, L'histoire dans ses rapports avec la sociologie et la philosophie, in: L'Homme et l'Histoire: Actes du VIe congrès des sociétés de philosophie de langue française, Paris 1952, S. 35-40 (36). Subjektiv steht dabei für gegenwärtige Vergangenheit, objektiv für vergangene Gegenwarten.

51 Vgl. die in die Ethnologie eingeführte Unterscheidung von Ethnohistory (im Sinne von Geschichtsforschung im Bereich primitiver Gesellschaften) und Folk History (im Sinne eines gegenwärtig aktuellen belief system) bei *Charles Hudson*, Folk History and Ethnohistory, in: Ethnohistory 13 (1966), S. 52-70. Siehe auch *E. E. Evans-Pritchard*, Anthropology and History, in: ders., Essays in Social Anthropology, New York 1963, S. 46-65 (51 f.).

52 Also auch mit allen zyklischen Zeitvorstellungen. Zu diesem Zusammenhang auch *I. Meyerson*, Le temps, la mémoire, l'histoire, in: Journal de psychologie normale et pathologique 53 (1956), S. 333-354 (336 ff.).

53 Und ebenfalls nicht, wenn man ihn, wie unter Historikern üblich, unter dem Gesichtspunkt eines historischen Relativismus diskutiert – als einen durch unanalysierte Zeitvorstellungen homogenisierten Relativismus.

54 Der Zeitbegriff in der Geschichtswissenschaft, in: Zeitschrift für Philosophie und philosophische Kritik 160 (1916), S. 173-188.

55 Das im 19. Jahrhundert aufkommende individualisierende Geschichtsbewußtsein, das seine zeittheoretischen Prämissen freilich nicht durchschaut, ist eine *Folge* dieser Historisierung der Zeit, bringt sie jedoch nicht adäquat zum Ausdruck. Es löst eine ältere Art von exemplarischer Geschichtsdarstellung ab, die eine Art moralisches Kontinuum von Vergangenheit und Gegenwart unterstellt hatte und damit historische Ereignisse als eine empirische Unterstützung der Moral gerade nicht an ihren historischen Stellenwert band. Siehe dazu *George H. Nadel,* Philosophy of History Before Historicism, in: The Critical Approach to Science and Philosophy. In Honor of Karl R. Popper, New York/London 1964, S. 445-470.

56 Hierzu auch *Jiri Kolaja,* Social System and Time and Space: An Introduction to the Theory of Recurrent Behavior, Pittsburgh 1969, S. 7 ff.

57 Siehe auch den Essay On Spurious Egocentricity, in: Prior a.a.O. (1968), S. 15-25; ferner zum Problem der Definition von Gleichzeitigkeit oben (Anm. 41).

58 Wenn ich recht verstehe, wählt Prior a.a.O. (1957), S. 10 und a.a.O. (1968), S. 8 u. ö. den entgegengesetzten Ausgangspunkt und behandelt, um damit bestimmte logische Vereinfachungen zu erreichen, die gegenwärtige Zukunft als gleichzeitig mit zukünftigen Gegenwarten. Auch *Nicholas Rescher,* Truth and Necessity in Temporal Perspective, in: *Richard M. Gale,* Hrsg., The Philosophy of Time, London 1968, S. 183-220, behandelt im Zusammenhang der Diskussion künftiger Kontingenzen „the *present* assertion of a future-oriented proposition ... as amounting to *a future* assertion of a present-oriented proposition" (S. 214), *obwohl* bekanntlich eine Wahrheitsübertragung von der einen in die andere Aussageform nicht möglich ist. Damit entfällt unser Problem der Historisierung.

59 Hier wiederum ein Vergleichspunkt mit Marxschen Kategorien. Vgl. dazu *Alfred Schmidt* a.a.O., S. 13 f., 65 ff.

60 Diese Abfolge kann dann in einem weiteren Schritt evolutionstheoretisch untersucht werden als Steigerung der Komplexität des Gesellschaftssystems.

61 So daß die ursprüngliche Allgemeinheit von Tempus-Modalisierung der Sprache ohne feste Zeitbindung mühsam wiederentdeckt werden muß. Vgl. *Harald Weinrich,* Tempus: Besprochene und erzählte Welt, 2. Aufl. Stuttgart 1971.

62 Man könnte mit *Franz Xaver Kaufmann,* Sicherheit als soziologisches und sozialpolitisches Problem: Untersuchungen zu einer Wertidee hochdifferenzierter Gesellschaften, Stuttgart 1970, die Veränderung von spezifisch bürgerlichen Gegeninstitutionen aus analysieren – hier vom Thema Sicherheit aus. Auch direkte ideenpolitische Zusammenhänge lassen sich aufweisen – so *Bernard Willms,* Die Antwort des Leviathan – Thomas Hobbes' politische Theorie, Neuwied/Berlin 1970.

63 Vgl. statt anderer *Ronald D. Laing, Herbert Philippson, A. Russell Lee,* Interpersonal Perception: A Theory and a Method of Research, London/New York 1966.

64 Siehe z. B. *E. Benveniste,* De la subjectivité dans le langage, in: Journal de psychologie normale et pathologique 55 (1958), S. 257-265. Sprachlich dürfte die Personalisierung der Verben wohl kaum dem Ausdruck von Subjektivität dienen, sondern eher der Sys-

tem/Umwelt-Differenzierung, nämlich der Abgrenzung der kommunikativen Beziehung von dem, was nicht zu ihr gehört. Vgl. *Harald Weinrich,* Tempus: Besprochene und erzählte Welt, 2. Aufl., Stuttgart 1971, S. 28 ff.

65   Für Virtuosität auf diesem Gebiet hat sich *Erving Goffman* interessiert. Vgl. The Presentation of Self in Everyday Life, 2. Aufl. Garden City N. Y. 1959, und besonders Strategic Interaction, Philadelphia 1969.

66   Es ist heute ebenso üblich wie oberflächlich, zu behaupten, dies seien nur Selbsttäuschungen oder Ideologien einer herrschenden Klasse gewesen. Das mag in gewissem Grade der Fall sein oder auch nicht; viel bemerkenswerter ist, daß in der bürgerlichen Gesellschaft für Problemstellungen dieser Komplexität und dieses Abstraktionsgrades überhaupt noch relativ einfache institutionelle Lösungen konzipiert werden konnten, während die heutige Zeit angesichts nochmals erweiterter gesellschaftlicher Komplexität zumindest im politischen Bereich auf soziale Reflexivität und auf historisches Bewußtsein zu verzichten scheint, um aus einer nur noch taktisch raffinierten Naivität heraus handeln zu können.

67   Das läßt sich am Thema der *Freiheitsgeschichte* illustrieren. *Willi Oelmüller,* Was ist heute Aufklärung?, Düsseldorf 1972, versteht darunter die Geschichte unvollendeter Freiheiten, die der Vollendung entgegenzuführen sei. Das ist Fortschrittstheorie. Ich könnte darunter eher verstehen die Geschichte verbrauchter Freiheiten, deren Reproduktion die Gegenwart zwingt, unter abstrakteren Kategorien zu lernen, und in *diesem* Sinne Freiheit als Kontingenzbewußtsein akkumuliert.

68   Siehe aus dem Bereich der Theorie sozialer Bewegungen vor allem *Neil J. Smelser,* Theory of Collective Behavior, New York 1963; ferner, an einem historischen Beispiel, *Otthein Rammstedt,* Sekte und soziale Bewegung: Soziologische Analyse der Täufer in Münster (1534/35), Köln/Opladen 1966. Im Bereich der Interaktionstheorie siehe z. B. *Erving Goffman,* The Moral Career of the Mental Patient, in: *ders.,* Asylums: Essays on the Social Situation of Mental Patients and Other Inmates, Chicago 1962, oder *Howard S. Becker,* Outsiders: Studies in the Sociology of Deviance, New York/London 1963.

69   Zum Vergleich mit Zeitvorstellungen späterer Hochkulturen siehe z. B. *Marian W. Smith,* Different Cultural Concepts of Past, Present, and Future: A Study of Ego Extension, in: Psychiatry 15 (1952), S. 395-400.

70   Vgl. *Rüdiger Schott,* Das Geschichtsbewußtsein schriftloser Völker, in: Archiv für Begriffsgeschichte 12 (1968), S. 166-205; *Burr C. Brundage,* The Birth of Clio: A Resume and Interpretation of Ancient Near Eastern Historiography, in: *H. Stuart Hughes,* Hrsg., Teachers of History, Ithaca, N. Y., 1954, S. 199-230.

71   Das am meisten diskutierte Beispiel ist die biblische Geschichtsauffassung. Siehe in vergleichender Hinsicht *Brandon* a.a.O. (1965), S. 106 ff.; *Gunnell* a.a.O. Explizit hierzu außerdem *Johannes Hempel,* Glaube, Mythos und Geschichte, Berlin 1953; *ders.,* Geschichten und Geschichte im Alten Testament bis zur persischen Zeit, Gütersloh 1964, bes. S. 51 ff.; *Oscar Cullmann,* Heil als Geschichte, Tübingen 1965, S. 117 ff. Ferner oben S. 110. Für die griechische Geschichtsschreibung etwa *François Châtelet,* La naissance de l'histoire, Paris 1962, mit Betonung des Zusammenhangs von politischer Konstitution der Gesellschaft, Aufhebung der archaischen Differenz von genealogischer und mythischer Zeit, und Extension zeitlichen Kontinuitätsbewußtseins auf längere Ketten von Ereignissen und Entscheidungen.

72   *Silvio Accame,* La concezione del tempo nell età arcaica, in: Rivista di filologia e
     di istruzione classica n. s. 39 (1961), S. 359-394, glaubt hierzu nachweisen zu kön-
     nen, daß diese Kontinuitätserweiterung bei den Griechen primär in der Beziehung
     zwischen Gegenwart und Zukunft gesucht wird — wegen des Zusammenbruchs der
     mykenischen Kultur? – bei den Hebräern dagegen mehr in der Beziehung zwischen
     Gegenwart und Vergangenheit. Davon mag die spätere, wechselvolle Bewertung von
     „memoria" und „curiositas" abhängig sein.
73   Ein gutes Beispiel bietet wiederum der biblische Schöpfungsmythos, dessen politi-
     scher Charakter erkennbar wird, wenn man ihn (mit *Kenneth Burke,* The Rhetoric
     of Religion: Studies in Logology, Boston 1961, S. 174 ff.) „von hinten", das heißt von
     der Gegenwart her betrachtet: Man will bestrafen, also braucht man Sünde, also stra-
     tegisch placierte Negationen, also als deren Hintergrund etwas Positives, nämlich
     Schöpfung. Zugleich deckt dieser Mythos dadurch, daß er die Genesis von Knappheit
     moralisch aus einem Normverstoß herleitet, eine moralische Steuerung ökonomischen
     Verhaltens, die in einer gesellschaftlichen Lage mit geringem ökonomischem Poten-
     tial unentbehrlich sein dürfte. Zum letzteren auch *George M. Foster,* Peasant Society
     and the Image of Limited Good, in: American Anthropologist 67 (1965), S. 293-315;
     Jochen Röpke, Primitive Wirtschaft, Kulturwandel und Diffusion von Neuerungen,
     Tübingen 1970, S. 38 ff.
74   Eine gute Kontrolluntersuchung liefert *Bittner* a.a.O. mit der Feststellung, daß es in
     Slums, wo man sich an extrem kurzen Zeitstrecken orientiert, kein Verschuldensprin-
     zip geben kann. Vgl. ferner die Feststellung eines Schrumpfens des relevanten Zeit-
     raums in den Anomie-Experimenten von *Peter McHugh,* Defining the Situation: The
     Organization of Meaning in Social Interaction, Indianapolis/New York 1968, insbes.
     das Résumé S. 136 f.: „The tentative agnosticism of surprise leads to an emphasis on
     immediate arrangements in the environment, the *social* present, and out of this assess-
     ment comes a change in the meaning of events in the *chronological* past. Order, on the
     other hand, deemphasizes the chronological present in favor of the linkage of events
     through the social past and toward the future. During order, that is, events to be defi-
     ned in the *chronological* present exist in the *social* (emergent) past and future. During
     disorder, the meaning that resides in the chronological past and future is discovered in
     the social (relative) present. It is a harlequin design that is less metaphorical than chro-
     nology, because it is closer to the actual rhythm of definition and its consequences."
75   Vgl. *Louis Gernet,* Le temps dans les formes archaiques du droit, in: Journal de psy-
     chologie normale et pathologique 53 (1956), S. 379-406.
76   Die Dynamik der Geschichte und der Historismus, in: Eranos-Jahrbuch 21 (1953),
     S. 217-254 (218).
77   Vgl. *Jean-Paul Sartre,* Critique de la raison dialectique, Bd. I, Paris 1960, S. 200 ff.
     Dazu auch *Klaus Hartmann,* Sartres Sozialphilosophie: Eine Untersuchung zur „Cri-
     tique de la raison dialectique I", Berlin 1966, S. 86 ff.
78   Die historische Variabilität des Knappheitsprinzips ist vor allem in der Wirtschafts-
     ethnologie diskutiert worden. Siehe als Überblick über den Diskussionsstand *Jochen
     Röpke,* Neuere Richtungen und theoretische Probleme der Wirtschaftsethnologie, in:
     Hermann Trimborn, Hrsg., Lehrbuch der Völkerkunde, 4. Aufl. Stuttgart 1971, S. 446-
     457. Als Ausgangspunkt vgl. *Karl Polanyi, Conrad M. Arensherg, Harry W. Pearson,*
     Trade and Market in the Early Empires, Glencoe Ill. 1957. Ferner besonders *George*

M. Foster, Peasant Society and the Image of Limited Good, in: American Anthropologist 67 (1965), S. 293-315.

79 Hierzu näher *Niklas Luhmann,* Knappheit, Geld und die bürgerliche Gesellschaft, in: Jahrbuch für Sozialwissenschaft 23 (1972), S. 186-210.

80 Das scheint an einem bis heute vorherrschenden Interesse an *Kriterien* der *Entscheidung* zwischen wahr und falsch zu liegen. Vgl. auch *Herbert Schnädelbach,* Dispositionsbegriffe der Erkenntnistheorie: Zum Problem ihrer Sinnbedingungen, in: Zeitschrift für allgemeine Wissenschaftstheorie 2 (1971), S. 89-100, der eine Rückkehr zu *Kant* empfiehlt.

81 So z. B. *Gaston Bachelard,* La formation de l'esprit scientifique: Contribution à une psychanalyse de la connaissance objective, Paris 1938.

82 Siehe statt anderer *Ernest W. Burgess,* The Romantic Impulse and Family Disorganization, in: Survey 57 (1927), S. 290-294; *Wilhard Waller/Reuhen Hill,* The Family: A Dynamic Interpretation, 2. Aufl. New York 1951, S. 93-215. Zum Code selbst vor allem *Vilhelm Aubert,* A Note on Love, in: *ders.,* The Hidden Society, Totowa, N. J., 1965, S. 201-235.

83 Und zwar einer Systemgeschichte, die dank des ausdifferenzierenden Codes der Liebe von der Weltgeschichte und von externen Eingriffen in hohem Maße unabhängig ist – ganz ähnlich wie im oben (Anm. 20) behandelten Fall von Verhören und Untersuchungen. Die Umwelt wird gleichsam nur als Folie und Material für Liebesbeweise behandelt; es zählt nicht das Kino, sondern die Einladung ins Kino.

84 Das zu Grunde liegende theoretische Konzept beruht auf der These, daß die Systemdifferenzierung auf der Ebene des Gesellschaftssystems der Differenzierung von Kommunikationsmedien folgt. Vgl. Niklas Luhmann, Einführende Bemerkungen zu einer Theorie symbolisch generalisierter Kommunikationsmedien, in diesem Bande S. 212-240.

85 Vgl. z. B. *Aristoteles,* Topik 117a 5 ff.

86 Siehe *Edmund Husserl,* Die Krisis der europäischen Wissenschaften und die transzendentale Phänomenologie, Husserliana Bd. VI, Den Haag 1954. Vgl. dazu auch *Hans Blumenberg,* Lebenswelt und Technisierung unter den Aspekten der Phänomenologie, Turin 1963, und speziell zur nicht hinreichend ausgearbeiteten Geschichtssicht *Husserls: Hubert Hohl,* Lebenswelt und Geschichte: Grundzüge der Spätphilosophie E. Husserls, Freiburg/München 1962.

87 Vgl. *Harold Garfinkel, Harvey Sacks,* On Formal Structures of Practical Actions, in: *John C. McKinney, Edward A. Tiryakian,* Hrsg., Theoretical Sociology: Perspectives and Developments, New York 1970, S. 327-366, insbes. 348 ff.

88 Hierzu näher *Niklas Luhmann,* Funktionen und Folgen formaler Organisation, Berlin 1964, Neudruck 1972, S. 141 ff.

89 So z. B. Frankfurter Allgemeine Zeitung vom 16.12.1971, S. 2.

90 Gute soziologische Untersuchungen dieses Zusammenhanges sind *Alvin W. Gouldner,* Patterns of Industrial Bureaucracy, Glencoe, Ill. 1954; *ders.,* Wildcat Strike, Yellow Springs Ohio 1954; *Robert H. Guest,* Organizational Change: The Effect of Successful Leadership, Homewood, Ill. 1962; *Oscar Grusky,* Administrative Succession in Formal Organizations, in: Social Forces 39 (1960), S. 105-115; *ders.,* Corporate Size, Bureaucratization, and Managenial Succession, in: The American Journal of Sociolo-

gy 67 (1961), S. 261-269; *ders.*, Managerial Succession and Organizational Effectiveness, in: The American Journal of Sociology 69 (1963), S. 21-31.

91   Darauf läuft *Selznicks* These von der „Institutionalisierung" blankettförmig geschaffener formaler Organisationen und von den daraus erwachsenden Führungsproblemen hinaus. Siehe *Philip Selznick*, Leadership in Administration: A Sociological Interpretation, Evanston, Ill.– White Plains, N. Y., 1957.
     Angemerkt sei weiter, daß die vorstehenden Analysen sich auf die Ebene der Identifikation von Rollen und Personen beschränken und keinen vollständigen Aufriß der Geschichtsträchtigkeit organisierter Sozialsysteme geben. Hinzukommen müßte eine Analyse der Geschichtsbindung über Werte und Programme – dessen also, was der „Käfer" für das Volkswagenwerk oder „innere Führung" für die Bundeswehr bedeutet.

92   Darin liegt seine technische Überlegenheit gegenüber den verschiedenen Typen archaischer Reziprozität. Zu diesen vgl. namentlich *Marshall D. Sahlins,* On the Sociology of Primitive Exchange, in: *Michael Banton,* Hrsg., The Relevance of Models for Social Anthropology, London/New York 1965, S. 136-236.

93   Hierzu *Niklas Luhmann,* Positivität des Rechts als Voraussetzung einer modernen Gesellschaft, in: Jahrbuch für Rechtssoziologie und Rechtstheorie 1 (1970), S. 175-202. Ausführlicher ders., Rechtssoziologie, 2 Bde., Reinbek 1972.

94   Siehe auch *Niklas Luhmann,* Status quo als Argument, in: *Horst Baier,* Hrsg., Studenten in Opposition, Bielefeld 1968, S. 74-82.

95   Nach Gegenbeispielen braucht man nicht lange zu suchen. Siehe etwa *C. H. Philips,* Hrsg., Historians of India, Pakistan and Ceylon, London 1961, besonders den Beitrag von *R. C. Majumdar* über Nationalist Historians. Sie beweisen nicht, daß eine weitgehende Neutralisierung bis in den kategorialen Apparat und die Themenwahl hinein nicht möglich wäre.

96   Ich antworte hier auf eine Kritik der Systemtheorie als ahistorisch durch *Renate Mayntz,* Zweckbegriff und Systemrationalität. Zu dem gleichnamigen Buch von Niklas Luhmann, in: Schmollers Jahrbuch 91 (1971), S. 57-63. Die Antwort erfordert eine systemtheoretische Analyse von Systemtheorie – eben jene Form von Reflexivität, die *Renate Mayntz* S. 58 und ausführlicher *Jürgen Habermas* (in: *Habermas/Luhmann* a.a.O., insbes. S. 221 ff.) als Begründung (!) für unzureichend halten.

97   Vgl. *Pape* a.a.O. (1966). Siehe auch *dies.,* Von den „möglichen Welten" zur „Welt des Möglichen": Leibniz im modernen Verständnis, in: Studia Leibnitiana Supplementa I, Akten des Internationalen Leibniz-Kongresses Hannover 1966, Bd. I, Wiesbaden 1968, S. 266-287.

98   Vgl. *Karl Löwith,* Die Dynamik der Geschichte und der Historismus, in: Eranos-Jahrbuch 21 (1953), S. 217-254 (230 ff.); ferner *ders.,* Christentum und Geschichte, in: Numen 2 (1955), S. 147-155; *Karl Dietrich Erdmann,* Die Zukunft als Kategorie der Geschichte, in: Historische Zeitschrift 198 (1964), S. 44-67. S. 44-67.

Formen des Helfens im Wandel gesellschaftlicher Bedingungen

I   Bedarfsausgleich als Problem

Unter „Helfen" soll zunächst einmal ein Beitrag zur Befriedigung der Bedürfnisse eines anderen Menschen verstanden werden. Die genauere Eingrenzung des Begriffs hängt vom begrifflichen Bezugsrahmen und vom Untersuchungszweck ab. Eine soziologische Untersuchung helfenden Handelns wird weder moralisch noch psychologisch ansetzen. Sie wird sich weder anschicken zu begründen, ob und unter welchen Umständen ein Mensch dem anderen helfen soll; noch wird sie die Motivation zur Hilfe durch Rückgriff auf psychische Strukturen der Erlebnisverarbeitung zu erklären versuchen. Unseren Ausgangspunkt wählen wir vielmehr in der Einsicht, daß Helfen nur zustandekommt, wenn und soweit es erwartet werden kann (1)[*].

Diese Behauptung mag befremdlich klingen. Wir sind, aus bestimmten kulturellen Traditionen heraus, gewohnt, mit der Vorstellung des Helfens Züge des Freiwilligen, Spontanen, Schenkenden, Unerwartbaren zu verbinden. Solche Assoziationen sind jedoch selbst Ausdruck einer bestimmbaren Lage des Gesellschaftssystems und auf sie hin zu relativieren. Zunächst muß man davon ausgehen, daß nur erwartbares Handeln in soziale Interaktion aufgenommen, verstanden und angemessen erwidert werden kann. Ob es „Helfen" ist, wenn jemand einem Professor ein Buch schickt, wenn die Polizei mit Blinklicht hinter dem Wagen mit Reifenpanne parkt und beim Reifenwechsel zuschaut, wenn ein Prüfer dem Prüfling

---

[*]   Anmerkungen siehe Seite 195

leichtere und immer leichtere Fragen stellt oder wenn ein Chef seine nächsten Mitarbeiter zu einem Glas Bier einlädt, ist im Abstrakten nicht sicher auszumachen, sondern hängt davon ab, wie die Beteiligten die Situation definieren und welche Erwartungen sie in bezug auf die Handlungen, auf ihre Motive und auch auf die Erwartungen der anderen Seite hegen.

Hilfe wird demnach durch Strukturen wechselseitigen Erwartens definiert und gesteuert. Dazu müssen kulturelle Typen und Vorverständigungen vorhanden sein, mittels deren die Beteiligten sich wechselseitig verständlich werden – oder auch sich verfehlen können. Die Situationsdefinition besteht in einem Verwenden oder Verwerfen solcher Typen; sie kommt durch Unterstellen, Anbieten und Annehmen, Modifizieren, Ablenken oder Ablehnen typifizierter Erwartungen zustande. Auch Nichthilfe in Situationen, in denen „man" Hilfe erwarten könnte, ist dadurch zu erklären, daß niemand unter den Anwesenden sie konkret erwartet hatte, oder dadurch, daß der zur Hilfe Befähigte erwartet hatte, daß niemand sie erwartet (2). Die soziologische Frage nach der Funktion und der sozialen Relevanz des Helfens in sozialen Systemen ist daher mehrschichtig zu stellen: Sie bezieht sich einerseits auf die Verfügbarkeit bestimmt umrissener Erwartungstypen für Situationsdefinitionen (was eine für beide Seiten abschätzbare Kanalisierung von Folgehandlungen einschließt) und zum anderen auf die faktischen Konstellationen, in denen solche Typen eine Chance haben, verwendet zu werden.

Diese Konzeption läßt sehr weit offen, wie in verschiedenen Gesellschaften Hilfe jeweils begriffen, wie sie institutionalisiert und wie sie faktisch eingesetzt wird. Angesichts der Vielgestaltigkeit der Ausprägungen würde ein engerer Begriff uns den Zugang zu relevanten Tatbeständen und zu Vergleichsmöglichkeiten abschneiden. Man kann jedoch annehmen, daß allem Helfen ein gemeinsames Grundproblem vorausliegt und daß die Formenvielfalt, die die historisch und ethnologisch vergleichende Forschung aufgedeckt hat, sich daraus erklärt, daß dieses Problem unter sehr verschiedenartigen Bedingungen gelöst werden muß. Immer ist wechselseitige Hilfe unter Menschen verknüpft mit dem Problem des zeitlichen Ausgleichs von Bedürfnissen und Kapazitäten. Nicht alle Handlungen aber und nicht alle Einrichtungen, die sich auf dieses Problem beziehen, werden als Hilfe bezeichnet, erlebt, institutionalisiert. Was Hilfe jeweils bedeuten kann und welche allgemeinen Konturen sie als moralische Forderung, als gesellschaftliche Institution, als organisierbares Programm oder einfach als spontane Tat gewinnt, hängt davon ab, in welchem Kontext gesellschaftlicher Einrichtungen dieses allgemeine Problem des zeitlichen Bedarfsausgleichs gelöst wird.

Grundsätzlich läßt sich festhalten, daß das Problem des zeitlichen Bedarfsausgleichs kein rein zeitliches Problem sein kann; daß es vielmehr erst dadurch zustandekommt, daß eine Mehrheit von Menschen zusammenlebt, die eine Vielzahl von sachlich verschiedenartigen Bedürfnissen erleben. Strukturell und evolutionär bedeutsam ist an diesem Tatbestand, daß jeder einzelne für sich sachlich verschiedenartige Bedürfnisse erlebt, daß die Vielheit der Bedürfnisse also nicht mit der Mehrheit von Personen identisch ist, sondern inkongruent zu ihr auftritt. Sachdimension und Sozialdimension, „welches" Bedürfnis und „wessen" Bedürfnis, müssen unterschieden werden. Daraus entsteht das Problem und die Möglichkeit zeitlichen Bedarfsausgleichs. Es ist bei dieser Struktur nicht damit zu rechnen, daß *dieselben* Bedürfnisse *aller* zum *gleichen* Zeitpunkt akut werden. Vielmehr wird, wenn der eine hungrig ist, der andre gerade sein Haus reparieren, seine Tochter verheiraten, sein gesellschaftliches Ansehen mehren oder seine Feinde schädigen wollen. Erst diese Nichtidentität von Sachdimension und Sozialdimension führt zu jener Spannung, in der Ausgleichsmöglichkeiten bewußt werden.

Eine Konfrontation ausgleichsfähiger Bedürfnisse bliebe jedoch, vom sozialen System her gesehen, zufällig, wenn keine Zeitdifferenzen überbrückt werden könnten; sie bliebe darauf angewiesen, daß eine wechselseitig-komplementäre Bedürfnislage mitsamt ebenfalls komplementären Befriedigungsmöglichkeiten in einem Moment akut und den Beteiligten bewußt wird. Das wäre zwar kein unmögliches, aber ein recht unwahrscheinliches Ereignis. Das Warten auf solche Gelegenheiten wäre ein zeitraubendes Verfahren, währenddessen jedes soziale System zerfallen würde. Soziale Systeme können, mit anderen Worten, nicht in der Form rein okkasioneller Wechselseitigkeit gebildet werden. Sie bedürfen zu ihrer sozialen Verknüpfung der Zeitdimension, sie müssen in gewissem Umfange Bedürfnisse wartefähig halten und Befriedigungsmöglichkeiten zeitlich strecken können, um die Chance der Herstellung von Beziehungen zu erhöhen und vom Zufall unabhängig zu machen.

Aus diesen Vorüberlegungen folgt, daß auf der Zeitachse sozialer Systeme Koordinationsprobleme ausgetragen werden, deren Wurzeln in der Mehrheit von Personen und in der Verschiedenartigkeit ihrer Bedürfnisse liegen. Wir können weiter schließen, daß die Beanspruchung des Zeitfaktors von dieser Ausgangslage abhängig bleibt und daß sie sich im Laufe gesellschaftlicher Evolution ändern wird in dem Maße als, aus welchen historischen Gründen immer, die Zahl der zu koordinierenden Personen und Bedürfnisse zunimmt, die Komplexität des Gesellschaftssystems steigt. Wir wissen in der Tat aus vielfältigen ethnologischen und historischen Forschungen, daß die Zeitvorstellung mit der Gesellschaftsstruktur variiert; daß zum Beispiel rechtliche Formen der Zukunftsbindung erst in den antiken Hochkulturen und nur sehr allmählich entwickelt werden (3) und daß die Annahme einer prinzipiell für andere Möglichkeiten offenen Zukunft erst in der Neuzeit möglich geworden ist (4). In diesem Zusammenhang stellen wir die Frage nach den Funktionen des Helfens im Wandel gesellschaftlicher Bedingungen.

II   Funktionswandel im Laufe der gesellschaftlichen Entwicklung

Für einen groben Überblick genügt es, drei Gesellschaftstypen zu unterscheiden, die im Laufe der gesellschaftlichen Evolution einander ablösen. *Archaische Gesellschaften* sind segmentär differenzierte, auf der Basis von Verwandtschaft oder Wohngemeinschaft in gleiche Einheiten eingeteilte Gesellschaftssysteme auf einer geringen Entwicklungsstufe. Sie sind Systeme von geringer Komplexität, kennen Arbeitsteilung hauptsächlich auf der Basis von Geschlechts- und Altersrollen und zeigen keine oder nur geringfügige Ansätze zur Ausdifferenzierung politischer Herrschaft. *Hochkultivierte Gesellschaften* sind größer und komplexer, kennen in einigen Hinsichten bereits funktionale Differenzierung, vor allem besondere Rollensysteme für Religion und für politische Herrschaft, die sich aus der archaischen Geschlechterordnung herausheben. Sie kennen Städte mit einem beträchtlichen Maß an wirtschaftlicher Arbeitsteilung, bilden zuweilen Großreiche, orientieren sich zumindest in führenden Kreisen an generalisierten Symbolstrukturen eines kosmisch-religiösen Glaubens und zeigen bereits eine ausgeprägte Schichtendifferenzierung. Die *moderne Gesellschaft* faßt zunehmend die gesamte bewohnte Welt in ein gigantisches Sozialsystem zusammen. Sie beruht strukturell auf einem hohen Maß funktionaler Differenzierung vor allem von Politik, Wirtschaft, wissenschaftlicher Forschung und familiärem Intimbereich und gewinnt dadurch Abstraktionsmöglichkeiten, mit deren Hilfe sie ihre Beziehung zur natürlichen Umwelt technisch-industriell umstrukturieren und auf ein hohes Niveau relativer Unabhängigkeit bringen kann. Sie entwickelt eine nicht mehr übersehbare, nicht mehr zentral kontrollierbare Vielfalt von Möglichkeiten des Erlebens und Handelns und eine Eigendynamik, die den sozialen Wandel über alle historisch bekannten Maße hinaus beschleunigt.

Wenn unsere Ausgangshypothesen stimmen, daß markante Veränderungen in der Größenordnung und Komplexität des Gesellschaftssystems dessen Zeithorizont ändern und daß Institutionen des Helfens sich auf einen zeitlichen Ausgleich von Bedürfnissen und Kapazitäten beziehen, ist zu erwarten, daß jene Gesellschaftstypen der wechselseitigen Hilfe einen unterschiedlichen Stellenwert geben je nach dem, ob und wie weit zeitlicher Bedarfsausgleich in die Form des Helfens gebracht und so motiviert werden kann. Wir wollen in drei knapp gehaltenen Skizzen zu zeigen versuchen, daß dies in der Tat so ist.

1. *Archaische Gesellschaften: Die Dehnbarkeit der Dankbarkeit.* – In archaischen Gesellschaften findet man Bedingungen, die der wechselseitigen Hilfe als Institution und als normierter Pflicht eine prominente Stellung geben. Die Lebensführung dreht sich um die Befriedigung relativ weniger, allen bekannter Grund-

bedürfnisse. Die Situationen und Notlagen sind durchweg vertraut, die Beteiligten kennen sich; das erleichtert, wie auch die neuere sozialpsychologische Forschung bestätigt, (5) das Auslösen von Hilfshandlungen. Das Handlungsrepertoire ist gering und ebenfalls bekannt, die Umweltbedrohung dagegen groß und, für die Gesellschaft, zufallsabhängig. Daher sind Bedürfnisse und Handlungsmöglichkeiten als Interna der Gesellschaft voraussehbar, die Fluktuationen der Umwelt und damit die Bedürfnislagen dagegen nicht. Dazu kommt, daß die Gesellschaft wenig Zeit hat, da sie in Grundbedürfnissen unvorhersehbar unmittelbar bedroht ist. Diese Lage des Gesellschaftssystems erzwingt und erlaubt eine gleichsam kleinformatige Institutionalisierung des Zeitfaktors – eine Institutionalisierung reziproker persönlicher Hilfe unter Stammesangehörigen.

Die Lage ähnelt nämlich der, von der wir unter I ausgegangen sind: Eine Mehrzahl von Personen erlebt eine Vielzahl von Bedürfnissen, die für die einzelnen zu wechselnden Zeitpunkten akut werden. Das Problem liegt im Zeitausgleich, durch den die internen Beziehungsmöglichkeiten gesteigert werden und das System gegenüber seiner Umwelt erhaltungsfähiger konstituiert werden kann. Es erstaunt daher nicht, daß die Institutionalisierung zeitbeständiger Reziprozität zum Kernpunkt rechtlich-moralischer Struktur der Gesellschaft wird – mehr oder weniger eng verknüpft mit magisch-religiösen Vorstellungen, die im wesentlichen als funktionales Äquivalent für Voraussicht dienen.

Die Formen, in denen Helfen institutionalisiert ist und mit anderen strukturellen Erfordernissen verbunden wird, bieten in den einzelnen Gesellschaften ein sehr unterschiedliches Bild. Archaische Gesellschaften sind das große Experimentierfeld der gesellschaftlichen Evolution und entwickeln unabhängig voneinander, gleichsam versuchsweise, für eine begrenzte Zahl von Strukturproblemen eine Vielzahl verschiedenartiger funktional äquivalenter Lösungen (6). Gleichwohl kristallisiert sich, da nur wenige Lösungen stabilisierbar sind, eine gewisse Typik der Formen und eine Vergleichbarkeit auch der Folgeprobleme heraus.

Wechselseitige Hilfe ist für den Aufbau archaischer Institutionen von unerläßlicher Bedeutung. Genetisch gesehen hat sie den großen Vorzug, fast ohne institutionelle Voraussetzungen anlaufen und dann nach dem „Prinzip der kleinen Schritte" sich festigen zu können (7). Angesichts dieser Entstehungsweise wird ein weiterer Befund nicht überraschen: In archaischen Gesellschaften fehlt weithin eine bewußte Institutionalisierung der Reziprozität als solcher, als Form für Leistungsverbindungen, etwa nach Art eines Vertrages (8). Man findet eine Institutionalisierung von Hilfspflichten bzw. Abgabepflichten und eine Institutionalisierung von Dankespflichten je für sich (9). Der Beitrag zur Bedürfnisbefriedigung wird in der Situation als Gabe gesehen und konkret erwartet. Die Leistung braucht und kann nicht unabhängig von der Situation und der Person der Helfenden objektiv bewertet und verglichen werden. Sie löst dann als Akt ohne Vorstellung eines Synallagma, also ohne Zwischenschaltung des Gedankens eines wechselseitigen Bedingungsverhältnisses der Leistungen, Dankesverpflichtungen aus. Das schließt selbstverständlich nicht aus, daß die Motivation von einer Leistung auf die andere überspringt. Aber eine Beziehung braucht, wofür auch die sprachlichen Möglichkeiten oft fehlen, (10) nicht vorgestellt, nicht legitimiert, geschweige denn an einem Kriterium der Gerechtigkeit überprüft zu werden.

Der Sinn dieses seltsam konkreten Arrangements erklärt sich nicht nur aus dem begrenzten Sprach- und Vorstellungsvermögen „primitiver" Völker. Er ist unter den gegebenen Bedingungen zugleich in hohem Maße zweckmäßig, weil anpassungsfähig. Hilfe wird in der Form von Hilfs- und Abgabepflichten dann und nur dann ausgelöst, wenn Überschüsse vorhanden sind. Dankespflichten bleiben unspezifiziert und nach Bedarf und Umständen auslösbar: sie können in wirtschaftlichen Gegenleistungen, Arbeit, Unterwerfung, Prestigezuweisung, Kampfeshilfe oder wie immer – also quer durch alle Funktionsbereiche der Gesellschaft – erfüllt werden. In der fehlenden Festlegung des Anstoßes zum Bedarfsausgleich (außer durch das Merkmal Überschuß) und in der fehlenden Spezifikation der Dankespflicht kommen hohe Elastizität und geringe Störanfälligkeit der Institution zum Tragen. Man kann sich bei dieser Regelung dem Fluktuieren eines konkreten und dringenden Bedarfs anpassen, vermeidet eine Übertragung von Leistungsstörungen auf Gegenleistungen aus rein rechtlichen Gründen und integriert alle Funktionsbereiche durch sie verbindende Dankespflichten.

Gleichwohl scheint der Bedarf für Hilfe sich in dieser Form nicht voll befriedigen zu lassen, vermutlich deshalb, weil sie durch besondere soziale Nähe des Hauses, der Nachbarschaft, des Dorfes, der Sippe, des Stammes motiviert und dadurch begrenzt ist. Gegenstrukturell gibt es daher bereits in vielen archaischen Gesellschaften freiwillig eingegangene Zweierbeziehungen, die auf außergewöhnliche Hilfe spezialisiert sind und bereits jene Tönung persönlicher Freundschaften annehmen können, die man aus der Ilias kennt (11). Sie bilden jedoch, von der dominanten Gesellschaftsstruktur her gesehen, künstliche Abstraktionen, die nur so lange eine kompensatorische Funktion erfüllen können, als der erforderliche Bedarfsausgleich primär in den segmentierten Teileinheiten der Gesellschaft geregelt werden kann.

Die Schwächen der archaischen Struktur zeigen sich an anderer Stelle, und sie werden kritisch in dem Maße, als die Komplexität der Gesellschaften zunimmt und mehr Personen mit verschiedenartigen Bedürfnissen koordiniert werden müssen. Der eine Brennpunkt weiterer Entwicklung ist, daß institutionalisierte Abgabepflichten die Kapitalbildung verhindern (12): Man muß austeilen, Feste veranstalten, unter Umständen seine Mittel verschwenden und erntet damit zwar

Prestige, Führungskapazität und Dankbarkeit, nicht aber unbedingt einen rückfließenden Kapitalzuwachs. Das ist tragbar nur, solange die Wirtschaft ohnehin kaum Möglichkeiten bietet, zeitfestes Kapital zu akkumulieren.

Ein anderes Folgeproblem geht von der Unbestimmtheit der Dankespflicht aus. Wer Hilfe annimmt, muß sich unvorhersehbaren Gegenerwartungen aussetzen. Je mehr Möglichkeiten die Gesellschaft konstituiert, um so mehr wird die Dehnbarkeit der Dankbarkeit zum Problem, um so mehr greift sie auf unberechenbare Weise in andersartige Funktionszusammenhänge über. Man läßt sich in der Not einen Mantel schenken und sieht sich später, Großkönig geworden, der Forderung auf die Statthalterschaft über eine ganze Insel gegenüber (13). Solche Verpflichtungen sind nur in kleinen Verhältnissen mit wenigen, übersehbaren Abrufmöglichkeiten erträglich. Komplexere Gesellschaften müssen Instrumente der Präzisierung und Begrenzung entwickeln – zum Beispiel den Konsensualvertrag.

2. *Hochkultivierte Gesellschaften: Die Ausbeutung der Mildtätigen.* – Nur wenige archaische Gesellschaften nehmen auf Grund einer entwicklungsgünstigen institutionellen Ausgangslage den Weg zur Hochkultur, (14) der die Bedingungen des zeitlichen Bedarfsausgleichs und damit der Institutionalisierung des Helfens in wesentlichen Hinsichten verändert. Die Veränderung liegt einmal in einer stark zunehmenden produktiven Arbeitsteilung in Landwirtschaft, Gewerbe und Handel und in einer schichtenmäßigen Verteilung des Produkts. Die daraus entstehenden Spannungen erfordern eine Ausdifferenzierung politischer Herrschaft über den archaischen Geschlechterverbänden und Häusern – einer Herrschaft, die Ämter und Verfahren bereithält, um Rechtsfragen zu entscheiden und die den einzelnen, zumindest in Rechtsangelegenheiten, als Individuum behandelt und schützt. Zur Begründung von Herrschaft, Schichtendifferenzierung und Individualität entstehen generalisierte Normvorstellungen, die in einer kosmischreligiösen Moralität zusammengefaßt werden.

In dieser Lage des Gesellschaftssystems ergeben sich die Notwendigkeit, aber auch die Mittel und die Bezugspunkte einer Neuinterpretation des Helfens. Durch Arbeitsteilung und Schichtendifferenzierung entfällt ein wesentliches Moment der Motivation zu unmittelbarer Reziprozität des Helfens: die Reversibilität der Lagen. Die Fälle werden seltener und strukturell bedeutungslos, in denen der Helfende hilft, weil er selbst in die Lage dessen kommen kann, dem er hilft – mag er nun durch die Hoffnung auf Gegenleistung oder durch ein Sichselbst-in-der-Lage-des-anderen-Sehen motiviert sein. Die Motivation zu reziproker Leistung wird von der des Helfens getrennt und in der Form des Vertrages (15) stabilisiert. Seitdem lockert sich die Beziehung des Helfens und Dankens zum Recht, ohne daß der Zusammenhang ganz reißt (16). Recht und Wohltätigkeit übernehmen unterschiedliche Funktionen in der Stabilisierung von Schichtenunterschieden (17). Die Motivation zur Hilfe muß auf Umwegen beschafft, muß kulturell vermittelt werden. Die Anknüpfungspunkte dafür finden sich in den evolutionären Errungenschaften der Hochkulturen: in der Individualisierung der Persönlichkeit und in der Generalisierung der religiös bestimmten Moral. Das archaische Rollenerfordernis der Freigebigkeit wird zur Tugend hochstilisiert (18). Hilfe wird jetzt individualistisch moralisiert (wenngleich noch nicht im modernen Sinne subjektiv verinnerlicht). Sie wird als gute Tat begriffen und soll entsprechend der Ordnung sozialer Schichten, von oben nach unten gerichtet werden (19). Einen Prototyp und eine ausgearbeitete Dogmatik dafür findet man unter dem Stichwort des Almosens. Darin drückt sich bereits der Beginn einer Randstellung des Problems, einer Marginalisierung des Helfens aus, eine Entpflichtung des Helfenden, der freiwillig handeln soll – aber eben doch soll (20). Zugleich werden nämlich generalisierte religiöse Motivationsmuster bereitgehalten, an die der Hilfesuchende, mehr oder minder aufdringlich, appellieren kann. Der Arme spekuliert nicht nur mit den Heilsinteressen des Reichen, er spricht sein Gewissen unmittelbar an, er stellt sich ihm als Anlaß zur guten Tag in den Weg (21). Bei aller Individualisierung bleibt die Hilfe damit eine öffentliche Angelegenheit, die sichtbar und unter den Bedingungen öffentlicher Kontrolle eingefordert und erwiesen oder abgelehnt wird.

In dieser Form ermöglicht eine Gesellschaft mit Schichtendifferenzierung Hilfe trotz Unterbrechung der Reziprozität. Zumindest erscheint Reziprozität nicht mehr in der Form einer erwartbaren Gegenleistung, sondern nur noch in der generalisierten Form einer Anerkennung der Lage, insbesondere einer Anerkennung der Statusdifferenz (22). Die Generalisierung der Moral wird durch generalisierte Anerkennung von Positionen abgestützt (23). Dadurch mindern sich jene Störungen, die funktionsübergreifende Hilfs- und Dankespflichten auslösen können. Schichtengebundene Ordnung des Helfens von oben nach unten ist deshalb eher mit funktionaler Differenzierung vereinbar, zumal die Entscheidungsfreiheit oben zunimmt. Hilfe ist nicht mehr, wie in elementaren Interaktionen oder auch in archaischen Gesellschaften, ein *statuskonstituierendes* Prinzip; sie drückt einen schichtenmäßig gefestigten Status nur noch aus, ist Statussymbol, Standespflicht, in mehr häuslich-patrimonialen Verhältnissen auch fürsorgliche Verantwortung – in jedem Falle eine Ventilsitte der Schichtendifferenzierung. Überliefert sind eine Fülle von Berichten über ritterliche Freigebigkeit und aristokratische Fürsorge für die Armen und Siechen – von Berichten mit exemplarischem Charakter und erzieherischer Intention (24). Die Frage der Wirksamkeit in einem breiteren, über den Einzelfall hinausgehenden sozialpolitischen Sinn wurde nicht gestellt.

Eine Variante dieser Problemlösung kennen wir im klassischen Typus der *Profession* – etwa im Falle der Priester, Ärzte, Juristen. Professionen haben sich gebildet zur Hilfe bei ungewöhnlichen Lagen, vor allem Lebensrisiken, angesichts von Angst, Tod, nicht eindämmbarem Streit. Sie beschaffen Sicherheit und Problemlösungen durch spezialisierte Techniken des Umgangs mit solchen Problemen (wobei diejenigen, die diese Techniken anwenden, normalerweise nicht selbst das volle Risiko, sondern nur ein abgeleitetes Berufsrisiko tragen); ferner durch eine auf Helfen ausgerichtete besondere Berufsmoral und durch hohes Sozialprestige, das aus den Notlagen des Lebens heraushebt und situationsmäßige Überlegenheit, Dispositionsfreiheit und Unangreifbarkeit sichert. Zu all dem gehört die Prätention, daß die Hilfe nicht im eigenen Interesse des Helfenden liegt und daher nicht reziprok vergolten, sondern nur „honoriert" wird (25). Diese für die klassischen Professionen eigentümliche Kombination von Problembezug, Freiheiten und Bindungen gehört in hochkultivierte Gesellschaften und wird heute nur noch als Attrappe fortgeführt (26).

All diesen Verhaltensmustern ist gemeinsam ein Rückgriff auf moralisch generalisierte Wertgrundlagen und auf eine relativ gefestigte Schichtendifferenzierung. Hinzu kommt eine deutliche Abtrennung des Helfens und Hilfeerwartens von den spezifisch ökonomischen und rechtlichen Formen der Zukunftssicherung. Und daraus entwickeln sich in dem Maße, als die Wirtschaft sich entwickelt, Folgeprobleme, die die gesellschaftsstrukturellen Bedingungen des Helfens abermals verändern.

Mehr und mehr sprengt in der Neuzeit die Wirtschaft die Grenzen des Hauses und rückt in die gesellschaftlich führende Stellung. Der Geldmechanismus wird universell in dem Sinne, daß er nahezu alle Befriedigungsmöglichkeiten vermittelt. Zukunftsvorsorge läßt sich nun als Vorsorge für Geld zusammenfassen und alle Leistungen, einschließlich des Besitzes von Sachgütern und Ausbildungen, werden unter diesem Gesichtspunkt „kapitalisiert" (27). Kapital – und damit ist hier nicht „Privatkapital" gemeint, sondern Liquidität schlechthin – tritt als abstrakteres funktionales Äquivalent an die Stelle von Dankbarkeit. Geld wird zum generalisierten Hilfsmittel. Die Almosenpraxis des Mittelalters gerät in verschärften Konflikt mit den Erfordernissen wirtschaftlicher Kapitalbildung – und dies nicht nur im Spiegel kirchlicher Finanzinteressen. Und sie gerät seit der Reformation auch moralisch in Mißkredit, (28) vielleicht vor allem deshalb, weil die Generalisierung des Hilfsmittels Geld die Aufmerksamkeit von den konkreten Bedürfnissen weg auf die Motive des Geldgebers hinlenkt. Die moralische Theorie betont wiederum die Gleichheit, Reziprozität und Reversibilität des Helfens und Dankens (29) und reflektiert damit die Erfordernisse der Kapitalbildung in den vermögenden Kreisen, die nicht mehr als Höhergestellte und Reiche unter Abgabedruck gesetzt werden, sondern als Privatleute Geld spenden. Armut wird nicht mehr als „heilige Armut", als von Gott verordnetes Schicksal, als Gelegenheit zu guten Taten gesehen, sondern als erziehender Faktor und als Arbeitsmotiv. Eine entsprechende, mehr systematische, mehr sozial-strukturelle Betrachtung setzt sich auch in der Armenhilfe durch (30). Die Armenpflege geht an den Staat über, der sich durch Besteuerung des „Überflusses" finanziert (31). Die größere Abstraktheit des Geldkapitals (vor allem Unabhängigkeit der Sicherheit von personalem Bezug und vom Einhalten moralischer Bindungen) ermöglicht es, mehr Kombinationen herzustellen, und diese Kombinationsgewinne werden in einer zunehmend komplexen Gesellschaft zum Betrieb von Industrie, Handel und Verwaltung benötigt. Abstraktheit ermöglicht ferner Zeitgewinne – Erstreckung des Bedarfsausgleichs über eine längere, prinzipiell unbegrenzte, und von der Bedeutung der Ereignisse unabhängige Zeit. Die Bedarfsdeckung reduziert sich auf ein Problem der Geldverteilung, deren gesellschaftliche Strukturen und Mechanismen durchsichtig und angreifbar werden.

Ein anderer Gesichtspunkt kommt hinzu. Hilfe setzt gemeinsame Interpretation von Bedarfslagen und Mittelverwendungen, also ein hohes Maß von Meinungsübereinstimmung voraus: Wer Schutz begehrt, muß sich Weisungen fügen, begründet also ein Herrschaftsverhältnis (32); und umgekehrt kann der Herr, der die Hilfe seiner Untertanen begehrt, den Rat der Helfenden kaum abweisen (33). Daher wird weithin soziale Nähe als moralisches und kognitives Erfordernis sinnvollen Helfens angesehen (34). In der neueren Zeit haben die Vervielfältigung möglicher Bedürfnisse und möglicher Befriedigungen sowie die Universalität des Geldmechanismus diese Voraussetzung untergraben. Außerhalb von persönlich-intimen Beziehungen ist es unwahrscheinlich geworden, daß sich Meinungen in der konkreten Form des „Ratens und Helfens" zusammenfinden. Die Beziehung des Helfens und Dankens wird – sehr deutlich wiederum bei Adam Smith und im gesamten Freundschaftskult des 18. Jahrhunderts – privatisiert und sentimentalisiert. Unter solchen Umständen wird Mildtätigkeit eine Zumutung. Die Liquidität des Geldes macht offensichtlich, daß Hilfe von überallher kommen kann: Es gibt immer andere, die über mehr Geld verfügen können. Und die Quantifikation der Geldzahlung macht Hilfe vergleichbar und drückt sie auf ein Minimum herab: Es gibt immer andere, die noch bedürftiger sind. Der abstrakte Appell an moralische Hilfsbereitschaft ist nicht mehr durch Lebenssachverhalte gedeckt. Er ist auf gesamtgesellschaftlicher Ebene allenfalls noch sinnvoll als Korrektur von Planungsfehlern oder von politischem Versagen. Im Grunde läuft er auf einen Versuch der Ausbeutung von Mildtätigkeit hinaus. Hilfe braucht eine neue, von individuellen Entschlüssen unabhängige Form, und sie findet sie durch Organisation.

3. Moderne Gesellschaft: Die Beseitigung der Problemfälle. Es kennzeichnet die moderne Gesellschaft, daß viele Funktionen, die früher auf der Ebene des gesamtgesellschaftlichen Systems erfüllt wurden, auf Organisationen verlagert werden um der Vorteile willen, die mit funktionaler Differenzierung und Leistungsspezialisierung verbunden sind. Um diese Funktionsverschiebung begreifen zu können, muß man sehen, daß ein Wechsel der Ebenen der Systembildung vorliegt. Gesellschaftssysteme konstituieren sich nach einem anderen Prinzip als organisierte Sozialsysteme, vor allem nach anderen Voraussetzungen über Ordnungsvorgaben in ihrer Umwelt (35). Während Gesellschaftssysteme sich ins nahezu Voraussetzungslose einer ungewissen, feindlichen, fremden oder gar in physisch-organischen Grenzen beliebigen Umwelt konstituieren, setzt eine Organisationsgründung in hohem Maße geregelte Verhältnisse voraus. Darauf sich stützend, kann sie dann ein relativ unwahrscheinliches, zum Beispiel höchst einseitiges, langfristig diszipliniertes, auf Signal hin änderbares Verhalten erwirken; sie kann das Unwahrscheinliche erwartbar machen. In archaischen Gesellschaften gehörten Hilfs- und Dankeserwartungen unmittelbar zur Gesellschaftsstruktur, dienten der Konstitution des Zusammenhanges gesellschaftlichen Lebens (36). In hochkultivierten Gesellschaften beruhte das Helfen noch auf der moralisch generalisierten, schichtenmäßig geordneten Erwartungsstruktur, ohne in seiner konkreten Ausführung die Gesellschaft selbst zu tragen. In der modernen Gesellschaft hat sich auch dieses Verhältnis gelöst. Weder beruht unsere Gesellschaft auf Interaktionen, die als Helfen charakterisiert werden könnten, noch integriert sie sich durch entsprechende Bekenntnisse; aber sie konstituiert eine Umwelt, in der sich organisierte Sozialsysteme bilden können, die sich aufs Helfen spezialisieren. Damit wird Hilfe in nie zuvor erreichter Weise eine zuverlässig erwartbare Leistung, gleichsam Sicherheitshorizont des täglichen Lebens auf unbegrenzte Zeit in den sachlichen Grenzen der Organisationsprogramme, deren jeweiligen Inhalt man feststellen kann. Zugleich wirkt gesellschaftlicher Wandel als Veränderung der Umwelt von Organisationen, und nicht mehr direkt, auf diese ein (37).

Sensibel für solche Änderungen, aber ohne sie theoretisch begreifen zu können, hat Georg Simmel (38) diesen Wandel gleichsam punktuell und impressionistisch charakterisiert: Die Armenpflege war und bleibt lokal gebunden – dies heute aber nicht mehr um der lokalen Lebensgemeinschaft willen, der der Arme nach Gottes Willen als Mahnung und als Gelegenheit zu guten Taten angehört, sondern um der kurzen Informationswege und der raschen Ermittlung von Tatbeständen willen, auf die es bei einer organisatorischen Bewältigung dieser Aufgabe ankommt. Dem kann die moderne Organisationstheorie zahlreiche weitere Gesichtspunkte anfügen. Die Organisation der, wie es heute heißt, Sozialarbeit setzt nicht nur *Kommunikationswege* voraus, sondern darüber hinaus *Personal* und *Programme*. Beides sind Strukturen eines Entscheidungsprozesses, durch die dieser im Sinne spezifischer Funktionen gesteuert und angepaßt werden kann. Dabei kann die Steuerung je nach den Umständen mehr über Personal oder mehr über Programme laufen und sich auch von der einen auf die andere Struktur verlagern.

Die „Professionalisierung" der Sozialarbeit bezieht sich nicht, wie im Falle der klassischen Professionen, auf Probleme des Gesellschaftssystems. Die Systemreferenz hat auch hier gewechselt. Es geht einerseits um Prestige- und Gehaltsansprüche, die durch Mitgliedschaft in Organisationen zu verwirklichen sind, und, als Gegenleistung dafür, um Beschaffung von Persönlichkeitsstrukturen, namentlich Motivation und Ausbildung, für einen Entscheidungsprozeß, der angeblich nicht ausreichend durch Entscheidungsprogramme gesteuert werden kann. Veränderungen im Ausbildungswesen (namentlich in Richtung auf eine Hochschulausbildung) haben daher immer diesen Doppelaspekt: Sie betreffen Prestige- und Gehaltsansprüche einerseits, Entscheidungsprämissen der organisierten Arbeit andererseits. Als Argument für Professionalisierung dient dabei nicht selten der Gedanke einer „persönlichen", möglichst „unbürokratischen" Hilfe, ohne daß die organisatorischen Bedingungen der Substitution personaler für programmatische Entscheidungsprämissen genau geklärt wären. Zum Teil wird die Unbestimmtheit der Programme auch durch eine lernbare Methodik des Helfens in Einzelfällen kompensiert (39).

Trotz dieser als Gegenzug herausgeforderten Personalisierung und Professionalisierung liegt der organisatorische Schwerpunkt der Durchführung sozialer Hilfe heute in Entscheidungsprogrammen – das heißt in Regeln, nach denen die Richtigkeit von Entscheidungen beurteilt wird. Im großen und ganzen bestimmt die Optik der Programme das, was an sozialer Hilfe geschieht, bzw. nicht geschieht. Organisierte Arbeit richtet sich nach den Gesichtspunkten, unter denen ihr Ergebnis für gut befunden und abgenommen wird, und wo solche Gesichtspunkte fehlen, bildet sie sie aus. Das hat eine Fülle von Konsequenzen, die man in ihrer Gesamtheit überblicken muß, um ein Urteil über den eigentümlichen Stil organisierter Sozialhilfe zu gewinnen.

Eine wichtige Folge ist, daß über Hilfe jetzt *zweimal* entschieden werden muß: einmal über das Programm und dann über den Einzelfall in der Ausführung des Programms. Die Entscheidungskompetenzen mögen unterschiedlich verteilt sein, die Programme können ganz oder teilweise auch in der Fallpraxis entwickelt werden. Den Außenstehenden, die Hilfe suchen, wird im Einzelfall das Programm als fertige Struktur entgegengehalten: „Es wird nur gegeben, wenn…". Sie müssen daher, wollen sie die organisatorischen Möglichkeiten ausschöpfen, ihr Vorgehen entsprechend doppeln; sie müssen nicht nur die Entscheidung über den Einzelfall, sondern auch die Entscheidung über das Hilfsprogramm zu beeinflussen suchen. Sie müssen sich zu diesem Zwecke selbst organisieren, zumindest Vertreter als wirksame Sprecher entsenden können. Deren Wirksamkeit beruht nicht etwa auf exemplarischer Hilfsbedürftigkeit. Die Vertreter müssen nicht selbst besonders arm, blind oder verkrüppelt erscheinen, sondern sie müssen auf dem politischen und organisatorischen Terrain gewandt operieren können; sie müssen also andere Merkmale und andere Fähigkeiten aufweisen als die Hilfsbedürftigkeit selbst. Diese Umweltdifferenzierung ist ein Korrelat der organisationsinternen Differenzierung von programmierenden und programmierten Entscheidungen. Durch eine Kombination beider Formen der Differenzierung wird eine für frühere Gesellschaften unmögliche Wirkungsverstärkung erreicht – freilich nur in den engen Grenzen dessen, was organisierbar und programmierbar ist.

Die allgemeinen Bedingungen der Organisierbarkeit und Programmierbarkeit und weiter all das, was an Organisationen und Programmen schon vorhanden ist, wirken als *selektive Faktoren,* deren Wirkungsverstärkung zugleich Effekte *selektiver Nichtbeachtung* mitproduziert (40). In dem Maße als das Organisationsmilieu Erfahrungs- und Handlungsgrundlage wird, bestimmen dessen Eigenarten den Horizont des Möglichen. In diesem Rahmen ist die Entscheidung, zu helfen oder nicht zu helfen, nicht Sache des Herzens, der Moral oder der Gegenseitigkeit, sondern eine Frage der methodischen Schulung und der Auslegung des Programms, mit dessen Durchführung man während einer begrenzten Arbeitszeit beschäftigt ist. Die Problemvorzeichnung, auf die die Organisation verläßlich reagiert, findet sich in ihrer eigenen Struktur. Die Ausführung des Programms wird durch die Vorteile der Mitgliedschaft in Arbeitsorganisationen motiviert, die Mittel sind weitgehend Geldmittel und werden pauschal beschafft. Individuelle Motive zur Hilfe sind insoweit entbehrlich, und das bewirkt hohe Beliebigkeit, Steuerbarkeit, Änderbarkeit der Zuwendung von Hilfe. Die helfende Aktivität wird nicht mehr durch den Anblick der Not, sondern durch einen Vergleich von Tatbestand und Programm ausgelöst und kann in dieser Form generell und zuverlässig stabilisiert werden.

Die Bedingungen des in der Organisation Möglichen steuern selbst Wahrnehmungsprozesse. Probleme werden „gesehen", soweit organisierte Routinen zu ihrer Lösung bereitstehen oder soweit neue Routinen an die vorhandenen angegliedert werden können. Die Notlagen müssen sich unter einem Entscheidungsmodus zu Fallgruppen zusammenschließen lassen. Ein Künstler, der erfolglos im Unbekannten malt, wird als Fall für Arbeitslosenunterstützung oder Arbeitslosenfürsorge behandelt, und die Behörde mobilisiert all ihr Wohlwollen und all ihre Phantasie zu dem Entschluß, ihn als jemanden zu behandeln, der nicht arbeitet, weil er nur unter diesem Gesichtspunkt in ihr Programm paßt. Die Fortsetzung der Hilfe hängt dann von dem Anschein des Nichtarbeitens ab – also zum Beispiel von dem Unterlassen von Ausstellungen. Das Entscheidungsproblem, das die Organisation zu lösen hat, ist nicht das Problem, in dem der Künstler Hilfe braucht und sucht.

Im einzelnen richtet sich die selektive Struktur nach dem Typus der Programmierung, die entweder Zweckprogrammierung oder konditionale Programmie rung sein kann (41). Diese Doppelgleisigkeit der Programmierungsmöglichkeiten hat ihrerseits Konsequenzen. An sich läge es nahe zu erwarten, daß Hilfe zum Zweck organisierten Handelns gemacht und dann als Richtschnur für die Auswahl von Mitteln verwandt würde. Demgegenüber bietet jedoch die konditionale Programmierung über festgelegte Auslösebedingungen des Handelns wesentliche indirekte Vorteile der Technisierung, Entscheidungsentlastung, zentralen Steuerbarkeit und Kontrollierbarkeit des Handelns. Vor allem hängen die Juridifizierung von Hilfsansprüchen und das rechtsstaatliche Prinzip der Gleichheit an konditionaler Programmierung und werden bei reinem Zweckdenken unterlaufen. Daher wird auch Hilfe weitgehend in der Form programmiert, daß immer, wenn im voraus spezifizierte Bedingungen vorliegen, im voraus spezifizierte oder doch umgrenzte Leistungen gewährt werden. Daraus entstehen Konflikte zum natürlicherweise näher liegenden Zweckdenken, das die Ansprüche der Umwelt und oft auch das Arbeitsethos und die Daseinsrechtfertigung der Organisation bestimmt (42). Damit gerät das Sinnerleben und die faktische Arbeit an sozialen Problemen nicht selten in Widerspruch zu den geltenden Regeln. Die Auswege und Umwege, die in dieser Lage gesucht werden, sind wiederum organisationsintern bedingt und dem Bedürftigen nicht unmittelbar als Hilfe verständlich.

Weitere Konturen dieses Typus von Hilfe ergeben sich aus seiner Bindung an vorgegebene Problemdefinitionen. Die Daseinsvorsorge wird von der Wirtschaft und ihrem Geldmechanismus besorgt; sie ist ein zentraler Antriebsfaktor gesellschaftlichen Wandels. Den Organisationen sozialer Hilfe obliegt eher eine „Daseinsnachsorge" (43). Sie arbeiten an der Beseitigung von Problemfällen, die sich aus der Verwirklichung der vorherrschenden Strukturen und Verteilungsmuster immer neu ergeben. Es ist nicht ihre Sache, und überhaupt nicht Sache von Hilfe, sich eine Änderung der Strukturen zu überlegen, die konkrete Formen der Hilfsbedürftigkeit erzeugen.

Schließlich hat gerade die Effektivität und Zuverlässigkeit organisierten Helfens eigene dysfunktionale Folgen. Durch Programmierung der sozialen Hilfe gerät nichtprogrammiertes Helfen in die Hinterhand. Es kann organisationsintern sogar ausgesprochen zur Störung werden, wenn jemand programmlos hilft (44). Jedenfalls wird das Fehlen eines Programms zunächst ein Grund und eine Begründung sein, nicht zu helfen – es sei denn für Organisationen (vielleicht Kirchen oder nach Schelskys (45) Vorschlag das Rote Kreuz), die sich gerade darauf spezialisieren, bei Fehlen eines Programms zu helfen (46). Die organisierte Arbeit an der Beseitigung von Problemfällen gräbt andersartigen Hilfsmotivationen das Wasser ab, weil sie ihnen in der Effektivität und durch eine diffuse Steuerung der Belastungen überlegen ist. Die Vermutung besteht, daß jedem Hilfsproblem eine zuständige Stelle entspricht, und daß jemand Hilfe eigentlich nur noch braucht, um diese Stelle zu finden. Nächstenliebe nimmt dann die Form einer Verweisung an. Gerade darin liegt eine Gefahr, weil nicht jede Art von Notlage organisatorisch zu steuern ist. Auf dem Terrain der Organisation kann ihre eigene Einseitigkeit durch Regulierung und Anpassung der Problemdefinitionen letztlich nur politisch abgefangen werden – aber auch dies wiederum nur nach Maßgabe organisatorischer Strukturen und Prozesse, die auf anderen Ebenen eigens dafür geschaffen werden.

III   Der Ausfall gesamtgesellschaftlicber Regulierung

Für die heutige Gesellschaft wäre es eine grobe Vereinfachung, alles helfende Handeln auf einen einzigen Modus zurückzuführen. Gewiß hat sich die Organisation als dominante Form des helfenden Bedarfsausgleichs durchgesetzt. Daneben überleben jedoch archaisch-symbiotische Verhältnisse ebenso wie moralisch generalisierte Formen des Helfens (47). Freiwillige Leistung und Gegenleistung aus Dankbarkeit sind ebensowenig verschwunden wie gute Taten, die um ihrer selbst willen erbeten und erbracht werden. Selbst ritualisierte Formen der Überschußverteilung halten stand – so alljährlich zu Weihnachten eine Art privates System wechselseitiger Besteuerung zugunsten des Handels. Was auffällt, ist eine gewisse *Zufälligkeit des Beisammenseins* dieser verschiedenen Arten des Helfens, und darin zeigt sich ein Ausfallen der gesamtgesellschaftlichen Strukturierung unseres Grundproblems. In der Form von Hilfe werden heute nicht mehr Probleme von gesamtgesellschaftlichem Rang gelöst, sondern Probleme in Teilsystemen der Gesellschaft. Damit ist ein einheitliches Muster, eine religiöse oder moralische Formel entbehrlich geworden.

Die Gründe dafür dürften teils in der Entwicklung des Gesellschaftssystems selbst, teils in der Entwicklung der Wirtschaft zu suchen sein. Die Ära der Regionalgesellschaften ist beendet. Seitdem alle Menschen füreinander durch Kommunikation nach erwartbaren Strukturen erreichbar sind, gibt es nur noch eine Gesellschaft: die Weltgesellschaft (48). Die Strukturprobleme eines Systems dieser Größenordnung und Komplexität können offensichtlich nicht mehr durch so konkrete Kategorien und Verhaltensmuster wie „Helfen" wiedergegeben werden. Wie gerade an der Problematik von „Entwicklungshilfe" abzulesen ist, passen die in globalem Ausmaß zu lösenden Probleme nicht mehr in diese Form; sie erforderten Prozesse planender Steuerung von Systementwicklungen, letztlich der gesellschaftlichen Evolution selbst, für die sich einstweilen weder politische, noch organisatorische, noch wissenschaftliche Grundlagen abzeichnen. Weder im Sinne von Reziprozität, noch im Sinne karitativer Moral, noch im Sinne richtiger Auslegung von Programmen läßt sich ein weltgesellschaftlich erforderlicher Bedarfsausgleich rationalisieren. Seitdem man weiß, daß die Erde rund ist, die Güter also knapp sind, drängt es sich auf, das alte Problem des Helfens im Weltmaßstabe neu zu definieren als Problem der Verteilung.

Zugleich hat sich in den industriell entwickelten Regionen der Weltgesellschaft der zeitliche Bedarfsausgleich – und damit kehren wir zu einem oben angedeuteten Gedanken zurück – als ein System der Geldwirtschaft ausdifferenziert und hat gesellschaftlich fundierte Institutionen des Helfens verdrängt. Geld ist das effektivere funktionale Äquivalent für Hilfe und Dankbarkeit. Hilfe kann nun Geldzuweisung sein oder Kompensation für Funktionsmängel des spezialisierten Teilsystems Wirtschaft – in beiden Fällen bleibt sie fixiert an Strukturen und Prozesse, die heute nicht mehr auf gesamtgesellschaftlicher Ebene, sondern im Teilsystem Wirtschaft institutionalisiert sind.

Aus all dem ist nicht im Stile oberflächlicher Kulturkritik auf ein Ende des persönlichen Helfens als sozialer Form zu schließen. Nach wie vor ist es möglich und sinnvoll, konkret zu helfen, etwa einem alten Menschen unter die Arme zu greifen und ihn über die verkehrsreiche Straße zu geleiten. Nur mit dem Pathos des Helfens ist es vorbei. Man kann es tun oder man kann es lassen, wenn man gerade anderen Zielen nachjagt. Die Gesellschaft konzediert, auch normativ, die Freiheit des individuellen Entschlusses (49). Und darin liegen Bedingungen der Individualisierung und der Freiwilligkeit des helfenden Handelns, die es ohne Wegfall gesellschaftlicher Normierung nicht geben könnte.

Anmerkungen

1   Diese Formel verkürzt soziale und psychische Bedingungen, die im einzelnen sehr kompliziert liegen. Einen Eindruck davon vermittelt *Jaqueline Maucaulay/Leonard Berkowitz* (Hrsg.), Altruism and Helping Behavior: Social Psychological Studies of Some Antecedents and Consequences, New York/London 1970.

2   Dies zeigen Forschungen über Nichthilfe bei Verbrechen oder Notständen, die durch den Skandal der von 38 passiven Zeugen beobachteten Ermordung der Kitty Genovese ausgelöst wurden. Vgl. einige Beiträge in *Macaulay/Berkowitz* a.a.O.; ferner *John M. Darley/Bibb Latané,* Bystander Intervention in Emergencies: Diffusion of Responsibilty, Journal of Personality and Social Psychology 8 (1968), S. 337-383; *Bibb Latané/ Jobn M. Darley,* Group Inhibition of Bystander Intervention in Emergencies, Journal of Personality and Social Psychology 10 (1968), S. 215-221; *Bibb Latané/Judith Rodin,* A Lady in Distress: Inhibiting Effects of Friends and Strangers on Bystander Intervention, Journal of Experimental Social Psychology 5 (1969), S. 189-202. Zum deutschen Parallelfall Ulrich Nacken vgl. *Hanno Kühnert,* Erfroren am Straßenrand, Frankfurter Allgemeine Zeitung vom 22.1.1971, S. 1.

3   Vgl. etwa *Emile Durkheim,* Leçons de Sociologie physique des moeurs et du droit. Paris 1950, S. 206 ff.; *George Davy,* La foi jurée. Etude sociologique du problème du contrat. La formation du lien contractuel, Paris 1922;*Marcel Mauss,* Manuel d'Ethnographie, Paris 1947, S. 149 ff.; *Louis Gernet,* Les temps dans les formes archaïques du droit, in: Journal de Psychologie normale et pathologique 53 (1956), S. 379-406.

4   Hierzu vgl. *Franz-Xaver Kaufmann,* Sicherheit als soziologisches und sozialpolitisches Problem, Stuttgart 1970, S. 174 ff.

5   Vgl. *John M. Darley/Bibb Latané,* Norms and Normative Behavior: Field Studies of Social Interdependence, in: *Macaulay/Berkowitz* a.a.O., S. 83-101, insbes. 92 f.

6   In der Ethnologie spricht man von „Konvergenz" unabhängig gefundener kultureller Formen und führt sie auf die begrenzte Zahl möglicher Problemlösungen zurück. In der Theorie der organischen Entwicklung hat sich für denselben Sachverhalt der Ausdruck Äquifinalität eingebürgert. Vgl. als theoretisch reflektierte Darstellungen namentlich *Donald T. Campbell,* Variation and Selective Retention in Socio-Cultural Evolution, in: General Systems 14 (1969), S. 69-85 (insb. 78); *Ludwig von Bertalanffy,* Zu einer allgemeinen Systemlehre, in: Biologia Generalis 19 (1949), S. 114-129 (123 ff.). (Hiervon zu unterscheiden ist die fragwürdige These der Konvergenz ganzer gesellschaftlicher Systeme; dazu *Peter Ch. Ludz,* Konvergenz, Konvergenztheorie. Sowjetsystem und Demokratische Gesellschaft. Eine vergleichende Enzyklopädie Bd. III, Freiburg/Basel/Wien 1969, Sp. 890-903.

7   Vgl. *Dieter Claessens,* Instinkt, Psyche, Geltung. Zur Legitimation menschlichen Verhaltens, 2. Aufl. Opladen 1970, S. 122 ff. Zu entsprechendem Vorgehen bei Kontakten, die Vorleistung und Vertrauen erfordern, *Niklas Luhmann,* Vertrauen. Ein Mechanismus der Reduktion sozialer Komplexität, 2. Aufl., Stuttgart 1973, S. 47 f.

8   Insoweit muß man die These diskontieren, Reziprozität sei das Prinzip des archaischen Rechts. So *Richard Thurnwald,* Die menschliche Gesellschaft in ihren ethno-soziologischen Grundlagen, Bd. V, Berlin/Leipzig 1934, S. 5 f., 43 f.; *Bronislaw Malinowski,* Sitte und Verbrechen bei den Naturvölkern, Wien o. J., S. 26 ff., 46 ff.; und für das Recht schlechthin mit besonderer Betonung des Zeitmomentes *Helmut*

Schelsky, Systemfunktionaler, anthropologischer und personfunktionaler Ansatz der Rechtssoziologie, in: Jahrbuch für Rechtssoziologie und Rechtstheorie 1 (1970), S. 36-89 (69 ff.).

9 Siehe als klassische Darstellung *Marcel Mauss,* Die Gabe, Frankfurt 1968. Weiteres Material findet man z. B. bei *D. W. Goodfellow,* Grundzüge der ökonomischen Soziologie, Zürich 1954 *Rüdiger Schott,* Anfänge der Privat- und Planwirtschaft. Wirtschaftsordnung und Nahrungsverteilung bei Wildbeutervölkern, Braunschweig 1956; *Cyril S. Belshaw,* Traditional Exchange and Modern Markets, Englewood Cliffs 1965, insb. S. 46 ff.

10 Siehe hierzu *D. Demetracopoulou Lee,* A Primitive System of Values, in: Philosophy of Science 7 (1940), S. 355-378.

11 Vgl. hierzu *Shmuel N. Eisenstadt,* Ritualized Personal Relations, in: Man 96 (1956), S. 90-95; *Kenelm O. L. Burridge,* Friendship in Tangu, Oceania 27 (1957), S. 177-189.

12 Siehe *Christian Sigrist,* Regulierte Anarchie. Untersuchung zum Fehlen und zur Entstehung politischer Herrschaft in segmentären Gesellschaften Afrikas, Olten/Freiburg/Brsg. 1967, S. 176 ff. In abgewandelter Form findet man das Problem als Aufstiegs-Hemmung in neueren Gesellschaften wieder – wenn man etwa bedenkt, wie eine italienische Familie an dem einen ihrer Mitglieder „hängen" kann, den sie hat studieren lassen.

13 So *Darius* nach *Herodot,* Historien III, 139 ff. An der Erzählung ist vor allem die Umbruchsituation bemerkenswert. Der archaische Ethos wird gerade in seiner Unmäßigkeit noch als bindend erlebt und gefeiert – und doch mit der Klarsicht und Distanz einer neuen Zeit schon als problematisch und befremdlich empfunden.

14 Einen Überblick, der allerdings die Großreiche gegenüber den Stadtkulturen überbewertet, findet man bei *Shmuel N. Eisenstadt,* The Political Systems of Empires, New York/London 1963.

15 Die Institution des Vertrages entsteht also erst dann, wenn Reziprozität nicht mehr so nahe liegt, daß sie sich gleichsam selbst motiviert: wenn die Reversibilität der Lagen nicht mehr vorausgesetzt werden kann. Sie ist eine abstrakte Form, die reziproke Leistungsverhältnisse von dieser Voraussetzung und damit auch von Motiven des Helfens unabhängig macht.

16 Die Charakterisierung des Helfens und Dankens als außerrechtlicher „Ergänzung der rechtlichen Ordnung", die *Georg Simmel,* Soziologie, 2. Aufl., München/Leipzig 1922, S. 443 gibt, ist für das Mittelalter sicher falsch und trifft selbst heute nur begrenzt zu. Ältere Rechtssystematiken gaben den einseitig-begünstigenden Kontrakten eine sehr bedeutsame Stellung. Siehe als Beispiel *Pothier,* Traité des contrats de Bienfaisance, 2 Bde. Paris 1807. Man denke ferner konkret an die Tendenz wiederholter Hilfe, zur Rechtspflicht zu gerinnen, oder an das Problem der Sorgfaltspflicht des Helfenden. Zu verbleibenden Beziehungen siehe namentlich das kodifizierte Schenkungsrecht; ferner zum Beispiel *E. H. Perreau,* Les obligations de conscience devant les tribunaux, in: Revue trimestrielle de Droit civil 12 (1913), S. 503-561 sowie *ders.,* Courtoisie, complaisance et usages non obligatoires devant la jurisprudence, in: Revue trimestrielle de Droit civil 13 (1914), S. 481-522.

17 Dazu mit klassischer Naivität *Herbert Spencer,* The Principles of Ethics, London/Edinburgh 1893, Bd. II, §§ 390 ff.

18 Einer der berühmtesten Belege ist *Seneca, De beneficiis*. Dt. Übers. in: Werke Bd. 4, Stuttgart 1829. In der späteren christlichen Tradition führt das liberalitas-Motiv ein etwas unsicheres, aber anscheinend unentbehrliches Dasein. Als Grundlage der eigentlichen Armenpflege dient vielmehr die caritas-Vorstellung. Als ältere Darstellungen unter Einbeziehung der institutionellen Probleme vgl. *Georg Ratzinger*, Geschichte der kirchlichen Armenpflege, Freiburg/Brsg. 1868, und *Gerhard Uhlhorn*, Die christliche Liebestätigkeit, 2. Aufl. Stuttgart 1895.

19 Diese moralische Ausrichtung des Helfens nach unten ist als ein kulturelles Kunstprodukt nur zu erkennen, wenn man bedenkt, daß Hilfe an sich dazu tendiert, nach oben zu fließen, nämlich dem ohnehin Reichen, Schönen, Berühmten, Beliebten eher zukommt, weil sein generell höherer Status größere Chancen der Erwiderung erwarten läßt. Ein häßliches Mädchen läßt sein Tüchlein vergeblich fallen. Die sozial-psychologische Forschung hält dafür gute Beweise bereit. Siehe z. B. *Louise R. Daniels/Leonard Berkowitz*, Liking and Response to Dependency Relationships, Human Relations 16 (1963), S. 141-148; *Dean G. Pruitt*, Reciprocity and Credit Building in a Laboratory Dyad, Journal of Personality and Social Psychology 8 (1968), S. 143-147.

20 Kennzeichnend ist, daß neben einer Liebespflicht noch eine Rechtspflicht zum Almosengeben behauptet wird – siehe zu einem Hauptvertreter dieser Ansicht *Joachim Giers*, Gerechtigkeit und Liebe. Die Grundpfeiler gesellschaftlicher Ordnung in der Sozialethik des Kardinals Gajetan, Düsseldorf 1941, S. 76 ff. – aber umstritten bleibt, kein Vernunftmaß mehr findet und sich in der Gerichtbarkeit des politischen Gemeinwesens nicht durchsetzen läßt. Als funktionales Äquivalent kommen Steuern auf (vgl. unten S. 175). Im übrigen überkreuzt dieser Problemkreis sich in der weltlichen Gesetzgebung mit Fragen des Vagabundentums, die zunächst mehr unter dem Gesichtspunkt der Durchsetzung der Rechtspflege, später unter dem Gesichtspunkt der Beschaffung von Arbeitskräften geregelt werden. Die klassische Arbeit zu diesem Wertkonflikt ist *C. J. Ribton-Turner*, A History of Vagrants and Vagrancy and Beggars and Begging, London 1887 (siehe z. B. S. 67 f. über Gesetze gegen Almosengeben). Vgl. ferner *William J. Chambliss*, A Sociological Analysis of the Law of Vagrancy, in: Social Problems 12 (1964), S. 67-77. Erst im 18. Jahrhundert setzt sich allmählich eine deutlichere Differenzierung von Vagabunden, Bettlern, Dieben und Armen unter sozialstrukturellen Gesichtspunkten durch und damit das Bedürfnis nach differenzierenden rechtlichen und organisatorischen Maßnahmen, zum Beispiel die Anfänge einer Trennung von Armenhäusern und Zuchthäusern.

21 Als einen Versuch, die allgemeinen Machtchancen des Hilfsbedürftigen zu testen, vgl. *John Schopler/Nicholas Bateson*, The Power of Dependence, in: Journal of Personality and Social Psychology 2 (1965), S. 247-254.

22 Für *Aristoteles* steht das schon fest: „Wer eine Wohltat empfängt, steht unter dem Geber" (Nik. Ethik 1124b). Daß in Statussystemen latente Tauschbeziehungen stecken, ist von der modernen Interaktionstheorie aufgedeckt worden: Die Anerkennung des höheren Status sei Gegenleistung für eine anders nicht zu vergütende besondere Leistung. Siehe z. B. *John W. Thibaut/Harold H. Kelley*, The Social Psychology of Groups, New York 1959, S. 229 ff.; *Peter M. Blau*, Social Integration, Social Rank, and Processes of Interaction, in: Human Organization 18 (1959/60), S. 152-157; *ders.*, Exchange and Power in Social Life, New York/London/Sydney 1964; *George C. Homans*, Social Behavior. Its Elementary Forms, New York 1961, S. 149 ff. Allerdings enthält diese

Sicht starke Verkürzungen: Sie legt die Anerkennung der Gerechtigkeit der Statusdif-
ferenzierung nahe und nicht die Frage, warum die Tauschbeziehung latent bleibt.

23 Damit ist nicht behauptet, daß Moral und Legitimitätsanspruch herrschender Schichten von der ihnen untergeordneten Bevölkerung übernommen und inhaltlich als
Überzeugung geteilt worden wären. Vielmehr ist der Kern der These, daß für die Anerkennung der Positionen auch andere als moralische (aber korrespondierende) Motive
beschafft werden. Siehe dazu auch *Gerd Spittler*, Probleme bei der Durchsetzung sozialer Normen, in: Jahrbuch für Rechtssoziologie und Rechtstheorie 1 (1970), S. 203-
225 (214 ff.).

24 Ein Beispiel für viele: Der Bericht von *John Duncon* über das Leben der Lady Fal-
kland, 1648, neu herausgegeben von *M. F. Howard*, Lady Lettice Vi-Countess Fal-
kland by John Duncon, London 1908.

25 Damit ist selbstverständlich nichts über die Motivlage gesagt, die sehr wohl durch das
Honorar bestimmt sein kann. Der Unterschied zwischen Lohn oder Gehalt und Hono-
rar dient lediglich der Symbolisierung des spezifischen Ethos der Hilfe, die nicht nach
Maßgabe eigenen Interesses bemessen werden darf.

26 Das gilt für alte ebenso wie für neue „Professionen". Insofern ist der Streit um die Ausdehnung des Professionalismus nur ein Streit um das relative Prestige verschiedener
Berufe. Vgl. hierzu etwa *Harold L. Wilensky*, The Professionalization of Everyone? in:
The American Journal of Sociology 70 (1964), S. 137-158; *Joseph Ben-David*, Profes-
sions in the class System of Presentday Societies, in: Current Sociology 12 (1963/64),
S. 247-330; *Albert L. Mok,* Alte und neue Professionen, in: Kölner Zeitschrift für Soziologie und Sozialpsychologie 21 (1969), S. 770-781.

27 Hierzu näher *Niklas Luhmann,* Wirtschaft als soziales System, in: *ders.,* Soziologische Aufklärung 1, 4. Aufl., Opladen 1974, S. 204-231.

28 Die Kritik des wahllosen Almosen-Gebens geht bis in die Reformationszeit zurück
und wird im Zuge der Aufklärung vorherrschende Meinung. *Georg Simmel*, Soziologie, Untersuchungen über die Formen der Vergesellschaftung, 2. Aufl. München/
Leipzig 1922, S. 348, spricht von der „Rache des Almosens für das rein subjekti-
vistische, nur den Geber, aber nicht den Empfänger berücksichtigende Motiv seiner
Gewährung" und nennt als Folgen: Überhandnehmen des Bettelns, Sinnlosigkeit
in der Verwendung der Gaben, Demoralisierung des Proletariats. Als Verteidigung
gegen solche Vorwürfe vgl. *Johann Nepomuk Foerstl,* Das Almosen, Paderborn 1909,
S. 20 ff. Jedenfalls gehört das unspezifische, nicht auf Bedürfnisse abgestimmte Motiv
der „liberalitas" oder „générosité" mehr in die Ritter-Literatur. Siehe am Beispiel des
Herzogs von Buckingham, der die Perlen an seinem Gewande so schlecht befestigte,
daß er Finder damit belohnen konnte, *De la Curne de Sainte-Palaye*, Mémoires sur
l'ancienne chevalerie, 3 Bde Paris 1759-1781, Bd. I, S. 99 f.

29 Sehr deutlich findet man diesen neuen egalitären Ton in Adam Smiths Theorie der
ethischen Gefühle, zuerst 1759, dt. Übers. Leipzig 1926, insb. Bd. I, S. 95 ff., 115 ff.
Siehe auch die Kritik der „närrischen und verschwenderischen Freigebigkeit" hoch-
gestellter Kreise S. 104 f. Ein Jahrhundert später sieht *Herbert Spencer* darin einen
Fortschritt der zivilisierten Menschheit in Richtung auf „true generosity in private
actions", motiviert nicht mehr durch die Sorge für das eigene Heil, sondern „by fellow-
feeling with those whom they aid". (The Principles of Ethics Bd. I, London/Edinburgh
1897, S. 387).

30   Ein typischer Beleg dafür: *J. D. Lawätz*, Über die Sorge des Staats für seine Armen und Hilfsbedürftigen, Altona 1815. Die klerikale ebenso wie die liberale Kritik an dieser Tendenz durchzieht noch das ganze 19. Jahrhundert.

31   Vgl. zur Übergangszeit die ausgezeichnete Arbeit von *Lotte Koch*, Wandlungen der Wohlfahrtspflege im Zeitalter der Aufklärung, Erlangen 1933.

32   Schon in archaischen Gesellschaften ist übrigens zu beobachten, daß die Sippe notorischen Verbrechern aus ihrer Reihe die Rechtshilfe versagte. In späteren, vor allem in feudalen Gesellschaften wird der Zusammenhang von Schutz und Hilfe das Prinzip der Herrschaftsbegründung.

33   Zum politischen hochbedeutsamen Prinzip des „consilium et auxilium" im Mittelalter einige Hinweise bei *Otto Brunner*, Land und Herrschaft. Grundfragen der territorialen Verfassungsgeschichte Südostdeutschlands im Mittelalter, 3. Aufl. Brünn/München/Wien 1943, S. 308 ff.

34   Vgl. zusammenfassend *Dora Peyser*, Hilfe als soziologisches Phänomen, Diss. Berlin/Würzburg 1934, S. 11 ff.

35   Vgl. hierzu *Niklas Luhmann*, Gesellschaft, in: *ders.*, Soziologische Aufklärung I, 4. Aufl., Opladen 1974, S. 137-153; *ders.*, Funktionen und Folgen formaler Organisation, Berlin 1964.

36   Interessant sind in diesem Zusammenhang entwicklungspolitische Versuche, archaische Strukturen wechselseitigen Helfens direkt in Organisationen zu verwandeln. Dazu *Paul Trappe*, Warum Genossenschaften in Entwicklungsländern?, Neuwied/Berlin 1966.

37   Siehe dazu *Helge Peters*, Moderne Fürsorge und ihre Legitimation. Eine soziologische Analyse der Sozialarbeit, Köln/Opladen 1968; ferner *ders.*, Das Verhältnis von Wertsystem und Sozialwissenschaften innerhalb der beruflichen Sozialarbeit, in: Soziale Welt 16 (1965), S. 246-259.

38   Vgl. Soziologie a.a.O. S. 358.

39   So z. B. im amerikanischen social casework. Vgl. als typische Zeugnisse *Helen H. Perlman*, Soziale Einzelhilfe als problemlösender Prozeß, dt. Übers. Freiburg/Brsg. 1969; *Felix Biestek*, Wesen und Grundsätze der helfenden Beziehung in der sozialen Einzelhilfe, dt. Übers., 3. Aufl. Freiburg/Brsg. 1970.

40   Aus der organisationssoziologischen Literatur über diese Konsequenzen der Schematisierung siehe etwa *Victor A. Thompson*, The Regulartory Process in OPA Rationing, New York 1950, S. 122 ff.; *Milton G. Weiner*, Observations on the Growth of Information-Processing Centers, in: *Albert H. Rubenstein/Chadwick J. Haberstroh* (Hrsg.), Some Theories of Organization, Homewood Ill. 1960, S. 147-156; *James G. March/Herbert A. Simon*, Organizations, New York/London 1958, insb. S. 150 ff,, 165 ff.; *Sheldon S. Zalkind/Timothy W. Costello*, Perception. Some Recent Research and Implications for Administration, in: Administrative Science Quarterly 6 (1962), S. 218-235; und für Organisationen der Sozialarbeit *Helge Peters*, Das Verhältnis von Wertsystem und Sozialwissenschaften innerhalb der beruflichen Sozialarbeit, in: Soziale Welt 16 (1965), S. 246-259. Zum Vergleich interessant *Hegels* Bemerkung (Rechtsphilosophie § 192) über die Abstraktion der zwischenmenschlichen Beziehungen durch eine ausgearbeitete Bedürfnisstruktur der Gesellschaft.

41   Zu dieser Unterscheidung vgl. *Torstein Eckhoff/Knut Dahl Jacobsen*, Rationality and Responsibility in Administrative and Judicial Decisionmaking, Kopenhagen 1960;

Niklas Luhmann, Lob der Routine, in: *ders.*, Politische Planung, Opladen 1971, S. 113-142.

42   Gute empirische Untersuchungen dieses Konfliktes gibt es im Parallelbereich polizeilicher Arbeit, wo ebenfalls die Zwecke der effektiven Verbrechensbekämpfung und der Herstellung eines Anscheins von öffentlicher Ordnung unter rechtsstaatlichen Konditionalisierungen leiden. Vgl. *Michael Banton*, The Policeman in the Community, New York 1964, insb. S. 6 f., 127 ff.; *Jerome S. Skolnick*, Justice Without Trial. Law Enforcement in Democratic Society, New York/ London/Sydney 1966; *James Q. Wilson*, Varieties of Police Behavior. The Management of Law and Order in Eight Communities, Cambridge Mass. 1968. Für die Übertragung dieses Konflikts auf das Gerichtsverfahren siehe auch *Herbert L. Packer*, Two Models of the Criminal Process, in: The University of Pennsylvania Law Review 113 (1964), S. 1-68.

43   Diese Formulierung in bezug auf den „Sozialstaat" des Grundgesetzes bei *Dieter Suhr*, Rechtsstaatlichkeit und Sozialstaatlichkeit, in: Der Staat 9 (1970), S. 67-93 (77).

44   Empirische Untersuchungen dieser Frage gibt es vor allem für den Sonderfall der wechselseitigen Hilfe bei der Arbeit, die einerseits der Konsolidierung eines informalen Status und informaler Cliquen und in manchen Fällen wohl auch einem sinnvollen Bedarfsausgleich dient, andererseits aber oft gegen formale Regeln verstößt und in deren Zweckrichtung nachteilige Folgen hat. Vgl. etwa *Fritz J. Roethlisberger/William J. Dickson*, Management and the Worker, Cambridge Mass. 1939, S. 505 ff., 547 f.; *Karl Jantke*, Bergmann und Zeche, Tübingen 1953, S. 72 ff.; *Edward Gross*, Some Functional Consequences of Primary Work Controls in Formal Work Organizations, in: American Sociological Review 18 (1953), S. 368-373; *Peter M. Blau*, The Dynamics of Bureaucracy, Chicago 1955, insb. S. 105 ff.; *Hansjürgen Daheim*, Die Sozialstruktur eines Bürobetriebes. Eine Einzelfallstudie, Diss. Köln 1957; *Simon Marcson*, The Scientist in American Industry, New York 1960, S. 31 ff.; *David Mechanic*, The Sources of Power of Lower Participants in Complex Organizations, in: Administrative Science Quarterly 7 (1962), S. 349-364; *Niklas Luhmann*, Funktionen und Folgen formaler Organisation, Berlin 1964, S. 334 ff.

45   *Helmut Schelsky*, Freiwillige Hilfe in der bürokratischen Gesellschaft, in: *ders.*, Auf der Suche nach Wirklichkeit. Gesammelte Aufsätze, Düsseldorf 1965, S. 294-304.

46   Auch in diesem Fall kann natürlich das Fehlen eines Programms anderer Organisationen Tatbestandsmerkmal eines eigenen Programms sein, so daß eine solche subsidiäre Zuständigkeit nicht etwa auf unprogrammatisches Handeln hinausläuft.

47   Um den Nachweis solcher „survivals" bemüht sich *D. Warnotte*, Les origines sociologiques de l'obligation contractuelle, Brüssel 1927, S. 71 ff. an Hand der älteren Literatur. *Georg Simmel*, Exkurs über Treue und Dankbarkeit, in: Soziologie, 2. Aufl. München/Leipzig 1922, S. 438 ff. und *Mauss*, a.a.O. (1968) hatten auf die fortdauernde Bedeutung des Gebens und Dankens hingewiesen. Zum Nebeneinander sehr verschiedenartiger Hilfsmotive vgl. ferner *Dankwart Danckwerts*, Organisierte Freiwillige Hilfe in der modernen Gesellschaft, Berlin 1964, S. 47 ff.

48   Zu dieser nicht unbestrittenen Anwendung des Gesellschaftsbegriffs auf das globale Sozialsystem näher *Niklas Luhmann*, Die Weltgesellschaft, in diesem Bande, S. 63-88.

49 In ähnlichem Sinne weist *Helmut Schelsky*, a.a.O. S. 297 auf den Abbau standesmä-
ßiger Verpflichtungen, Pressionen und Konsequenzen hin, der Hilfe zur Sache eines
freien Entschlusses werden läßt.

Evolution und Geschichte

Keine Theorie erreicht das Konkrete. Das ist nicht ihr Sinn, nicht ihr Ziel. Es wäre daher schon im Ansatz verfehlt, das Verhältnis der Geschichte zu welcher Theorie auch immer unter der Prämisse zu diskutieren, daß die Bewährung in der Annäherung ans Konkrete zu suchen sei. Das hat man in einer langanhaltenden Kontroverse über Evolutionismus versus Kulturgeschichte vor allem in der Ethnologie versucht, (1)* ohne mehr zu erreichen als eine Kritik überzogener Abstraktionen der Evolutionstheorie, die als Kritik gleichsam in der Luft hängen bleibt, (2) und eine Forderung nach Wiederverbindung, die nicht näher angeben kann, wie dies zu geschehen habe (3). Die neuere interdisziplinäre Diskussion besteht dann in dem Versuch, die Soziologie auf hinreichend konkretisierte und dadurch (!) für Historiker brauchbare Konzepte abzutasten (4). Dafür spricht vieles. Der Historiker kann auf diese Weise anschließen an die soziologische Theorie sozialer Bewegungen und kollektiven Verhaltens, an den Forschungskomplex Schichtung und Mobilität, an die Soziologie von Herrschaftsorganisationen und Bürokratien – um nur einiges zu nennen. Andererseits muß man sehen, daß dadurch das eigentliche Theorieangebot der Soziologie für die Geschichte ausgespart wird – eben die Theorie soziokultureller Evolution (5). Die folgenden Überlegungen möchten dazu beitragen, eine Überprüfung dieser Tendenz und eine Kooperation von Historikern und Soziologen an einer Theorie gesellschaftlicher Evolution anzuregen.

---

*   Anmerkungen siehe S. 223

I

Zunächst gilt es, einige Vorstellungen über Evolution zurechtzurücken. Nach Darwin und im Zuge eines vertieften Verständnisses der Mechanismen, die Evolution produzieren, muß man davon absehen, die Evolution selbst als eine Art gesetzmäßig ablaufenden Kausalprozeß zu begreifen und sie sich mit der Metapher der Bewegung oder des Prozesses zu veranschaulichen (6). Wir belasten die folgenden Analysen also gar nicht erst mit dem Versuch, den Übergang von einem Zustand in einen anderen als *Übergang* oder als Identität des Nichtidentischen verständlich zu machen (7). Und wir sehen auch, ohne ein definitives Urteil über Möglichkeit bzw. Unmöglichkeit fällen zu wollen, davon ab, historische Ereignisse aus vorangegangenen Ereignissen mit Hilfe von Kausalgesetzen zu erklären (8).

Die Sprengung der Gleichsetzung von Evolution und historisch ablaufendem Kausalprozeß, in dem der vorige Zustand Ursache für den nächsten ist, erschließt erst den Zugang zu dem Terrain, auf dem wir uns im folgenden bewegen werden. Statt als einheitlicher Kausalprozeß ist Evolution zu begreifen als eine Form der Veränderungen von Systemen, die darin besteht, daß Funktionen der Variation, der Selektion und der Stabilisierung differenziert, das heißt durch verschiedene Mechanismen wahrgenommen, und dann wieder kombiniert werden (9). Als Evolution ist dann der historische Zusammenhang derjenigen Strukturänderungen zu bezeichnen, die durch das Zusammenspiel dieser Mechanismen ausgelöst werden – wie immer sie im gesellschaftlichen Leben bewertet werden.

Eine Theorie der soziokulturellen bzw. gesellschaftlichen Evolution (im Unterschied zu: physisch-chemischer, protoorganischer und organischer Evolution) hätte danach zu zeigen, auf welche Weise Gesellschaftssysteme in der Lage sind, diese Mechanismen zu differenzieren und zu rekombinieren. So könnte man vermuten, daß die *Variationsmechanismen* der Gesellschaft primär durch *Sprache* garantiert werden, die jedem Teilnehmer am Kommunikationssystem die Möglichkeit gibt, nein zu sagen und damit Konflikte auszulösen. Es ist ein Teil der Verselbständigung dieses Mechanismus, daß die Konfliktfähigkeiten im Laufe der gesellschaftlichen Evolution durch Steigerung der Ablehnungspotentiale (zum Beispiel in Form von Eigentum) gestärkt werden. Als *Selektionsmechanismus* dient zunächst in weitem Umfange die Sprache selbst in ihrem sozialen Suggestiv- und Bestätigungswert; später, vor allem nach Erfindung der Schrift, wird sie ergänzt durch besondere *symbolische Codes,* die die Wahrscheinlichkeit der Annahme von Kommunikationen erhöhen und dadurch dem kommunikativen Erfolg und seinen symbolisch fixierten Bedingungen einen besonderen Selektionswert verleihen. Solche Kommunikationsmedien für Macht/Recht, Wahrheit, Kunst, Liebe, Eigentum/Geld, entstehen in den frühen Hochkulturen und sind seitdem zivilisatorisch unentbehrlich (10). An sie im wesentlichen knüpfen die großen Systembildungen der späteren Gesellschaftsentwicklung an, vor allem die Ausdifferenzierung von Systemen für Politik, für Recht, für Wirtschaft, für intimes Familienleben, für Wissenschaft. Gleichwohl muß zwischen den symbolischen Codes und den ausdifferenzierten Teilsystemen der Gesellschaft unterschieden werden. Erst die *Systemdifferenzierung* erfüllt die Funktion der *Stabilisierung;* erst sie sichert über den kommunikativen Erfolg hinaus die Reproduzierbarkeit von Problemlösungen unter sich ändernden Umweltbedingungen.

Folgt man dieser – auch in der Soziologie trotz allem „Sozialdarwinismus" immer noch unüblichen – Auffassung von Evolution, läßt der Unterschied zu Prozeßtheorien, die vermeintlich der historischen Forschung näher stehen, sich deutlich erkennen, und zwar an Hand der selbstreferentiellen Theoriestruktur. Prozeßtheorien sind selbstreferentiell gebaut insofern, als sie zur Erklärung des Späteren auf Früheres verweisen und dies Frühere, wenn sie es seinerseits erklären wollen, wiederum auf Früheres zurückführen müssen, um schließlich bei einem Anfang zu enden, der als Grund und Bedingung der Möglichkeit des Prozesses fungiert. In der älteren Tradition hatte die Lehre von den Keimkräften oder die Schöpfungstheologie dazu gedient, den Anfang als bewegenden Grund plausibel zu machen. Die Begründungsstruktur solcher Argumentation ist dem Zeitlauf parallelgeschaltet und gegen ihn nicht differenzierbar. Das ist für Zwecke der historischen Forschung scheinbar adäquat, führt aber in Wahrheit gerade diese Forschung in unlösbare Abschlußproblematiken, weil ihr die zeitliche Lokalisierung von Anfängen nicht gelingen kann.

Evolutionstheorien der soeben skizzierten Art sind selbstreferentiell insofern, als sie die Differenzierung der evolutionären Mechanismen, die Evolution ermöglicht, wiederum auf Evolution zurückführen. Daß etwa Sprache Annahme und Ablehnung von Kommunikation ermöglicht und so besondere Selektoren außerhalb ihrer selbst erfordert, ist wiederum eine Folge der evolutionären Entwicklung von Sprache, die sich ihrerseits nach den Bedingungen organischer Evolution erst geeignete Organismen entwickeln mußte (11). Also muß die Evolutionstheorie letztlich die Evolution der Evolution begreifen können; dies aber in einer Weise, die nicht den Rückgang auf einen Anfang erfordert, sondern systemtheoretische Analysen, mit denen sie verschiedene Ebenen der Evolution – physische (?), chemische und protoorganische, organische und soziokulturelle Evolution – differenzieren kann. In ihrem konzeptuellen Gerüst macht sich die Theorie soziokultureller Evolution dadurch unabhängig vom Rückverweis auf Anfänge; statt dessen müssen ebenenspezifische System/Umwelt-Analysen durchgeführt werden. Gegenüber der Vorstellung eines historischen Prozesses, dessen frühere Phasen Ursache sind für die späteren, wird damit höhere analytische Differenzierungsfähigkeit gewonnen – was nicht heißen soll, daß die damit sich stellenden Forschungsaufgaben bereits zufriedenstellend gelöst wären.

Alle diese Angaben ließen sich auf dem hier gewählten Abstraktionsniveau tiefenschärfer ausarbeiten. An Möglichkeiten der Spezifikation mit Bezug zu historischen Situationen fehlt es nicht. Gleichwohl hat eine so ausformulierte Evolutionstheorie – wie im übrigen jede Evolutionstheorie – deutliche Grenzen der Leistungsfähigkeit. *Keine Evolutionstheorie kann Zustände des evoluierenden Systems erklären, von Prognose ganz zu schweigen* (12). Die Evolutionstheorie formuliert, wie bereits gesagt, keine kausal-gesetzlichen Aussagen für „den" historischen Prozeß des gesellschaftlichen Wandels. Ihr Erkenntnisinteresse liegt primär in der *Formulierung von Bedingungen und Folgen der Differenzierung evolutionärer Mechanismen*. Ihre Hauptaussage ist: Wenn die Mechanismen für Variation, Selektion und Stabilisierung schärfer differenziert werden, wird Strukturänderung wahrscheinlicher, verändert sich die Gesellschaft also schneller. Das *Prinzip* der Evolution, auf dem ihre Fähigkeit zur Strukturvariation beruht, kommt dadurch nämlich *schärfer* zum Zuge: Die Variation stimuliert mehr unabgestimmte Möglichkeiten für etwaige Selektion. Die Selektion verstärkt die bevorzugte Auswahl von Informationen, Vorschlägen, Zumutungen zur Übertragung auf andere über das hinaus, was für den gegenwärtigen Systemzustand erhaltend oder nützlich ist. Die Aussagen der Evolutionstheorie beziehen sich also in erster Linie auf Zeitverhältnisse, und dies in zweifachem Sinne: Das Tempo der Evolution nimmt zu in dem Maße, als Variationsmechanismen unabhängig von Selektionsmechanismen und Selektionsmechanismen unabhängig von Stabilisierungsmechanismen institutionalisiert sind (13). Und die *Zeithorizonte* Vergangenheit und Zukunft treten schärfer auseinander, wenn der Gegenwart laufend Möglichkeiten vorgespielt werden, die allenfalls in einer künftigen Gesellschaft realisiert werden können.

Im Anschluß daran kann man noch einen ersten Schritt in Richtung auf sehr globale Typen bzw. Epochen gesellschaftlicher Entwicklung tun, indem man Trenn- und Ablösungsvorgänge zwischen diesen Mechanismen als Schwellen der soziokulturellen Evolution interpretiert und die „Unnatürlichkeit" einer solchen Differenzierung als Engpaß der gesellschaftlichen Entwicklung und Epochengrenze ansetzt. In diesem Sinne lassen archaische Gesellschaften sich dadurch charakterisieren, daß sie Mechanismen der Variation und der Selektion nicht recht trennen können; daß sie vor allem Sprache in beiden Funktionen zugleich verwenden müssen (14). Dies ändert sich in Hochkulturen, vor allem infolge von Stadtbildung und Schrift (15). Dafür verschiebt das Trennproblem sich zwischen die Mechanismen für Selektion und Stabilisierung. Die Selektion muß sich an letztlich invarianten, moralisch-religiösen, kosmischen Geltungen begründen. Nur was sich in diese Ordnungen einfügen läßt, verdient kommunikativen Erfolg. Erst in der

Entwicklung zur bürgerlichen Gesellschaft der europäischen Neuzeit wird auch diese Identifikation gesprengt, indem die für spezifische Kommunikationsmedien gebildeten Funktionssysteme für Politik, Wirtschaft, Wissenschaft und Intimfamilie gegeneinander und gegen die Religion stärker differenziert werden. Damit beginnt ein zuvor unmögliches Tempo der Abfolge struktrueller Änderungen, in dessen Vollzug sich ein neuartiger Gesellschaftstypus herauszubilden scheint, der seine Stabilität auf seine Variationsfähigkeit gründen und umgekehrt seinen Stabilisierungsmechanismus, eine weitgetriebene funktionale Systemdifferenzierung, zur Erzeugung von Variationen einsetzt.

Ein letzter Gesichtspunkt betrifft Grenzen der Kompatibilität in der Besetzung dieser evolutionären Funktionen durch bestimmte institutionalisierte Mechanismen. Offensichtlich paßt, da es immer um Institutionen innerhalb eines Gesellschaftssystems geht, nicht jede Ausformung von Variation zu jeder Ausformung von Selektion bzw. von Stabilisierung. Es gibt Schranken der Kapazität und der wechselseitigen Strapazierbarkeit im Verhältnis dieser Mechanismen zueinander. So ist, um nur ein Beispiel zu geben, für archaische Gesellschaften der Stabilisierungsmechanismus segmentärer Differenzierung, für Hochkulturen der Stabilisierungsmechanismus schichtenmäßiger Differenzierung, für die moderne Gesellschaft der Stabilisierungsmechanismus funktionaler Differenzierung vorherrschend (16). Segmentäre Differenzierung ist auf geringe endogen erzeugte Variation und hohe Umweltgefährdung eingestellt durch Differenzierung in gleiche Einheiten (Wohngemeinschaften, Familien, Stämme) und kann Teilvernichtung durch Tod oder Sezession überdauern. Schichtung ist eingestellt auf Zentralisierung der Ressourcen und Kontrolle einer schon beträchtlichen Variation durch „Herrschaft" der maiores partes. Funktionale Differenzierung ermöglicht dagegen eine Gesellschaftsordnung, in der die Stabilisierung fast nur die Kompatibilität der Teilsysteme im Verhältnis zueinander sicherzustellen hat und in der medienspezifische Selektoren (etwa: maximaler Profit, (17) Staatsräson, passionierte Liebe, „neugierige" Forschung) ohne Rücksicht auf Stabilisierungen spielen können, ohne daß die Gesellschaft als soziales System deswegen zusammenbräche.

II

Die Globaltypik archaische/hochkulturelle/moderne Gesellschaft und abstrakt formulierbare Konsequenzen lassen sich somit durch die Annahme gewinnen, daß das Auseinanderziehen der evolutionären Funktionen durch ihre Institutionalisierung in verschiedenartigen Trägermechanismen für die gesellschaftliche Entwicklung der primäre typenbildende, typenbegrenzende Vorgang ist. Weitere

Verfeinerungen können, soweit ich sehe, aus der Evolutionstheorie direkt nicht abgeleitet werden. Gleichwohl ist das Theoriegerüst instruktiv in bezug auf Probleme, die sich ergeben können, wenn – aus welchen konkreten historischen Gründen immer – Funktionen der Variation, der Selektion oder der Stabilisierung in bestimmter Weise besetzt sind. Das erfordert dann jeweils die Aktivierung weiterer theoretischer Ressourcen, etwa genauere Analysen spezifischer Medien-Codes, typischer schichtungsbedingter Entwicklungshindernisse oder typischer Nebenfolgen funktionaler Differenzierung. Wir können die hierzu erforderlichen theoretischen Apparate hier nicht präsentieren und führen diese Linie der Erörterung daher nur an einem Beispiel durch.

In direktem Anschluß an die skizzierte Evolutionskonzeption läßt sich zeigen und historisch belegen, daß es im Fortschreiten der gesellschaftlichen Entwicklung zu stärkerer funktionaler Differenzierung nicht beliebig zugeht. Funktionen des Gesellschaftssystems lassen sich weder aus dem Systembegriff noch aus dem Evolutionsbegriff durch deduktive Operationen ableiten (18); sie sind als ausdifferenzierte Zentralperspektiven des gesellschaftlichen Lebens immer historisch bedingt, immer Resultate der Evolution selbst. Aber sie unterscheiden sich in ihrer Eigenart, in der Ursprünglichkeit des vorausgesetzten Bedarfs, in der Systematisierbarkeit der Mittel und vor allem in ihrer katalytischen Eignung für Systembildung. Kompliziert wird die Analyse dadurch, daß man nicht nur einzelne Funktionen etwa für religiöse Weltdeutung, für kollektive politische Entscheidung, für rechtliche Konfliktlösung, für wirtschaftliche Produktion, für Versorgung und Erziehung des Nachwuchses usw., zu unterscheiden hat, sondern innerhalb dieser Funktionsbereiche auch noch Ausdifferenzierungsebenen, nämlich: situationsweise, rollenmäßig, systemmäßig. Von systemmäßiger Ausdifferenzierung kann man nur dann sprechen, wenn für *spezifische* Situationen eine Mehrheit *unterschiedlicher* Rollen für *komplementäres Zusammenwirken* ausdifferenziert sind und *dadurch* eine besondere Funktion erfüllen – also zum Beispiel Rollen für Lehrer und für Schüler zum Zwecke intentionaler Kooperation an Aufgaben der Erziehung im Unterschied zu beiläufiger Erziehung aus Anlaß von andersartigem Rollenverhalten.

Diese Aufgliederung ist, was Systembildungen angeht, immer noch grob vereinfacht. Sie genügt aber, um zu zeigen, daß es keine einfache, unilineare Sequenz, keine notwendige Abfolge der Ausdifferenzierung funktionaler Zentralperspektiven geben kann. Deshalb haben auch Versuche wenig Aussicht, die Evolution des Gesellschaftssystems schlechthin in der Form von Guttman-Skalen zu rekonstruieren. Andererseits ist es wahrscheinlich, daß Unterschiede der Funktionen sich in unterschiedlichen Eignungen für situationsweise, rollenmäßige und systemmäßige Ausdifferenzierung bemerkbar machen. Der Übergang zur Hochkultur erfordert

Funktionssysteme für Politik und Rechtsentscheidung und für Religion, die aus den Haushalten der Familienverbände ausdifferenziert sind, nicht aber auf dem gleichen Niveau Funktionssysteme für Wirtschaft oder für Erziehung. Hochkultur setzt aber die rollenmäßige Ausdifferenzierung wirtschaftlicher Produktion durch einfachere Formen der Arbeitsteilung und entsprechende Technologien bereits voraus. Und sie macht Ansätze zur Ausdifferenzierung von Erzieherrollen, wie man am Beispiel der Sophisten sehen kann, möglich aber, auf der bloßen Ebene von Individualrollen, auch in besonderer Weise problematisch. Genau dieses Ausdifferenzierungsniveau von Wirtschaft und von Erziehung setzt dann dem Autonomie-Streben des politischen Systems Grenzen, die in der Entwicklungsphase der Hochkulturen prinzipiell nicht überschritten werden können (19). Entsprechend orientieren sich die größten und komplexesten Organisationsformen, die die Wirtschaft hervorbringt, die Innungen, primär an den Funktionssystemen für Religion und für Politik (20). Sie sind religiöse Bruderschaften bzw. Defensiv- und Einflußbündnisse im Verhältnis zu anderen Funktionssystemen und gewinnen nur daraus (und nicht aus ökonomischen Erfolgen!) die Fähigkeit, Konkurrenz und Produktionsweisen, Rekrutierungs- und Ausbildungsfragen im wirtschaftlichen Bereich zu regeln. Erst eine Ausdifferenzierung des Wirtschaftssystems über die Organisationsebene von Haushalten und Innungen hinaus, also erst systematische Produktion für den Markt und durchgehende Orientierung aller wirtschaftlichen Funktionen an einem einheitlichen monetären System bringt das Gesellschaftssystem auf ein Niveau der Komplexität, das funktionale Ausdifferenzierungen für alle benötigten Funktionsbereiche, sogar für die Familie, erforderlich macht.

Die bisherige empirische Forschung läßt die Vermutung zu, daß nur in bezug auf sich ausdifferenzierende Funktionssysteme, hier aber dann mit einiger Plausibilität, eine Guttman-Skalierung evolutionärer Sequenzen sinnvoll ist (21). Der methodischen Technik und der Hypothesenform müssen, mit anderen Worten, die Organisationsleistungen der Gesellschaft selbst das Material liefern. Beides, der Gegenstand selbst und seine Erkennbarkeit, ist ein Produkt der Evolution. Erst in dem Maße, als sich funktionale Orientierung auf Zentralperspektiven in der Gesellschaft selbst institutionalisieren läßt, werden auch diejenigen Implikationsverhältnisse geschaffen und im großen und ganzen beim Aufbau der Institutionen beachtet, die die Skalentechnik voraussetzt.

III

Historiker werden durch die bisherigen Analysen wenig befriedigt worden sein. Von Geschichte war nicht die Rede. Und wir haben, anders als angekündigt, doch versucht, Möglichkeiten der Konkretisierung abstrakter soziologischer Theorie darzustellen. Das ist geschehen, um vorschnelle Resignation zu verhindern; aber auch, um die Grenzen der Leistungsfähigkeit dieses Vorgehens deutlich werden zu lassen. Die Abfolge konkreter historischer Ereignisse wird auf diese Weise nicht nur nicht erklärt; sie wird als historische Sequenz auch gar nicht thematisiert (22). Die Analyse bleibt in sehr globalen Epochenvorstellungen stecken und erfaßt überdies nur strukturelle Vorbedingungen, „Bedingungen der Möglichkeit" des Geschehens. Es gibt spezifische Theorieinteressen der Soziologie, die auf diese Weise verfolgt werden können. Aber was interessiert das den Historiker? Anders und präziser gefragt: Wenn etwas geschehen ist, war es auf alle Fälle möglich und nicht unmöglich. Was interessiert dann noch die Frage nach den Bedingungen seiner Möglichkeit im Kontext gesellschaftlicher Entwicklung (23)?

Diese Frage läßt sich beantworten mit der These, daß zum Betrieb von gesellschaftlicher Geschichte die Differenz von Möglichkeit und Wirklichkeit erforderlich ist.

In der Evolutionstheorie wird davon abstrahiert, daß das evoluierende System in jedem Moment seiner Geschichte in einem voll konkretisierten Zustande faktisch existiert. Evolution kann sich aber immer nur im Anschluß an faktischkonkrete Systemzustände vollziehen. Sie beruht schon in ihrem eigenen Mechanismus – oder genauer: in der Differenzierung ihrer Mechanismen – auf der Komplexität von Systemen, die jeweils wirklich existieren. Sie leistet keine creatio discontinua.

Bestimmtheit des Wirklichen ist Anschlußbedingung für darauf Folgendes. Spezifizierte Bestimmtheit ist zugleich Bedingung dafür, daß nicht alles auf einmal geändert wird, sondern jede anschließende Selektion mit einem Zuge kontinuiert und diskontinuiert. Wie solches Anschließen von Entwicklungen an die faktische Wirklichkeit gesellschaftlichen Lebens aber möglich ist – genau das ist die Frage, die sich im Verhältnis von Evolutionstheorie und Geschichtswissenschaft stellt und die von beiden Seiten aus – das wiederum gehört zu ihren theoretischen Erfordernissen – beantwortet werden muß, und vielleicht übereinstimmend beantwortet werden kann.

Prämisse jeder Behandlung dieses Problems ist: daß Kontinuität und Diskontinuität am selben System zugleich ermöglicht werden müssen. Deshalb bietet das Konfrontieren und Gegeneinanderausspielen dieser beiden Begriffe keine Lösung, ja nicht einmal einen angemessenen Bezugsrahmen der Erörterung unseres Problems (24). Diese bloße Oppositionsbegrifflichkeit wird durch vorschnelle Einheitsbildungen aufgedrängt, nämlich dadurch, daß man die Geschichte als eine historische Bewegung im Sinne eines Kausalprozesses begreift, in dem vorherige Zustände (und nur vorherige Zustände) die Treibkraft von Ursachen haben. „Ursache" und „Bewegung" sind in diesem Vorstellungszusammenhang Metaphern, die sich wechselseitig stützen und plausibilisieren. Möglicherweise steckt die Diskussion hier in den Spätphasen einer begriffstechnischen Fehlentwicklung, die nur zu kurieren ist, wenn man die Wurzeln mitausgräbt. Diese liegen im Begriff der Ursache einer Bewegung.

Eine Radikalkur würde demnach erfordern, daß man die Vorstellung der *Einheit* ursächlicher Faktoren (von denen es natürlich mehrere, „zusammenwirkende" geben kann) ersetzt durch die Vorstellung einer *Differenz,* und zwar der Differenz von Möglichkeitshorizont und Wirklichkeit. Die modaltheoretische Tradition stellt dafür den Begriff der *Kontingenz* zur Verfügung, der formal durch Negation von Notwendigkeit und Unmöglichkeit gewonnen wird und besagt, daß Wirkliches auch anders möglich ist (25). Kontingenz bezeichnet also eine Zwei-Ebenen-Erfahrung, die Erfahrung des Wirklichen im Horizonte anderer Möglichkeiten. Diese Doppelerfahrung der historischen Vorlage ist Voraussetzung dafür, daß Anschlüsse selektiv sein und sich selbst als Selektion, als Träger der Alternative von Kontinuität und Diskontinuität begreifen können. Das gilt für Anschlußhandeln und für Anschlußerleben gleichermaßen, für historischpolitische Bewegungen ebenso wie für Stimmungsumschwünge und „Tendenzwenden". Gesellschaftshistorische Kausalität ist in sich selbst sinnhaft-selektiv. Kontingenz ist also die Form, in der sie für sich selbst ursächlich wird – und nicht nur die Tatsache der Abhängigkeit von früheren Ursachen, von früheren Weichenstellungen.

In diesem Sinne ist Ursächlichkeit ein Differenz-Phänomen (und nicht etwa ein Kraft-Phänomen). Sie setzt Prägnanz der historisch durchgesetzten, eingelebten Strukturen *und* Possibilisierungen voraus. Ihre Potenz beruht genau auf dieser Differenz, nämlich darauf, daß sie als zugespitzte Realität Orientierung am Vorhandenen, Ankristallisierung von Interessen und Gegeninteressen, Bewährbarkeit und Attackierbarkeit überhaupt erst ermöglicht, dies alles aber vor dem Hintergrund von *zugleich wirksamen* anderen Möglichkeiten. Ändert sich der Horizont strukturell erzeugter Möglichkeiten, ändert sich eben dadurch auch die Selektivität der vorhandenen Institutionen und Praktiken. Sie erscheinen dann als mehr oder weniger willkürliche, „nur historisch erklärbare" Auswahl aus anderen Möglichkeiten; sie gewinnen höhere Kontingenz und zugespitzte Riskiertheit und *ändern sich insofern gerade dadurch, daß sie sich nicht ändern.* In Umkehrung eines Freud'schen Begriffs könnte man Ursächlichkeit in diesem Sinne als strukturelle „Unterdetermination" (26) bezeichnen: Die unbestreitbare Vorhandenheit hat einige historische Gründe, einige Funktionen, befriedigt einige Interessen; aber sie ist, wenn unterdeterminiert, nicht zugleich durch viele andere Beziehungen gehalten, sondern mit begrenzten Konsequenzen änderbar (27). Und gerade historische Forschung trägt, so gesehen, zur Unterdeterminierung der gegebenen Lage bei, indem sie deren Gründe zu spezifizieren sucht. Man lernt daraus, nicht wie, aber daß man entscheiden muß.

Um Revolution, nicht um Evolution historisch begreifen zu können, schlägt Althusser den genau entgegengesetzten Begriff vor: „Überdetermination" (28). Dieser Begriff soll Widersprüche aus der ökonomischen (determinierenden) und der strukturellen (dominanten) Sphäre in ihrem Zusammenwirken erfassen. Überdetermination ergibt sich, wenn mehrfache Widersprüche so konvergieren, daß nur *eine* historische Aktion (Beispiel: Oktoberrevolution) oder *keine* historische Aktion (Beispiel: Wilhelminische Ära) möglich ist. Die theoriegeschichtliche Placierung dieses Begriffsvorschlags ist klar: Es geht um ein Substitut für Prämissen der dialektischen Entwicklung, um einen komplexen Ersatz für die Einfachheit der Zentralideen oder Realabstraktionen, deren Negation nach Hegel bzw. Marx die dialektische Entwicklung vollzog. Schon Marx hatte eine solche Transformation der Dialektik eingeleitet in Richtung auf ein Durchhalten von Identität bei Anreicherung durch Referenzen und Wechsel von Referenzen, die etwas als Verschiedenes determinieren. Althusser hebt diesen Aspekt gegen Hegel hervor. Aber mit dieser Substitution des Komplexen für das Einfache fällt zugleich die Garantie für die Eindeutigkeit der historischen Bewegung. Diese Eindeutigkeit muß substituiert werden durch eine künstlich, extern, politisch eingeführte Fragestellung: ob die Bewegung Revolution ist oder nicht ist. Damit verliert dieses Konzept die Eignung, die Althusser intendiert: eine universell brauchbare historische Theorie zu inaugurieren; denn das Interesse an Revolution ist ein Spezialinteresse, das sich nur selbstreferentiell totalisiert.

Außerdem wäre zu fragen, ob Häufung von Widersprüchen (was immer das sei) wirklich überdeterminiert oder nicht gerade unterdeterminiert. Ob eine bestimmte historische *Aktionsmöglichkeit oder -unmöglichkeit* nun überdeterminiert wird oder nicht: die historische *Lage* wird dadurch unterdeterminiert, weil es in verschiedenen Richtungen immer auch Möglichkeiten gibt, die Dinge anders zu sehen oder anders zu wollen, so daß der status quo sich nur als selektiv behaupten kann. Diese lagebezogene, nicht aktionsbezogene Verwendung des Konzepts ist breiter anwendbar (allerdings auch weniger folgerungsträchtig), weil sie das Ausmaß der Festlegung des Kommenden als Variable behandelt und von konkreteren bis hin zu ereignisbezogenen Analysen abhängig macht. Ohnehin übernimmt sich das Konzept der Überdetermination: Es kann nicht plausibel machen, weshalb die Revolution in Rußland 1905 mißlang, 1917 dagegen Erfolg hatte. Mit dem Konzept der Unterdetermination wird dagegen zumindest dies erklärt, daß der Möglichkeitshorizont, gegen den das politische Regime sich zu profilieren hatte, sich in der Zwischenzeit geändert hatte – allein schon durch die Erfahrung, daß eine Revolution versucht werden konnte.

Es bedürfte sorgfältigerer Untersuchungen, um zu klären, wie weit dies Konzept der „Kontingenzkausalität" trägt und wie es methodisch operationalisiert werden kann. Ungeachtet vieler offener Fragen und ganz allgemein gilt, daß Kontingenz Selektivität notwendig macht. Die durch kontingente Ursächlichkeit ausgelösten Anschlußentwicklungen sind notwendig selektiv. In der Aufeinanderfolge historischer Zustände wird mithin Selektivität weitergereicht vom einen auf den nächsten. Das allein könnte, wenn man an dieser Vorstellung festhalten will, die Einheit des historischen Prozesses sein: daß mit allem, was geschieht, Nachfolgendes zu Anschlußselektivität gezwungen wird. Selektivität soll dabei nicht notwendig psychisch reflektierbare, bewußt erlebbare Bewußtheit implizieren; und erst recht nicht Thematisierung in kommunikativen Prozessen der Gesellschaft. Aber Wahrscheinlichkeitszusammenhänge sind zu vermuten. Wenn man Kontingenz als Katalysator für Bewußtwerdungs- und Thematisierungsprozesse auffaßt, könnte man hier Forschungen ansetzen über Bedingungen der Aufmerksamkeitszuwendung, Bedingungen der Thematisierung, Bedingungen der Bildung einer „öffentlichen Meinung", eines sich zuspitzenden und Entscheidungen erzwingenden Problembewußtseins, das dann die „historisch bekannten" Ereignisse produziert.

In ihrer abstrakten Form genommen, sind Mehrebenen-Erklärungen evolutionärer Prozesse nichts Neues; sie haben generell die Ein-Faktor-Erklärungen abgelöst. Das gilt sowohl für strukturalistische Spätfassungen der Marx'schen Theorie (29) als auch für Soziologien, die auf den kulturhistorischen Analysen Max Webers aufbauen (30). Innerhalb einer solchen Konzeption kann es dann nur noch zu Polemiken mit Umkehrung der Emphase kommen, die als Emphase belanglos wird, wenn man zugesteht, daß sowohl kulturelle Steuerung als auch materiell-organisch-ökonomische Konditionierung unentbehrlich sind (denn logisch kann ein Unentbehrliches nicht wichtiger sein als ein anderes Unentbehrliches). Mit Recht hat Alfred Schmidt darauf hingewiesen, daß es so für das Problem Kontinuität/Diskontinuität keine Lösung, sondern nur noch unvermittelte Gegenüberstellung gibt, und daß damit die Auffassung des Historischen in der Tradition von Hegel und Marx verfehlt wird (31).

So richtig dies ist: das Argument zwingt nicht dazu, zur Dialektik zurückzukehren, die ihrerseits als Prozeßtheorie der Geschichte selbst versagt, da sie weder Zeitbestimmungen noch Temporegulierungen kennt, noch Vergangenheits- und Zukunftshorizont in einer für heutiges gesellschaftliches Erleben und Handeln adäquaten Weise differenziert. Diese Kontroverse von, mehrebenenstruktualer und dialektischer Konzeption kann und muß heute wiederum unterlaufen werden.

An der strukturalistischen Konzeption ist problematisch, daß sie *beide* Ebenen als *Dauerbegleiter* des historischen Prozesses konstant setzt und enthistorisiert (auch wenn sie Wandelbarkeit aller konkreten Ausformungen von Materialität bzw. Kultur und sogar, bei Althusser und Balibar, (32) unterschiedlicher Temporalstrukturen zugesteht). Ja die Zeit selbst kann hier auf seltsame Weise, wenn sie nur lang genug dauert, das präsentieren, was nicht geschieht (33). An der dialektischen Konzeption ist (unter anderem) problematisch, daß sie den take off aller Bewegung in der Unbestimmtheit des Vorliegenden sieht, die *nur durch Negation bestimmt werden kann*; daß sie also die Bewegung letztlich auf ein Bewußtsein mit Ambiguitätsintoleranz (oder, was noch merkwürdiger ist: auf eine entsprechende Materie) zurückführt. Beide Vorentscheidungen sind innerhalb der jeweiligen Theorieanlage nicht revidierbar; sie bestimmen den Duktus der Argumentation und die gewiß beachtlichen Plausibilitätsgewinne. Trotzdem erscheinen uns die Kosten dieser Vorentscheidungen über die Problemstellung zu hoch zu sein. Daraus ergibt sich das Interesse an einem Ausweg, der keiner dieser Vorentscheidungen folgt.

Der oben formulierte Vorschlag bezieht sich auf die durch solche Kritik entstehende theoriegeschichtliche Situation. Er verwendet, anders als die Strukturalisten, die Mehrebenen-Struktur zur Konstruktion der jeweiligen historischen Situation, so wie sie von den Beteiligten selbst erlebt wird. Er sieht in der Differenz von simultan präsentiertem Wirklichen und Möglichen den Ausgangspunkt sozialer Prozesse. Die take off-Bedingung liegt also in der Kontingenz des Vorliegenden und nicht, wie für die Dialektik, in der Unbestimmtheit, oder was aufs gleiche hinausläuft, in der widersprüchlichen Bestimmtheit der Ausgangslage; sie liegt nicht in einer Situation, die nur durch Negation zu kurieren ist, sondern in einer Unterbestimmung, die allen Anschlüssen die Form von Selektion gibt. Das läßt Möglichkeiten des Kontinuierens und des Diskontinuierens offen, wobei Diskontinuieren immer zugleich Kontinuieren impliziert.

Erst sekundär hat man dann die Frage zu stellen, die nach heutiger Auffassung für die Handelnden selbst eine politische (34) (und gerade keine dialektische) ist: was denn die Option zwischen Kontinuieren und Diskontinuieren bestimmt. Der Handelnde, und wiederum vor allem der politisch Handelnde, mag meinen: er selbst. Er kann sich und muß sich als Entscheidender verhalten und sich seine Entscheidung zurechnen lassen. Solche Zurechnung ist ihrerseits abhängig von Konventionen, die mit sozialpsychologischen und soziologischen Mitteln analysiert werden können (35). Vor allem aber interessieren in unserem Zusammenhang Möglichkeiten, die *strukturellen Bedingungen der Kontingenzerfahrung selbst* zu analysieren (die ihrerseits auch Attributionsbedingungen, aber nicht nur Attributionsbedingungen sind).

Dafür besagt die Mehrebenen-Struktur: daß die jeweilige Bestimmtheit der Wirklichkeit und ihre jeweilige Modalisierung *beides abhängige Variable* sind, die *zusammenhängen*, aber *unterschiedlich* determiniert sind. Die jeweilige Besetzung der politischen Ämter ist zum Beispiel von ihrer Besetzbarkeit zu unterscheiden. Beides hängt zusammen und wird als Kontingenz der jeweiligen Besetzung erfahren; trotzdem läßt sich die historische Determination der Besetzung und die historische Determination der Besetzbarkeit unterscheiden, und das Vermögen zu dieser Unterscheidung ist selbst ein strukturelles Moment politischer Dynamik (36). In ähnlicher Weise eröffnet gerade die Dogmatisierung der Religion, besonders bei transzendierenden Bezugspunkten, Angriffsmöglichkeiten gegen jede dogmatische Position; eröffnet die Monetisierung der Wirtschaft Möglichkeiten der Überprüfung aller Investitionen, ja Möglichkeiten, immer neue Formen wirtschaftsrelevanten Verhaltens bis hin zu Arbeit oder zu Landbesitz als Investition erscheinen zu lassen, die man überprüfen und ändern könnte. Auf Grund dieser Überlegungen gewinnt auch eine alte, heute nur noch von Minderheiten vertretene Auffassung neue Plausibilität: daß rasches wirtschaftliches Wachstum politisch destabilisierend wirkt, weil es sowohl Gewinner als auch Verlierer einer solchen Entwicklung mit dem Bewußtsein anderer Möglichkeiten ausstattet (37).

IV

Diese noch ganz allgemeine Aufbereitung der Art, wie geschichtsbezogene Fragen gestellt werden können, läßt sich in theoriefähige Problemstellungen überleiten – mit Hilfe soziologischer Theorie. Die Verknüpfung liegt im Problem der real vorliegenden Kontingenz, das alle Anschlüsse an konkrete Lagen selektiv und damit, verständlich macht. Für soziologische Theorie ist das gleiche Problem relevant als zu erklärende Faktizität. Um Evolution erklären zu können, muß sie erklären, wie es zu einer zunehmenden Differenzierung von variierenden, seligierenden und stabilisierenden (reproduzierenden) Mechanismen kommt. Um Systemstabilisierungen erklären zu können, muß sie erklären, wie die Komplexitätsdifferenz zwischen Umwelt und System dadurch überbrückt werden kann, daß sowohl die Umwelt als auch das System mit einem Möglichkeitsüberschuß erlebt werden, der selektive Kombinationen von Umwelt- und Systemzuständen erlaubt (38). Um Kommunikationserfolge erklären zu können, muß sie erklären, weshalb trotz Nichtidentität der Partner in evolutionär zunehmend unwahrscheinlichen Lagen Selektionsvorschläge gleichwohl mit hoher Wahrscheinlichkeit angenommen werden (39); und auch dies erfordert einen Möglichkeitsüberschuß auf beiden Seiten als Vorbedingung selektiver Akkordierung. Die weitere Arbeit an diesen soziologischen Theoriestücken wird voraussichtlich zu Einsichten über evolutionäre Variation struktureller (und damit Evolution wiederum bedingender) Zusammenhänge führen, die dem Historiker vor Augen führt, daß die Konstellation von Wirklichkeiten und Möglichkeiten in bestimmten historischen Situationen nicht aus der Situation selbst heraus, sondern durch allgemeinere Zusammenhänge zu erklären ist.

Um die Möglichkeiten einer solchen historisch-soziologischen Analyse zu verdeutlichen, soll abschließend mit ganz groben Strichen und unter Verzicht auf alle detaillierte Beweisführung nochmals ein Beispiel skizziert werden. Wir wählen die Strukturbedingungen, die im Übergang vom 18. zum 19. Jahrhundert die Durchsetzung des neuartigen Gesellschaftstyps der „bürgerlichen Gesellschaft" ermöglicht haben.

Die soziologisch faßbaren Vorbedingungen lassen sich mit Sicherheit nicht in einem Funktionssystem allein lokalisieren – weder allein in den Herrschaftsstrukturen des politischen Systems, noch in der Wirtschaft, noch in der Religion. Sie betreffen vielmehr das Ausmaß funktionaler Differenzierung und damit das Gesellschaftssystem selbst. Aus Gründen, die wir nicht weiter zurückverfolgen wollen, erreichen in der beginnenden Neuzeit Politik, Religion und Wirtschaft, sodann Wissenschaft und gegen Ende des 18. Jahrhunderts auch das Erziehungssystem (in Familien und im Schul-/Hochschulbereich) und die Familien selbst höhere Autonomie und höhere funktionale Spezifikation. Diese Entwicklung führt auf Teilsystemebene zur Produktion von Möglichkeitsüberschüssen und Kritik- oder Neugründungsbereitschaften, wobei institutionalisierte Funktionen zum Maßstab des Möglichen werden. Im Bereich der Religion etwa heißt dies, daß die Frage nach den Gründen der Gewißheit des Glaubens an den Glauben schon im späten Mittelalter die institutionalisierten Antworten als kontingent und eine Mehrzahl neuer Lösungen als realisierbar erscheinen läßt, nämlich: Rückgang auf „die Schrift", Verinnerlichung der Glaubensgewißheit und, auf katholischer Seite, Sakralisierung der bisher primär juristisch thematisierten Kirchenorganisation. Im Bereich der Politik kommt es zu einer Neufassung des Souveränitätsprinzips, die jetzt Exklusivität der Gewaltausübung betont und die inhaltliche Ausfüllung für sich selbst reklamiert. Die Wirtschaft gewinnt ihre Autonomie durch Extension des monetären Mechanismus, die Familien erreichen sie schließlich durch Diskontinuieren und Neugründung in jeder Generation im Interesse hochgetriebener Erwartungen an personale Adäquität und an individualisierte (kindgemäße!) Erziehungsleistung (40).

Eine der Folgen ist, daß die so verselbständigten Teilsysteme füreinander neue Probleme stellen und neue Möglichkeiten definieren. So verliert die Politik die Fraglosigkeit der Gesichtspunkte religiöser Legitimation und wird zugleich von ihnen unabhängiger. Sie gewinnt durch den Geldmechanismus die Möglichkeit, der Wirtschaft monetäre Ressourcen zu entziehen, und damit Unabhängigkeit von Landbesitz der politischen Machthaber, aber Abhängigkeit von Konjunkturen. Grundbesitz läßt sich dann seinerseits unter ökonomische Kriterien bringen als eine Möglichkeit unter anderen, Geld zu verdienen, und als eine Investition, die nur haltbar ist, wenn man mit ihr verdient. Weitere Folgen laufen über die Verselbständigung der Selektionsprinzipien in den symbolischen Codes, die die Teilsysteme zur Steuerung ihrer Kommunikationen verwenden – etwa: Staatsräson, Profit als Resultante der Optimierung der Relation von Aufwand und Ertrag, logisch-empirische Wahrheitskriterien, passionierte Liebe. Dies hat zur Folge, daß funktionsspezifische Selektionen sich weder in ihren Prämissen noch in ihren Effekten mehr „natürlich" oder implikativ integrieren; die Integrationsmöglichkeiten der Gesellschaft müssen in die Zukunft ausgelagert werden, die jetzt in stärkerem Maße als different zur Vergangenheit begriffen und positiv bewertet werden muß (41).

Eine der generellen Bedingungen zunehmender funktionalen Differenzierung wird mit all diesen Entwicklungen nahezu durchgehend relevant – nämlich das Erfordernis entsprechender Größenordnungen. Funktionale Spezifikation setzt hinreichend viele und häufig vorkommende Interaktionen voraus. Dieser Bedarf wird nicht – oder jedenfalls nicht nur – durch Bevölkerungsvermehrung oder durch Expansion des sich modernisierenden Gesellschaftssystems, durch Vergrößerung der Staaten oder durch religiöse Mission erfüllt, sondern vor allem durch Prozesse, die Talcott Parsons „inclusion" nennt (42). Inklusion bedeutet, daß alle Funktionskontexte für alle Teilnehmer des gesellschaftlichen Lebens zugänglich gemacht werden: Jeder hat, das betrifft die Differenzierung von Klerikern und Laien, die unmittelbare Möglichkeit eigener Glaubensentscheidung (43). Jedermann ist rechtsfähig; welche Rechte er hat, bestimmt sich damit ausschließlich nach der im Rechtssystem selbst ablaufenden Geschichte (44). Jedermann hat innerhalb der funktional unerläßlichen Schranken (Alter) Zugang zu politischen Ämtern und zur politischen Wahl. Jedem wird der Erwerb und die Abgabe von Eigentum und Verfügung über eigene Arbeitskraft freigestellt. Dadurch, und nicht allein, ja nicht einmal in erster Linie durch Expansion in ausländische Märkte, wird Industrialisierung möglich (45). Jeder darf im Prinzip alles wissen, und die Kriterien für Wahrheit/Falschheit werden auf intersubjektive Bewährung abgestellt. Jeder muß zur Schule, und auch hier entwickeln sich, wenn auch erst in jüngster Zeit, entsprechende Tendenzen zur Auflösung von Sperrbegriffen und zur Universalisierung der pädagogischen Verantwortung (46).

Kein Soziologe wird verkennen, daß diese Inklusionsprinzipien nie vollständig und nie schichtungsneutral realisiert worden sind. Offensichtlich ist mit zunehmender Gleichheit auch die Ungleichheit gestiegen, ebenso wie mit zunehmender Unabhängigkeit der Teilsysteme auch ihre wechselseitige Abhängigkeit. Solchen

Strukturwandel kann man nicht erfassen, wenn man von einem Prinzip konstanter
Mengen ausgeht. Gerade das Erreichen neuer Kombinationsniveaus für Gleich-
heit/Ungleichheit und Abhängigkeit/Unabhängigkeit ist für die hochkomplexe
moderne Gesellschaft bezeichnend (47). An diese Lage knüpfen nun aber in zweifacher Hinsicht neuartige Dynamismen an: Die Abstraktion der besonderen Funk-
tionsperspektiven führt zu Projektionen, die sich gesamtgesellschaftlich nicht
realisieren lassen – etwa zur Erwartung, daß Nationalität hinreichende Garantie
politischen Konsenses sei; daß Bildung die funktionsnotwendigen Einsichten bringe; daß Wirtschaftswachstum auf Dauer genügende Überschüsse abwerfe, um die
dadurch Benachteiligten zu entschädigen. Und zweitens führt die Bewertung der
Inklusionsprinzipien zur Dauerkritik der Gesellschaft an sich selbst. Zurücküber-
setzt in die oben (unter II) skizzierten Begriffe der Evolutionstheorie heißt dies:
Mit dem Übergang zur bürgerlichen Gesellschaft werden die Mechanismen für
Variation, Selektion und Stabilisierung extrem differenziert und der Stabilisierungsmechanismus, die Systemdifferenzierung, stimuliert selbst Variationsanläs-
se. Strukturänderungen gewinnen dadurch ein bisher unerreichtes Tempo, das als
Tempo der Veränderungen selektiv wirkt auf das, was jetzt noch möglich ist.

Diese Veränderung des Möglichkeitsraumes und seiner Größenbedingungen
hatte weittragende Konsequenzen für Phänomene, die man üblicherweise unter
demographischen Gesichtspunkten behandelt. Es ist deshalb kein Zufall, daß es
zur gleichen Zeit zu einer Umthematisierung des Problems der Bevölkerungszahl kommt im Sinne eines natürlichen und zeitbezogen zu erfassenden Problems
(Malthus).

In allen historischen Gesellschaftssystemen – wir vermuten: bis etwa zur Mitte
des 18. Jahrhunderts – war das Verhältnis von Personen und Gesellschaftssystem
in erster Linie ein solches der *numerischen Größe*. Darüber darf die eindrucksvol-
le kulturelle Tradition nicht hinwegtäuschen. Nur eine begrenzte Zahl von Menschen konnte (und kann natürlich auch heute) auf einem begrenzten Gebiet ernährt
werden. Andererseits hingen die zentralen, evolutionär bedeutsamen Strukturge-
winne wie Schichtung, Arbeitsteilung, Stadtbildung, Komplexität der Symbolsysteme sehr wesentlich von einer Zunahme der Bevölkerungsdichte ab (48). Noch
der Beginn der industriellen Entwicklung war durch eine ökonomische Depression
des Landes bedingt. Dieser Zusammenhang scheint im Zuge der Realisierung der
modernen Industriegesellschaft aufgehoben worden zu sein. *Erstmals in der Ge-*
schichte setzen heute demographische Bedingungen keine Grenze für mögliche
Zivilisation.

Natürlich ist nach wie vor unabdingbar, daß die Größe der ernährbaren Bevölkerung eine Grenze haben muß. Dies Problem bereitet akute Sorgen. Aber dessen
Lösung ist unabhängig geworden von Ansprüchen wirtschaftlicher, militärischer,

politischer oder sonstiger Art an Bevölkerungszahlen und vermutlich unabhängig von den Aussichten auf weitere Evolution. Die erste der genannten Bedingungen, die Begrenztheit der überhaupt möglichen Bevölkerungszahl, ist eine unabdingbare Schranke, welchen Wert immer sie annehmen mag; die zweite, die Größenabhängigkeit von Evolution, dagegen nicht.

Die Erhaltung des erreichten Zivilisationsstandes und dessen weitere Entwicklung erfordert nur noch, daß die Bevölkerungszunahme begrenzt und unter Kontrolle gebracht wird; nicht dagegen, daß hinreichend große oder gar immer größere Bevölkerungszahlen ernährt werden. Denn für Größenerfordernisse hat man Substitute gefunden. Sie liegen teils in dem institutionellen und symbolischen Komplex, den wir soeben unter dem Titel „Inklusion" erörtert haben, teils in den Techniken der Massenkommunikation. Beidem liegt ein Prozeß der Selbstabstraktion des Gesellschaftssystems zu Grunde, der zu einer Auflösung und Neuformierung der Einheiten für „Elemente" und „Beziehungen" führt, etwa zur Verlagerung der Strukturgenese von Personen auf Rollen oder gar auf die Relationierung spezifischer Handlungen oder Informationen.

Diese Realveränderungen haben, wie hier nicht zu diskutieren, weittragende Bedeutung für adäquate soziologische Theoriebildung; diese muß der Selbstabstraktion der Gesellschaft mindestens gewachsen sein und gewinnt hierdurch ihren eigenen historischen Standort. Für historische Analysen dürfte bedeutsam sein, daß mit dieser Ablösung der strukturellen Arrangierfähigkeit von allzu konkret, nämlich demographisch festliegenden Größenerfordernissen *alle* Strukturen des Gesellschaftssystems in höherem Maße unter-determiniert und kontingent werden. Die Folge ist, daß der Strukturwandel der Gesellschaft sich rasant beschleunigen kann und damit das Aushalten von Variationstempo selbst zum Faktor wird, der das jetzt noch Mögliche definiert (49). Vor dem Hintergrund solcher Umstrukturierung des Möglichen stellen nun auch Bevölkerungsprobleme sich anders als früher; sie werden zum Umweltproblem des Systems sozialer Kommunikation, dessen angemessene Lösung aus primär *zeitlichen* Gründen unmöglich zu werden droht (50).

Wir lassen alles weitere, vor allem jede Ausarbeitung von Prognosemöglichkeiten hier offen, denn unser Thema ist die Theorie der Geschichte. Auch wenn solche soziologischen Analysen theoretisch konzise formuliert und im Detail belegt werden können, sollte man ihren Erklärungswert nicht überschätzen. Sich allein auf sie zu stützen, hieße im Grunde: zur Theorie der Geschichte als eines sich selbst dynamisierenden welthistorischen Prozesses zurückzukehren. Geschichtsverläufe sind aber weder kausalgesetzlich noch als Ausfüllung projektierter Möglichkeiten teleologisch zu begreifen. In ihre Selbstselektion gehen neben dem Möglichkeitshorizont immer auch die jeweils realisierten Strukturen, die Zustände, wie sie sind, ein. Ohne Anschlußmöglichkeit kein Prozeß.

Adäquate historische Analysen des Übergangs zur bürgerlichen Gesellschaft erfordern daher sehr viel mehr als nur die Analyse strukturbedingter Variationsspielräume. Diese gewinnen ihre Bedeutung erst an den Realisaten der bisherigen Geschichte, die durch sie als kontingent erscheinen. Gerade profilierte Institutionen sind es, die als existierende, allgemein bekannte, durchweg praktizierte Anlaß geben zu Neuerungen. So wendet sich die neue, empirisch und human orientierte Pädagogik der zweiten Hälfte des 18. Jahrhunderts gegen die klerikalen Institutionen des Erziehungssystems (51). Sie gewinnt aus dieser Konfrontation – und trotz Locke und trotz Condillac keineswegs aus der Empirie – ihre Überzeugungskraft. Und auch in bezug auf Familienleben und Familienerziehung bricht der neue philanthropische Sentimentalismus den religiös bestimmten Patriarchalismus lutherischer oder puritanischer Provenienz, gegen den sich die Vorteile der gefühlsnahen, mütterlichen, kindgemäßen Intimität drastisch zur Geltung bringen lassen (52). Daß die gleichen Beobachtungen sich an den Organisationsstrukturen politischer Herrschaft machen lassen, bedarf keines weiteren Kommentars. Auch die neuartigen religiösen, politischen und ökonomischen Inklusionserfordernisse gewinnen – hier drängt sich der Vergleich mit England besonders auf – überall dort besondere Virulenz, wo ständische Verhältnisse ihnen entgegenstehen *und man daher wissen kann, was es zu ändern gilt, um die angestrebten Effekte zu erreichen* (so sehr man sich dabei dann wieder über die eintretenden Wirkungen täuschen mag). Die gleiche Funktion der Focussierung von Opposition hatten schließlich die nur noch spezifisch-ökonomisch motivierten Kapitalakkumulationen des 19. Jahrhunderts. Genau diese historische Situation mit der Doppelbedingung von hochgetriebenen Kontingenzen *und* hinreichenden Oppositionsmöglichkeiten war es, die den Betrachtern eine in neuem Sinne „dialektische", über ein Prozessieren von Negationen laufende Geschichtskonzeption suggerieren konnte.

Auf diese Weise werden natürlich Strukturierungswirkungen verlängert in eine Zeit hinein, die sich mit ihnen beschäftigt, um sie abzuschaffen, und man merkt nicht so rasch, daß Themen ihren strukturell begründeten Rang verlieren. Andererseits ist Diskontinuieren nicht die einzige Art des Fortsetzens. Oft kontinuieren Traditionen und Orientierungsgewohnheit einfach deshalb, weil sich keine hinreichend prägnanten Evidenzen einstellen, an denen sie zerschellen wie die beste der möglichen Welten am Erdbeben von Lissabon.

Diese Überlegungen könnten mit dazu beitragen, die fruchtlose Debatte über Tradition versus Modernität (53) aufzulockern. Traditionen können in der Art, wie sie fortgesetzt, und in der Art, wie sie nicht fortgesetzt werden, unterschiedliche Stile der Modernisierung prägen (54). Und dazu kommt eine bereits für Hochkulturen und heute für Entwicklungsländer nicht untypische Möglichkeit: traditionale und moderne, religiöse und säkularisierte Lebensbereiche zu segregieren und erst in der Reaktion auf diese Differenz, die auf personaler Ebene und in Familien beginnt, neue Formen zu entwickeln.

Evolution und Geschichte, Bestand und Wandel, Kontinuität und Diskontinuität, Tradition und Modernität – solche Oppositionen verbauen den theoretisch fruchtbaren Zugang zu Problemen der gesellschaftlichen Entwicklung. Es nützt auch nichts, die Problemdefinition von einem Dilemma in das andere zu verlagern. Eine Theorieanlage dieses Typs erzwingt, wenn damit ganze Gesellschaften behandelt werden sollen, Abstraktionen, die sich historisch und empirisch nicht bewähren. Ebensowenig genügt es für den Fortgang der Forschung, sich mit großen Soziologen der Anfangszeit, mit Tocqueville, Maine, Weber, Durkheim, auf eine Art implizite Reflexion, auf den Erfahrungsgehalt der Begriffe zu verlassen (55). Auf diese Situation reagiert der hier projektierte Versuch: strukturierte Kontingenz als diejenige historische Realität anzusehen, die sowohl die faktischen Veränderungen des Gesellschaftssystems als auch die Möglichkeiten ihrer theoretischen Analyse ermöglicht und auf die sich sowohl die Situationstheorien der Geschichtsmenschen als auch die darauf reflektierenden Theorien des Soziologen beziehen.

V

Abschließend einige Bemerkungen zur Dialektik von Wissen und Nichtwissen. Seit Marx kann man argumentieren: Die im Laufe der Geschichte produzierten Abstraktionen und Spezifikationen, die man kennt, sind genau das, was man nicht kennt. Die Ware, mit der man täglich umgeht, ist ein Fetisch, der die wahren Verhältnisse verbirgt. Die Produktion der Dinge – und mit Bourdieu kann man dann auch sagen: die Produktion der Personen (56) – verdeckt die Reproduktion der sozialen Verhältnisse; sie verdeckt sie mit Hilfe einer Ideologie. Daß die Dialektik diese Verhältnisse aufhebt, da sie letztlich Widersprüche nicht toleriert, scheint den Vertretern dieser Argumentation sicher zu sein. Da die Dialektik aber den Zeitpunkt, in dem dies geschieht, nicht bestimmt, muß trotzdem gehandelt werden. Politik kompensiert die zeitlichen Präzisionsmängel der Dialektik. Deshalb ist es konsequent, die Einheit von Theorie und Praxis zu fordern. Als politische Praxis ist diese Theorie Geschichte geworden. Spricht das für ihre Argumentationsweise – oder ist sie nicht gerade dadurch dem Test durch Abwarten und Sehen entzogen worden?

Wie dem auch sei: mit der hier vertretenen Geschichtskonzeption lassen sich sowohl wichtige Aspekte jener Theorie als auch die Erfolge ihrer Praxis interpretieren – wenn man auf Dialektik verzichtet. Das Verhältnis von Wissen und Nichtwissen läßt sich – wenn man es nicht so apodiktisch setzt, wie die Dialektik

es tun muß, um ihr Antriebsmoment, den Widerspruch, zu gewinnen – mit dem
Verhältnis von historisch bestimmter Wirklichkeit und deren Kontingenz in Parallele setzen. Das jeweils Bestimmte liegt dem Bewußtsein näher als der Possibili-
tätenraum (57). Die Geschichte selbst produziert Bewußtseinspräferenzen für das
Vorhandene und läßt Kontingenzen nur an ihm erscheinen. Die Preise der Waren
sind bekannt oder leicht erkennbar ausgezeichnet; ihre Kontingenz ist es allenfalls
noch im Hinblick auf andere Preise oder andere Waren im Kontext vergleichender Kalkulation – aber nicht auch im Hinblick auf Ausbeutungsverhältnisse oder
Mehrwertabschöpfung. Man kann wissen, wer Bundeskanzler ist, und auch, daß
andere ihm im Amte folgen können. Daß er aber nur Handlanger des Monopol-
kapitalismus ist und daß dies gar nicht nötig wäre, das muß einem erst noch gesagt
und bewußt gemacht werden.

Möglichkeiten sind überdies schwieriger zu strukturieren, also auch schwieriger zu begreifen als Wirklichkeiten. Und sie haben unbestimmtere KonsensChan-
cen. Diese Nachteile kann Theorie ausgleichen. Oder besser gesagt: Wenn und
soweit Theorie die Bewußtheitsdefizite der Kontingenz ausgleicht, hat sie eine historische Funktion. Sie gibt damit dem Wirklichen, was immer daraus wird, höhere
Selektivität. Sie transformiert Evidenzen in Probleme.

Auch wenn der allgemeingeschichtliche (im Unterschied zu: theoriegeschicht-
lichem) Erfolg eine Theorie nicht verifiziert, bestätigt er ihre Intuition in bezug
auf Wirkliches und Mögliches sowie die gelungene Re-Problematisierung und
Re-Possibilisierung der Verhältnisse. Der konsequente Funktionalismus macht
genau dies zum methodischen Prinzip: die Wirklichkeit als immer schon gelöstes
Problem darzustellen und sie damit dem Vergleich mit anders möglichen Problem-
lösungen auszusetzen. Im Grunde ist dies aber nicht so neu, wie es klingt. Diese
Leistung war immer mitintendiert, wenn man etwas als etwas zu begreifen suchte.
Sie stellt sich in der Konzeptualisierung dieser Relation wissenschaftlichen, in der
Aktualisierung von Möglichkeiten historischen Tests.

Anmerkungen

1 Für einen Überblick siehe *Rüdiger Schott*, Der Entwicklungsgedanke in der modernen Ethnologie, Saeculum 12 (1961), S. 61-122. Wesentlich anders verlief die die spätere Soziologie bestimmende amerikanische Diskussion, die der älteren Evolutionstheorie die Kategorie des „social process" entgegensetzte, um normative und pauschal-deskriptive Theorien zu vermeiden, aber nie eine scharfe Entgegensetzung anstrebte. Vgl. etwa den Tagungsband Social Process: Papers Presented at the Twenty-sixth Annual Meeting of the American Sociological Society Held at Washington D. C., December 28-3 1, 1932, Chicago 1933.

2 Siehe etwa *J. D. Y. Peel*, Spencer and the Neo-Evolutionists, Sociology 3 (1969), S. 173-191.

3 Siehe etwa *Kenneth E. Bock*, The Acceptance of History: Towards a Perspective for Social Science, Berkeley 1956.

4 Vgl. namentlich die Sammelbände *Hans-Ulrich Wehler* (Hrsg.), Geschichte und Soziologie, Köln 1971, insb. den Beitrag von *Seymour M. Lipset*, und *Peter Christian Ludz* (Hrsg.), Soziologie und Sozialgeschichte, Sonderheft 16 der Kölner Zeitschrift für Soziologie und Sozialpsychologie, Opladen 1973.

5 Auch in diesem Bereich wiederholt sich dann übrigens nochmals die gleiche, wenig fruchtbare Fragestellung, ob nicht die konkreteren „speziellen Evolutionstheorien" der „generellen Evolutionstheorie" vorzuziehen seien, im Anschluß an *Marshall D. Sahlins*, Evolution: Specific and General, in: *ders.*, und *Elman R. Service*, Evolution and Culture, Ann Arbor Mich. 1960, S. 1244. In ganz anderer Intention verwendet *Klaus Eder*, Komplexität, Evolution und Geschichte, in: *Franz Maciejewski* (Hrsg.), Theorie der Gesellschaft oder Sozialtechnologie: Beiträge zur Habermas-Luhmann-Diskussion Bd. 1, Frankfurt 1973, S. 9-42, diese Unterscheidung in Parallele zur Unterscheidung determinierender (ökonomischer) = genereller und dominanter (kultureller) = spezieller Evolutionsfaktoren.

6 Alle seit der Jahrhundertwende, zum Teil schon seit Spencer polemisch formulierten, stereotyp wiederholten Argumente des sog. Neo-Evolutionismus – Evolution sei kein notwendiger Prozeß, Evolution sei nicht unilinear, Evolution sei nicht kontinuierlich, Evolution sei nicht irreversibel – dienen im Grunde der Zerstörung der Vorstellung eines evolutionären Prozesses; nur das Fazit wird im allgemeinen nicht gezogen. Siehe etwa *Herbert Spencer*, Principles of Sociology Bd. I, 3. Aufl., London/Edinburgh 1885, S. 93 ff.; *L. T. Hobhouse/G. C. Wheeler/M. Ginsberg*, The Material Culture and Social Institutions of the Simpler People: An Essay in Correlation, London 1915, Neudruck 1965, S. 1 ff.; *Shmuel N. Eisenstadt* (Hrsg.), Readings in Social Evolution and Development, Oxford 1970, Introduction: Social Change and Social Development, insb. S. 17 ff. für den geringen Fortschritt der Argumentation.

7 Dieses Ziel verfolgt anscheinend *Paul Ridder*, Historischer Funktionalismus, Zeitschrift für Soziologie 1 (1972), S. 333-352.

8 So unter Orientierung an sehr eng gewählten wissenschaftstheoretischen Prämissen *Richard Münch*, Soziologische Theorie und historische Erklärung, Zeitschrift für Soziologie 2 (1973), S. 163-181.
   Münchs Beitrag läßt im übrigen besonders klar erkennen, wo die Kosten einer so ehrgeizigen Zielsetzung liegen. Angesichts der Faktizität von singularen Situationen und

kontingentem Handeln können nur Theorien verwendet werden, die mit einer statistischen Neutralisierung von Singularität und Kontingenz rechnen, *so als ob es darauf
nicht ankäme*. Gerade die geschichtliche Erfahrung orientiert sich jedoch an konkreten Bestimmtheiten und an den sichtbar werdenden anderen Möglichkeiten, und sie
wird, wie im folgenden gezeigt werden soll, erst dank einer solchen modalisierten
Komplexorientierung ursächlich. Eine Kausaltheorie der Geschichte hat wenig Sinn,
wenn sie sich aus methodischen Gründen zwingen muß, Ursachen dieser Art außer
acht zu lassen, und für „Lerntheorien" dürfte das gleiche gelten.

Dies Argument schließt nicht aus, daß Erklärungsleistungen jenes nomologischen
Typs erbracht werden können. Wir vermuten aber, daß ihr Anwendungsbereich gerade
nicht in der Evolutionstheorie und auch nicht in der Lerntheorie liegt, sondern eher im
Bereich des Abbaus voraussetzungsvoller Strukturbildungen, weil hier die Erhaltung
der Struktur von spezifizierbaren Bedingungen abhängt und die Nichterhaltung im bestehenden System spezifizierbare Konsequenzen hat. Welche Folgen die Erfindung des
Geldmechanismus haben kann, läßt sich von den zur Zeit der Erfindung vorliegenden
Daten aus kaum prognostizieren; daß die Zerstörung oder der Verfall des Geldmechanismus zu einer dann auch politisch bedeutsamen Re-Agrarisierung führt, ist schon
eher eine gut begründbare, methodischen Anforderungen genügende Hypothese.

9   Vgl. *Donald T. Campbell,* Variation and Selective Retention in Socio-Cultural Evolu-
     tion, in: *Herbert R. Barringer/Georg I. Blanksten/Raymond W. Mack,* Social Change
     in Developing Areas: A Reinterpretation of Evolutionary Theory, Cambridge Mass.
     1965, S. 19-49; neu gedruckt in General Systems 14 (1969), S. 69-85. *Campbell* faßt
     allerdings die Funktionen der Selektion und der Stabilisierung mit dem Begriff selec-
     tive retention zu stark zusammen.
10   Hierzu näher *Niklas Luhmann,* Einführende Bemerkungen zu einer Theorie symbo-
     lisch generalisierter Kommunikationsmedien, in diesem Bande, S. 212-240; *ders.,*
     Macht, Stuttgart 1965.
11   Unbestreitbar gibt es dadurch Abhängigkeitsbeziehungen zwischen organischer und
     soziokultureller Evolution, die jedoch nicht ausreichen, um die Mechanismen sozio-
     kultureller Evolution, geschweige denn ihre Resultate, „historisch zu erklären". Vgl.
     dazu *Eric H. Lenneberg,* The Capacity for Language Acquisition, in: *Jerry A. Fodor/
     Jerold Katz* (Hrsg.), The Structure of Language: Readings in the Philosophy of Lan-
     guage, Englewood Cliffs N. J. 1963, S. 579-603; *Jacques Monod,* Zufall und Not-
     wendigkeit: Philosophische Fragen der modernen Biologie, München 1971, S. 161 ff.,
     197 ff.
12   Daß die Evolutionstheorie damit nach den Kriterien mancher Wissenschaftstheore-
     tiker aus dem Bereich wissenschaftlich vertretbarer Aussagen ausscheiden müßte,
     ist viel diskutiert worden. Siehe nur *Michael Scriven,* Explanation and Prediction in
     Evolutionary Theory, Science 130 (1959), S. 477-482; *Adolf Grünbaum,* Temporally-
     Asymmetric Principles, Parity Between Explanation and Prediction, and Mechanism
     Versus Teleology, Philosophy of Science 29 (1962), S. 146-170. Die Antworten auf
     diese Diskrepanz sind verschieden ausgefallen. Sie sollten in erster Linie den Wis-
     senschaftstheoretikern Anlaß geben, ihre Erkenntnisansprüche zu überprüfen, denn
     Evolutionstheorien arbeiten, zumindest im Bereich der Naturwissenschaften, recht
     erfolgreich. Sie könnten aber auch die Evolutionstheorie veranlassen, ihre Hypothesen
     deutlicher zu formulieren.

13   Parallelüberlegungen für den Fall der organischen Evolution, die ebenfalls gegen alle
     Wahrscheinlichkeit unheimlich schnell verläuft, könnten darauf hinweisen, daß die
     Differenzierung der Mechanismen Mutation, natürliche Auslese und reproduktive
     Isolation von Populationen sogar durch Differenzierung verschiedener Systemebenen
     gesichert ist, so daß Nicht-Koordination der Mechanismen untereinander („Zufall")
     mit einem hohen Maße an Feinregulierung auf jeder Ebene kompatibel ist. Weitere
     Erklärungen für besondere Beschleunigungen kommen hinzu.

14   Vgl. etwa *Bronislaw Malinowski,* The Problem of Meaning in Primitive Languages,
     in: *C. K. Ogden/I. A. Richards* (Hrsg.), The Meaning of Meaning, 10. Aufl. 5. Druck
     London 1960, S. 296-336; *Lorna Marshall,* Sharing, Talking, and Giving: Relief of
     Social Tensions Among !Kung Bushmen, Africa 31 (1961), S. 23 1-249.

15   Eben deshalb kann jetzt erst Rhetorik und Persuasivkunst als *besondere* Form der
     Ausnutzung von Sprache zum Problem werden. Diesen Zusammenhang betonen (mit
     weiteren interessanten Hinweisen zur Entstehung von Kommunikationsmedien als
     Folge von Schrift) *Jack Goody/Ian Watts,* The Consequences of Literacy, Comparati-
     ve Studies in Society and History 5 (1963), S. 304-345.

16   Mit „vorherrschend" soll gesagt sein, daß die anderen Formen nicht schlechthin ausge-
     schlossen sind, aber eine sekundäre, sekundierende Rolle spielen. Nur wegen solcher
     Überschneidungen ist überhaupt Evolution in kleineren Schritten möglich. So gibt
     es in archaischen Gesellschaften vor Übergang zu Stadtkultur und Schriftgebrauch
     bereits Ansätze zur Schichtenbildung und zu funktionaler Differenzierung auf der
     Ebene von Rollen. Und in der modernen Gesellschaft gibt es nach wie vor Gründe
     für die Beibehaltung von segmentären Differenzierungen und von schichtenmäßigen
     Differenzierungen, die sich aus der funktionalen Differenzierung selbst ergeben.

17   Am „Profit" ist dabei nicht die Höhe des Gewinns das Problem – Reichtum hat es im-
     mer gegeben -, sondern die *nichtvertragliche Grundlage des Einkommens* im Unter-
     schied zu Arbeitseinkommen, Zins oder Rente. Das zwingt dazu, Profit – ähnlich wie
     Passion und ähnlich wie curiositas – in einem *sozial nicht gebundenen,* legitimations-
     losen Raum zu institutionalisieren. Vgl. auch den knappen Überblick zur Problemge-
     schichte von *Harold B. Ehrlich,* British Merkantilist Theories of Profit, The American
     Journal of Economics and Sociology 14 (1955), S. 377-386.

18   Entsprechende Bemühungen der soziologischen Theorie – vgl. z. B. *D. F. Aberle/A.
     K. Cohen/ A. K. Davis/M. J. Levy Jr./F. X. Sutton,* The Functional Prerequisites of
     a Society, Ethics 60 (1950), S. 100-111; *Marion J. Levy,* The Structure of Society,
     Princeton N. J. 1952 – können trotz immer neuer Bemühungen,- siehe *Walter Gold-
     schmidt,* Comparative Functionalism: An Essay in Anthropological Theory, Berkeley/
     Los Angeles 1966; *Leslie Sklair,* The Sociology of Progress, London 1970, S. 189 ff. –
     als gescheitert gelten. Sie werden heute nur noch in der recht komplizierten Form
     der Parsons'schen Theorie vertreten, deren Verknüpfung mit der Evolutionstheorie
     Parsons selbst bisher nicht gelungen ist.

19   Dies ist das Thema von *Shmuel N. Eisenstadt,* The Political System of Empires, New
     York 1963.

20   Dies gilt wohl generell, aber mit charakteristischen Unterschieden je nach dem Aus-
     maß der Verrechtlichung von Politik. Vgl. dazu den Vergleich chinesischer und euro-
     päischer Gilden bei *Hosea Ballou Morse,* The Gilds of China: With an Account of the
     Gild Merchant or Co-Hong of Canton, London 1909.

21 Vgl. zu solchen Versuchen allgemein *Linton C. Freeman/Robert F. Winch,* Societal Complexity: An Empirical Test of a Typology of Societies, American Journal of Sociology 62 (1957), S. 461-466; *Robert L. Caneiro/Stephen F. Tobias,* The Application of Seale Analysis to the Study of Cultural Evolution, Transactions of the New York Academy of Sciences 26 (1963), S. 196-207; *Robert K. Leik/Merlyn Mathews,* A Seale for Developmental Processes, American Sociological Review 33 (1968), S. 72-75; *Gary L. Buck/Alvin L. Jacobson,* Social Evolution and Structural- Functional Analysis: An Empirical Test, American Sociological Review 33 (1968), S. 351-352; *Herbert Bergmann,* Einige Anwendungsmöglichkeiten der Entwicklungsskalierung von Leik und Mathews, Zeitschrift für Soziologie 2 (1973), S. 207-226. Ferner für besondere Funktionsbereiche etwa *Guy E. Swanson,* The Birth of Gods: The Origin of Primitive Beliefs, Ann Arbor 1960; *Richard D. Schwartz/James C. Miller,* Legal Evolution and Societal Complexity, The American Journal of Sociology 70 (1964), S. 159-169; *Mark Abrahamson,* Correlates of Political Complexity, American Sociological Review 34 (1969), S. 690-701; *Joseph P. Farrell,* Guttman Seales and Evolutionary Theory, An Empirical Examination Regarding Differences in Educational Systems, Sociology of Education 42 (1969), S. 271-283; *Fred W. Riggs,* The Comparison of Whole Political Systems, in: *Robert T. Holt/Johan E. Turner* (Hrsg.), The Methodology of Comparative Research, New York 1970, S. 73-121.

22 Sehr typisch ist der Ausweg, Strukturtypen nur zu kontrastieren und die Frage, wie es zur Änderung kommt, offen zu lassen bzw. aus dem Kontrast selbst spekulativ zu beantworten. Siehe statt vieler *Bert F. Hoselitz,* Social Structure and Economic Growth, Economia Internazionale 6 (1953), S. 52-77 (insb. S. 70). Als Kritik dieser unzureichenden Behandlung des sozialen Wandels siehe etwa *Anthony D. Smith,* The Concept of Social Change: A Critique of the Functionalist Theory of Social Change, London 1973, insb. S. 43 ff., 137 ff.

23 Vgl. dazu auch *Norbert Elias,* Was ist Soziologie?, München 1970, S. 178 ff.: Man könne, rückwärtsblickend, notwendige Vorbedingungen weiterer Entwicklung ausfindig machen, die gleichwohl vorwärtsblickend (und auch: modo futuri exacti) nur Bedingungen der Möglichkeit, nicht auch Bedingungen der Notwendigkeit dieser Entwicklung sind. Die Frage bleibt: wieso interessiert das?

24 Eine gute Einführung in die neuere Geschichte dieser Problemstellung bietet *Hans Michael Baumgartner,* Kontinuität und Geschichte: Zur Kritik und Metakritik der historischen Vernunft, Frankfurt 1972. Älteres Gedankengut muß man unter dem Stichwort „Bewegung" suchen. Vgl. etwa *Friedrich Kaulbach,* Der philosophische Begriff der Bewegung: Studien zu Aristoteles, Leibniz und Kant, Köln/Graz 1965; *August Nitschke,* Naturerkenntnis und politisches Handeln im Mittelalter: Körper-Bewegung-Raum, Stuttgart 1967. Dieser Hinweis vor allem deshalb, weil die Metapher der Bewegung in unserem Problembereich immer noch als Anschauungshilfe und Reflexionsstop benutzt wird.

25 Bei der Übernahme des Kontingenzbegriffs ist zu beachten, daß er auch in einer engeren, mit dem Kausalbegriff schon harmonisierten Fassung vorliegt und dann so viel besagt wie „abhängig von ...", nämlich von Ursachen. Vor allem diese Begriffsfassung hat aus Gründen, die in der Theologie zu suchen sind, die Tradition bestimmt, während modaltheoretische Analysen mehr zur Klärung ihrer Implikationen eingesetzt worden sind. Vgl. etwa *Martha Freundlieb,* Studie zur Entwicklung des Kontin-

genzbegriffs, Diss. Bonn 1933; *Gerard Smith,* Avicenna and the Possibles, The New Scholasticism 17 (1943), S. 340-357; *Guy Jalbert,* Nécessité et contingence chez samt Thomas d'Aquin et chez ses prédecesseurs, Ottawa 1961. Zur Hochscholastik ferner *Cornelio Fabro,* Intorno alla nozione tomista di contingenza, Rivista di Filosofia Neo-scolastica 30, (1938), S. 132-149; *Thomas B. Wright,* Necessary and Contingent Being in St. Thomas, The New Scholasticism 25 (1951), S. 439-466; *Guy Picard,* Matière, contingence et indéterminisme chez saint Thomas, Laval Théologique et Philosophique 22 (1966), S. 197-233; *Celestino Solaguren,* Contingencia y creación en la filosofía de Duns Escoto, Verdad y Vida 24 (1966), S. 55-100.

26 Auch *Friedrich H. Tenbruck,* Die Soziologie vor der Geschichte, in: *Peter Chr. Ludz* a.a.O., S. 29-58, macht Soziologen und Historiker darauf aufmerksam, wie sehr Strukturen und historische Lagen „unterbestimmt" sein können in bezug auf das, was aus ihnen folgt.

27 In der kybernetischen Theorie würde man von Teilfunktionen sprechen, deren Differenzierung die Lernfähigkeit des Systems durch Interdependenzunterbrechungen erhöht. Vgl. W. Ross Ashby, Design for a Brain, 2. Aufl. London 1954.

28 Vgl. *Louis Althusser,* Contradiction et surdetermination, in: *ders.,* Pour Marx, Paris 1965, S. 85 ff. Zur Interpretation im Kontext marxistischer Strukturtheorie vgl. auch *Peter Chr. Ludz,* Der Strukturbegriff in der marxistischen Gesellschaftslehre, in: *Ludz* a.a.O. (1973), S. 419-447 (426 ff.).

29 So die Unterscheidung von dominanten und determinierenden Strukturen bei *Klaus Eder* a.a.O. im Anschluß an die Doppelung des Reproduktionsbegriffs in Produktion von Sachen und Produktion von sozialen Beziehungen bei *Louis Althusser/Etienne Balibar,* Lire le Capital, Paris 1971, Bd. II, S. 79 ff.

30 So das Konzept der „hierarchy of control" mit der Unterscheidung kontrollierender und konditionierender Strukturen bei *Talcott Parsons;* zur Anwendung auf evolutionäre Gesellschaftsentwicklungen besonders in: Societies: Evolutionary and Comparative Perspectives, Englewood Cliffs. N. J. 1966.

31 Siehe *Alfred Schmidt,* Geschichte und Struktur: Fragen einer marxistischen Historik, München 1971, insb. S. 118 ff.

32 A.a.O., insb. S. 205 ff.

33 Vgl. *Fernand Braudel,* Histoire et sciences sociales: La longue durée, in: *ders.,* Ecrits sur l'histoire, Paris 1969, S. 41-89, dt. Übers. in: *Wehler* a.a.O., S. 189-215.

34 Hierzu näher *Niklas Luhmann,* Der politische Code: „Konservativ" und „Progressiv" in systemtheoretischer Sicht, Zeitschrift für Politik 21 (1974), S. 253-271.

35 Zum heutigen Stand der Diskussion siehe nur: *Edward E. Jones et al.,* Attribution: Perceiving the Causes of Behavior, Morristown N. J. 1971. Eine der hier entwickelten Hypothesen ist im übrigen, daß Beobachter einem Handelnden mehr Kausalität zurechnen als dieser sich selbst; und dieser Effekt der „overattribution" mag durch politische Organisation oder Hierarchisierung des Handlungskontextes noch verstärkt werden.

36 Um konkreter zu illustrieren: das Fehlen dieser Unterscheidung band die Strukturplanungen derjenigen chinesischen Fürstenberater und Politiker, die man „Legisten" nennt, an die Person des jeweiligen Herrschers und damit an die Kontingenz von Leben und Tod. Die Rationalität und Bewährung ihrer Planungen konnten sich davon nicht unabhängig machen, gerade weil sie zugleich gegen die moralischen Grundlagen

der Tradition sich richteten; sie fanden so keine ausreichende Chance der Stabilisierung am Erfolg. Vgl. dazu *Léon Vandermeersch,* La formation du légisme: Recherches sur la constitution d'une philosophie politique charactéristique de la Chine ancienne, Paris 1965, insb. S. 175 ff. Das europäische Mittelalter fand sich mit dem gleichen Problem konfrontiert. Auch hier schien zum Beispiel mit dem Wegfall des Herrschers in Zeiten des Interregnum jede Ordnung zu entfallen. Aber man hatte wegen einer geringeren wirtschaftlichen Entwicklung weniger dringende Planungsaufgaben und zugleich dank der römischrechtlichen und der kanonischen Rechtskultur bessere strukturelle Vorgaben für eine Dissoziierung von Amtsrecht und personenbezogener Politik. Siehe im übrigen zu diesem Vergleich unter umfassenderen Gesichtspunkten *Benjamin Nelson,* Sciences and Civilizations, „East" and „West": Joseph Needham and Max Weber, in: Philosophical Foundations of Science, Boston Studies in the Philosophy of Science Bd. Xl, 1974, S. 445-493. Nelson betont die im Vergleich zu China stärkere Durchbildung universalistischer und individualisierender Aspekte in der Wissenskultur des europäischen Mittelalters (12./13. Jahrh.).

37   Vgl. *Mancur Olson,* Jr. Rapid Growth as a Destabilizing Force, The Journal of Economic History 23 (1963), S. 529-552.

38   Das Kombinationsniveau variiert – so verbinden sich Systemtheorie und Evolutionstheorie – im Laufe der Evolution. *Talcott Parsons* nimmt an: in Richtung auf „adaptive upgrading". Vgl. Societies a.a.O. S. 22; The System of Modern Societies, Englewood Cliffs N. J. 1971, S. 26ff. Dazu kritisch *Edmund Dablström,* Developmental Direction and Welfare Goals: Some Comments on Functionalistic Evolutionary Theory about Highly Developed Societies, Acta Sociologica 17 (1974), S. 3-21.

39   Dies ist der Problembezug einer Theorie symbolisch generalisierter Kommunikationsmedien. Vgl. oben Anm. 10.

40   Diese funktionale Spezifikation führt zugleich zu einer Vereinheitlichung (und in diesem Sinne: Vereinfachung) eines vordem schichtenmäßig und regional stark differierenden Nebeneinanders sehr verschiedener Familien- und Haushaltstypen. Vgl. etwa *Peter Laslett,* Size and Structure of the Household in England over Three Centuries, Population Studies 22 (1969), S. 199-223; *ders.,* (Hrsg.), Household and Family in Past Time, Cambridge Engl. 1972; *Robert V. Wells,* Household Size and Composition in the British Colonies in America 1675-1775, Journal of Interdisciplinary History 4 (1974), S. 543-570. Soziologen betonen demgegenüber auf Grund neuerer Daten die geringen Differenzen in der Haushaltsgröße industrialisierter und nichtindustrialisierter Regionen. Vgl. *Marion J. Levy,* Aspects of the Analysis of Family Structure, in: *Ansley J. Coale et al.,* Aspects of the Analysis of Family Structure, Princeton N. J. 1965, S. 40-63; *Thomas K. Burch,* The Size and Structure of Families: A Comparative Analysis of Census Data, American Sociological Review 32 (1967), S. 347-363. Keinesfalls kann man sagen, daß der kleine Zwei- Generationen-Familienhaushalt erst in dieser Zeit entsteht. Unterschichten vor allem haben, soweit sie überhaupt Familien gründen konnten, kaum je andere Möglichkeiten gehabt.

41   Zu einer entsprechenden Veränderung der gesellschaftlichen Temporalstrukturen vgl. *Reinhart Koselleck,* Historia Magistra Vitae: Über die Auflösung des Topos im Horizont neuzeitlich bewegter Geschichte, Festschrift Karl Löwith, Stuttgart 1967, S. 196-2 19; *ders.,* Vergangene Zukunft der frühen Neuzeit, Festgabe für Carl Schmitt, Berlin 1968, S. 551-566.

42   Siehe namentlich The System of Modern Societies a.a.O., S. 92 ff. im Anschluß an *T. H. Marshall*, Class, Citizenship, and Social Development, Garden City N. Y. 1964.

43   Von da her interpretiert *Parsons* Säkularisierung als Inklusionsvorgang, nämlich als gesellschaftsstrukturelle Relevanz der *Privatisierung* von Glaubensentscheidungen. Vgl. Religion in Postindustrial America: The Problem of Secularization, Social Research 41 (1974), S. 193-225.

44   Für die dabei vorausgesetzte Mobilität ist die neuzeitliche Kategorie des subjektiven Rechtes wesentlich.

45   Vgl. dazu *D. E. C. Eversley*, The Home Market and Economic Growth in England 1750-1780, in: *E. L. Jones/G. E. Mingany* (Hrsg.), Land, Labour and Population in the Industrial Revolution: Essays Presented to J. D. Chambers, London 1967, S. 206-259; *Paul Bairock*, Commerce international et genèse de la révolution industrielle anglaise, Annales E. S. C. 28 (1973), S. 541-571.

46   Sehr deutlich ablesbar an der Auflösung aller immanenten Konturen des Begabungsbegriffs, Siehe z. B. Heinrich Roth, Der Wandel des Begabungsbegriffs, in: *Günter Hartfiel/Kurt Holm* (Hrsg.), Bildung und Erziehung in der Industriegesellschaft, Opladen 1973, S. 117-141, für eine soziologisch nicht reflektierte Darstellung aus der Sichtweise des „native speakers".

47   Als Versuch einer systemtheoretischen Rekonstruktion dieses Strukturwandels mit Hilfe des AGIL-Schemas siehe *Talcott Parsons*, Equality and Inequality in Modern Society, or Stratification Revisited, Sociological Inquiry 40 (1970), S. 13-72

48   Für eine ausgeglichene Bewertung dieser *beiden* Gesichtspunkte siehe *Ester Boserup*, Environnement, population et technologie dans les sociétés primitives, Annales E. S. C. 29 (1974), S. 538-552.

49   Zu den im Rechtssystem beobachtbaren Konsequenzen siehe *Niklas Luhmann*, Die Funktion des Rechts: Erwartungssicherung oder Verhaltenssteuerung? in: Die Funktionen des Rechts: Vorträge des Weltkongresses für Rechts- und Sozialphilosophie Madrid 1973, Beiheft 8 des Archiv für Rechts- und Sozialphilosophie, Wiesbaden 1974, S. 31-45.

50   So jedenfalls die bekannten Schlußfolgerungen des Club of Rome.

51   Vgl. *Charles H. van Duzer*, Contribution of the Ideologues to French Revolutionary Thought, Baltimore 1935.

52   Vgl. *Levin L. Schücking*, Die Familie im Puritanismus: Studien über Familie und Literatur in England im 16., 17. und 18. Jahrhundert, Leipzig/Berlin 1929; *Gustav Stephan*, Die häusliche Erziehung in Deutschland während des achtzehnten Jahrhunderts, Wiesbaden 1891 (insb. S. 104 ff. zur pädagogischen Kritik der frühen intellektuellen Überforderung).

53   Vgl. dazu die inzwischen üblich gewordene Kritik – etwa *Joseph R. Gusfield*, Tradition und Modernity: Misplaced Polarities in the Study of Social Change, American Journal of Sociology 72 (1967), S. 351-362; *Reinhard Bendix*, Tradition and Modernity Reconsidered, Comparative Studies in Society and History 9 (1967), S. 292-346; *Shmuel N. Eisenstadt*, Tradition, Change and Modernity, New York/London/Sydney/Toronto 1973.

54   Siehe z. B. *Reinhard Bendix*, Nation-Building and Citizenship: Studies of our Changing Social Order, New York/London/Sydney 1964. Vgl. auch *James C. Abegglen*, The Japanese Factory, Glencoe, Ill. 1958.

55   Dazu *Alan Dawe*, The Role of Experience in the Construction of Social Theory: An
     Essay in Reflexive Sociology, The Sociological Review 21 (1973), S. 25-55. Vgl. auch
     Gianfranco Poggi, Images of Society: Essays on the Sociological Theories of Tocque-
     ville, Marx, and Durkheim, London 1972.
56   Vgl. *Pierre Bourdieu/Jean-Claude Passeron*, Die Illusion der Chancengleichheit:
     Untersuchung zur Soziologie des Bildungswesens am Beispiel Frankreichs, dt. Übers.
     Stuttgart 1971.
57   Dies Argument impliziert, und das gilt für unsere gesamte Gedankenführung im
     Gegensatz zu einer Tradition, die von Kant über Hegel bis zu den französischen Epis-
     temologen und Strukturalisten in der Nachfolge von Bachelard reicht, daß wir *epis-
     temologiscbe Modalisierungen, Bewußtsein und Erkenntnis betreffend, als abhängig
     sehen von possibilistiscben Modalisierungen und nicht umgekehrt.* Die soziologisch
     wichtigste Begründung dafür wäre, daß Erkenntnisleistungen sich als solche ausdiffe-
     renzieren und auf Teilsysteme übertragen lassen, Possibilisierungen und Kontingenz-
     niveaus dagegen mit der Differenzierung des Gesellschaftssystems schlechthin in
     allen Funktionssystemen variieren.

Einführende Bemerkungen zu einer Theorie symbolisch generalisierter Kommunikationsmedien

I

Seit dem 19. Jahrhundert stützen Arbeiten an einer Gesellschaftstheorie sich auf zwei Fundamente: auf Annahmen über Systembildung und Systemdifferenzierung und auf Annahmen über Evolution. Diese Doppelfundierung ermöglicht Polemiken und Relationierungen. Sie ermöglicht es, den Bestand und die Bedeutung einer gefestigten Ordnung als unentbehrlichen Ausgangspunkt jeder wissenschaftlichen Analyse (auch und gerade von Veränderungen) zu behaupten und andererseits eine Übertreibung system- und strukturtheoretischer Ordnungsbehauptungen im Hinblick auf den sozialen Wandel zurückzuweisen. In polemischer Perspektive kann dann die eigene Position mit einer Zurückweisung der Übertreibung der Gegenposition begründet werden. Daß diese Argumentationstechnik nicht längst ermüdet hat, liegt an den Möglichkeiten der Relationierung, die jene dichotomische Struktur eröffnet. Man kann Thesen über Systembildung und Thesen über Evolution getrennt formulieren und sie sodann zueinander in Beziehung setzen. So heißt es etwa bei Klassikern der Soziologie, daß Evolution mit Hilfe der Darwinschen Mechanismen die Komplexität des Gesellschaftssystems steigere; oder daß Evolution zu zunehmender Systemdifferenzierung und zur Umstellung von segmentärer auf funktionale Differenzierung führe; oder daß Evolution soziale Differenzierung als Schichtengegensatz aufbaue, verstärke, vereinfache und schließlich aufhebe. Die Erkenntnisgewinne stecken hier in Aussagen über Relationen, sie werden durch Techniken der Relationierung unabhängig formulierter Sachverhalte hereingeholt.

Eine solche Perspektive und Methodik unterscheidet sich prinzipiell von der alteuropäischen Gesellschaftsphilosophie, die bestimmte normative und moralische Annahmen, die auch den Forscher binden, in Aussagen über die Natur des Menschen und der menschlichen Gesellschaft eingebaut hatte und die menschlichen und gesellschaftlichen Verhältnisse im Hinblick auf ihre Perfektion/Korruption beurteilte. Demgegenüber distanziert die neuartige soziologische Relationierungstechnik den Forscher stärker von seinem Gegenstand und unterstellt diesem höhere Kontingenz. Die Erkenntnis steckt dann nicht mehr im Herausdestillieren und Nachvollziehen des natürlichen Ethos gesellschaftlichen Zusammenlebens; sie ist nicht mehr durch die Notwendigkeit dieses Ethos gedeckt. Sondern sie setzt in den Annahmen über Systembildung und über Evolution Kontingenz voraus und begründet ihren Erkenntnisgewinn darauf, daß Kontingentes nicht beliebig kombiniert werden kann, also Relationierungen Kontingenz *verringern* (1)[*].

Man kann die Kühnheit dieser Erkenntnistechnik und den Grad ihrer Ausdifferenzierung aus lebensweltlich-moralischen Bindungen bewundern und sich doch fragen, ob sie an jene relativ einfache Ausgangsdichotomie von System und Evolution gebunden ist oder ob sie, in ihrem Prinzip einmal erkannt, in komplexere und damit sachadäquatere Gesellschaftstheorien überführt werden kann. Eine immanente Kritik jener älteren Konzeptionen ist hier nicht möglich; aber es fällt auf, daß sie vor allem den Bereichen Kommunikation, Motivation, Rationalitätskriterien, Kultur und Geschichte nie voll gerecht geworden sind und daher immer einen Schwarm von Kontrasttheorien neben sich hatten, sei es auf mehr ökonomisch-utilitaristischer, sei es auf mehr kulturhistorischer und neuerdings wieder auf moralisch-politischer Grundlage. Diese Beobachtung stimuliert nun die Frage, ob es nicht möglich sei, zu einer begriffsreicheren und damit sachadäquateren Gesellschaftstheorie zu kommen. Die Desideratenliste Kommunikation/Motivation/Rationalität/Kultur/Geschichte gibt dafür einen ersten Hinweis.

Nimmt man ihn auf, dann bietet sich der Versuch an, mit Hilfe vorhandener Ansätze zu einer Theorie symbolisch generalisierter Kommunikationsmedien der Gesellschaftstheorie ein drittes Fundament zu geben. Neben dem primär *sachlichen* Aspekt der Systemdifferenzierung nach unterschiedlichen Funktionen und dem primär *zeitlichen* Aspekt der Evolution käme dann in der Soziologie auch der spezifisch *soziale* Aspekt menschlicher Beziehungen gleichrangig zur Geltung, nämlich die Frage, wie mehrere seligierende Systeme sich zueinander in Beziehung setzen.

---

[*]   Anmerkungen siehe S. 255

II

Als erster hat *Talcott Parsons* auf Grund älterer Vorstellungen namentlich zur Analogie von Geld und sprachlich vermittelter Kommunikationen (*Simmel* 1920; *Burke* 1962: 108 ff. und passim; *Mead* 1934: 292) das Konzept einer Theorie symbolisch generalisierter Kommunikationsmedien entwickelt (2). *Parsons* geht davon aus, daß bei evolutionär zunehmender Systemdifferenzierung die kontingenten Beziehungen wechselseitiger Abhängigkeit zwischen den Teilsystemen und die daraus folgenden Prozesse (interchanges) nicht mehr die Form eines ad hoc Tausches (barter) von Bedürfnisbefriedigung gegen Bedürfnisbefriedigung annehmen können. Vielmehr muß jedes System seine Einzelbeziehungen zu einem anderen System nach Maßgabe generalisierter Bedingungen der Kompatibilität mit den übrigen Zwischensystembeziehungen steuern können. Die Vielzahl der Außenbeziehungen, die bei Systemdifferenzierung anfallen, muß daher durch symbolisch generalisierte „Tauschmedien" wie zum Beispiel Geld vermittelt werden. Jedes Teilsystem muß dann im Verhältnis zu anderen sowohl auf der Basis konkreter Direktbefriedigungen als auch auf einer symbolisch generalisierten Ebene komplementäre Erwartungen bilden und mit anderen verkehren können (double interchanges). Solche Tauschmedien werden im Laufe der Evolution als Spezialsprachen für bestimmte Arten von Zwischensystembeziehungen ausgebildet. Sie entwickeln sich also in bezug auf Folgeprobleme funktionaler Differenzierung. Innerhalb der Einzelsysteme kommt es dann zur Institutionalisierung medienspezifischer Kriterien (coordination standards, zum Beispiel Zahlungsfähigkeit), die als Ersatzindikatoren das Bestandsproblem operationalisieren.

Diese Konzeption soll hier nicht „immanent kritisiert", sondern verallgemeinert, das heißt gezielt weiterentwickelt werden. Dazu dienen uns folgende Anknüpfungspunkte:

1. Parsons sieht: Systemdifferenzierung erzeugt kontingente Beziehungen zwischen Teilsystemen. Kontingenz bedeutet bei dieser Ableitung aber nur: „Abhängigkeit von …". Diese Fassung des Kontingenzbegriffs können wir erweitern durch Rückgriff auf den allgemeinen modaltheoretischen Begriff der Kontingenz, der das „Auch-andersmöglich-Sein" des Seienden bezeichnet und durch Negation von Unmöglichkeit und Notwendigkeit definiert werden kann (3). Kontingenz in diesem Sinne entsteht dadurch, daß Systeme auch andere Zustände annehmen können, und sie wird zur doppelten Kontingenz, sobald Systeme die Selektion eigener Zustände darauf abstellen, daß andere Systeme kontingent sind.

2. Die Begrenzung auf Tauschbeziehungen bzw. wechselseitige Bedürfnisbefriedigung (gratification) kann aufgegeben werden, indem man das Bezugsproblem erweitert auf Kommunikation schlechthin. Man wird dann nicht mehr von
   Tauschmedien, sondern von Kommunikationsmedien sprechen. Kommunikation setzt Kontingenz voraus und besteht in der Information über kontingente Selektion von Systemzuständen (*MacKay* 1969). Damit wird das Problem
   abstrahiert, auf das Kommunikationsmedien sich beziehen: Es geht nicht notwendig um Erreichen der vollen Reziprozität (4), sondern um Sicherstellung der
   erfolgreichen Abnahme von Kommunikationen.
3. Bei einer Fassung des Kontingenzbegriffs als Abhängigkeit wechselseitiger
   Bedürfnisbefriedigung und bei Anschluß an eine Gesellschaftstheorie, die
   vom Problem Differenzierung/Integration ausgeht, stellt sich für *Parsons* das
   Grundproblem der Systemerhaltung in der Form der symbolischen Generalisierung übergreifender Werte, die die Komplementarität und die wechselseitige Anerkennung der Erwartungen sichern. Grundform symbolischer
   Generalisierung mit dieser Funktion ist für ihn die Sprache. Symbolisch generalisierte Tauschmedien sind für ihn daher Sonderformen der Sprache. Der
   Schwerpunkt der Analyse liegt damit in der Vermittlung zweier Ebenen: eines
   allgemeinen, gesellschaftlich integrierten Vorverständigtseins und konkreter,
   auf Befriedigung von Bedürfnissen abzielender individueller Transaktionen
   (entsprechend der linguistischen Unterscheidung von code und message). Das
   Problem der Motivation zur Annahme selektiver Reduktionen wird ins Psychologische verschoben und mit den Konzepten Internalisierung und Sozialisation gelöst (5). Es bleibt ungeklärt, ob und wie die Kontingenz individuellen
   Handelns in der Struktur sozialer Systeme abgebildet und verstärkt werden
   kann (6); sie kommt, wenn man von der neueren philosophischen Tradition
   her interpretiert, als Zufall und nicht als Freiheit in Betracht (*Ritsert* 1966
   und 1968). Diese Beschränkung suchen wir dadurch zu überwinden, daß wir
   Codes nicht als Werte oder als Symbolreihen schlechthin ansehen, sondern
   mit einer spezifischen Abstraktion als Disjunktionen: als „Ja oder Nein", „Haben oder Nichthaben", „Wahrheit oder Unwahrheit", „Recht oder Unrecht",
   „Schönheit oder Häßlichkeit".
4. Die hier vorgeschlagenen Abstraktionen haben begriffstechnisch das Ziel, die
   Theorie der Kommunikationsmedien aus einer zu starken Fixierung an Folgeprobleme der evolutionären Differenzierung herauszulösen und sie gegenüber
   Evolutionstheorie und Systemtheorie zu verselbständigen. Damit gewinnt man
   ein offeneres Konzept, von dem aus man Beziehungen zwischen Systembildung,
   Evolution und Medien-Funktionen auf der Ebene des Gesellschaftssystems neu
   überlegen kann. Andererseits muß man verzichten auf das für *Parsons* wichtige

Ziel, die Aussagen über Kommunikationsmedien aus einer allgemeineren Systemtheorie theoretisch abzuleiten.

III

Kommunikation setzt Nichtidentität der an ihr Beteiligten voraus, daher auch Differenz der Perspektiven und daher auch Unmöglichkeit vollkommener Kongruenz des Erlebens. Diese Grundlage aller Kommunikation wird in der sprachlichen Kommunikation strukturell akzeptiert und durch Bereitstellung von Negationsmöglichkeiten berücksichtigt (7). Durch ihr Negationspotential übernimmt die Sprache die Funktion einer Duplikationsregel, indem sie für alle vorhandenen Informationen zwei Fassungen zur Verfügung stellt: eine positive und eine negative. Strukturen mit dieser Funktion einer Duplikationsregel wollen wir (in Anlehnung an biogenetische, nicht an linguistische (8) Konzepte) *Codes* nennen. Über Codes erreichen Systeme eine Umverteilung von Häufigkeiten und Wahrscheinlichkeiten im Vergleich zu dem, was an Materialien oder Informationen aus der Umwelt anfällt. Ob kommunikativ bejaht oder verneint wird, hängt dann nicht mehr direkt von Vorkommnissen in der Umwelt, sondern von intern steuerbaren Prozessen der Selektion ab. Andererseits wächst mit diesem Prinzip kommunikativer Ausdifferenzierung ein internes Risiko – das Risiko des Abreißens von Selektionszusammenhängen. Kommunikation, und erst recht sprachliche Kommunikation, bewirkt zunächst nur das Ankommen einer Information, das (wie immer grobe und unzureichende) Verstehen ihres Sinnes, nicht aber damit zugleich auch die Übernahme der Selektion als Prämisse weiteren Erlebens und Handelns. Durch Kommunikation erreicht man daher zunächst nur eine Übertragung von Selektions*offerten*. Die Sicherstellung des kommunikativen *Erfolgs*, die wirksame Übertragung der Selektion selbst in anschließendes Erleben und Handeln hängt von weiteren Voraussetzungen ab. Die durch Sprache gesteigerte Kontingenz erfordert Zusatzeinrichtungen in der Form weiterer symbolischer Codes, die die wirksame Übertragung reduzierter Komplexität steuern.

In älteren Gesellschaftsformationen archaischen Typs lagen diese Funktionen teils bei der Sprache selbst, (9) teils bei den unmittelbaren Verhaltenskontrollen der Interaktionssysteme unter Anwesenden. Sie wurden durch einen relativ geringen Alternativen-Spielraum und durch relativ konkrete „Realitätskonstruktionen" mit geringem Auflösungsvermögen abgesichert. Erst die Erfindung der Schrift hat neuartige Problemlösungen erzwungen und auf spätarchaischen Grundlagen (vor allem im Bereich von Eigentum und Macht) zur Entwicklung besonderer Medien-Codes geführt (*Goody* und *Watt* 1963; *Goody* 1973).

Schrift ist nämlich eine Zweit-Codierung der Sprache, die diese mitsamt ihrem
Ja/Nein-Schematismus in einem anderen Zeichensystem nochmals dupliziert und
für Verwendung außerhalb von Interaktionskontexten zur Verfügung hält. Damit
werden Gesellschaftssystem und Interaktionssysteme stärker differenzierbar, es
kommt zu einer immensen Erweiterung des Kommunikationspotentials in räumlicher und zeitlicher Hinsicht, zu neuartigen Äquivalenten für Gedächtnis, und
entsprechend verlieren die Möglichkeiten interaktioneller Motivsuggestion und
-kontrolle auf der Ebene des Gesellschaftssystems an Bedeutung. Die Negationspotentiale der Kommunikationsprozesse können nun nicht mehr so unmittelbar
wie zuvor „sozialisiert" werden. Die Gründe für die Annahme von Selektionsofferten müssen auf abstrakterer Basis rekonstruiert werden, sie müssen auf Kommunikation mit Unbekannten eingestellt sein und die Verquickung mit einem
archaischen Ethos der Sozialbindung unter Nahestehenden abstreifen. Das ist der
historische Ausgangspunkt für die Ausdifferenzierung besonderer symbolisch generalisierter Kommunikationsmedien.

Eine genetische Konstellation, ein Auslöse-Anlaß fixiert natürlich nicht schon
den gesamten Funktionskontext der evolutionären Errungenschaft. Aus Anlaß von Schrift entstehende Kommunikationsmedien sind nicht auf schriftliche
Kommunikation beschränkt, sie müssen auch interaktionsfähig sein und bleiben.
Geld zum Beispiel wird ausgemünzt, Wahrheit im Dialog vertreten, und selbst der
Machthaber muß gelegentlich seine Präsenz als Kontrollmittel einsetzen. Aber
die Kompatibilität mit Schrift steigert die durch Medien-Codes regulierbare Kontingenz, die noch übergreifbaren Situations- und Selektionsverschiedenheiten.
Die mit Erwartungsbildung verträglichen Negations- und Unsicherheitspotentiale
können gesteigert werden, wenn etwa Wahrheit logisch strukturiert oder Recht
so in Geltung gesetzt werden kann, daß rechtmäßiges Verhalten Unrechttun ausschließt.

Der immensen Erweiterung des kommunikativen Potentials für Konsens und
für Dissens entspricht eine neue Prägnanz der Funktion. In den wenigen Jahrhun-
derten nach der gesellschaftsweiten Verbreitung der Schrift in der griechischen
Stadt entstehen für alle Kulturbereiche (zunächst mit Ausnahme der Religion) neuartige Kunst-Terminologien, Begriffsschöpfungen, zum Teil durch Substantivie-
rungen (philia, aletheia), zum Teil durch Aufwertungen (nomos), zum Teil durch
Abschleifungen und Vereinheitlichungen (Herrscher-Bezeichnungen) – siehe
Dirlmeier 1931; *Beardsley* 1918 (für nomos); *Ostwald* 1969; *Stegmann von Pritzwald* 1930. Damit werden Code-Probleme thematisierbar, etwa solche der binären
Struktur des Logik-Codes der Wahrheit im Anschluß an *Parmenides* oder solche
der rechtlichen Codierung politischer Macht im Anschluß an die Sophisten, und
Nichtnegierbarkeiten werden problematisierbar. Im Anschluß daran nehmen das

Denken in Perfektionsvorstellungen und das Fragen nach Begründungen ihren Lauf. Die Funktion solcher Codes wird jedoch nicht mitreflektiert.

IV

Die allgemeine Funktion generalisierter Kommunikationsmedien, reduzierte Komplexität übertragbar zu machen und für Anschlußselektivität auch in hochkontingenten Situationen zu sorgen, gehört zu den Grundvoraussetzungen des Aufbaus komplexer Gesellschaftssysteme. Ohne sie könnte die Kontingenz des Erlebens und Handelns nicht nennenswert gesteigert werden. Die am System Beteiligten würden sich auseinanderseligieren, wäre nicht gewährleistet, daß der eine die Selektionen des anderen als Prämissen eigenen Verhaltens übernimmt. Nur unter diesen *beiden* Voraussetzungen hoher *Kontingenz der Selektionen* und ausreichender *Nichtbeliebigkeit in den Relationen zwischen ihnen* können komplexe Systeme entstehen, die strukturell offen lassen und doch synchronisieren können, wie man sich im einzelnen verhält.

Jede Theorie der Kommunikationsmedien hat demnach davon auszugehen, daß nichtidentische Selektionsperspektiven vorliegen und selektiv zu verknüpfen sind. Selbst Wahrheit, selbst Macht reguliert eine kontingente Selektion *beider* Kommunikationspartner. Hinzu kommt, daß beide Partner sich wechselseitig als selektiv erlebend und handelnd erfahren und dies bei eigenen Selektionen in Rechnung stellen können. Geschieht dies, so wird der Selektionsprozeß reflexiv. Die Kettenbildung kann antizipiert und zum Selektionsmotiv gemacht werden: Man stellt zum Beispiel Informationen mit Wahrheitswert (Unwahrheitswert) für das Erleben anderer bereit; oder man seligiert das Handeln anderer. Solches Durchgreifen durch Selektionsketten kann in Märkten und in Bürokratien zur Routinesache, in Liebesangelegenheiten zur Sache sensibilisierter Erfahrung werden; immer setzt es einen Code voraus, der die Selektionstypik hinreichend spezifiziert und die Kommunikation auf artgleicher Bahn hält. Wie aber kommt es zur Differenzierung und Spezifikation solcher Medien-Codes? Warum gibt es nur eine Sprache (eine Übersetzungsgemeinschaft der Umgangssprachen), aber eine Mehrzahl von Kommunikationsmedien?

Für *Parsons* ergibt sich die Antwort auf diese Frage im Anschluß an sein Vier-Funktionen-Schema direkt aus der funktionalen Systemdifferenzierung. Es muß und kann nach der Architektonik dieses Ansatzes pro Systemebene nur vier Medien geben, für soziale Systeme zum Beispiel nur Geld, Macht, Einfluß und Wert-Engagements. Unsere Abstraktion des Bezugsproblems erzwingt eine andere Antwort. Wenn das Bezugsproblem in der Kontingenzsteigerung liegt, die in der

Ausdifferenzierung von Kommunikationsmedien einerseits vorausgesetzt, andererseits weitergeführt wird, ist anzunehmen, daß die Differenzierung der Medien durch *Folgeprobleme* solcher Kontingenzsteigerungen ausgelöst wird. Das zentrale Folgeproblem von Kontingenzsteigerungen besteht aber in der Notwendigkeit der *Zurechnung* von Selektionsleistungen. In dem Maße als (und in den Themenbereichen, in denen) Kontingenz zunimmt, wird es notwendig, Selektionsleistungen zu verorten; man muß zumindest Adressen und Einwirkungspunkte ausfindig machen können, wenn schon nicht feststeht, was geschehen ist oder wird.

Natürlich sind an allem Geschehen immer System und Umwelt kausal beteiligt. Alle Zurechnung läuft auf ein künstliches Zurechtstutzen von Kausalannahmen hinaus und ist insofern konventionell, das heißt selbst kontingent. Sie kann durch Reduktion kausaler Komplexität Zurechnungsschwerpunkte wählen, und dies in zweifachem Sinne: im (eigenen bzw. fremden) System oder in der (eigenen bzw. fremden) Umwelt. Um Kurzbezeichnungen verfügbar zu haben, sollen Selektionsprozesse, die in diesem Sinne auf Systeme zugerechnet werden, *Handeln* genannt werden und Selektionsprozesse, die auf Umwelten zugerechnet werden, *Erleben* (10). Nimmt man hinzu, daß mediengesteuerte Selektionsübertragungen asymmetrisch verlaufen und daß mindestens zwei Partner, *Alter* als Sender und *Ego* als Empfänger, beteiligt sind, dann ergeben sich vier Grundkonstellationen, die die Ausdifferenzierung symbolisch generalisierter Medien-Codes in sehr unterschiedliche Richtungen steuern.

Der Übersicht halber seien diese Konstellationen mitsamt den zugeordneten Medien nochmals in der Form einer Kreuztabelle zusammengestellt.

	Egos Erleben	Egos Handeln
Alters	$A_e \rightarrow E_e$	$A_e \rightarrow E_h$
Erleben	(Wahrheit/Wertbeziehungen)	(Liebe)
Alters	$A_h \rightarrow E_e$	$A_h \rightarrow E_h$
Handeln	(Eigentum/Geld/Kunst)	(Macht/Recht)

Die Übertragung von Selektionen mit dem Status bloßen Erlebens in solche mit dem gleichen Status stellt völlig andere Anforderungen an einen Code, als wenn es um Handlungsketten geht, wenn also Alter durch eigenes Handeln ein Handeln Egos auswählt. Auch die Mischformen unterscheiden sich beträchtlich je nach dem Zurechnungsmodus. Wenn Ego den Erlebenshorizont Alters durch sein Handeln honorieren soll, stellt das ganz andere Probleme, als wenn für ihn ein Handeln Alters bloßes Erleben zu bleiben hat, obwohl Alter kontingent seligiert. So gewichtige Unterschiede können in komplexeren, hochkontingenten Gesellschaften nicht mehr durch einheitliche Realitätskonstruktionen überbrückt werden. Erst bei hinreichender Spezifikation von Zurechnungskonstellationen wird jene spezifische Leistung der Kommunikationsmedien möglich: durch die Art der Selektion zur Annahme zu motivieren.

Die aus der Differenzierung von Zurechnungsweisen folgende Konstellations-typik kann nun (unter angebbaren evolutionären Voraussetzungen) benutzt wer-den, um das zu erreichen, was Medien-Codes von der Sprache im allgemeinen unterscheidet, nämlich *Präferenzen zu codieren*. Medien-Codes sind Präferenz-Codes. Ihre Duplikationsregel beruht auf der Wert/Unwert-Dichotomisierung von Präferenzen. Sie konfrontiert Vorkommnisse, Fakten, Informationen mit der Möglichkeit, Wert oder Unwert zu sein, zum Beispiel wahr oder unwahr, stark oder schwach, recht oder unrecht, schön oder häßlich. Daraus entstehen ein spezi-fizierter Selektionsdruck und im Gegenzug dazu Anforderungen an das Religions-system, die Einheit solcher Disjunktionen plausibel zu machen, namentlich in der Form von Theodizeen (11). Zur Ausdifferenzierung symbolisch generalisierter Kommunikationsmedien kommt es immer dann, wenn eine solche Codierung von Präferenzen sich einbauen läßt in eine spezifizierte Zurechnungskonstellation und sich damit verwenden läßt zur Regelung von Sonderproblemen und zum Aufbau funktionsspezifischer Sozialsysteme.

Angesichts von Einwänden gegen diesen hochabstrakten Theorieansatz (12) sind, bevor wir auf einzelne Medien eingehen, noch einige Klarstellungen erfor-derlich.

Vor allem ist zu beachten, daß Selektionsübertragungen im täglichen Leben auch in hochkomplexen Gesellschaften nach wie vor weithin selbstverständlich und problemlos ablaufen. Gerade im interaktionellen Zusammenleben ist es weder möglich noch notwendig, ständig Zurechnungsfragen aufzuwerfen und zwischen Erleben und Handeln zu differenzieren. Die oben skizzierten Interaktionskons-tellationen sind nicht als solche schon problematisch. Es muß daher immer noch ein Spezialproblem (im Falle der Erlebnisübertragung zum Beispiel eine gewisse Unwahrscheinlichkeit von Informationen) hinzukommen, soll die Orientierung an Kommunikationsmedien in Funktion treten. Das erklärt zugleich, daß ein und die-selbe Interaktionskonstellation Anlaß geben kann zur Entwicklung verschiedener Kommunikationsmedien mit unterschiedlichen Präferenz-Codierungen. So wird die Konstellation, daß Alter selektiv handelt und Ego dessen Selektion bloß erlebt, dann problematisch, wenn Alters Handeln im Zugriff auf knappe Güter besteht (*Luhmann* 1972a); aber auch dann, wenn es in der willkürlichen Herstellung von Gegenständen (Werken, Texten) besteht, die trotz ihrer unnatürlichen Entstehung den Nachvollzug ihrer Selektivität im Erleben erzwingen. Für das eine Sonderproblem wird das Medium Eigentum/Geld, für das andere das Medium Kunst entwi-ckelt. Im Hinblick darauf, daß Medien Sonder-Codes für hochspezifizierte Probleme darstellen und Leistungssteigerungen ermöglichen, kann man sie auch als evolutionäre Errungenschaften interpretieren und sie mit Hilfe der Unterscheidung von Lebenswelt und Technik analysieren (*Husserl* 1954). Die Technizität der Medien besteht genau darin, für Sonderlagen neuartige Kombinationen von Selektion und Motivation verfügbar zu machen.

Man muß dabei berücksichtigen, und das unterscheidet uns, wie oben angedeutet, von *Parsons,* daß bei so voraussetzungsvollen Leistungen die konsensuelle Legitimation und psychische Internalisierung von Wertsymbolen allein die erforderlichen Motive kaum erzeugen kann. Vielmehr müssen die Annahmemotive in die Selektivität selbst verlagert werden. Die Selektion muß gerade durch ihre Kontingenz sich durchsetzen und verbreiten können, sie muß als Selektionsweise motivieren können (13). Das ist selbstverständlich nur unter besonderen Bedingungen möglich. Genau diese Bedingungen bezeichnen die Nichtbeliebigkeit der Medien, sie sind strukturelle Bedingungen der Möglichkeit ihrer Entwicklung. Insofern ist der evolutionäre Spielraum für Medienentwicklungen eingeschränkt im Sinne des „Goldenweiser principle" struktureller Limitation des Möglichen (*Goldenweiser* 1913).

V

Probleme lösen sich nicht selbst. Problembegriffe allein können nicht erklären, daß und wie es zu Problemlösungen kommt. Man kann ohne Zweifel davon ausgehen, daß keine Gesellschaft existieren könnte, die den Kommunikationserfolg dem Zufall überließe. (Das wäre im übrigen eine gute Definition von sozialer Entropie als gleiche Wahrscheinlichkeit von Annehmen und Ablehnen). Man kann dann aus der Existenz von Gesellschaften schließen, daß dieses Problem in der einen oder anderen Weise gelöst wird. Damit ist jedoch nicht viel gewonnen. Einen Schritt darüber hinaus vollziehen wir mit der These, daß es vor allem zwei strukturelle Errungenschaften sind, die wie Autokatalysatoren wirken, (14) nämlich in Kommunikationssystemen erzeugt werden und dann die Chancen kommunikativen Erfolges im Prozeß der Selbstselektion des Systems verstärken (15): das sind *symbolische Generalisierung* und *binäre Schematisierung* (CodeBildung).

Über symbolische Generalisierungen wird es möglich, Identität und Nichtidentität zu kombinieren, also Einheit in der Mannigfaltigkeit darzustellen und als Beschränkung des Möglichen erwartbar zu machen. Mit Hilfe symbolischer Generalisierungen kann deshalb jeder Partner einer Kommunikationsbeziehung seine eigenen Selektionen kommunikationslos mit einer interpretierten Realität und Intentionalität anderer abstimmen, in der er selbst als Objekt vorkommt (16). Binäre Schematisierung setzt diese Leistung voraus und ermöglicht überdies: [1] in der *Sozialdimension* das *Zumuten* harter, aus nur zwei Elementen (z. B. recht/ unrecht) bestehender Alternativen (17); [2] in der Zeitdimension ein *Progressivwerden* von Operationen in dem Sinne, daß eine Selektion auf die andere aufbauen, sie jederzeit wiederholen (also ihre Wiederholbarkeit implizieren) und bei festgehaltenem Sinn fortsetzen oder ersetzen kann (18); [3] in der Sachdimension das Übergreifen sehr *heterogener* Situationen durch lange, inhaltlich zusammenhängende Selektionsketten, indem man etwa aus Wahrheiten, die in einer Situation gefunden wurden, für ganz andere Situationen Schlüsse zieht, oder Übermacht in einer Situation gebraucht, um ganz andere Situationen zu beherrschen.

Mit Hilfe solcher Strukturen läßt sich erreichen, daß in besonderen Problemlagen, wenn sie gehäuft vorkommen (was durch Systemspezialisierung erreicht werden kann), relativ *einfache* Informationsverarbeitungsregeln produktiv werden, das heißt Systeme von *sehr hoher Komplexität* aufbauen (19). Dieser Sachverhalt läßt sich an Hand einzelner Kommunikationsmedien und ihrer jeweiligen Sonderprobleme genauer darstellen:

1) Den Ausgangspunkt für den Aufbau komplexer Satzzusammenhänge mit Wahrheitsanspruch scheinen zwei Sonderprobleme zu bilden, über deren evolutionären Primat als „starting mechanisms" (*Gouldner* 1960: 176 f.) man sich streiten mag: die kognitive (lernende) Verarbeitung von Überraschungen und das Lernen mit Hilfe anderer (vicarious learning) (20). Im einen Falle geht es um rasche Neubildung haltbarer Erwartungen angesichts von Enttäuschungen, im anderen Falle geht es um Zeitgewinn beim Aufbau komplexer Umweltreduktionen, der dadurch erreichbar ist, daß man andere für sich lernen läßt, nämlich andere Erfahrungen machen läßt und selbst nur noch aus zweiter Hand, aus Kommunikationen lernt. Der Zusammenschluß beider Problemlagen unter einem logisch schematisierten Wahrheits-Code bringt für beide gewichtige Vorteile: Er löst, soweit er reicht, Enttäuschungserklärungen heraus aus den magisch-religiösen Prozessen kollektiver Angstverarbeitung und aus den Institutionen für normative, kontra-faktische Erwartungsstabilisierung (*Luhmann* 1972b: 40-64). Und er macht die Frage der Übertragbarkeit von Erlebnisselektionen relativ unabhängig von den moralischen, ja sogar von den sozialhierarchischen Qualifikationen der Kommunikanten, insbesondere von Wahrhaftigkeit und Prestige. Dies geschieht durch Konditionierung des Zurechnungsprozesses, durch symbolische Generalisierung und binäre Codierung der Bedingungen, unter denen die Beteiligten sich einig sein können, daß eine thematisierte Selektion auf beiden Seiten als Erleben zu behandeln ist (21). Mit Hilfe eines symbolisch generalisierten Codes, der die Ausschaltung zurechenbarer

Differenzen unter den Beteiligten reguliert, kann eine im Prinzip unbekannte, nur zufällig und nicht wahrheitsförmig erscheinende Umwelt laufend abgetastet werden. Die anfallenden Resultate bleiben in der Form festgestellter Wahrheiten oder festgestellter Unwahrheiten zurück.

Die Ausdifferenzierung solcher Code-Bedingungen schafft mithin eine Lage, in der zunächst zufällig anfallende, dann eigens gesuchte, dann systematisch geschaffene Umweltinformationen wissenschaftlich produktiv werden, nämlich Wahrheiten und Unwahrheiten mit hohen Anschlußwerten erzeugen. Entsprechend wird die Wahrheitsrelevanz zunehmend wissenschaftsintern definiert, und direkte Lebensweltbezüge wie Angst vor Gewittern, Kostbarkeit des Materials, Ehrwürdigkeit der Institution treten als Motive der Annahme von kommunizierten Selektionen zurück (22). Die Wissenschaften werden zu einer Art selbstkritischen Masse, die das Auflösungsvermögen gegenüber der Natur ins Unabsehbare steigert und dadurch zum Faktor weiterer gesellschaftlicher Entwicklung wird.

2) In ganz andere Richtung steuert ein Medium, das das Zurechnungsproblem in einem Punkte anders strukturiert: das von Ego ein Handeln im Sinne der Erlebnisreduktionen eines Alters verlangt. Die Maxime der Handlungswahl Egos wäre hier: Wie erlebt mich Alter? Oder: Wer kann ich sein, daß mein Handeln die Erlebnisselektionen Alters bestätigt? Und nicht etwa: Wie handelt Alter, was hat Alter getan, wie befriedigt mich Alter? Ein dafür geeigneter Komplex kultureller und moralischer Vorschriften läuft seit der Antike unter der Bezeichnung philia/amicitia, zunächst im Sinne einer öffentlichen Tugend mit Schwierigkeiten der Differenzierung gegen Politik (Gerechtigkeit), gegen Ökonomie (Nutzfreundschaft) und gegen Religion (Gottesliebe). Problematisch und stärker ausdifferenzierungsbedürftig wird dieses Medium erst seit dem Mittelalter (23) mit zunehmender Individualisierung der Lebensführung, besonders in den höheren Schichten. Die Unwahrscheinlichkeit der Selektionsübertragung wird größer in dem Maße, als Ego eine mehr oder weniger private Sonderwelt konstituiert und Alter sich gleichwohl handelnd, also sichtbar, darauf einläßt. Diese Möglichkeit wird in der beginnenden Neuzeit unter neuen Aspekten der Freundschaft gleichgesinnter Seelen und der passionierten Liebe kultiviert und gerade als Abweichung gesellschaftlich legitimiert (*Tenbruck* 1964). Entsprechend der Unwahrscheinlichkeit solcher Beziehungen müssen die Freiheiten der Rekrutierung für Intimbeziehungen zunehmen (*Blood* 1967). Die Entwicklung kulminiert schließlich in der Vorschrift, Ehen auf persönliche, passionierte Liebe zu gründen (*Waller* und *Hill* 1951: 93-215; *Goode* 1959; *Aubert* 1965; *Furstenberg* 1966).

Damit wird das Medium auf Zweier-Beziehungen zugeschnitten, also durch die Regel „Du und kein anderer" binär schematisiert (24). Auf diese Weise kann die Welt dupliziert werden in eine öffentliche, anonym konstituierte Lebenswelt und in eine idiosynkratisch konstituierte Privatwelt, in der Ereignisse parallelgewertet werden und das jeweilige Ich dank seiner Relevanz in der Welt des anderen eine besondere Bedeutung gewinnen kann, die für seine öffentliche Bedeutungslosigkeit entschädigt. Diese Duplikation dramatisiert das Problem der Selektionsübertragung und erzwingt den Transfer auf die Ebene symbolischer Generalisierung. Die romantische Paradoxie des Zusammenfallens von Notwendigkeit und Zufall, von Zwangsläufigkeit (Krankhaftigkeit!) und Freiheit in der Liebe fungiert dann als genaue Chiffrierung der liebesspezifischen Zurechnungskonstellation: Die Selektion des Alter muß, da sie bei aller Indiosynkrasie als *Erleben* geliebt werden soll, nicht ihm zugerechnet und nicht unter Änderungsdruck gesetzt werden; man liebt ihn, „wie er ist". Das Sicheinstellen auf diese Reduktion erfordert dagegen freies Handeln, schon um überhaupt als Liebe sich profilieren zu können. Unter solchen (oder äquivalenten) Symbolen findet auch hier eine Art Autokatalyse statt in dem Sinne, daß nach relativ einfachen, interaktionsfähigen Selektions- und Übertragungsregeln mit Hilfe übergreifender Symbolisierungen, zum Beispiel romantischer Cliches, und einer Duplikationsregel Teilsysteme und Sonderumwelten von hoher Eigenkomplexität ausdifferenziert werden, die dann spezifische gesellschaftliche Funktionen übernehmen können.

   3) Die umgekehrte Zurechnungskonstellation: daß Alter handelt und Ego genau diese Reduktion als Erleben zu akzeptieren hat, ist keineswegs, wie *Klaus Hartmann* (1973: 142) befürchtet, dieselbe Konstellation in nur umgekehrter Blickrichtung. Vielmehr stellt sich ein völlig anderes Asymmetrieproblem, nämlich statt eines Adjustierens von Handlungen auf das Erleben eines anderen hin das bloße Hinnehmen der kontingenten Wahl eines anderen (25). Wenn solche Selektionsübertragung auch angesichts von Knappheit fungieren soll, muß erreicht werden, daß beim Zugriff Alters auf knappe Güter andere Interessenten die Reduktion akzeptieren – und stillhalten. Dies ist Bedingung ausreichend spezifizierbarer, langfristiger und vielgliedriger wirtschaftlicher Operationen, die zum Aufbau eines hochkomplexen Wirtschaftssystems führen – Bedingung unter anderem für Kapitalbildung, Kreditfähigkeit und rationalen wirtschaftlichen Kalkül.

   Die Codierung des Wirtschaftsmediums bedient sich der situativ leicht praktikablen Differenz von Haben und Nichthaben, abstrahiert zur Rechtsform des Eigentums, das den Zugriff statisch, und zur Verkehrsform des Geldes, das den Zugriff dynamisch legitimiert (*Luhmann* 1974b: 60 ff. zu Eigentum und *Luhmann* 1972a zu Geld). Die Funktion dieses Mediums liegt vordergründig in der selektiven Bedürfnisbefriedigung und in der Vermittlung von Tauschprozessen durch unspezifizierte Äquivalente. Für das Gesellschaftssystem leistet dieses Medium noch etwas anderes: Es motiviert letztlich das Stillhalten und erlebnismäßige Akzeptieren aller jeweils Nichthabenden, mögen sie nun ihrerseits reich oder arm sein.

Mit Hilfe von Eigentum und Geld ist mithin Reichtumstoleranz möglich als Bedingung hoher Spezifikation ökonomischer Prozesse. Davon wiederum hängt die Möglichkeit ab, den konkreten Vollzug ökonomischer Prozesse relativ unabhängig zu machen vom jeweiligen Reichtumsgefälle in den Beziehungen zwischen den Partnern (26). Es war die grandiose Absicht der bürgerlichen Gesellschaftstheorie und -praxis, dies auf rein ökonomischem Wege zu erreichen und die politischen Funktionen auf ein Minimum zu beschränken, vor allem auf Rechtsgarantie und, in der Wohlfahrtsökonomik, auf einen kompensierenden Folgenausgleich (*Kaldor* 1939).

4) Die Konstellation schließlich, daß Ego sein Handeln an das Handeln eines Alter anschließt, wird immer dann problematisch, wenn Alter sein Handeln genau darauf zuspitzt, ein Handeln des Ego auszuwählen; wenn er also zu entscheiden sucht, wie Ego handeln soll. Solche Situationen reguliert das Kommunikationsmedium Macht. Seine Duplikationsregel lautet: Konstruiere eine negativ bewertete Alternative, die Alter und Ego vermeiden möchten, Ego aber dringender vermeiden möchte als Alter. Beispiele wären etwa: Anwendung physischer Gewalt, Entlassung aus einem vorteilhaften Dienstverhältnis. Vor dem Hintergrund eines solchen Alternativverlaufs können dann auf beiden Seiten mehr oder weniger unwahrscheinliche Selektionsmotive zum Tragen kommen und die Komplexität, deren Reduktionen noch übertragbar sind, kann immens gesteigert werden. Nach vorherrschender Meinung muß Macht, um gesellschaftsweit fungieren zu können, durch Konsens gedeckt und in diesem Sinne legitim sein (27). Diese Auffassung betrifft die generalisierten Symbole des Macht-Code. Hinzukommen Anforderungen an die Codierung selbst. So scheint eine Zweit-Codierung der Macht mit Hilfe des Schematismus Recht/Unrecht ein Erfordernis technischer Effizienz und operativer Spezifikation zu sein (28).

V

Mit Sicherheit ist die Liste der bisher skizzierten Kommunikationsmedien nicht vollständig – weder theoretisch noch empirisch. Man könnte sich fragen, ob Wertbeziehungen für den nicht wahrheitsfähigen Erlebnisbereich eine analoge Funktion übernehmen und ob im Kontext des Religionssystems Glauben die Funktion eines Kommunikationsmediums erfüllen kann. Auch Kunst wäre zu erwähnen. Die zuletzt genannten Beispiele leiten jedoch schon über zu einer weiteren Frage. Sie machen deutlich, daß die einzelnen Medien in sehr unterschiedlichem Maße entwickelt sein können. Wenn das so ist, dann möchte man wissen, wovon der evolutionäre Erfolg eines Mediums abhängt; welche Bedingungen die relative Prominenz des einen oder des anderen Mediums im Gesellschaftssystem bestimmen; welche Faktoren Medien auswählen für eine historische Karriere.

Bevor solche Fragen historisch und empirisch beantwortet werden können, müßte ein Überblick über die relevanten Variablen gewonnen werden. Dies kann, solange es nur um Überblick, Vergleich einzelner Medien und Vorbereitung der Hypothesenbildung geht, noch ohne besondere Tiefenschärfe geschehen, in einem ersten Abtasten der analytischen Möglichkeiten, die im Begrifflichen und im Empiriebezug so flach wie möglich gehalten werden. Und nur für Ausschnitte aus diesem Gesamtkomplex wird im Rahmen von medienspezifisch und historisch relativierten Forschungsprojekten allmählich eine Feinregulierung der Fragestellungen erreichbar sein. In diesem Sinne sollen im folgenden vorbehaltlich weiterer Auflösung vier Variablenkomplexe unterschieden werden. Sie betreffen [1] die *Ausdifferenzierbarkeit medienspezifischer Subsysteme* der Gesellschaft; [2] Fragen der *Kompatibilität mit Umweltsystemen* auf organischem, psychischem und sozialem Systembildungsniveau; [3] Möglichkeiten der *Leistungssteigerungen in den medienspezifisch regulierten Kommunikationsprozessen;* und [4] die Verfügbarkeit und Institutionalisierbarkeit geeigneter *Symbolisierungen.*

1) Während für *Parsons* Medienprobleme aus der sozialen Differenzierung folgen, also an deren Schematik gebunden bleiben, ist für uns umgekehrt die Chance selbstselektiven Aufbaus komplexer Systeme für spezifische Medien der vielleicht wichtigste Stabilisator evolutionären Erfolgs. Stabilisierung soll hier nicht Erhaltung von Beständen bedeuten, sondern erleichterte Reproduzierbarkeit von Problemlösungen. Durch Ausdifferenzierung eines Spezialsystems zum Beispiel für Machterzeugung und (politisches System) oder für Eigentumsnutzung und finanzielle Transaktionen (Wirtschaft) wird zunächst einfach die Chance des Vorkommens medienspezifischer Sonderprobleme (in den genannten Beispielen: Weisungserteilung, Knappheit) gesteigert und zugleich der routinemäßige Umgang mit ihnen erleichtert. Relativ auf solche Systeme können besondere Erwartungen institutionalisiert werden, die nicht gesellschaftsuniversell gelten müssen, obwohl sie auf gesamtgesellschaftliche Funktionen bezogen sind.

Die Leichtigkeit solcher Systembildungen hängt historisch eng mit der „Handlungsnähe" des Zurechnungsmodus zusammen und wird wohl deshalb zuerst am Falle des politischen Systems realisiert. Aber auch andere Gesichtspunkte dürften eine Rolle spielen, zum Beispiel solche der Interaktionsnähe eines gesellschaftlichen Funktionskreises oder die Zeithorizonte, in denen der Übertragungserfolg feststellbar ist. Schon unter diesen Gesichtspunkten könnte man sinnvoll nach evolutionär frühen (z. B. Politik) und evolutionär späten (z. B. Wissenschaft) Ausdifferenzierungen fragen; ferner nach Entwicklungsschwellen, die durch ein neues Ausdifferenzierungsniveau spezifischer Medien (zum Beispiel für Glaubensformen in der mittleren und späten Antike oder für durchgehend monetisierte Wirtschaft in der Neuzeit) überschritten werden und dadurch Epoche machen. Außerdem wäre zu klären, ob und weshalb bestimmte Medien (zum Beispiel Wertbeziehungen, vielleicht auch Kunst) in ihren Systembildungschancen strukturell benachteiligt sind und schon deshalb im Differenzierungsvorgang der Gesellschaft keine Primärfunktionen übernehmen können.

2) Probleme der *Kompatibilität* sind immer dort zu erwarten, wo trotz Ausdifferenzierung, und das ist normal, Interdependenzen fortbestehen oder gar verstärkt auftreten. Wir verfolgen hier nur einige dieser Fragen, und zwar an Hand von Problemen, die sich in den Symbolstrukturen der Medien-Codes selbst stellen.

a) Alle Medien haben ein ambivalentes Verhältnis zur Sphäre organischen Zusammenlebens insofern, als die Präsenz der Organismen die Selektionsübertragung entweder stören oder auch befördern kann (29). Alle Medien bilden daher auf der Ebene ihrer symbolischen Struktur Regulative für ihr Verhältnis zu organischen Prozessen aus. Solche Regulative wollen wir als *symbiotische Mechanismen* bezeichnen (*Luhmann* 1974a).

Die Ausdifferenzierung und Spezifikation der gesellschaftlich wichtigsten Medien-Codes hat zugleich eine Spezifikation symbiotischer Mechanismen erzwungen in dem Sinne, daß für jedes Medium ein und nur ein solcher Mechanismus zur Verfügung steht: für Wahrheit Wahrnehmung; für Liebe Sexualität; für Eigentum/Geld Bedürfnisbefriedigung; für Macht/Recht physische Gewalt. Die Zuordnungen sind nicht austauschbar. Mit der Spezifikation des Mediums sind vielmehr zugleich Spezifikationen organischer Relevanzen gegeben. Vergleichbar sind diese Mechanismen auch insofern, als nur hochgradig plastische, sinnhaft prägbare und dadurch spezifizierbare organische Prozesse in Betracht kommen; und ferner darin, daß sie alle eine eher marginale Stellung im Kommunikationsprozeß mit zentralen Test-, Sicherheits- und Beweisfunktionen verbinden.

b) Im Verhältnis zu psychischen Systemen hängen alle Kommunikationsmedien davon ab, daß Selektionsmotive nicht kurzschlüssig allein im psychischen System gebildet werden, sondern auf dem Umweg über soziale Kommunikation zustandekommen (wie immer sie dann zur Annahme oder zur Ablehnung von Selektionsofferten disponieren). Diese Umwegigkeit der Motivbildung versteht sich bei anspruchsvolleren Übertragungsleistungen nicht mehr von selbst, sondern muß durch strategisch placierte *Selbstbefriedigungsverbote* unterstützt werden. In hochentwickelten Medien-Codes finden sich daher immer auch Symbole mit dieser Funktion: Verbote der direkt-gewaltsamen Zielverfolgung und Rechtsdurchsetzung; Diskreditierung jeder Selbstbefriedigung in Fragen der Sexualität und der Liebe; Abwertung und Benachteiligung ökonomischer Askese und Selbstgenügsamkeit; schließlich methodische Eliminierung aller rein subjektiven Evidenzen, introspektiv gewonnener Sicherheiten, unmittelbarer Wissensquellen (*Kant* 1796). Was dabei an psycho-somatischen Techniken mitdiskreditiert worden und unentwickelt geblieben ist, läßt sich schwer abschätzen. Die kulturelle Dominanz der Medien-Funktion hat Wissen und Überlieferungen in diesen Richtungen verkrüppeln lassen.

c) Die Beziehungen medienspezifisch ausdifferenzierter Subsysteme zueinander und zu anderen Sozialsystemen werden problematisch angesichts von Interdependenzen, die zu grenzüberschreitenden Kommunikationsprozessen führen. Hier sind bis in die neuere Zeit die verbleibenden archaischen Lebensformen auf dem Lande die Hauptschwierigkeit (30). Infolge ihrer konstellationstypischen und funktionalen Spezifikation müssen Medien die Funktionsfähigkeit anderer Gesellschaftsbereiche auf adäquaten Niveaus voraussetzen können (31). Dazu gehört zweierlei: eine gewisse *Indifferenz* gegen Fluktuationen im anderen Bereich (der Rechtsschutz darf nicht unmittelbar von der wirtschaftlichen Konjunktur und dem Steueraufkommen abhängen, die Liebe darf nicht wegen politischer oder ökonomischer Katastrophen aufhören) und die Fähigkeit, die jeweils anderen Medienbereiche unter dem Gesichtspunkt *mobiler Ressourcen* zu behandeln. Das sind strukturell erforderliche Potentiale (32). Unter Prozeßgesichtspunkten kulminiert diese Problematik in Fragen der *Konvertibilität* der einzelnen Medien (als Ressourcen) in andere. Die jeweils code-spezifischen Prozesse müssen getrennt gehalten werden, so daß zum Beispiel weder Macht, noch Geld, noch Liebe im Kontext von Wahrheitsbeweisen benutzt werden können; so daß man Maitressen-Politik wirksam unterbindet, Abgeordnete, Richter und Beamte nicht bestechen, aber auch mit Wahrheit allein keine Politik machen kann, usw. Wie die Beispiele zeigen, sind dies alles hochmoralisierte, empfindliche Punkte, die in den Medien-Codes geregelt werden müssen (33).

Trotz solcher Konvertibilitätsverbote gibt es Zusammenhänge und Einflußmöglichkeiten vor allem auf motivationaler Ebene, die in der Darstellung dann unterdrückt oder cachiert werden, zum Beispiel politische und ökonomische Gesichtspunkte wissenschaftlicher Themenwahl, ökonomische Gesichtspunkte der Gattenwahl, Gesichtspunkte der Konjunktur- und Subventionspolitik, politisch gezielte Partei- und Pressefinanzierungen etc. Für die Differenzierung der Medien entscheidend ist, daß solche Integrationsmöglichkeiten bestehen, aber nicht zum Durchgriff in die binäre Struktur des anderen Mediums führen, also nicht zur Entscheidung über wahr/unwahr, recht/unrecht usw. ausreichen (34).

3) Zusätzlich zu diesen umweltbezogenen Erfordernissen gibt es Aspekte medienspezifischer Kommunikationsstrukturen, die unter unserem Leitgesichtspunkt des Vergleichs der einzelnen Medien im Hinblick auf selektive Bedingungen evolutionären Erfolgs Beachtung verdienen.

a) Alle erfolgreichen medienspezifischen Kommunikationsprozesse werden im Laufe der gesellschaftlichen Evolution *reflexiv,* das heißt auf sich selbst anwendbar. So kommt es zu Forschungen über Erkenntnisbedingungen und -methoden, zu reflexiver Liebe des Liebens, zu komplexen Eigentums- und Kreditverschachtelungen in Konzern- und Finanztechniken mit der Folge, daß man über Beteiligungen an juristischen Personen etwas haben kann, was man hat und nicht hat. Die Macht wird zunächst in mehrstufigen Bürokratien, dann in Demokratien in dem Sinne reflexiv, daß sie auch auf Machthaber (und nicht nur: gegen Machthaber) angewandt werden kann. Reflexivität setzt funktionale Spezifikation der Prozesse voraus und dient unter dieser Voraussetzung der Steuerung und Leistungssteigerung durch zweistufige Komplexitätsreduktion (*Luhmann* 1970a). Eine solche Struktur wird bei hoher Kontingenz und Komplexität der Gesellschaft unausweichlich; sie setzt sich spätestens im Zuge des Durchbruchs zur bürgerlichen Gesellschaft auch in den symbolischen Strukturen der Medien-Codes fest und löst dort ein älteres Denken in Perfektionen ab (siehe unter 4b) (35). Wenn der Eindruck nicht trügt, den man im Nachvollzug der europäischen Reflexivitäts-Traditionen gewinnt, führen diese Strukturen eher zu einer Verstärkung der Medien-Differenzierung als zu ihrer Integration; sie münden in je unterschiedliche Abschlußproblematiken ein, die jedes Medium als ein spezifisches für sich selbst offen läßt und auf die eine Gesamtantwort weder möglich noch kommunikationstechnisch erforderlich ist. Auf der Ebene des Gesellschaftssystems entspricht dem die Vorstellung der Welt als Gesamtheit des Möglichen, die in bezug auf Position und Negation unqualifizierbar bleibt, also weder zustimmungsfähig noch ablehnungsfähig ist.

b) Eine reflexive Steuerung ganzer Medienbereiche muß relativ global ansetzen; sie befaßt sich mit Bedingungen der Möglichkeit kommunikativer Erfolge, nicht aber mit dem Eintreten dieser Erfolge selbst. Auf konkreteren Stufen der Kombination selektiver Akte des Erlebens und Handelns stellen sich daher zusätzlich das Problem des *Durchgriffs* durch weitreichende, heterogen zusammengesetzte Selektionsketten, der Kontrollierbarkeit des Endes durch den Anfang bei steigender Kontingenz und im Zusammenhang damit das Problem der Reichweite konkreter Antizipation und konkreter Folgenverantwortung. Die größere Konkretion dieser Problemstellung bedingt größere Verschiedenartigkeit der Relevanz für die einzelnen Medien. Im Falle der Liebe, wo Steigerungsprozesse zwischen nur zwei Partnern spielen, also sich selbst zurücklaufen, ist das Problem des Durchgriffs mit dem der Reflexivität nahezu identisch. Schon der Wahrheitsproduzent findet sich dagegen typisch in Situationen, in denen Anschlußselektionen ihn überraschen; für ihn gibt es Code-Regeln, daß er das mit Fassung zu tragen, ja sogar zu provozieren hat, selbst dann, wenn die Anschlußselektionen seine Wahrheit in Unwahrheit umkehren (Falsifikation). Für den Machthaber stellen sich an strukturell äquivalenter Stelle Probleme der Zentralisation politischer Verantwortlichkeit, und dies um so dringlicher, als im Bereich der Wirtschaft der Geldmechanismus gegen jede Folgenverantwortung abschirmt, indem er Anschlußselektionen abstrakt sicherstellt und den Zahlenden von jeder Verantwortung dafür freistellt, was der Empfänger mit dem Geld anfangt (36).

c) Verwandte Probleme stellen sich, wo immer es darum geht, die *Ansprüche der Medien-Codes mit Bewußtseinskapazitäten abzustimmen*. Hierzu müssen zum Beispiel Erkennungsregeln vorgegeben werden, so daß die Partner rasch genug wissen, unter welchem Code jeweils kommuniziert wird (37). Hinzukommen Erfordernisse der Situationsvereinfachung, der Informationsverarbeitung unter Bedingungen zu hoher Komplexität, der Strukturhilfe für Lernvorgänge, aber auch der Hilfe bei Lernverweigerungen. Generell darf man vermuten, daß in diesem Bereich Prozesse der Metakommunikation stillschweigender Verständigungen eine Rolle spielen, mit denen Code-Regeln situativ auf ein geringeres Anspruchsniveau heruntertransformiert, die Diskrepanzen aber nicht thematisiert werden.

d) Schließlich wäre auf eine Erscheinung hinzuweisen, die mit dem Begriff des *Neben-Codes* bezeichnet werden könnte. Prominente Beispiele sind: Reputation als Substitut für Wahrheit im Wissenschaftssystem (*Luhmann* 1970b), gegenläufige informale Macht der Untergebenen über ihre Vorgesetzten und der Minister über ihre Fraktionen im politischen System, und natürlich auch so etwas wie Zigaretten-Währung bei Nichtfunktionieren des Geldsystems. Selbst Liebes-Beziehungen tendieren zur Strukturverlagerung auf Neben-Codes, und zwar benutzen sie ihre eigene Geschichte in dieser Funktion mit der Folge, daß man bleiben muß, wer man war, als man sich verliebte, und überstabilisierte Identitäten die Kommunikationsbasis der Liebe ersetzen (38).

Bezeichnend ist die Abhängigkeit solcher Erscheinungen von Funktionsmängeln des Haupt-Codes und die Beschränkung auf dessen Ordnungsbereich. Zu den typischen Eigenschaften von Neben-Codes gehören: gegenläufige Strukturen bei gleicher Funktion, also Fähigkeit zur Funktionsübernahme, größere Konkretheit und Kontextabhängigkeit bei geringerer Technizität und geringere gesellschaftliche Legitimationsfähigkeit. Die Möglichkeit, auf Neben-Codes *innerhalb* eines Medien-Bereichs zurückzugreifen, kann davor bewahren, Funktionsdefizite durch Inanspruchnahme *andersartiger* Medien auszugleichen; sie dient damit, obgleich Überlastungssymptom, der Aufrechterhaltung der Autonomie der Mediensysteme und ihrer funktionalen Differenzierung.

4) In den bisherigen Überlegungen war impliziert, daß den aufgewiesenen Problemlagen in der einen oder anderen Weise auf der Ebene generalisierter, die Kommunikationsbeziehung übergreifender Symbole Rechnung getragen wird. Es bleibt die Frage, ob dies in beliebiger Weise möglich ist, oder ob es zusätzliche

„constraints" auf der Ebene generalisierter Symbole gibt – sei es für alle Medien
gemeinsam, sei es für einzelne Medien in verschiedener Ausprägung. Wir brauchen uns nicht auf eine der vielen Varianten des Überbau/Unterbau-Themas festzulegen und haben auch nicht die Absicht, irgendwo die eigentlichen oder letztlich
ausschlaggebenden oder langfristig wirkenden Ursachen festzumachen. Gleichwohl kann man erkennen, daß gewisse Probleme der Evolution generalisierter
Kommunikationsmedien auf der Ebene allgemeiner symbolischer Darstellungen
kulminieren und hier nicht beliebig lösbar zu sein scheinen.

a) Mit ihrer letzten Sinngebung erfüllen alle Medien die Funktion von *Kontingenzformeln*. Das heißt: Sie müssen verständlich und plausibel machen, daß in
bestimmter Weise erlebt und gehandelt wird, obwohl – sogar: gerade weil – auch
anderes möglich ist. Dies geschieht auf der abstraktesten Ebene eines Medien-
Codes nicht durch Begründung der Selektionen selbst, sondern nur durch Reduktion unbestimmter auf bestimmte oder doch bestimmbare Kontingenz. So fallen
im Code der romantischen Liebe Zufall und Notwendigkeit zusammen, *wenn* die
füreinander bestimmten Individuen einander begegnen. So besagt die Kontingenzformel Knappheit, daß bei angenommener Summenkonstanz Benachteiligungen
anderer nicht vermieden werden können, *wenn* ein Teilnehmer sich befriedigt. So
löst der Code der Wahrheit Kontingenzprobleme durch die Annahme einer Fremd-
selektion oder Selbstselektion des Seins, durch eine Theorie der Schöpfung oder
der Evolution, die plausibel macht, daß letzte unbestimmte Kontingenz im Gegenstand selbst limitiert ist. Im Bereich von Macht haben bis in die neuere Zeit Legi-
timitätsformeln Kontingenz reduziert mit der Erwartung, daß der höchste Machthaber, selbst wenn er Recht setzen könne und deshalb ans Recht nicht gebunden
sei, gleichwohl dem Recht den Respekt nicht versagen werde (39).

Das Plausibilitätsniveau solcher Kontingenzformeln bleibt bei aller medienspezifischen Abstraktion noch recht konkret, religiös und moralisch gebunden, (40) ja
direkt interaktionsfähig (41). Die im Code etablierten Präferenzen (für Wahrheit,
Liebe, Eigentum oder „Herrschaft" im Sinne der pax et iustitia Formel) rechtfertigen den Code selbst, obwohl sie nur die eine Hälfte des Möglichen bezeichnen.
Der Rest wird in die Form der Theodizee gekleidet und der Religion überantwor-
tet. Bis heute gibt es keine Kontingenzformeln, ja zumeist nicht einmal verbale
Symbole für die Disjunktion als Disjunktion.

b) Dies hängt mit der Form zusammen, in der in klassischen Medien-Codes
Nichtnegierbarkeiten behandelt werden. Die alteuropäische Tradition entwickelt
dafür Vorstellungen der (graduierbaren) *Perfektion* mit Hilfe sprachlicher Steigerungsmöglichkeiten, in deren Superlativ das nicht mehr Überbietbare kulminiert
und sich als Grund und als Maß der Kritik zugleich setzt. In dieser Weise werden
auch Codes durch Perfektionsideen symbolisiert, vor allem politische und episte-

mologische Terminologien und, zu einer technisch hochqualifizierten Mystik ausgefeilt, die Gottesliebe der mittelalterlichen Devotionspraxis (42). Hierfür substituiert die bürgerliche Gesellschaft durchweg Prozeßbegriffe, sei es Reflexion, sei es Evolution, mit der Folge, daß die Nichtnegierbarkeit in die Negation selber verlagert werden muß. Die Negation erzeugt, so nimmt die bürgerlichsozialistische Philosophie an, die Nichtnegierbarkeiten im Duktus ihres Gebrauchs, indem sie sich als Dialektik produziert und/oder als Subjekt emanzipiert. Letztlich bleibt die Nichtnegierbarkeit der selbstreferentiellen Negation zurück.

Ob von hier aus Code-Symboliken reformuliert werden können, ist im Augenblick nicht zu sagen. Jedenfalls liegt keine für den Soziologen faßbare gesellschaftliche Erfahrung vor. Weder die Anthropologisierung des subiectums der selbstreferentiellen Negation zum Individuum, das mündig zu werden sucht, noch ihre Materialisierung als objektives Entwicklungsgesetz haben einen annähernd adäquaten Zugang zu den hier diskutierten Medien-Problemen gefunden.

c) Symbole der Medien-Codes können eine *moralische Qualität* besitzen. Sie besitzen sie immer dann, wenn ihre Anerkennung und Befolgung im Erleben und Handeln zur Bedingung wechselseitiger menschlicher Achtung gemacht wird. Das kann über Normierungen geschehen, aber auch über normfreie Moralisierungen in Richtung auf Möglichkeiten, Verdienste und Hochachtung zu erwerben. Ob normativ oder meritorisch konzipiert, stützt Moralisierung Negationsverbote. Sie unterbindet Negationen und Ablehnungen nicht zwangsläufig, sie straft sie aber mit Achtungsverlusten und mit Isolierung auf Einzelfälle, die für den Code selbst keine prinzipielle Bedeutung haben; die zum Beispiel nicht aggregiert und aufgewertet werden zu einer eigenen Logik und Moral des Bösen.

Der skizzierte Abstraktionsdruck, der die Kontingenzformeln und Nichtnegierbarkeiten mediengesteuerter Kommunikationsprozesse betrifft, tangiert die moralische Bezugsfähigkeit der Mediensymbole. Damit wird die Moral keineswegs aus dem Alltagsleben eliminiert, ja nicht einmal ihrer Gefühls- und Treffsicherheit beraubt. Von einem Ende der Moral kann faktisch keine Rede sein. Nicht die Menschen, aber ganz spezifische Code-Funktionen werden demoralisiert im Interesse größerer Negationsfreiheiten für spezifische Operationen. In der Alltagsmoral erscheinen dann Kritik und Änderungsstreben, Reform und Revolution als Positivwertungen, ohne daß die Technizität der Codes sich mit dieser Moral vermitteln ließe.

VII

Jürgen Habermas (1973: 106 ff.) hat eine Motivationskrise der „spätkapitalistischen" Gesellschaftsordnung darin gesehen, daß die vorbürgerlichen und bürgerlichen Traditionsbestände erodiert sind und, wenn überhaupt, auf Politik und Wirtschaft dysfunktional wirken. Den Eindruck kann man bestätigen, nicht zuletzt an den Effekten, die der politische Moralist *Habermas* selbst mit ausgelöst hat. Auch die hier skizzierte Theorie der symbolisch generalisierten Kommunikationsmedien sensibilisiert für dieses Problem, freilich nicht auf der Ebene des seine Subjektivität behauptenden Individuums, sondern auf der Ebene jener soziokulturellen Transmissionsfunktionen, die den Motiven zur Übernahme reduzierter Komplexität eine die Interaktion transzendierende, gesellschaftsstrukturelle Prägung verleihen, indem sie die Motivation an die Selektion selbst binden, und zwar an die Selektion des anderen.

Um die Behauptung einer kulturbezogenen Motivationskrise durchsichtig machen zu können – ihre empirische Prüfung ist eine andere Frage -, müssen wir einen aufs Soziologische verengten Motivationsbegriff verwenden. Als Motiv soll nicht die volle, wie immer organisch/psychisch individuierte Gesamtmotorik des Einzelmenschen bezeichnet werden, sondern ein im sozialen Kommunikationsprozeß darstellbarer Grund selektiven Handelns (43). Insofern sind Motive kontingenzabhängige Erscheinungen. Der Bedarf für Motive nimmt mit steigender Kontingenz und steigender Selektivität zu. Das führt auf die Frage nach den motivationalen limits to growth. Dabei kann es sich (nach unserem Motivbegriff) nicht um Grenzen psychischer Kapazität handeln; vielmehr liegen die Grenzen in den Problemen der Kombinierbarkeit von Selektionsdarstellungen, also im sozialen System. Sie fallen mit dem Problem der Arrangierfähigkeit von Medien-Funktionen zusammen.

Man kann dieses Problem punktuell an Hand einzelner Medien-Systeme verfolgen. So wäre zum Beispiel zu fragen, was es bedeutet, wenn nicht mehr die Durchsetzungskapazität, sondern die Entscheidungskapazität (Selektionskapazität) der Machthaber zum eigentlichen Engpaß in Machtstrukturen wird; oder wenn sich herausstellen sollte, daß das Wahrheitsmedium bei Anwendung auf sozialwissenschaftliche Gegenstände so hohe Selektivität zu bearbeiten hat, daß die Reduktion zurechenbares Handeln (also Motive) voraussetzen muß in einer Weise, die prinzipiell nicht neutralisierbar ist, das heißt: nicht in beiderseitiges Erleben aufgelöst werden kann. Zu solchen Problemen, die einzelne Medien-Codes aufsprengen könnten, treten andere, die das Ausmaß an Differenzierung und Sonderartikulation funktionsspezifischer Medien betreffen. Gerade durch eine durchformulierte hochdifferenzierte Medien-Struktur werden auch die Probleme diagnostizierbar, von denen Motivationskrisen ausgehen können.

Zugleich wird unter den hier vorgestellten Prämissen einer allgemeinen Theorie symbolisch generalisierter Kommunikationsmedien erkennbar, daß Motivationskrisen dieses Typs ihr kulturelles, in Symbolstrukturen lokalisierbares Korrelat haben. Schon die sehr skizzenhaften, bewußt flach gehaltenen Ausführungen dieses Aufsatzes liefern eine Reihe von Anhaltspunkten für diese These, daß unsere Kulturtradition in hohem Maße durch Medien-Funktionen geprägt war, sozusagen aus den selbstselektiven, autokatalytischen Prozessen hervorgegangen ist, die durch Medien-Codes ermöglicht und in die Richtung spezifischer Probleme der Kontingenz- und Komplexitätssteigerung geführt wurden. Diese Entwicklung hat einen Punkt erreicht, in dem Grenzen der symbolischen Kontrolle von Negationspotentialen sichtbar werden. Andererseits hatte weder die alt-europäische noch die neuzeitlich-bürgerliche Gesellschaftstheorie diese Medien-Funktionen berücksichtigt. Ihre Derivate bleiben als Natur bzw. Kultur außerhalb des Bereichs der Gesellschaftsbegriffe, die zunächst primär politisch, dann primär ökonomisch bestimmt wurden. Daher fehlt heute ein analytisches Instrumentarium für eine soziologische Beurteilung der gesellschaftsweiten Erfahrung mit Kulturgütern, für eine kritische Einschätzung des Reflexionsniveaus von Dogmatiken, Wissenschaftstheorien, Kunstrichtungen. Bei hochentwickeltem, aber schlecht definiertem Problembewußtsein kommt es so zu einem hastigen Aufgebot von Verlegenheits-Behauptungen, die mehr vernebeln als klären, zu Thesen über post-histoire, Ende des Individuums, Eindimensionalität, Technokratie, Krise des kapitalistischen Staates usw. Die Diskussion lebt dann von den Möglichkeiten polemischer Ausbeutung der Unzulänglichkeiten des jeweils anderen. Nicht zuletzt scheint die Motivationskrise der Gesellschaft auch eine der soziologischen Forschung selbst zu sein.

Dies ist nicht nur ein Beleg dafür, daß Krisenbewußtsein ansteckt und rasch epidemisch wird, sondern vor allem ein direkter Beleg für die Reflexivität des Wahrheits-Codes und für ihre Folgeprobleme. Wie unter VI 3a angedeutet, werden alle mediengesteuerten Prozesse spätestens in der bürgerlichen Gesellschaft der Neuzeit reflexiv. Dies geschieht evolutionär in zwei Phasen: zunächst durch Eröffnung der Möglichkeit, dann durch Totalisierung der Anwendung auf sich selbst. So lange es nur einzelne, mehr oder weniger zahlreiche Möglichkeiten gibt, Macht auf Macht anzuwenden, Geldbeschaffung zu finanzieren, über Wahrheit zu forschen usw., kann man des Glaubens leben, daß die wichtigsten und grundlegenden Prozesse dem entzogen bleiben und festen Grund bieten. Wenn es zu Totalisierungen kommt, wenn also *alle* Prozesse eines bestimmten Medienbereichs, sofern sie das Medium verwenden, auf sich selbst anwendbar sind, ändert sich die Situation, und man muß fragen, ob und wie und bei welchen Medien *die Motivation Totalisierungen aushalten kann.*

Im politischen Bereich ist dies die Frage nach den motivationalen Bedingungen von Demokratie, das heißt der Anwendung von spezifisch politischer Macht auch auf den höchsten Machthaber. In Geldsystemen stellt sich die Frage nach den Bedingungen der Möglichkeit, den Wert des Geldes wiederum nur durch Geld (Devisen) zu decken bei zunehmender Verdichtung weltgesellschaftlicher Interdependenzen. Im Wahrheitsbereich tritt dieses Problem in der Form von Antinomien und logischen Zirkeln auf mit der Folge, daß *alles* Begründen auf ein bloßes Verschieben des Problems hinausläuft. Zweifellos erzwingen Totalisierungen eine Reorganisation der Mittel bis hinein in die Formen der Selbst-Thematisierung (Reflexion) der Medien-Systeme. Sie führen zu einer Verlagerung eines Teils der Strukturlast auf nichttotalisierbare, situativ partikularisierte Neben-Codes – zum Beispiel auf informale Macht im politischen Bereich oder auf Reputation im Wissenschaftssystem. Die logische Unmöglichkeit braucht keine reale Unmöglichkeit zu sein, denn Logik ist nur ein hochspezialisierter Satz von Bedingungen der Möglichkeit unter anderen. Nur für den Wahrheits-Code wird genau diese Frage prekär, sofern er den binären logischen Schematismus als Grundlage der Codierung verwendet (44).

Es mag Auswege in der Logik selbst geben, etwa in Richtung auf eine mehrwertige Logik oder im Sinne der binären Schematisierung von Aussagen über binäre Schematisierung. Eine Theorie der Kommunikationsmedien wird dieses Problem nicht logisch, sondern soziologisch zu operationalisieren versuchen. Ob am Ende eine Abschluß-Antinomie oder eine grandiose Tautologie herauskommen wird, hat für sie nur eschatologische Bedeutung. Gegenwärtig ist die Zukunft noch offen. Man kann den Zirkel durch Abstraktion elargieren, kann ihn stückweise zu vermessen versuchen, kann an Teiltheorien arbeiten und die Sicherheit nicht aus der Gewißheit des Fundaments, sondern gerade umgekehrt daraus gewinnen, daß die Prämissen mit Hilfe von Supertheorien im Bedarfsfalle wieder auflösbar sein werden (45).

Ob unter solchen Auspizien Selektionsübertragungen möglich sind und zu anschlußfähiger Forschung führen können, ist damit noch nicht gesagt. Nicht zuletzt wird dies abhängen von Fragen des gesellschaftlichen Kontextes der Forscher-Rolle und damit von Fragen des Niveaus und der Kompatibilität anderer Totalisierungen, denen der Forscher ausgesetzt ist.

Anmerkungen

1   Diese Vorgehensweise impliziert im übrigen eine genaue Umkehrung der scholastischen Annahme „ex multis contingentibus non potest fieri unum necessarium" (*Thomas von Aquino*, Summa contra Gentiles III 86). Die Abkehr von alteuropäischen Grundpositionen liegt also keineswegs nur im Verzicht auf „praktische Philosophie" und auf moralische Grundannahmen über Natur, Mensch und Gesellschaft, sondern zugleich in einer Revolutionierung des Fundierungszusammenhanges von Kontingenz und Notwendigkeit in der Realität und in der Erkenntnis, die in ihren Ansätzen bis auf *Duns Scotus* zurückverfolgt werden kann.

2   Vgl. *Parsons* (1967a und b); *Parsons* (1968). Ferner wichtig für die Übertragung des Konzepts von der Ebene sozialer Systeme auf die des allgemeinen Aktionssystems *ders.* (1970: 39 ff.). Eine klare Präsentation der Grundzüge des Konzepts findet man ferner bei *Turner* (1968).

3   Zu den logischen Problemen und zur Terminologiegeschichte vgl. etwa *Brogan* (1967); *Becker-Freyseng* (1938); *Jalbert* (1961); *Schepers* (1963). Die Auffassung der Kontingenz als „Abhängigkeit von" ist nur eine schöpfungstheologisch bedingte Sonderfassung dieses allgemeinen modaltheoretischen Begriffs. Zur Entstehung dieser Sonderfassung auch *Smith* (1943).

4   Zu diesem Problem in der Parsonsschen Theorie vgl. *Gouldner* (1959).

5   Vgl. dazu auch *Schrader* (1966). Abschwächend sei angeführt, daß diese Lösung nicht als psychologischer Reduktionismus interpretiert werden darf. Sie wird vielmehr in eine allgemeine Theorie des Handlungssystems eingebaut, auf dessen Ebene noch nicht zwischen psychischen und sozialen Systemen differenziert werden kann. Dazu *Parsons* (1970: 43 ff.).

6   Nur für den Fall des Geldes kommt dies deutlich heraus, also für den Fall, daß das Medium selbst zur Verwendung in konkreten Transaktionen ausgemünzt wird *und dadurch seine Allgemeinheit nicht verliert*. Aber das ist eine Sonderform, deren exemplarische Verwendung bei *Parsons* die Klärung der zu Grunde liegenden Probleme eher verstellt als fördert.

7   Dazu und zu den linguistischen Grenzen möglichen Negierens vgl. *Schmidt* (1973).

8   So aber *Parsons* in explizitem Anschluß an *Jakobson* und *Halle* (*1956*).

9   Siehe z. B. *Malinowski* (1960); *Marshall* (1961). Daher ist es auch möglich, das sehr sprachnah formulierte Medien-Konzept von *Parsons,* in dem es primär auf die Vermittlung von symbolischen Bezügen und konkreten Transaktionen ankommt, auf die Verhältnisse archaischer Gesellschaften zu übertragen (*Turner* 1968).

10 Auf weitere Konsequenzen dieser Relativierung der Kategorien Handeln und Erleben auf (ihrerseits kontingente) Zurechnungsprozesse kann an dieser Stelle nicht angemessen eingegangen werden. Es sei nur der Hinweis notiert, daß dies ein Verzicht auf jede ontische oder essentialistische Bestimmung der Handeln und Erleben definierenden Merkmale impliziert und Handeln bzw. Erleben zur Funktion von Systembildungen werden läßt.

11 Eine gute Einführung bieten *Katkov* (1937), ferner *Green* (1944) und *Lambert* (1960: 63 ff.). Dabei handelt es sich nicht nur um Versuche, das Vorkommen des jeweils negativ Bewerteten zu begründen. Solche Versuche setzen vielmehr, wie immer sie angesetzt werden, die Kontingenzformel des Religionssystems, den Gottesbegriff, unter

Abstraktionsdruck mit schwierigsten Folgeproblemen bei der Konstruktion des Übergangs von unbestimmter zu bestimmbarer (binär spezifizierter) Kontingenz. Siehe nur *Peter* (1969).

12   Siehe vor allem *Hartmann* (1973: 131 ff.).

13   Das Problem, ob und wie Kontingenz motivieren könne, stellt sich nicht nur in Gesellschaftssystemen, sondern auch in Organisationssystemen. Dazu *Luhmann* (1973b).

14   Oder auch wie ein „impetus" im Sinne des spätscholastischen Begriffs eines accidens, das die Fähigkeit besitzt, auf sein eigenes subiectum zu wirken.

15   „Verstärkung" hat hier zwei miteinander zusammenhängende Aspekte: Größere Häufigkeit im Vergleich zu entsprechenden Vorkommnissen in der Umwelt und größere Häufigkeit pro Zeiteinheit, das heißt Zeitgewinn. Beides zusammen ermöglicht die Ausdifferenzierung und den Aufbau voraussetzungsreich strukturierter Systeme.

16   Eine der besten Analysen dieses Mechanismus gibt *Parsons* (1953), vgl. ferner *Parsons* und *Smelser* (1956: 70 ff.) als Anwendung auf das Problem der double interchanges zwischen Teilsystemen des Gesellschaftssystems.

17   Zu den Schwierigkeiten, exklusive Zweier-Alternativen unter Ausschluß dritter Möglichkeiten im sozialen Verkehr zuzumuten, vgl. *Kelly* (1958).

18   Dazu für den logischen Schematismus des Mediums Wahrheit *Eley* (1969).

19   Die Implikation dieser genetischen Struktur ist bei *allen* Medien, daß die Komplexität des schrittweise aufgebauten Gesamtsystems die Fassungskraft der Einzelentscheidung übersteigt. Das kann durch die These notwendiger Latenz von Strukturen und Funktionen ausgedrückt werden und wird bei jedem Änderungsvorhaben ein praktisches Problem. Für die Theorie der Kommunikationsmedien folgt daraus, daß die Anwendung des dichotomischen Code auf Gesamtsysteme oder auch nur auf komplexe Satzzusammenhänge (Theorien), ganze Kunstwerke, Herrschaftsrollen etc. und deren Bezeichnung als wahr/falsch, schön/häßlich, rechtmäßig/unrechtmäßig hochaggregierte Aussagen erfordert, deren Realitätsbezug (Sachhaltigkeit) problematisch bleibt. Die operativ verwendete Codierung eignet sich mithin nicht ohne weiteres zur Kategorisierung des Resultats; ihr Schematismus ist allgemeiner als ihr jeweiliges Produkt (siehe auch die Unterscheidung von Schema und Bild im Schematismus-Kapitel der Kritik der reinen Vernunft B 176 ff.).

20   Hierzu Forschungsüberblicke bei *Bandura* (1965); *Aronfreed* (1968: 76 ff.).

21   Die Unwahrscheinlichkeit dieser Errungenschaft läßt sich testen an kulturhistorischen Beobachtungen, die zeigen, daß der Gegenfall normal ist: daß Irrtümer vorgeworfen und bestraft werden, daß Sozialprestige Glaubwürdigkeit verleiht usw. Siehe nur *Hahm* (1967: 15 ff.) und *Vandermeersch* (1965: 235 f.); oder sozialpsychologisch *Shibutani* (1961: 589 ff.).

22   Hierzu mit zahlreichen Belegen *Bachelard* (1938) und *ders.* (1949: 102 ff.).

23   Vgl. z. B. *Poster* (1963) zu *Andreas Cappelanus* und zu Gesichtspunkten der Differenzierung von religiöser und persönlicher Liebe.

24   Wohlgemerkt liegt der konstitutive binäre Schematismus hier nicht in der Zweiheit der Personen, sondern darin, daß jeder eine Bezugsperson hat, von der er alle anderen unterscheiden kann.

25   Immerhin ist anzumerken, daß bei geringem Grad der Ausdifferenzierung von Kommunikationsmedien die Strukturen in den Motiven tatsächlich verschwimmen, vor allem natürlich auf der Ebene faktischer Interaktion, die auf Reziprozität und wechsel-

seitige Gratifikation nicht verzichtet. So ist die Nutzfreundschaft eine der drei Freundschaftstypen des Aristoteles, die sich auf das Gute, das Angenehme und das Nützliche am Anderen beziehen (also ebenfalls aus der Perspektive des Ego entworfen sind, dessen Erscheinungswelt, phainómenon, der Freundschaft zugrunde liegt). Vgl. Nikomachische Ethik 1155b 17 ff.

26   Daß dies nicht vollständig gelingt, weil das Wartevermögen des Reichen größer ist als das des Armen, ist eine Klage, die zur bürgerlichen Gesellschaft strukturell dazugehört. Siehe aber zum Vergleich die Schwierigkeiten der Ausdifferenzierung ökonomischer Prozesse in archaischen Gesellschaften bei fehlender Differenzierung der Dichotomien Haben/Nichthaben und Reich/ Arm und bei hoher Moralisierung des Reichtumsgefälles. Dazu *Sahlins* (1965).

27   Für *Parsons* beispielsweise ist überhaupt nur legitime Macht geeignet, als Kommunikationsmedium zu fungieren. Eine nähere Begründung fehlt ebenso wie eine Klärung der Frage, was Konsens faktisch und praktisch bedeutet. Außerdem wäre zu klären, unter welchen Verlusten an Information und Engagement eine Aggregation von Aktbewertungen zu Systembewertungen durchgeführt werden kann.

28   Weitere Erläuterungen stelle ich im Hinblick auf eine gesonderte Publikation zum Thema Macht zurück. Siehe *Luhmann* (1975).

29   In dieser Ambivalenz liegt natürlich eine wichtige genetische Bedingung der Ausbildung binärer Schematismen, die als Rekonstruktion des Ambivalenzproblems auf der Sinnebene begriffen werden können.

30   Vgl. dazu *Eisenstadt* (1963). Im Anschluß an *Shils* (1961) wird diese Problematik auch durch einen Gesellschaftstypus beschrieben, der auf einem Gegensatz der Ordnungsformen in (städtischen) Zentren und (ländlicher) Peripherie beruht, einem Gegensatz, der erst in der bürgerlichen Gesellschaft durch Demokratisierung der Politik und durch Monetisierung der Wirtschaft aufgehoben worden ist.

31   Einer der bemerkenswertesten Beiträge zu diesem Thema ist immer noch *Schumpeter* (1953).

32   Deren Formulierung muß in einem doppelten Sinne abstrahiert werden: einmal deswegen, weil sie Dispositionsbegriffe (Modalbegriffe) erfordert; zum anderen deswegen, weil sie die Divergenzen in den System/Umwelt-Perspektiven (z. B. Wahrheitsproduktion aus der Sicht der Politik, Durchsetzbarkeit politischer Entscheidungen aus der Sicht der Wirtschaft) übergreifen muß.

33   Ein guter Testfall für solche Empfindlichkeit ist die „Technokratie-Diskussion", besonders der moralisch aufgeladene Widerspruch, den *Schelskys* These von den Sachzwängen (also: Wahrheitszwangen) in der Politik gefunden hat. Siehe *Schelsky* (1961) und zum weiteren *Lenk* (1973).

34   Zur Interpretation der politischen Verfassung unter diesen Gesichtspunkten siehe *Luhmann* (1973a).

35   Im übrigen fallen gerade hier interessante und klärungsbedürftige Zeitverschiebungen auf. Die Reflexivität des Glaubens und die Frage der Gründe des Glaubens an den Glauben ist bereits ein mittelalterliches Thema und liegt an der Wurzel von Gedankenentwicklungen, die zur Reformation führen (vgl. z. B. *Heim* 1911), eine Diskussion, die zugleich die Selbständigkeit dieses Mediums (z. B. die logische Unbegründbarkeit der fides infusa) zu etablieren sucht. Andererseits scheinen in der Kunst erst neuere

Strömungen eine programmatische Reflexivität in der Form einer Mitdarstellung der Herstellung der Darstellungen zu erlauben.

36 Diese Schärfe der Kontrastierung von verantwortungsüberlastetem Macht- und verantwortungslosem Geldgebrauch löst derzeit deutliche Reaktionen aus, die sich teils in ideologischen Affektionen gegen „Privatkapitalismus", teils in zunehmenden organisatorischen, bürokratischen, syndikalistischen Machtbildungen, teils in Schwierigkeiten mit der rechtsförmigen Codierung politischer Macht äußern. Die Effektivität von Änderungsimpulsen ist gerade an dieser Stelle unübersehbar, so wenig einstweilen abschätzbar ist, ob sich über den Organisationsmechanismus wirklich höhere Niveaus der Kombination von gesellschaftlicher Komplexität und Folgenbeherrschung entwickeln lassen.

37 Strukturell interessant ist das Problem der Prostituierten, die im Überschneidungsbereich von Liebe und Geld Minimierungs- und Maximierungsinteressen eindeutig und rasch kommunizieren muß.

38 Die moderne psychologisierte Liebes-Konzeption tendiert im übrigen in einer Art gegenromantischer Bewertung zur Legitimation dieses Neben-Code, indem sie Liebe nicht mehr auf die Erlebniswelt bezieht, in der Alter sich laufend identifiziert, sondern auf dessen Identität selbst, oder gar auf das Wachstum seiner Persönlichkeit und dergleichen. Siehe z. B. *Swanson* (1965), *Otto* (1972).

39 Also nichts Rechtswidriges durchsetzen werde in einer Weise, die *Paulus* als „inverecundum" bezeichnet hat. Siehe die im Mittelalter viel zitierte und politisch ausgebeutete Digestenstelle D 32, 23.

40 Für die Knappheits-Annahme siehe zum Beispiel *Foster* (1965).

41 So zum Beispiel beim Einfordern jenes Mindestrespekts vor dem Recht im direkten Umgang mit dem Herrscher. Siehe hierzu *Bünger* (1946: 27 f., 66 ff.).

42 Ein Beispiel aus dem 14. Jahrhundert: *Hilton* 1932.

43 Diese Fassung des Motivbegriffs schließt an *Max Weber* an. Siehe auch *Milis* (1940) und *Burke* (1962); ferner *White* (1958) und *Blum* und *McHugh* (1971).

44 Hierzu die Einwände gegen eine mit Reflexivstrukturen arbeitende System-Theorie bei *Hejl* (1971/72).

45 In diesen Funktionskontext ordnen sich Arbeiten an einer (möglichst) allgemeinen Systemtheorie ein, die durch funktionale Methodik ein Höchstmaß an noch strukturierbarem Auflösungsvermögen für realitätsbezogene Prämissen konkreter Teiltheorien zu erreichen sucht. Die Funktion solcher Supertheorien wäre mithin, für den Fall des Prämissenwechsels die Lernfähigkeit des Wissenschaftssystems zu gewährleisten unter Vermeidung des Zurückfallens auf den Anfang und völligen Neubeginns.

Literatur

Aristoteles, 1954: Ethica Nicomachea, hrsg. von *I. Bywater,* Oxford.

Aronfreed, J., 1968: Conduct and Conscience: The Socialization of Internalized Control Over Behavior. New York.

Aubert, V., 1965: A Note on Love. In: *Ders.,* The Hidden Society Totawa N. J., 201-23 5.

Bachelard, G., 1938: La formation de l'esprit scientifique: Contribution a une Psychanalyse de la connaissance objective. Paris.

Bachelard, G., 1949: Le rationalisme appliqué. Paris.

Bandura, A., 1965: Vicarious Processes: No Trial Learning. In: Advances in Experimental Social Psychology, hrsg. von *L. Berkowitz.* New York, 1-55.

Beardsley, Jr., J. W., 1918: The Use of ΦΧΣΙΣ in Fifth-Century Greek Literature. Chicago (Diss.).

Becker-Freyseng, A., 1938: Die Vorgeschichte des philosophischen Terminus ,contingens': Eine Untersuchung über die Bedeutung von ,contingere' bei Boethius und ihr Verhältnis zu den Aristotelischen Möglichkeitsbegriffen. Heidelberg.

Blood Jr., R. O., 1967: Love Match and Arranged Marriage: A Tokyo Detroit Comparison. New York/London.

Blum, A. F. und *McHugh, P.,* 1971: The Social Ascription of Motives. American Sociological Review 36, 98-109.

Brogan, A. P., 1967: Aristotle's Logic of Statements About Contingency. Mind 76, 49-61.

Bünger, K., 1946: Quellen zur Rechtsgeschichte der T'ang Zeit. Peking.

Burke, K., 1962: A Grammar of Motives and A Rhetoric of Motives. Neudruck Cleveland/ New York.

Dirlmeier, F., 1931: ΦΙΛΟΣ und ΦΙΛΙΑ im vorhellenischen Griechentum. München (Diss.).

Eisenstadt, Sh. N., 1963: The Political System of Empires. New York/London.

Eley, L., 1969: Metakritik der formalen Logik: Sinnliche Gewißheit als Horizont der Aussagenlogik und der elementaren Prädikatenlogik. Den Haag.

Foster, G. M., 1965: Peasent Society and the Image of Limited Good. American Anthropologist 67, 293-315.

Foster, K., 1963: Courtly Love and Christianity. London.

Furstenberg Jr., F. F., 1969: Industrialization and the American Family: A Look Backward. American Sociological Review 31, 326-337.

Goldenweiser, A. A., 1913: The Principle of Limited Possibilities in the Development of Culture. Journal of American Folklore 26, 2 59-290.

Goode, W. J., 1959: The Theoretical Importance of Love. American Sociological Review 24, 38-47.

Goody, J., 1973: Evolution and Communication. The British Journal of Sociology 24, 1-12.

Goody, J. und *Watt, I.,* 1963: The Consequences of Literacy. Comparative Studies in Society and History 5, 304-345.

Gouldner, A. W., 1959: Reciprocity and Autonomy in Functional Theory. In: Symposium on Sociological Theory, hrsg. von Llewellyn Gross. White Plains N. Y., 241-270.

Gouldner, A. W., 1960: The Norm of Reciprocity: A Preliminary Statement. American Sociological Review 25, 161-178.

Green, W. C., 1944: Moira: Fate, Good, and Evil in Greek Thought. Cambridge Mass.

Habermas, J., 1973: Legitimationsprobleme im Spätkapitalismus. Frankfurt.

Hahm, P.-C., 1967: The Korean Political Tradition and Law. Seoul.

Hartmann, K., 1973: Systemtheoretische Soziologie und kategoriale Sozialphilosophie. Philosophische Perspektiven 5, 130-161.

Heim, K., 1911: Das Gewißheitsproblem in der systematischen Theologie bis zu Schleiermacher. Leipzig.

Hejl, P., 1971/72: Komplexität, Planung und Demokratie: Sozialwissenschaftliche Planungstheorien als Mittel der Komplexitätsreduktion und die Frage der Folgeprobleme. Berlin (Diplomarbeit, Ms).

Hilton, W., 1923: The Seale of Perfection, hrsg. von *E. Underhill.* London.

Husserl E., 1954: Die Krisis der europäischen Wissenschaften und die transzendentale Phänomenologie. Husserliana Bd. VI. Den Haag.

Jakobson, R. und *Halle, M.,* 1956: Fundamentals of Language. Paris.

Jalbert, G., 1961: Nécessité et contingence chez St. Thomas. Ottawa.

Kaldor, N., 1939: Welfare Propositions of Economics and Interpersonal Comparison of Utility. Economic Journal 49, 549-552.

Kant, I., 1796: Von einem neuerdings erhobenen vornehmen Ton in der Philosophie.

Katkov, G., 1937: Untersuchungen zur Werttheorie und Theodizee. Brünn/Wien/Leipzig.

Kelly, G. A., 1958: Man's Construction of His Alternatives. In: Assessment of Human Motives, hrsg. von G. Lindzey. New York, 33-64.

Lambert, W. G., Babylonian Wisdom Literature. Oxford.

Lenk, H., (Hrsg.) 1973: Technokratie als Ideologie: Sozialphilosophische Beiträge zu einem politischen Dilemma. Stuttgart/Berlin/Köln/Mainz.

Luhmann, N., 1970a: Reflexive Mechanismen. In: *Ders.,* Soziologische Aufklärung. Köln/ Opladen 92-112.

Luhmann, N., 1970b: Selbststeuerung der Wissenschaft. In: *Ders.,* Soziologische Aufklärung. Köln/ Opladen, 232-252.

Luhmann, N., 1972a: Knappheit, Geld und die bürgerliche Gesellschaft. Jahrbuch für Sozialwissenschaft 23, 186-210.

Luhmann, N., 1972b: Rechtssoziologie, Bd. I. Reinbek.

Luhmann, N., 1973a: Politische Verfassungen im Kontext des Gesellschaftssystems. Der Staat 12, 122, 165-182.

Luhmann, N., 1973b: Zurechnung von Beförderungen im öffentlichen Dienst. Zeitschrift für Soziologie 2, 326-351.

Luhmann, N., 1974a: Symbiotische Mechanismen. In: *Otthein Rammstedt* (Hrsg.), Gewaltverhältnisse und die Ohnmacht der Kritik, Frankfurt, 107-131.

Luhmann, N., 1974b: Rechtssystem und Rechtsdogmatik, Stuttgart/Berlin/Köln/Mainz.

Luhmann, N., 1975: Macht, Stuttgart.

MacKay, D. M., 1969: Information, Mechanism and Meaning. Cambridge Mass./London.

Malinowski, B., 1960: The Problem of Meaning in Primitive Languages. In: The Meaning of Meaning, hrsg. von *C. K. Ogden* und *I. A. Richards.* 10. Aufl., 5. Druck, New York/ London, 296-336.

Marshall, L., 1961: Sharing, Talking, and Giving: Relief of Social Tensions Among !Kung Bushmen. Africa 31, 231-249.

Mead, G. H., 1934: Mind, Self, and Society From the Standpoint of a Social Behaviorist. Chicago.

Mills, C. W., 1940: Situated Actions and Vocabularies of Motive. American Sociological Review 5, 904-913.

Ostwald, M., 1969: Nomos and the Beginning of the Athenian Democracy. Oxford.

Otto, H. A., (Hrsg.), 1972: Love Today: A New Exploration. New York.

Parsons, T., 1953: The Theory of Symbolism in Relation to Action. In: Working Papers in the Theory of Action, hrsg. von *T. Parsons, R. F. Bales* und *E. A. Shils*. Glencoe, Ill., 31-62.

Parsons, T., 1967a: On the Concept of Influence. In: *Ders.*, Sociological Theory and Modern Society. New York, 355-382.

Parsons, T., 1967b: On the Concept of Political Power. In: *Ders.*, Sociological Theory and Modern Society. New York, 297-354.

Parsons, T., 1968: On the Concept of Value-Commitments. Sociological Inquiry 38, 135-160.

Parsons, T., 1970: Some Problems of General Theory in Sociology. In: Theoretical Sociology: Perspectives and Developments, hrsg. von *J. C. McKinney* und *E. A. Tiryakian*. New York, 27-68.

Parsons, T. und *Smelser, N. J.*, 1956: Economy and Society. Glencoe, Ill.

Peter, C. J., 1969: Divine Necessity and Contingency: A Note on R. W. Hepburn. The Thomist 33, 150-161.

Ritsert, J., 1966: Handlungstheorie und Freiheitsantinomie, Berlin.

Ritsert, J., 1968: Substratbegriffe in der Theorie des sozialen Handelns: Über das Interaktionsschema bei Parsons und in der Parsonskritik. Soziale Welt 19, 119-137.

Sahlins, M. D., 1965: On the Sociology of Primitive Exchange. In: The Relevance of Models for Social Anthropology. London, 139-236.

Schelsky, H., 1961: Der Mensch in der wissenschaftlichen Zivilisation. Köln/Opladen.

Schepers, H., 1963: Möglichkeit und Kontingenz: Zur Geschichte der philosophischen Terminologie vor Leibniz. Turin.

Schmidt, S. J., 1973: Texttheoretische Aspekte der Negation. Zeitschrift für Germanistische Linguistik, 1, 178-208.

Schrader, E., 1966: Handlung und Wertsystem: Zum Begriff der Institutionalisierung in Talcott Parsons' soziologischem System. Soziale Welt 17, 11-135.

Schumpeter, J. A., 1953: Die Krise des Steuerstaates. In: *Ders.*, Aufsätze zur Soziologie. Tübingen, 1-71.

Shibutani, T., 1961: Society and Personality: An Interactionist Approach to Social Psychology. Englewood Cliffs, N. J.

Shils, E., 1961: Centre and Periphery. In: The Logic of Personal Knowledge: Essays Presented to Michael Polanyi. London, 117-131.

Simmel, G., 1920: Philosophie des Geldes. 2. Aufl. München/Leipzig.

Smith, G., 1943: Avicenna and the Possibles. The New Scholasticism 17, 340-357.

Stegmann von Pritzwald, K., 1930: Zur Geschichte der Herrscherbezeichnungen von Homer bis Plato: Ein bedeutungsgeschichtlicher Versuch. Leipzig.

Swanson, G. E., 1965: The Routinization of Love: Structure and Process in Primary Relations. In: The Quest for Self-Control: Classical Philosophies and Scientific Research, hrsg. von *S. Z. Klausner*. London, 160-209.

Tenbruck, F. H., 1964: Freundschaft: Ein Beitrag zu einer Soziologie der persönlichen Beziehungen. Kölner Zeitschtift für Soziologie und Sozialpsychologie 16, 431-456.

Thomas von Aquino, 1918/1926: Summa contra Gentiles. Opera Omnia Bd. XIII und XIV, Rom.

Turner, T. S., 1968: Parsons' Concept of „Generalized Media" and its Relevance for Social Anthropology. Sociological Inquiry 38, 121-134.

Vandermeersch, L., 1965: La formation du légisme: Recherches sur la constitution d'une philosophie politique charactéristique de la Chine ancienne. Paris.

Waller, W. und *Hill, R.*, 1951: The Family: A Dynamic Interpretation. 2. Aufl. New York.

White, A. R., 1958: The Language of Motives. Mind 67, 258-263.

Systemtheorie, Evolutionstheorie und Kommunikationstheorie *

I

Theorieentwicklungen haben teils immanente, teils externe Gründe. Sie sind sowohl durch die Problemstellungen, Konzeptionen und negierbaren Themen der jeweils vorliegenden Theorie bestimmt als auch durch hinzukommende Erfahrungen mit der Realität. Dies gilt allgemein. Im besonderen Falle der Gesellschaftstheorie kommt hinzu, daß der Gegenstand dieser Theorie ein evoluierendes System, ein Träger evolutionärer Entwicklungen ist. Das macht Theorieentwicklungen kompliziert. Ihre Doppelabhängigkeit von sich selbst und von ihrem Gegenstand befindet sich selbst in Bewegung. Diese Bewegung der Beziehung von Veränderungen im Gegenstand und in der Theorie kann ihrerseits zum Gegenstand der Erkenntnis werden. Sie muß zum Gegenstand der Theorie werden, wenn diese auf Begründung oder auf Universalitätsansprüche hin befragt wird. Das heißt: Gesellschaftstheorie ist, wenn sie Evolution in Betracht ziehen will, nur als reflexive Theorie möglich; nur als Theorie, die ihren eigenen Theoriestatus mitreflektiert.

Reflexive Theorie ist nicht eine Domäne der Dialektik. Diese hatte ihren sehr speziellen Ausgangspunkt in dem Problem der Identität in der Nichtidentität von Erkenntnis und Gegenstand. Oder historisch formuliert: in der Notwendigkeit eines Ding an sich, das aber nicht zu erkennen ist. Von da her hat sich jener berühmte Begründungsduktus der selbstreferentiellen Negation entwickelt – jenes Nachra-

---

* Überarbeitete Fassung eines Vortrags im Rahmen des Amsterdam Festival of Social Sciences 7.-18. April 1975.

tionalisieren eines theoretischen oder dann politischen Wollens. Damit können wir uns an dieser Stelle nicht angemessen auseinandersetzen. Ich konzediere diesem Theorietyp das Erstgeburtsrecht als reflexive Theorie; mich stört andererseits die eigentümliche Schmalspurigkeit, die zu geringe und zu unbestimmte Komplexität, die Fixierung auf wenige Gesichtspunkte, an die man mit vermeintlich eindeutigen Effekten Negationen anknüpfen kann. Ob Sie nun dieses spezifische Unbehagen teilen oder nicht – auf alle Fälle muß es verlocken, mit Alternativen zu experimentieren.

Dazu müssen auch die eingangs genannten externen Gründe Anlaß geben. An dem Gegenstand Gesellschaft, den die Theoretiker der bürgerlichen Gesellschaft – nehmen wir nun Comenius oder Hobbes oder Kant oder Marx oder Kelsen – vor Augen hatten, hat sich offensichtlich einiges geändert. Die Epoche der europäischen, weltweit expandierenden bürgerlichen Gesellschaft ist abgeschlossen. Wir haben es mit dem Resultat ihrer historischen Effektivität, mit dem Gesellschaftszustand zu tun, den sie geschaffen und hinterlassen hat. Und wir stehen vor der Frage der Kontinuität oder Diskontinuität jener Institutionen oder Errungenschaften, die die heutige Weltgesellschaft herbeigeführt haben – im politischen ebenso wie im ökonomischen, im rechtlichen ebenso wie im pädagogischen und im wissenschaftlichen Bereich. Wie kann dies Kontinuieren oder Diskontinuieren theoretisch erfahren und verarbeitet werden – ganz zu schweigen von hochfliegenden Ansprüchen an Prognose, Planung und Steuerung?

Die Theoretiker der bürgerlichen Gesellschaft haben sich, im historischen Vergleich gesehen, faszinieren lassen durch die ungewöhnlich hohe funktionale Autonomie einzelner Sachbereiche oder Teilsysteme der Gesellschaft und haben die Gesellschaft von da aus reflektiert. Nennen wir nur als Beispiele wiederum: Comenius für die Pädagogik, Hobbes für die Politik, Kant für die Erkenntnistheorie, Marx für die Wirtschaft, Kelsen für das Recht. Demgegenüber brauchen wir heute einen theoretischen Apparat, der solche Autonomie-Perspektiven und Funktionsprimate noch kontrollieren und wieder relativieren kann; denn es geht nicht zuletzt um die Frage, ob und wie wir derart riskante Autonomien kontinuieren bzw. diskontinuieren können.

Sieht man genauer zu, dann findet man in Theoriebereichen, die sich nicht an Spezialfunktionen wie Politik, Wirtschaft usw. angelehnt hatten, für die Konstruktion einer Nachfolge-Theorie vorbereiteten Boden und bereitliegendes Gedankengut. Man kann durchaus anschließen. Man muß aber Probleme reformulieren und heterogene Ausgangspunkte auf neuartige Weise zusammenfassen. Mit kleinen, aber zentral gewählten Operationen kommt man dann sehr rasch zu neuartigen, in sich schwer übersehbaren Theoriekonstellationen.

Dies möchte ich an drei, bisher getrennt behandelten Theoriestücken zu zeigen versuchen und zugleich den auf diese Weise entstehenden Theorietypus an Hand einiger Arbeitserfahrungen und Mutmaßungen zu charakterisieren versuchen. Diese Theoriebereiche sind: Systemtheorie, Evolutionstheorie, Kommunikationstheorie.

II

1) Komplexe Systeme standen der älteren Lehre als Ganzheiten vor Augen, die aus Teilen zusammengesetzt sind und durch die Art ihrer Ordnung Qualitäten bzw. Errungenschaften garantieren, die den Teilen für sich allein nicht zukommen könnten. Mit dieser Auffassung bricht die neuere Systemtheorie durch Einführung des Umweltbezugs. Der Umweltbegriff gibt nicht nur den Hinweis, daß es außerhalb des Systems noch etwas anderes gibt. Es geht nicht um die bloße Unterscheidung von „diesem und anderem". Die These lautet vielmehr, daß die Strukturen und Prozesse eines Systems überhaupt nur in Beziehung auf dessen Umwelt möglich und verständlich sind; ja daß erst der Umweltbezug überhaupt festlegt, was in einem System als Element und was als Beziehung zwischen Elementen fungiert. Etwas forciert kann man deshalb formulieren: das System ist seine Beziehung zur Umwelt, das System ist die Differenz zwischen System und Umwelt.

Diese Formulierung bringt zugleich an den Tag, daß es bei Systemen um Gegenstände geht, die sich als selbstimplikative Verhältnisse konstituieren und regulieren. Bereits Georg Simmel hatte im „Exkurs über das Problem: Wie ist Gesellschaft möglich?"(1)[**] es für erkenntnistheoretisch relevant gehalten, daß die Gesellschaft im Unterschied zur Natur, wie Newton und Kant sie begriffen hatten, ein Gegenstand sei, der selbst Beziehungen herstellt. Das Gleiche besagt der Formbegriff bei Marx. Das schließt es aus, Relationen allein deshalb, weil sie Relationen sind, für Eigenschaften oder Leistungsbedingungen des erkennenden Systems zu halten. Nichts anderes gilt für selbstreferentielle Relationierungen. Auch Reflexionsverhältnisse findet die Soziologie an ihrem Gegenstand schon vor und nicht erst in ihrem eigenen Denken. Eine dafür adäquate Theorie muß daher selbstreferentielle Strukturen an ihrem Gegenstand aufweisen und verkraften können (2). Sie kann als Theorie nicht davon absehen, daß ihre Aussagen über Systemstrukturen oder Systemprozesse sich ständig auf die Differenz von System und Umwelt beziehen müssen, die ihrerseits als Differenz nicht unabhängig gedacht werden kann von den Strukturen, die ein System ausdifferenzieren. Die

Wendung von der klassischen zur modernen Systemtheorie, nämlich die Kritik der Vorstellung vom selbstgenügsamen Ganzen, das den Teilen Perfektion vermittelt, betrifft also genau den Punkt, der zur Bildung selbstreferentieller Begriffe zwingt.

2) Genau das Gleiche gilt für unseren zweiten Theoriekomplex: für die Evolutionstheorie.

Im 19. Jahrhundert hatte man, trotz Darwin, Evolution typisch als einen makrohistorischen, gesetzmäßig ablaufenden Kausalprozeß angesehen. Diese Auffassung hat wissenschaftlicher Kritik nicht standgehalten und nach und nach alle ihre Merkmale aufgeben müssen: die Vorstellung der Notwendigkeit und der Unilinearität des Prozesses, die Vorstellung der Kontinuierlichkeit und der Irreversibilität, ja schließlich sogar die Anfang und Ende voraussetzende Charakterisierung des Prozesses als Bewegung vom Einfachen zum Komplexen. Also ist Evolution überhaupt kein Prozeß. Man muß diesen Begriff, von Darwin ausgehend, rekonstruieren.

Die bei Darwin im Ansatz vorliegende Theorie beschreibt zunächst verschiedene evolutionäre Funktionen, nämlich solche der Variation, der Selektion und der Retention oder reproduktiven Stabilisierung von Merkmalen. Diese Funktionen werden durch verschiedenartige Mechanismen erfüllt. Evolution ist dann jede Strukturänderung, die durch Differenzierung und Zusammenspiel dieser Mechanismen erzeugt wird. Ob nun historische Bewegung, ob nun Prozeß oder nicht – charakterisiert wird die Evolution durch die Art und Weise, wie sie sich selbst produziert.

Auch dabei stoßen wir auf das Problem der Selbstimplikation. Die älteren Theorien des historischen Prozesses hatten dessen Selbstimplikation in seinen Anfang, in die Lehre von dem Keimkräften oder von der Schöpfung verlagert und sich damit selbst an Geschichte gebunden (3). In ähnlichem Sinne war in der alteuropäischen Lerntheorie der Begriff der Erfahrung (empeiria) ein Begriff, der das Gelernthaben als Bedingung der Möglichkeit des Lernens schon voraussetzte (4). Die neuere Evolutionstheorie gibt diesem alten Problem nur eine andere Form. Sie erklärt Evolution dadurch, daß die Mechanismen für Variation, für Selektion brauchbarer Lösungen und für Stabilisierung differenziert und auf verschiedene Teilsysteme verteilt werden. Und sie erklärt die Tatsache, daß dies möglich ist, wiederum durch Evolution, nämlich durch frühere Phasen der Evolution. Sie ist also nicht nur in ihren Annahmen über den Anfang, sondern in ihrem allgemeinen begrifflichen Bezugsrahmen ebenfalls eine selbstreferentielle Theorie, eine Theorie der Evolution von Evolution.

3) Dasselbe läßt sich mit sehr genauen Parallelen schließlich auch an dem dritten für uns wichtigen Theoriekomplex zeigen: an der Kommunikationstheorie. Allgemein ist bekannt, daß man nicht nur einfach sprechen, sondern auch über

Sprache sprechen kann; daß man mit Hilfe von Sprache über Kommunikationen kommunizieren kann (5). Dies ist eine unbestreitbare Eigenschaft sprachlicher Kommunikation. Über diese nur deskriptive Feststellung kann man hinausgelangen, wenn man nach den Gründen der Vorteilhaftigkeit oder nach den Funktionen dieser Reflexivität fragt. Sie scheint deshalb vorteilhaft zu sein, weil Kommunikation immer eine Situation mit „doppelter Kontingenz" (6) voraussetzt. Sie übermittelt nur Selektionsofferten, die, wenn verstanden, sowohl angenommen als auch abgelehnt werden können. Und nur weil dies so ist und bei allem Kommunizieren von allen Beteiligten mitgewußt und mitkommuniziert wird, kann und muß man in der Lage sein, bei Bedarf über Kommunikation zu kommunizieren.

Auch hier gilt also: Eine Theorie, die dem Sinn kommunikativen Verhaltens überhaupt gerecht werden will, muß in der Lage sein, mit selbstreferentiellen Grundbegriffen zu arbeiten. Ebenso wenig wie in der Systemtheorie oder in der Evolutionstheorie geht es um einen Tatbestand neben anderen, um einen Sachverhalt, von dem man gegebenenfalls auch absehen könnte. Es geht nicht nur um die Umweltbeziehungen des Systems neben anderen Strukturen und Prozessen; es geht nicht nur um den Anfang der Evolution; es geht nicht nur um einige besonders komplizierte Sprechweisen unter anderen. Es geht in all diesen Fällen um das Prinzip der Konstitution des Gegenstandes überhaupt.

III

In drei zentrale Bereiche klassischer Theorie haben wir jeweils einen komplizierenden Faktor eingeführt, und zwar jeweils den, der die Theorie in ihren Grundlagen selbstreferentiell macht. Was das logisch und methodologisch bedeuten mag, kann ich hier nicht weiter erörtern. Jedenfalls werden diese Theorien, wenn man sie durch Bezug auf sich selbst begründet, stärker unabhängig voneinander. Während die strukturell-funktionale Theorie ihr Evolutionskonzept noch ausschließlich mit systemtheoretischen Begriffen zu definieren versuchte, nämlich mit Begriffen wie Differenzierung, Integration und Anpassung oder Anpassungskapazität, (7) ist das jetzt nicht mehr möglich. Mit höheren konzeptuellen Unabhängigkeiten wachsen aber zugleich die kombinatorischen Gewinne, die sich erzielen lassen, wenn es gelingt, diese verschiedenen Theoriestücke zu verbinden.

Jede selbstreferentiell begründete Theorie hat für sich ein Problem der logischen und empirischen Unbestimmbarkeit. Widersprüche zwischen theoretisch möglichen Aussagen können nicht mehr am Gegenstand selbst, durch Hinweis auf objektiv feststehende Merkmale entschieden werden. Dies war im übrigen auch die erkenntnistheoretische Position, von der die Dialektik ausging (8). Gleichwohl läßt sich Bestimmbarkeit erreichen durch Konstruktion *limitationaler* Beziehungen *zwischen* den einzelnen Theoriebereichen, also durch Relationierung selbstreferentieller Begriffssyndrome, indem nämlich jede Einzeltheorie die Aussagemöglichkeiten der anderen limitiert – zum Beispiel in der Weise, daß evolutionstheoretische Analysen mit systemtheoretischen oder kommunikationstheoretischen Erkenntnissen durchsetzt werden, die zugleich evolutionstheoretische Prämissen verwenden müssen, wenn sie ihre Geltung auf bestimmte Gesellschaftsformationen beschränken.

Dieser Theoriestil kombinatorischer Relationierung orientiert sich mithin an dem gleichen Bezugsproblem wie die Dialektik, nämlich am Problem der Limitierung des Gebrauchs von Negationen zur wechselseitigen Bestimmung; aber er behandelt dieses Problem in anderer Weise. Damit werden Erkenntnistheorie und sachliche Forschungsarbeit wieder stärker zusammengeführt, und die entscheidende Frage lautet: Wie hängen diese verschiedenen Theorie-Stücke eigentlich zusammen? Was verbindet sie miteinander? Und wie müßte eine Theorie aussehen, die sie integriert?

Wirft man drei Steine gleichzeitig in den Brunnen, entstehen sehr rasch, sobald nämlich die Wellen sich kreuzen, unübersichtliche Verhältnisse. Solche Überschneidungen sind in unserem Falle der Gesellschaftstheorie unvermeidlich. Wie immer abstrakt man eine allgemeine Systemtheorie, eine allgemeine Evolutionstheorie und eine allgemeine Kommunikationstheorie formulieren kann auf der spezifisch soziologischen Ebene der Gesellschaftstheorie sind alle drei Theoriekomponenten notwendig und setzen sich wechselseitig voraus. Deshalb hat es auf dieser Ebene, wie immer bei notwendigen Interdependenzen, keinen Sinn zu fragen, ob die eine dieser Theorien fundamentaler ist als die andere. Weder Hierarchisierungen werden uns helfen noch das beliebte Spiel der Dichotomien: Bestand oder Wandel, Struktur oder Prozeß, Konsens oder Konflikt. Das eine setzt das andere voraus – und nach einer Weile sagt man das gleiche umgekehrt.

Rechts/Links-Spiele und Oben/Unten-Spiele sind unter Soziologen vermutlich deshalb so beliebt, weil sie so einfach sind. Die soeben in ihrem dreifachen Ansatz skizzierte Gesellschaftstheorie erforderte jedoch sehr viel kompliziertere Analysen; nicht eine bloße Kontrasttechnik, sondern ein kombinatorisches Vorgehen. Über einige Erfahrungen mit einer solchen Arbeit und vielerlei Schwierigkeiten möchte ich im folgenden berichten. Dies kann in einem kurzen Vortrag natürlich nur, an Hand von Beispielen geschehen.

1) Mein erstes Beispiel betrifft Probleme der *Gesellschaftsdifferenzierung*. Die klassische Theorie besagt: Gesellschaftliche Evolution ist zunehmende Differenzierung des Gesellschaftssystems. Differenzierung wird dabei nach dem im 18. und 19. Jahrhundert entwickelten Modell der Arbeitsteilung gedacht. Die Verle-

genheit, in die dieses Modell führt, sind bekannt genug, um es zu diskreditieren. Ich nenne nur drei Probleme: [1] Da es offensichtlich Grenzen sinnvoller Arbeitsteilung gibt, muß dieses Modell ein Ende, ein non plus ultra der gesellschaftlichen Entwicklung postulieren, und dieses Ende scheint in der sogenannten postindustriellen Gesellschaft bereits erreicht zu sein. [2] Differenzierung wird als kompensierbar angesehen durch Integration und durch Generalisierung gemeinsamer Orientierungen (so wie Arbeitsteilung durch Koordination). Das wird jedoch dem Gesamtkomplex problematischer Nebenfolgen weit getriebener Differenzierung kaum gerecht. Und [3] ist dieses Konzept nicht in der Lage, Probleme und Fakten der sozialen Schichtung adäquat zu behandeln. Das wird ihm politisch als Ideologie der herrschenden Klasse angelastet.

Diese Schwierigkeiten sind seit langem bekannt. Der erste Ausweg war, den Begriff der Arbeitsteilung zu generalisieren und ganz allgemein von „struktureller Differenzierung" zu sprechen. Dieser Begriff übergreift jedoch zu viel und erklärt zu wenig. Vor allem für eine Kombination mit evolutionstheoretischen Analysen reicht er nicht aus, da Evolution offensichtlich Strukturen nicht nur differenziert, sondern auch generalisiert und vereinfacht.

Wenn wir nun diesen Zusammenhang von Evolution und Gesellschaftsdifferenzierung mit systemtheoretischen Mitteln rekonstruieren, wird die Theorie sofort sehr viel komplexer. Die Systemdifferenzierung betrifft nämlich nicht nur die Systeme selbst, sondern auch ihre Umwelten und auch die Beziehungen zwischen System und Umwelt. Es gibt dann bei zunehmender Differenzierung nicht nur mehr verschiedenartige Einheiten, sondern auch für jede Einheit eine jeweils andere Umweltkonstellation in einer für alle gemeinsamen Gesellschaft; und schließlich entsprechend verschiedene Techniken, mit dieser Differenz von System und Umwelt fertig zu werden. Das heißt, um es auf eine Formel zu bringen, die die selbstreferentielle Struktur des Arguments deutlich macht: Differenziert werden die Differenzen zwischen Systemen und Umwelten.

Eine derart relationistisch ansetzende Theorie ist abschreckend unanschaulich, wenn man sie mit den Schuster-und-Schneider-Theorien der Arbeitsteilung vergleicht. Aber sie hat das größere Konstruktionsvermögen. Man kann zunächst einmal drei Typen der Innendifferenzierung des Gesellschaftssystems unterscheiden, nämlich [1] *segmentäre* Differenzierung auf der Basis der Gleichheit von Systemen und Umwelten; [2] *schichtungsmäßige* Differenzierung auf der Basis rangmäßiger Gleichheit im System und Ungleichheit im Bezug zur Umwelt; und [3] *funktionale* Differenzierung auf der Basis funktionaler Gleichheit im System und funktionale Ungleichheit im Bezug zur Umwelt.

Diese Prinzipien der Differenzierung sind in sehr verschiedener, aber nicht in beliebiger Weise kombinierbar. Die Komplexität der Gesellschaft hängt davon ab, welches Prinzip für die primäre Differenzierung gewählt wird; denn diese Option steuert die Typik von System/Umwelt-Beziehungen innerhalb des Gesellschaftssystems. Im großen und ganzen kann man sagen: *archaische* Gesellschaften sind in ihrer Primärstruktur segmentär differenziert, *Hochkulturen* schichtungsmäßig differenziert, die *moderne Gesellschaft* dagegen funktional differenziert. Dies zuletzt genannte Prinzip ermöglicht die größte Systemkomplexität, weil es auf sekundäre Stufen der Differenzierung auch Schichtung und auch segmentäre Differenzierung zuläßt. Es ist demnach nicht einfach die immer größere Differenzierung, sondern die Wahl des Prinzips der Differenzierung, die die bisherige gesellschaftliche Evolution auszeichnet; und das besagt, daß überholte Differenzierungen aufgelöst werden müssen, wenn ein voraussetzungsreicheres Prinzip der Differenzierung realisiert wird.

Vielleicht interessiert besonders, welche Konsequenzen dieser Theorieansatz für die Auffassung der sozialen Schichtung hat. Er betont in einer Weise, die den Normalsoziologen irritieren wird, daß auch im Falle der Schichtung *Systembildung durch Gleichheit* vorliegt. Schichtung ermöglicht und erleichtert Kommunikation unter Gleichen in einer gesellschaftlichen Entwicklungslage, in der Ungleichheit schon vorherrscht und, gäbe es keine Schichtung, als normal erwartbar wäre. Schichtung ist gegen Ungleichheit durchgesetzte Gleichheit – eben schichtspezifische Gleichheit. Dadurch wird erreicht, daß Ungleichheit, obwohl dominierendes Differenzierungsprinzip, marginalisiert und als bloße Umwelt der eigenen Schicht behandelt werden kann. Durch die übliche Präokkupation mit den Problemen der Asymmetrie in der Verteilung von Chancen, mit Herrschaft und mit Ausbeutung, hat sowohl die empirische Forschung als auch die Kritik der Schichtung diese eigentliche Funktion schichtmäßiger Differenzierung aus den Augen verloren und ist deshalb auch nicht in der Lage, die sehr problematischen Beziehungen zwischen schichtmäßiger und funktionaler Differenzierung adäquat zu behandeln. Eine Soziologie, die sich darauf beschränkt, Ungleichheiten bloßzustellen, stellt aber nur ihre eigenen Vorurteile bloß und bedarf selbst soziologischer Kritik.

2) Das nächste Beispiel entnehme ich dem gleichen Themenkreis gesellschaftlicher Differenzierung mit dem Ziel, etwas größere Tiefenschärfe in der Analyse zu erreichen und zugleich zum Problem der Selbstreferenz zurückzuführen.

Wir hatten von der Differenz zwischen System und Umwelt gesprochen. Das ist eine grobe Vereinfachung gewesen, die wir jetzt auflösen müssen. In allen differenzierten Systemen kann man für jedes Teilsystem drei – und nur drei – Systemreferenzen unterscheiden: *Die Beziehung zum umfassenden Gesamtsystem, die Beziehung zu anderen Teilsystemen* und die *Beziehung zu sich selbst.* Diese „Dreifaltigkeit" bleibt in segmentären Gesellschaften latent, weil für alle drei Referenzen ohnehin das Prinzip der Gleichheit gälte. Sie entsteht als Problem erst durch Ungleichheit, also in geschichteten Gesellschaften. Hier dient sie in der Form einer pars pro toto Logik hierarchischer Repräsentation zur Orientierung der Oberschichten (9). Aber erst in funktional differenzierten Gesellschaften gewinnt die dreifache Systemreferenz eine Form, die eine Artikulation der Differenzen und hohe Systemautonomie erzwingt.

Unter der Voraussetzung funktionaler Differenzierung muß jedes Teilsystem, sei es Politik oder Wissenschaft, Wirtschaft oder Familie, Erziehung oder Recht, diese drei Systemreferenzen wie folgt artikulieren: seine Beziehung zum Gesellschaftssystem als (institutionalisierte) *Funktion*, seine Beziehung zu anderen Teilsystemen als *Leistung*, die als Input zu beziehen und als Output zu erbringen ist, und seine Beziehung zu sich selbst als *Reflexion*. Um ein Beispiel zu geben: Das Wissenschaftssystem erfüllt seine gesellschaftliche Funktion durch Produktion *kommunikabler Wahrheiten*, die für jedermann gelten; es erbringt seine Leistungen für andere Teilsysteme in der *anwendungsbezogenen Forschung;* und es reflektiert sich selbst in der *Grundlagenforschung* und im historischen Kontinuieren oder Diskontinuieren der eigenen Problemtraditionen. Keine dieser Systemreferenzen ist auf eine andere zurückführbar. Das besagt: Weder die gesellschaftliche Funktion, noch Input- und Outputleistungen, noch die Reflexion der eigenen Identität können für sich allein die selektiven Prozesse der Teilsysteme steuern. Dadurch wird ein hohes Maß an Teilsystemautonomie zwangsläufig, weil nur in den Teilsystemen derart heterogene Anforderungen zum Ausgleich gebracht werden können.

Hiermit ist ein, wenn ich so sagen darf, postdialektisches Forschungsprogramm skizziert. Es wird nicht durch Nachvollzug von Negationsketten ausgeführt, sondern muß an Hand von spezifischen Funktionen, spezifischen Leistungskontexten und je verschiedenen Identitätstraditionen kombinatorische Möglichkeiten zu erkennen versuchen. Dabei wird Ungleichheit der Entwicklungschancen für Funktionsbereiche vermutet. Es ist keineswegs gesagt, daß in einem komplexen, hochdifferenzierten Gesellschaftssystem, in dem zum Beispiel Wissenschaft und Wirtschaft offensichtlich reüssieren, sich auch für Religion oder für Kunst adäquate Kombinationen von Funktion, Leistung und Reflexion finden lassen. Und insofern wirkt gesellschaftliche Evolution selbst selektiv in bezug auf das, was in ihren späteren Phasen noch möglich ist.

3) Damit ist der nächste Themenkreis, die sozio-kulturelle Evolution schon angeschnitten. Nach dem eingangs skizzierten theoretischen Modell ist Evolution nicht als Einheit eines Prozesses, also nicht als Physis charakterisierbar. Jede Evolution beruht vielmehr auf einer real durchgeführten Differenzierung von Mechanismen für Variation, Selektion und Stabilisierung. Diese verschiedenartigen Funktionen müssen auf verschiedene Träger verteilt und in ihrem Zusammenspiel

reguliert werden. Daß und wie dies möglich ist, muß mit Hilfe von Begriffen und Theorien erklärt werden, die nicht aus der allgemeinen Evolutionstheorie selbst gewonnen werden können.

Im Falle der sozio-kulturellen Evolution bietet es sich an, hierfür sowohl auf die Kommunikationstheorie als auch auf die Systemtheorie zurückzugreifen. Man kann mit einiger Plausibilität sagen, daß die *Variationsfähigkeit* dadurch gewährleistet ist, daß die Sprache die Möglichkeit bietet, Nein zu sagen. Man kann ablehnen oder Unerwartetes sagen, ohne unverständlich zu werden; man kann Neues und Überraschendes mitteilen und trotzdem verstanden werden.

Freilich hat, eben deshalb, nicht alles, was man sagt, kommunikativen Erfolg. Nicht alles, was man mitteilt, wird von anderen als Prämisse eigenen Verhaltens übernommen. Und je größer die Variationsfreiheiten werden, desto stärker wächst auch der Bedarf, für die Übertragung von Selektionsleistungen eigene Kontrollen zu entwickeln. Das geschieht durch symbolisch generalisierte Kommunikationsmedien, durch besondere Codes wie Wahrheit oder politische Macht und Recht, Eigentum und Geld, Liebe, Kunst, welche institutionalisierte Regeln dafür bereitstellen, wann Kommunikationen Erfolg haben sollten.

Kommunikativer Erfolg aber ist der Mechanismus *evolutionärer Selektion*. An Hand desjenigen Problems, das ich vorweg als Zentralproblem der Kommunikationstheorie genannt hatte, – an Hand der Kontingenz von Annahme oder Ablehnung von Kommunikationen – entwickelt sich also die Differenzierung evolutionärer Mechanismen für Variation und Selektion, nämlich Sprache und Kommunikationsmedien. Dies geschieht nach Erfindung der Schrift mit dem Aufbau von Hochkulturen. Hochkulturen beruhen immer auf einer Reflexion kommunikativer Kontingenz. Wenn wir die Schöpfungsgeschichte sorgfältig lesen, haben wir ein besonders klares Beispiel dafür: In einer Welt, die geschaffen worden ist, kann die Negationsmöglichkeit nicht nicht geschaffen werden (10); sie ist als Möglichkeit impliziert und Mögliches wird im Laufe der Zeit wirklich.

Wird aber alles Mögliche wirklich? Genau das leugnet die Evolutionstheorie. Selektion ist nur dann Selektion, wenn sie Mögliches zugleich derealisieren kann. Dazu kommt, daß in komplexen, hochdifferenzierten Gesellschaften die kommunikative Selektion nicht mehr zugleich die Stabilität und die Reproduzierbarkeit der Problemlösungen gewährleistet. Für *Stabilisierung* muß man vielmehr auf einen besonderen Mechanismus zurückgreifen, nämlich auf *Systembildung*.

Es ist sicherlich kein Zufall, daß mit der Entwicklung einer immer komplexeren Gesellschaftsordnung in der europäischen Neuzeit Bestands-, Erhaltungs- und Reproduktionsprobleme auftauchen und begrifflich erfaßt werden, kennzeichnenderweise übrigens zunächst im theologischen Kontext der Schöpfungstheorie am Problem der creatio continua, (11) und daß zugleich neuartige, riskante, sozusagen unsoziale Selektionsverfahren freigegeben werden – etwa die Neugierde als legitimes Motiv des Wissenserwerbs, Profit als eine Art vertragsloses Einkommen, Staatsräson als politische Maxime, passionierte Liebe als hinreichender Grund der Partnerwahl.

Solche Möglichkeiten zu ideengeschichtlichen und wissenssoziologischen Analysen können hier nur angedeutet werden. Sie könnten zeigen, daß in den Leitvorstellungen der modernen Gesellschaft, und keineswegs nur im Evolutionsbegriff eine schärfere Differenzierung von Mechanismen für Variation, für Selektion und für Stabilisierung sich widerspiegelt. Nicht zufällig wird dann der Systembegriff – früher eine Bezeichnung für das Gliederungsschema eines Buches, für grundlegende Hypothesen oder für ein analytisches Erkenntnismittel, zu einer Bezeichnung für die Ordnung des Gegenstandes selbst.

IV

Diese Bemerkungen bringen mich zum abschließenden Teil meiner Ausführungen und zugleich an ihren Anfang zurück. Offensichtlich gibt es bei grundlegenden gesellschaftsstrukturellen Änderungen, die die Evolution erzeugt, eine Art begleitendes Bewußtsein, das sie registriert und bewertet. Die Konstitution der griechischen Polis war ein solcher Fall, der sich auf territorialer Ebene im 12./13. Jahrhundert wiederholte; der Übergang zur modernen bürgerlichen Gesellschaft im 18./19. Jahrhundert ist ein anderer Fall, eine Epochenwende, die alle gesellschaftlichen Strukturen auf eine neue Stufe der Selektivität bringt und kaum einem Begriff seinen alten Gehalt beläßt (12). Aber warum entwickelt sich als Begleitbewußtsein für diesen letzten Fall eine reflexive, ihren eigenen Theoriestatus mitreflektierende, selbstreferentielle Theorie? Gibt es dafür soziologisch überzeugende Gründe? Und müssen wir als Soziologen bei der Feststellung des bloßen Faktums einer Korrelation zwischen Gesellschaftsstruktur und Theorieform stehen bleiben? Oder ist nicht gerade selbstreferentielle Theorie aufgefordert und in der Lage, mehr zu tun; nämlich durch die Theorie-Optionen selbst zu begründen, weshalb die Theorie erst durch die gesellschaftliche Evolution möglich und adäquat wird, also kontingente Wahrheiten bietet und eben deshalb den selbstreferentiellen Begründungsduktus wählen muß?

Meine Vermutung ist, daß dies mit dem Rationalitätsstil der modernen, hochkomplexen Gesellschaft zusammenhängt, der sich auf keine Fixpunkte mehr einstellen, sich vor allem nach keinen vorgegebenen Zwecken mehr ausrichten läßt. Rationalität muß, um es auf eine abstrakte Formel zu bringen, hohe *Beliebigkeit* und hohe *Spezifikation* kombinieren können (13). Das erfordert die Thematisierung der strukturellen Relevanz von Zeit in allen wichtigen Funktionsbereichen der Gesellschaft und erfordert Ebenen der Kommunikation, auf denen man reflexiv über eigene Kommunikationen kommunizieren kann (14). Dafür adäquate Erkenntnisverfahren werden dann in einem dreistufigen Sinne reflexiv, nämlich in dem Sinne, daß adäquater Umgang mit selbstreferentiellen Theoriestücken als notwendig erkannt und zum Gegenstand theoretischer und methodologischer Überlegungen gemacht werden muß.

Obwohl in letzter Zeit viel von reflexiver Soziologie die Rede ist und obwohl besonders im Deutschen die leichtgängigen Wortkombinationen mit vorgestelltem Selbst – Selbstdarstellung, Selbstthematisierung, Selbstreferenz, Selbstselektion, Selbststigmatisierung – nur so aus dem Boden schießen, finde ich nicht, daß das Problem adäquat gestellt, geschweige denn behandelt und gelöst würde. Die wissenschaftsbewußte Soziologie verharrt überwiegend in verständnisloser Ablehnung, weil sie die Gründe gerade der Wissenschaftstheorie für das Akzeptieren selbstreferentieller Strukturen nicht mehr sieht. Auf der anderen Seite grassiert die Marxsche Krankheit – das ist der Fehlschluß von selbstreferentieller Negation auf negative Bewertung in der Analyse des Kapitals. Das provoziert zu rasch kommende „Tendenzwenden" und eine Kritik der linksintellektuellen „Reflexionseliten", die diese an ihrem Verhalten und dessen Folgen mißt und damit den Zusammenhang der Problemtradition unterbricht; die, könnte man also sagen, nicht konservativ genug verfährt. Es ist kein Wunder, daß in dieser Situation sich keine intelligible Politik entwickeln kann, die das Problem des Kontinuierens oder Diskontinuierens von strukturellen Errungenschaften der bürgerlichen Gesellschaft in politisch operable Konzepte zu übersetzen vermöchte.

Demgegenüber läßt sich sehr leicht und sehr rasch zeigen, daß zentrale Theoriestücke der heutigen Soziologie ohnehin selbstimplikativ gebaut sind. Geht man dieser Anregung nach, stößt man auf jene drei verschiedenen Ansätze: auf die Systemtheorie, auf die Evolutionstheorie und auf die Kommunikationstheorie. Diese Ansätze kann man nicht auf einen einzigen reduzieren; jedenfalls ist mir das nicht gelungen, obwohl ich einige Überlegung darauf verwendet habe. Andererseits stehen sie auch nicht unverbunden nebeneinander wie verschiedene Theorien in einem pluralistischen Wissenschaftssystem. Sie setzen sich wechselseitig voraus. Mit welchem Aspekt immer man anfängt, der Aufbau der Gesellschaftstheorie erfordert die Einbeziehung der anderen.

Es gibt in diesem Konzept keine a priori eingeführten Annahmen, (15) sondern nur so etwas wie Konstruktionserfahrungen und Arrangiervermögen. Daher gibt es keine unbedingte Sicherheit darüber, daß nun gerade dieses Konzept, diese Kombinatorik selbstreferentieller Theorien den denkbar besten Standpunkt bietet für die Erkenntnis unserer Gesellschaft. Grundlagensicherheit ist in der Tat wis-

senschaftlich entbehrlich. Wir sind gewohnt und es gilt als legitim, alle Ausgangs-
annahmen hypothetisch einzuführen. Freilich wird Hypothetik oft nur als eine Art
salvatorische Klausel praktiziert, die den Forscher von Legitimitätssorgen befreit.
Hypothetik bedeutet aber, daß die Wissenschaft als ein auf kognitives Lernen spezialisiertes Unternehmen keine Einschränkungen der Lernfähigkeit akzeptieren
kann. Das ist das oberste Gebot aller Wissenschaft: Keine Einschränkung der
Lernfähigkeit akzeptieren! Auch nicht durch Wahrheiten! Genau dem entspricht
die Theorieform der selbstreferentiellen Theorie.

Allerdings sind selbstreferentielle Theorien zunächst logisch und empirisch ge-
haltlos. Lernen erfordert aber Limitierung des Möglichen. Kann man an Hand von
Beschränkungen lernen und zugleich unbeschränkte Lernfähigkeit postulieren?
Kann man den Kuchen essen und ihn zugleich behalten? Kann die Wissenschaft
wie die Ökonomie verfahren, nämlich durch Investition auf Liquidität verzichten und zugleich den Reichtum, der doch nur in der Austauschbarkeit der Güter
besteht, vermehren? Gibt es eine Überwindung der Knappheit? Unbegrenzte und
doch praktikabel zu machende Möglichkeiten?

Die Überlegungen, die ich Ihnen vortragen durfte, suchen den Ausweg nicht in
einem rein reflexionslogischen Prozessieren von Negationen und erst recht nicht
in mystischen Totalisierungen. Sie verfolgen die Idee, mit einer *Mehrheit* von
selbstreferentiellen Forschungsansätzen zu arbeiten und diese zu einer kohären-
ten Theorie zu verknüpfen. In einem sehr viel breiteren Umfange, als dies in der
philosophischen Tradition bisher möglich war, lassen sich dadurch Formprobleme
allgemeinster Art mit vorliegenden, begrifflich kodifizierten Forschungserfahrungen verbinden. Der dazu nötige begriffstechnische Apparat ist sehr aufwendig,
der Duktus der Argumentation weder linear, noch zirkulär, sondern labyrinthisch.
Dies entspricht der Absicht, kontingente (nicht-notwendige) Wahrheiten zu erzeugen (16). In der Theorie selbst entsteht durch dieses kombinatorische Vorgehen
eine Art Überangebot an Abstraktionsmöglichkeiten. Es gibt keinen vorausset-
zungslosen Anfang und kein erkennbares Ende. Die Selbstlimitierung nimmt im
Nachvollzug der internen Interdependenzen zu, zugleich entstehen aber Querper-
spektiyen und neue Abstraktionsmöglichkeiten, die das Erreichte wieder in einen
unfertigen Zustand versetzen. All dies macht eine Präsentation mit klassischen
Mitteln, etwa in der sequentiellen Form eines Buches, schwierig. Aber in dem
einen zentralen Punkte bin ich trotz all dieser Schwierigkeiten relativ optimistisch:
Es gibt theoretische Arbeitszusammenhänge, in denen es möglich gemacht werden
kann, ohne Verzicht auf Lernfähigkeit zu lernen.

Anmerkungen

1 In Soziologie: Untersuchungen über die Formen der Vergesellschaftung, 2. Aufl. München/Leipzig 1922, S. 21 ff.

2 Vgl. dazu *Peter Hejl*, Zur Diskrepanz zwischen struktureller Komplexität und traditionalen Darstellungsmitteln der funktional-strukturellen Systemtheorie, in: *Franz Maciejewski* (Hrsg.), Theorie der Gesellschaft oder Sozialtechnologie, Supplement Band 2, Frankfurt 1974, S. 186235.

3 Siehe z. B. *Hans Meyer*, Geschichte der Lehre von den Keimkräften von der Stoa bis zum Ausgang der Patristik, Bonn 1914; *François Jacob*, La logique du vivant: Une histoire de l'hérédité, Paris 1970.

4 Vgl. *Günther Buck*, Lernen und Erfahrung: Zum Begriff der didaktischen Induktion, 2. Aufl. Stuttgart 1969.

5 Siehe nur: *Gerhard Frey*, Sprache – Ausdruck des Bewußtseins, Stuttgart 1965; *Harold Garfinkel/Harvey Sacks*, On Formal Structures of Practical Actions, in: *John C. McKinney/Edward A. Tiryakian* (Hrsg.), Theoretical Sociology: Perspectives and Developments, New York 1970, S. 337-366; *Jürgen Habermas*, Vorbereitende Bemerkungen zu einer Theorie der kommunikativen Kompetenz, in: *Jürgen Habermas/ Niklas Luhmann*, Theorie der Gesellschaft oder Sozialtechnologie – Was leistet die Systemforschung?, Frankfurt 1971, S. 101-141.

6 „Double contingency" im Sinne von *Talcott Parsons/Edward A. Shils* (Hrsg.), Toward a General Theory of Action, Cambridge Mass. 1951, S. 16.

7 Vgl. zu den Grenzen dieser Konzeption *Anthony D. Smith*, The Concept of Social Change: A Critique of the Functionalist Theory of Social Change, London 1973.

8 Daran erinnert *Klaus Hartmann*, Zur neuesten Dialektik-Kritik, Archiv für Geschichte der Philosophie 55 (1973), S. 220-242.

9 Siehe als theologische Parallelkonstruktion *Thomas von Aquino*, Summa Theologiae I q. 65 a. 2: „Quod ex omnibus creaturis constitutur totum universum sicut totum ex partibus. Sic igitur et in partibus universi, unaquaeque creatura est propter suum proprium actum et perfectionem. Secundae autem creaturae ignobiliores sunt propter nobiliores sicut creaturae quae sunt infra hominem, sunt propter hominem. Ulterius autem, singulae creaturae sunt propter perfectionem totius universi. Ulterius autem, totum universum, cum singulis suis partibus, ordinatur in Deum sicut in finem, inquantum in eis per quandam imitationem divina bonitas repraesentatur ad gloriam Dei …" Hier werden Relationen als Zwecke (also handlungsnah) interpretiert, Beziehungen unter Teilsystemen als fremddienliche Hierarchie; die Selbstreferenz nimmt die unterste Stufe ein und die imitatio der bonitas Dei erspart die Problematisierung der Reflexion des Ganzen.

10 Vgl. hierzu *Kenneth Burke*, The Rhetoric of Religion: Studies in Logology, Boston 1961.

11 Vgl. hierzu *Hans Blumenberg*, Selbsterhaltung und Beharrung: Zur Konstitution der neuzeitlichen Rationalität. Wiesbaden 1970.

12 Eine umfassende Bestandsaufnahme dieses Wandels erstrebt das Wörterbuch: Geschichtliche Grundbegriffe. Historisches Lexikon zur politisch-sozialen Sprache in Deutschland, (Hrsg. *Otto Brunnen/Werner Conze/Reinhard Koselleck*), Stuttgart, Bd. 1 – 1972 –.

13 Vgl. *Dieter Claessens*, Rationalität revidiert, Kölner Zeitschrift für Soziologie und Sozialpsychologie 17 (1965), S. 465-476.

14 Vgl. etwa *Klaus Krippendorf*, Values, Modes and Domains of Inquiry into Communication, Journal of Communication 19(1969), S. 105-133 (110).

15 Ein Versuch, Relativismus durch aprioristische Annahmen zu überbrücken, wäre zu sehr problematischen Generalisierungstechniken gezwungen. Das kann man am Modell der Parsons'schen Theorie studieren. Siehe dazu die kritische Analyse von *Harold J. Bershady*, Ideology and Social Knowledge, Oxford 1973. Ein Verzicht darauf bedeutet andererseits den Verzicht auf glatte Übersetzbarkeit aller anderen Theoriesprachen in die eigene. Diesen Verzicht könnte man mit der Unterscheidung von Sprache und Kommunikationsmedien begründen: Übersetzbarkeit ist ein strukturelles Erfordernis der Sprache, nicht dagegen ein Erfordernis des Kommunikationsmediums Wahrheit.

16 Siehe dazu *Leibniz*, Opuscules (Hrsg. *Louis Couturat*), Paris 1903, S. 408: „Verum est vel necessarium vel contingens. Verum necessarium sciri potest per finitam seriem substitutionum seu per coincidentia commensurabiia, verum contingens per infinitam, seu per coincidentia incommensurabilia". Kommensurabilität ist im übrigen äquivalent zu Übersetzbarkeit der Theoriesprache. Vgl. dazu Anm. 15. Wer diese Übersetzbarkeit im Sinne von Parsons will, muß demnach auf das Erkennen kontingenter Wahrheiten und damit letztlich auf eine Theorie der Evolution verzichten.

Komplexität

I

Im gegenwärtigen Schrifttum sehr verschiedener Disziplinen wird der Begriff der Komplexität häufig, zumeist aber undefiniert gebraucht (1)[*]. Auch ohne Definition suggeriert der Begriff schon seine eigene Bedeutung. Da vieles als komplex angesehen oder bezeichnet wird, scheint dem Begriff eine theoretisch zentrale Stellung zuzukommen. Die Ausnutzung der damit verbundenen Chancen hängt aber von einer zureichenden Klärung des Begriffs und von einer Explikation und Kontrolle der im Begriffsfeld liegenden Optionen ab (2).

Aus einer sehr kursorischen Einführung des Begriffs ergeben sich zunächst in den einzelnen Disziplinen oder Forschungszweigen recht heterogene Verwendungen, obwohl offenbar ein einheitliches Phänomen anvisiert wird. In der psychologischen Forschung über „kognitive Komplexität" (3) dient der Begriff zur Bezeichnung der Struktur von Persönlichkeitssystemen unter dem Gesichtspunkt ihrer Fähigkeit, Umweltinformationen unter differenzierten und auf einem abstrakten Niveau integrierten Kategorien zu verarbeiten und sich dadurch von allzu konkreten Umweltbindungen zu lösen. In der Organisationstheorie braucht man den Begriff der Komplexität als Maß für den Grad arbeitsteiliger Differenzierung; er wird dann in bezug auf Rollen oder Stellen als Einheiten ausgearbeitet (4). In der Theorie sozio-kultureller Evolution wird Komplexität entweder stillschweigend mit „struktureller Differenzierung" gleichgesetzt (5); oder der Begriff be-

---

*   Anmerkungen siehe Seite 296

zeichnet schlicht die Evolution selbst, soweit sie mit Guttman-Skalen zu messen ist
(6). Die Formalwissenschaften denken bei Komplexität zumeist an die Zahl und
die Verschiedenartigkeit der Relationen, die auf Grund einer gegebenen Zahl von
Elementen in einem System seiner Struktur nach möglich sind (7). Und auch sonst
stößt man häufig auf mehrdimensionale, mehrere Variable einfach addierende Definitionen, die das innere Gefüge des Komplexitätsbegriffs auf ein bloßes „und"
reduzieren (8).

Neben knappen, theoretisch unzureichenden und unabgestimmten Begriffs-
verwendungen dieser Art gibt es Versuche, den Begriff durch Rückzug auf eine
epistemologische oder methodologische Ebene zu präzisieren. Die bestimmenden
Merkmale liegen dann in der Messung von Bemühungen um die Erkenntnis komplexer Sachverhalte, etwa im Aufwand an benötigter Information oder Informationsverarbeitung, (9) oder in den zur Operationalisierung nötigen Reduktionen.
Auf diesem Wege gelangt man aber bestenfalls zu einer operativen, nicht auch zu
einer theoretischen Klärung des Begriffs, die sich auf die Komplexität des Gegenstandes der Forschung beziehen müßte.

Will man all dies auf einen übergreifenden Leitgedanken bringen, so bleibt in
der letzten Generalisierungsstufe das klassische Problem der Einheit des Mannigfaltigen zurück. „Complexity is only of importance if in a certain respect there is a
high degree of complexity and in another respect there is unity" (10). Ein einheitlicher Begriff ist ja nur sinnvoll, wenn die Vielfalt unter irgend einem Gesichtspunkt als Einheit behandelt werden kann. Der Begriff der Komplexität formuliert
so zunächst einmal die Intention, Mannigfaltiges unter dem Gesichtspunkt seiner
Einheit zu sehen (11). Der komplexe Gegenstand muß Mannigfaltiges und Einheit
zugleich sein.

Mit diesem Problem hat man nun Erfahrungen, und die können wir uns zu
Nutze machen. Schon an Hand der Begriffsgeschichte von complexum, complexio kann man sehen, daß diese Problemstellung Modalisierungen und damit
Simultanpräsentation in mehreren Ebenen erzwungen hat. Dies waren in der
Tradition teils möglichkeitstheoretische (complexio contingens!), teils erkenntnistheoretische (complexe significabile!) Modalisierungen (12). Anders ließ sich die
Einheit des Mannigfaltigen nicht auf *einen* Ausdruck bringen (13). Je nach mo-
daltheoretischem Bezugsrahmen erscheint dieser Einheitsbezug teils als conco-
mitierende Notwendigkeit im kontingent Zusammengesetzten, (14) teils als Frage
der Sicherung der kategorialen Übereinstimmung von Sein und Erkennen beim
Zugriff auf Inhaltsgesamtheiten (15). (Heutigen Vorstellungen entspräche es eher,
auf eine Mehrheit von „Sprachebenen" abzustellen (16)). Immer scheint es un-
diskutierte Voraussetzung der Problemstellung gewesen zu sein, *daß es um die
Einheit des Komplexen selbst gehe.* Genau darin wurde die dem Gegenstand spe-

zifische Perfektion gesehen, daß er Vielheit und Unterschiedenheit (multitudo et distinctio) zur geordneten Einheit bringe – durch den Willen des Schöpfers oder durch die Funktion der Vorstellung des transzendentalen Subjekts. Und zugleich war die Einheit des komplexen Gegenstandes Garantie für die Entscheidbarkeit der Frage, ob Aussagen sich widersprechen, also Vorbedingung des Prinzips der Widerspruchsfreiheit. Sie bot schließlich der älteren Lehre den Ausgangspunkt für kosmologische Erklärungen, über deren Grundlagen die Wissenschaft nicht voll disponieren kann.

Bricht man mit dieser Prämisse: daß es um die Einheit des Komplexen selbst gehe und daß Komplexität etwas sei, was einer vorauszusetzenden Einheit als Eigenschaft zugehöre, kommt viel in Bewegung. Neuere Begriffsentwicklungen und Forschungserfahrungen tendieren aber deutlich dazu, die Einheit des Komplexen nur noch als eine Art focussierende Relation zu denken und nicht mehr als eine Art Wesenskonzentrat. In der Philosophie kündigt sich das an in der Neigung Kants zu „sofern"-Abstraktionen (17). Wissenschaftliche Erfahrungen, die ohne Zusammenhang damit gewonnen sind, deuten in die gleiche Richtung. So lehren psychologische Forschungen über kognitive Komplexität, daß Systemkomplexität, wie immer begriffen und operationalisiert, nur situativ eingesetzt wird oder sogar überhaupt kein prozessual wirksamer Faktor ist, sondern nur ein strukturell zur Verfügung stehendes Potential, das situationsweise oder sektoral mehr oder weniger stark aktiviert werden kann (18). Komplexere Systeme haben durch ihre Struktur die Wahl, komplex oder nicht komplex zu erleben und zu handeln; fehlt es an Komplexität, bleibt nur die Möglichkeit einfacher Umweltbeziehungen. Zu ähnlichen relationistischen Folgerungen sieht sich im Anschluß an Entwicklungen in der modernen Physik offenbar auch die Mathematik veranlaßt (19). Auch die Einsicht, daß Komplexität ein allenfalls mehrdimensional meßbarer Sachverhalt ist, besagt im Effekt, daß es nicht möglich ist, Komplexes ohne Informationsverlust zur Einheit zu aggregieren; man muß dann vorweg wissen bzw. entscheiden, für welche Zwecke man welche Aggregationsweise wählen und welche Informationsverluste in Kauf nehmen will.

Erfahrungen und Entwicklungstendenzen dieser Art kann man heute nicht mehr ignorieren. Sie sollten aber auch nicht vorschnell einen epistemologischen, analytischen, modelltheoretischen, konstruktivistischen Relativismus stimulieren, der in bekannte Sackgassen führt und entweder Minimal-Aprioris unterstellen (20) oder ganz darauf verzichten muß, Rechenschaft darüber abzulegen, in welchem Sinne sich Erkenntnis auf Realität bezieht. Statt dessen wollen wir uns im folgenden um ein Sachkonzept bemühen, das die angedeuteten Probleme aufnimmt und zugleich diejenigen Theorie-Entscheidungen verdeutlicht, mit denen der Begriff der Komplexität für andere Theoriekomplexe relevant wird.

II

Unser Ausgangspunkt ist die durchaus übliche Unterscheidung zwischen der Zahl der *Elemente* eines Systems und der Zahl und Verschiedenartigkeit der zwischen ihnen möglichen *Beziehungen* (21). Gewiß kann man nicht einfach voraussetzen, daß es so etwas wie Elemente und Beziehungen in einem schlichten Sinne als Vorhandenes gibt. Wir werden diese Annahme sogleich problematisieren. Unabhängig davon aber gilt, was immer als Element und als Beziehung fungiere, daß bei Zunahme der Zahl der Elemente die Zahl der zwischen ihnen abstrakt möglichen (denkbaren) Beziehungen überproportional ansteigt und sehr rasch Größenordnungen erreicht, die nicht mehr nutzbar, nicht mehr realisierbar sind (22). In größeren Systemen kann dies abstrakte Relationierungspotential, diese volle Interdependenz von allem mit allem, daher nur noch wie etwas weder als Ordnung noch als Chaos qualifizierbares Unbestimmbares fungieren: als Hintergrund mit der Funktion, Selektionsbewußtsein zu erzeugen (23). Das erfordert Bildung von Systemen in Systemen, die unbestimmbar Gewordenes wieder selektiv bestimmen können.

Demnach ergibt sich aus *Größenzunahme für jedes System der Zwang, aber auch die Chance, mit eigenen Möglichkeiten der Relationierung selektiv zu verfahren und sich bei Bedarf zu differenzieren.* Die Selektion aus eigenen Möglichkeiten ist nicht per Zufall, nicht nur ad hoc möglich, wenn Systeme entstehen und Grenzen gegenüber einer Umwelt invariant gehalten werden. Sie wird durch Strukturen gesteuert, die die Nichtbeliebigkeit und die Anschlußfähigkeit der Selektionen gewährleisten, also trotz und durch Selektion das Entstehen von Interdependenzen ermöglichen. Der Grundvorgang, der Komplexität ermöglicht, ist der Zusammenhang von kombinatorischen Überschüssen und struktureller Selektion.

Diesen Sachverhalt gilt es zunächst deutlicher vor Augen zu führen. Bereits Spencer unterscheidet deutlich zwischen „growth" (als increase of mass) und „development" (als increase of structure) (24). Die Schwierigkeiten und die theoretische Weichenstellung liegen im Begriff des „increase of structure". Wie kann Struktur zunehmen in einem anderen Sinne als Systemgröße? Im Anschluß an Spencer hat die Soziologie vor allem im Bereich der Gesellschaftstheorie Strukturzunahme zunächst als Zunahme struktureller Differenzierung interpretiert. Das hat sich jedoch nur begrenzt bewährt. Man kann Differenzierung ohne nähere Qualifikation – und jede Qualifizierung würde zu sehr einschränken – kaum eindimensional messen, da es schon in der Systemdifferenzierung unterschiedliche Typen der Differenzierung (segmentär/schichtenmäßig/funktional) gibt, die ihrerseits mit möglicher Systemgröße korrelieren, aber sehr unterschiedliche strukturelle Konsequenzen haben. Außerdem ist strukturelle Differenzierung nur sehr begrenzt steigerbar. Wir werden daher Strukturzunahme anders definieren, nämlich als *Zunahme der Selektivität einer Struktur.*

Bei Größenzunahme auf der Ebene der Elemente, die die kombinatorischen Möglichkeiten eines Systems überproportional wachsen lassen, kommt es nämlich zwangsläufig zu größerer Selektionsschärfe jeder bestimmten Relation und jeder strukturellen Disposition über Zulässigkeit oder Wahrscheinlichkeit von Relationierungen nach Maßgabe engerer, systemspezifischer Bedingungen des Möglichen. Mit der positiven Zunahme der Elemente wächst die negative, eliminierende Selektivität in bezug auf die nichtrealisierbaren Beziehungen. Differenzierung ist, in diesem Kontext gesehen, eine Form der Ermöglichung hoher Selektivität; sie ermöglicht beispielsweise, daß ein Richter während des Beweistermins tatsächlich Zeugen vernimmt, obwohl er damit auf sehr viele andere Aktivitäten und Kontakte, die auch möglich wären, verzichten muß.

Das versteht sich nun keineswegs von selbst. Eine Steigerung struktureller Selektivität ist in dieser Kombination von Spezifikation und Negation vielmehr nur unter besonderen, zunehmend unwahrscheinlichen Bedingungen möglich. Diese Einsicht führt zu der These, daß mit der Zunahme struktureller Selektivität *sowohl die Kontingenz als auch die Nichtbeliebigkeit der Strukturwahl zunimmt.* Da solche Strukturen wenige unter vielen möglichen Relationen auszeichnen, wird immer deutlicher sichtbar, daß sie auch anders möglich wären; und zugleich stellt genau diese Bedingung ganz spezifische Anforderungen an die Strukturbildung, für die nur ein sehr begrenztes Repertoire von Problemlösungen zur Verfügung steht. Um diesen Sachverhalt formulierungsmäßig zu fassen, brauchen wir bereits eine mehrstufige Modalisierung: Es handelt sich um eine hochkontingente Reduktion der Kontingenz von Selektionen.

Hier liegen nun Ausgangspunkte für wichtige Theorie-Anschlüsse. Es läßt sich einerseits festhalten, daß eine Bereicherung der Möglichkeiten zugleich den dispositionellen Spielraum einschränkt. Dieser Befund ähnelt Cope's Regel, die in etwa besagt, daß Organismen unterhalb ihrer möglichen Größe in die Evolution eintreten, dann in evolutionären und umweltspezifischen Anpassungsprozessen ihr Wachstumspotential ausschöpfen und genau dadurch evolutionsunfähig werden, weil der Koordinationsaufwand jeder Änderung zu hoch wird (25). Der gleiche Gesichtspunkt erklärt, daß mit dem Aufbau selektionsscharfer Strukturen die Abhängigkeit von der eigenen Geschichte zunimmt und das System sich sozusagen in seiner eigenen Geschichte festwächst, obwohl zugleich ein hohes operatives Potential für interne und extern gerichtete Prozesse zur Verfügung steht. Dieses Konzept der Strukturzunahme läßt sich ferner mit einer Theorie der Nebenfolgen und Folgeprobleme von Komplexitätssteigerungen verknüpfen; denn es liegt auf der Hand, daß die benötigte Selektionsschärfe der Strukturen die Koordinationslast erhöht und im übrigen bestimmte problematische Anforderungen an das Erleben und Handeln (oder abstrakter: an die Prozesse, die Relationen realisieren) stellt, die sehr leicht in Kritik umschlagen können.

Die entscheidenden Vorzüge dieser gegenüber Spencer variierten Fassung des Begriffs der Strukturzunahme liegen aber darin, daß sie dem Phänomen der Komplexität eine einheitlichere Bestimmung gibt. Komplexität ist dann nicht einfach nur die Menge der strukturell ermöglichten Relationen, sondern deren Selektivität; auch nicht nur ein (empirisch gesicherter) Erkenntniszusammenhang zwischen den Variablen Größe und Strukturiertheit, sondern die Relation zwischen positiver Bestimmung der Größe und negativer Bestimmung des Ausscheidungseffekts der Struktur. Die Komplexität hat ihre Einheit also in der Form einer *Relation:* in der Relation wechselseitiger Ermöglichung von Elementmengen und reduktiven Ordnungen. Als Einheit eines Systems ist Komplexität in sich selbst relationaler Natur. Besonders dem Steigerungsproblem wird man besser gerecht, wenn man die Komplexität letztlich als eine Relation begreift, in der das, was aufeinander bezogen wird, unterschiedliche Werte annehmen kann. Von höherer Komplexität kann man in bezug auf Systeme dann sprechen, wenn die Selektivität der nach der Größe und der Struktur des Systems möglichen Beziehungen zunimmt. Das heißt: Steigerung der Komplexität erfordert nicht nur Wachstum, sondern auch schärfere strukturelle Selektion und damit bei deren Nachvollzug in den Prozessen des Systems laufende Reduktion der Komplexität angesichts anderer Möglichkeiten. Könnte man diese Selektivität messen, so hätte man ein Maß für das, was der Begriff der Systemkomplexität letztlich meint: für das Bedingungs- und Steigerungsverhältnis von Mengen und Ordnungen, von abstrakten Potentialen und selektiven Reduktionen – oder klassisch gesprochen: von Materie und Form.

III

Hegel hatte von „Maß" gesprochen, um die Einheit qualitativer und quantitativer Seinsbestimmungen zu bezeichnen. Das Maß hatte Hegel gedacht als die unmittelbare Einheit von Quantität und Qualität im Quantum, die sich als Einheit in ihrer Negation durchhält und wiederherstellt (26). Wir finden uns in der Nähe dieses Begriffs. Daher lohnt ein kurzer Vergleich. Als Seinsbestimmung ist Maß ein weltbezogener Begriff, an dem Seiendes, sofern es ist, nur partizipiert. Wir hatten dagegen Komplexität mit Systemreferenz eingeführt. Systeme implizieren zwar Welt, und wir werden auch einen Begriff der Weltkomplexität bilden müssen; aber das Weltverhältnis der Systeme ist nicht als Sein des Seienden gedacht oder gar als

Partizipation an Realperfektion, sondern als Kontinuität in der Diskontinuität von System und Umwelt.

Der Weltbezug erfordert bei Hegel die Transformation schlechter in erfüllte, unbestimmter in bestimmte Unendlichkeit. Das garantieren Annahmen über Dialektik – nicht: über funktionale Äquivalenzen! – die das Maßlose rein quantitativer Vermehrung immer wieder qualifizieren, also ins Maß bringen, und dies in unendlichem Progreß (27) und so, daß dadurch die konkrete Wahrheit des „Seins" an sich ihre Bestimmtheit erfährt. Diese Dialektik läßt aber keine Zeitbestimmung erkennen. Gerade dadurch, daß sie sich selbst als Prozeß setzt, hat sie sich die Möglichkeit verbaut, das Zeitproblem zu thematisieren. Wann und wie schnell erfolgt dieses Hinausgehen über das Maß und seine Wiederherstellung? In diesem Punkte wird die Dialektik des reflexionslogischen Prozessierens begrifflicher Bestimmungen selbst negierbar – durch Politik. So meinte dann Lukâcs, (28) daß es für die Opfer der Quantifikation, für die Arbeiterklasse, zur Lebensfrage werden würde, diese Dialektik zu bemerken, um den Umschlag selbst bewußt zu vollziehen. Es ist ein symptomatisches Detail, daß jetzt, nach dem Rückgriff auf Aktivität, von Maß nicht mehr die Rede ist. Die im Maß gewonnene Bestimmtheitsleistung und Negativität wird nicht bewahrt.

Man könnte diese dialektische Politisierung der Dialektik leicht kritisieren, etwa auf die Gefahr einer regressiven Entwicklung mit Verlust an Differenzierung und Bestimmtheit hinweisen. Aber eine Rückkehr zu Hegel wäre auch nicht ohne Problem. Ein Vergleich von „Maß" und „Komplexität" läßt dagegen erkennen, daß es andere Auswege der begrifflichen Disposition gibt. Dazu kehren wir zur Analyse des Komplexitätsbegriffs zurück.

IV

Der Begriff des Maßes hatte einen Direktzugriff auf Welt impliziert. Die Fassung des Komplexitätsbegriffs, die wir zunächst entwickelt haben, hängt dagegen ab von einer (jeweils zu bestimmenden) Systemreferenz. Sie bezeichnet Systemkomplexität. Durch diese Beschränkung gewinnen wir die Möglichkeit, zwei Negationsrichtungen zu unterscheiden und mit deren Nichtidentität zu operieren, nämlich [1] die systemimmanente Selektivität der Struktur im Verhältnis zu den kombinatorischen Möglichkeiten der Elemente und [2] die Diskontinuität zwischen System und Umwelt. In dieser Differenzierung, die mit Hilfe des systemtheoretischen Instrumentariums gewonnen wird, sehen wir einen ausschlaggebenden theoretischen Fortschritt, der es ermöglicht, die weltbezüglichen Aussagen, die mit dem Begriff des Maßes intendiert waren, in Aussagen über Relationierung von Relationen zu transformieren.

Bevor wir diesem Ziel folgen, müssen wir jedoch die systemimmanente Analyse von Komplexität in einer wichtigen Hinsicht ergänzen und vertiefen. Wir hatten vorläufig vorausgesetzt, daß es Elemente und Beziehungen gibt als Gegenstand selektiver Behandlung. Das, was als Element fungiert, ist jedoch nicht unabhängig von seiner selektiven Behandlung bestimmbar. Erst die Selektion für bestimmte präferentielle Relationierungen „qualifiziert" ein Element, in dem es ihm eine Umwelt gibt, in der es spezifische eigene Merkmale entwickeln kann. Will man erkennen, wie es sich qualifizieren läßt und welchen Widerstand es solchen Qualifizierungen oder zugemuteten Relationen entgegensetzt, muß man das Element nicht nur als formale Identität, sondern als System-in-einer- eigenen-Umwelt behandeln, also die Systemreferenz wechseln. Dabei kann man auf Systeme stoßen, die sehr viel komplexer sind (also auch: auf der Basis anderer Elemente sehr viel größer sind) als diejenigen Systeme, in denen sie als Element fungieren. Es gibt also kein Komplexitätskontinuum vom letzten Element bis zur Welt im ganzen.

Damit ist nicht gesagt, daß die Festsetzung dessen, was als Element und was als System betrachtet wird, allein im analytischen Interesse getroffen wird (29). Die Wahl der Systemreferenz ist natürlich freigestellt als Aspekt wissenschaftlicher Themenwahl, aber mit dieser Entscheidung ist zugleich darüber disponiert, was in diesem System und seinen Umweltbeziehungen als ein nicht weiter auflösbares Element fungiert. Es macht zum Beispiel für die Analyse sozialer Systeme keinen Sinn, die Einheit des kommunikativen Aktes weiter aufzulösen in ein System nervlicher oder gar elektrischer Prozesse, so wie umgekehrt von der Ebene dieser Prozesse aus die emergenten Eigenschaften sozialer Systeme, nämlich die über Sinn gesteuerten Umweltbeziehungen, nicht begriffen werden können. Jedes System hat nicht nur einen Umwelthorizont, sondern auch einen Innenhorizont mit beliebig weiter auflösbaren Strukturen und beliebig weitertreibbaren Möglichkeiten der Analyse. Aber diese Beliebigkeit ist nur gegeben, wenn man diese Horizonte isoliert für sich betrachtet. Werden sie relationiert, limitieren sie sich wechselseitig durch Begrenzung der für ein System relevanten Umwelt und durch Festlegung der dafür relevanten, in einer spezifischen Systemreferenz nicht weiter auflösbaren Elemente.

Wir nennen diese Festlegung Bestimmung oder Konstitution bestimmter (bzw. bestimmbarer) Komplexität. Ein System ist unbestimmt, wenn die Elemente nur abstrakt als Einheiten gezählt werden und nicht bekannt bzw. dem Zufall überlassen ist, welche Relationen hergestellt bzw. eliminiert werden (30). Die Bestimmung erfolgt im selbstselektiven Aufbau von Systemen, wobei mit zunehmender Größe und Abgrenzbarkeit gegenüber der Umwelt die Erhaltung von Unbestimmtheit zunehmend unwahrscheinlich wird und ersetzt werden muß durch strukturell garantierte Flexibilität (Unterbestimmtheit) (31). Insofern ist Komplexitätsbildung in einem irreversiblen Sinne historisch, ohne daß dies notwendigerweise Strukturänderungen und Reaktivierung kombinatorischer Potentiale ausschlösse. Der Rückgang zur Unbestimmtheit und die Wiederholung der Geschichte ist ausgeschlossen, schon weil tieferliegende Systembildungen organischer bzw. chemischer bzw. physischer Art die Umwelt binden. So ist zum Beispiel eine Neuformierung des genetischen Potentials durch dessen umweltbezogene Komplexität ausgeschlossen. Beim Aufbau sinnhafter Systeme impliziert dieser Prozeß selbstselektiver Bestimmung die ständige Mitpräsentation jener Unbestimmtheitshorizonte externer und interner Art, in die das System hineinwächst. In komplexeren Gesellschaften entsteht so ein Weltbewußtsein, gegen das sich jede Bestimmung als kontingente Selektion profiliert. Unbestimmtheit hat dann ihre Realität nicht nur als längst vergangener Anfang des historischen Prozesses, sondern als Gegenwart, als Welthorizont, der jede Bestimmung nach innen und außen als kontingent erscheinen läßt.

V

Daß eine rein systeminterne Betrachtung der Komplexität nicht ausreicht, dürfte inzwischen deutlich geworden sein. Der Grund dafür ist, daß wir Komplexität als Relation, und zwar als zweiseitig variable Relation, definiert hatten, und solche Relationen sind in sich selbst nicht zureichend bestimmt. Es gibt weder einen festen Wert für die Zahl der Elemente noch einen festen Wert für die strukturell zugelassenen Beziehungen. Deshalb determiniert auch die Systemgröße allein nicht die Systemstruktur. Offensichtlich ist beides nicht unabhängig voneinander möglich. Bekannt ist auch, daß die Formen struktureller Selektion mit Größe variieren; daß also Wachstum bestimmte Strukturtypen ausschließt, weil sie dem Druck der Selektionsanforderungen nicht mehr genügen, und andere erst ermöglicht (32). Schon die einfache Relationierung reduziert also die völlig unbestimmte Kontingenz der abstrakt denkbaren Größenverhältnisse bzw. Strukturtypen durch Bedingungen der Kompatibilität, und diese Reduktion (also nicht Größe allein) ist ihrerseits Vorbedingung für emergente, evolutionär voraussetzungsreiche Strukturen. Diese setzen durch Wachstum erzwungene Selektivität voraus und beziehen sich funktional, wenn nicht gar bewußt, auf dieses Problem (33). Aber damit ist die Frage nicht beantwortet, wie es zu dieser Einschränkung der kombinatorischen Möglichkeiten kommt und ob und unter welchen diskriminierenden Bedingungen diese Kontingenz des Systems beim Aufbau höherer Komplexität zunimmt oder abnimmt
 Es ist die zentrale These der neueren Theorie umweltoffener Systeme, daß interne Relationen an externen Relationen ausgerichtet werden. Üblicherweise wird das so verstanden, daß die Umwelt als Komplex unabhängiger Variabler gesehen

wird, die den Spielraum der Systemvariablen beschränken. Das bleibt selbstverständlich richtig. Andererseits muß man auch dem Umstande Rechnung tragen, daß Systeme ihre Umwelt seligieren oder gar verändern können und dadurch, bewußt oder unbewußt, diejenigen Bedingungen herstellen, denen sie sich anpassen können. Eine Person sucht Kontakt mit den Personen, an denen sie ihre Vorurteile und Reaktionsgewohnheiten ausleben kann. Ein politisches System kann den Versuch machen, seine gesellschaftliche Umwelt so weit zu vereinfachen, daß sie mit einfachen Mitteln und letztlich mit Gewalt regiert werden kann (34). Diese zweiseitige *Interdependenz* korrespondiert mit einem *asymmetrischen* Verhältnis von System und Umwelt; denn nur bei Asymmetrie kann Interdependenz entstehen.

Diese Asymmetrie von System und Umwelt kann nur mit Aussagen über das System als Einheit und über die Umwelt als Einheit formuliert werden. Das erfordert den Begriff für die Einheit des Mannigfaltigen, den Begriff der Komplexität, *in doppelter Verwendung:* in Anwendung auf ein jeweils gemeintes Bezugssystem und in Anwendung auf dessen Umwelt. Die Asymmetrie von System und Umwelt läßt sich dann als Differenz zweier Komplexitätsverhältnisse, nämlich als Komplexitätsgefälle begreifen. Die Komplexität der Umwelt ist größer als die Komplexität des Systems. Sie umfaßt mehr Elemente mit schärferer Selektion dessen, was als Umwelt-des-Systems strukturell relevant ist. Diese Differenz der Komplexitätsverhältnisse ist das Grundproblem der Systemtheorie, das letzte Bezugsproblem aller funktionalen Analysen. Es tritt im lay-out der hier vorgeschlagenen Systemtheorie an die Stelle der alten Problemformeln conservatio, Beharrung, Bestandserhaltung (35).

Diese Doppelverwendung des Komplexitätsbegriffs steht nicht im Widerspruch zum Erfordernis einer Systemreferenz; dieses Erfordernis war nicht nur ein Hilfsmittel zur Einführung des Komplexitätsbegriffs, eine Krücke, die wir jetzt fallen lassen könnten. Vielmehr ist diese Doppelverwendung durch den Systembegriff selbst gefordert, wenn man Systeme hinreichend radikal auf die Umwelt bezieht und Umwelt als Bedingung der Möglichkeit von Systemen ansieht. Ein System ist seine Differenz zur Umwelt, ist eine grenzdefinierende, grenzerhaltende Ordnung. Zur Bestimmung der systemeigenen Komplexität, zur Bestimmung dessen, was als nicht weiter auflösbares Element fungiert und zur Qualifizierung der Elemente durch strukturelle Selektion der zwischen ihnen zu realisierenden Beziehungen – zu all dem ist der Bezug auf die Umwelt und die Überbrückung der Komplexitätsdifferenz erforderlich.

Auch sinngemäß läßt der Komplexitätsbegriff sich auf die Systemumwelt anwenden, wenn man ein System voraussetzen kann. Auch die Umwelt weist, relativ auf ein bestimmtes Systembildungsniveau, Einheiten auf, die sich relationieren lassen. Auch sie wäre bei vollständiger Interdependenz, wenn jederzeit alles sich

auf alles bezöge und alles mit allem variierte, keine mögliche Umwelt für Systembildung, sondern absolute Ordnung oder absolutes Chaos. Auch ihre Komplexität
erfordert als offene Relation einen externen Faktor der Kontingenzverringerung.
Dieser Faktor aber ist für unsere Theorie kein transzendenter und kein transzendentaler, sondern das System, dessen Umwelt jeweils in Frage steht. Nur in der
Relation auf ein System gewinnt dessen Umwelt bestimmbare Komplexität. So
besteht für den kranken Menschen die Nahumwelt aus Tabletten, Tropfen und
Zäpfchen, die mit bestimmten Relationen zueinander und zu ihm relevant bzw.
irrelevant werden; nicht aber aus den physischen oder chemischen Elementen, die
das Wirkungssystem dieser Komplexeinheiten hervorbringen. Es gibt ein auf diese Komplexitätsbestimmung abgestelltes Auflöse- und Rekombinationsvermögen
und entsprechende Entscheidungsregeln wie: Rat des Arztes, Erstattungsbereit-
schaft der Kassen oder einfache Erfahrung ex iuvantibus; und all das in einem
mitpräsentierten Horizont weiterer, immer weiterer Möglichkeiten, der zur Bestimmung aber nichts mehr beiträgt und insofern wie eine Grenze fungiert.

Als Steigerungsrelation formuliert, besagt dies, daß mit der systemeigenen
Komplexität die Bestimmbarkeit der Umweltkomplexität zunehmen kann. Die
Umwelt komplexerer Systeme expandiert sozusagen in die Tiefe der Welt. Diese
oft formulierte These (36) setzt jedoch Asymmetrie voraus und muß entsprechend
verfeinert werden durch genauere Analyse der Mechanismen wie Generalisierung,
Zentralisierung, Differenzierung, Lernfähigkeit, reflexive Leistungsverstärkung,
die eine Erhöhung interner Komplexität mit einer Erhöhung der bestimmbaren
Umweltkomplexität verbinden können. Und dies bedeutet zugleich, daß die theoretisch unterstellte Kontinuität der Steigerbarkeit durch intern bedingte Struktur-
bildungsniveaus gebrochen wird.

Jede Bestimmung von Umweltkomplexität erfolgt und gilt danach nur systemrelativ. Nur systemrelativ kann man überhaupt von Umwelt sprechen. Dieser Relativismus kann nur in Richtung auf Unbestimmtheit überwunden werden, also
in eine Richtung, die zugleich die Differenzierbarkeit von System und Umwelt
aufhebt, weil sie die Qualifizierbarkeit der Elemente und damit ihre Zurechnung
zum System oder zur Umwelt gefährdet. Die letztlich unbestimmte Komplexität
ist die Welt, jene Gesamtheit möglicher Ereignisse, jene Totalität aller Innen- und
Außenhorizonte, gegen die sich jede Differenz von System und Umwelt und damit
jede Bestimmung als kontingent profiliert. Angaben über die Komplexität der Welt
haben daher eine sachbedingte Unbestimmtheit, die nicht, es sei denn systemrelativ, (37) zu beheben ist, aber gleichwohl Realität hat als Letzthorizont, der an
allem, was wirklich oder möglich ist, Kontingenz erscheinen läßt.

Mit diesen Ergebnissen einer systemtheoretischen Komplexitätsanalyse wird
es schwierig, Traditionen fortzusetzen, die eine optimal durchdefinierte Kom-

plexität sei es als Maxime der Schöpfung, (38) sei es als Resultat eines welthistorischen Prozesses, vorsehen. Die Entwicklung der Welt kann weder als Bewegung vom Einfachen zum Komplexen, noch als Bewegung vom Unbestimmten zum Bestimmten begriffen werden. Unser Begriff der Komplexität ist in seiner relationalen Struktur zu komplex, um im Einfachen sein Minimum oder seinen Gegensatz zu haben (39); es kann nur mehr oder weniger befriedigende Lösungen des Selektionsproblems für unterschiedliche Größen geben. Und bestimmte bzw. unbestimmte Komplexität bedingen sich im Bereich sinnhaften Erlebens wechselseitig, da alles Bestimmte sich in unbestimmt bleibenden Horizonten konstituiert.

Stattdessen bietet sich ein Forschungsprogramm an, das versucht, die Entwicklung real fungierender Weltvorstellungen mit der Entwicklung des Gesellschaftssystems und seiner Umweltbeziehungen zu korrelieren. Im Raum des europäischen Gesellschaftssystems läßt sich ein Weltbegriff verfolgen, der mit deutlich lokalisierbaren Wendungen im 4. Jahrhundert vor Christus und im 18./19. Jahrhundert nach Christus sich von einem relativ konkret gemeinten Begriff für Ordnung zu einem universalen, „mundanen" Konzept der Realitätsgesamtheit und schließlich bis zum modernen Begriff eines offenen Möglichkeitsraums entwickelt und damit von Bestimmtheit zu Unbestimmtheit tendiert (40). Im gleichen Entwicklungsgang wird das Gesellschaftssystem selbst durch Änderung seiner Differenzierungsformen komplexer. Damit nimmt sowohl dessen Ausdifferenzierung als spezifisch soziales System aus der Umwelt als auch die für die Gesellschaft bestimmbare Komplexität dieser Umwelt zu mit der Folge, daß übergreifende Weltvorstellungen generalisiert werden müssen (41). Die heutige Weltgesellschaft hat in all diesen Richtungen Extremwerte erreicht: Sie faßt alles sozial über Kommunikation erreichbare Erleben und Handeln zu einem Sozialsystem zusammen, neben dem es keine anderen (unerreichbaren) Gesellschaften mehr gibt. Sie präsentiert sich im physischchemischen, organischen und personalen Bereich eine Umwelt von äußerster Komplexität mit je teilsystemspezifisch relevanten Facetten. Die große, im alltäglichen Leben durchgehend brauchbare Einigungsformel dafür ist die Weltform Raum, die die Struktur von Komplexität auf der Basis der Einheit des Punktes oder der Stelle genau wiedergibt: Eine unendliche Vielfalt kombinatorischer Möglichkeiten, die aber von jedem Standpunkt aus durch Bewegung nur sehr begrenzt, nur sehr selektiv genutzt werden kann (42).

All dies läßt sich nur noch in einem Weltbegriff zusammenfassen, der mit der Kontingenz der Realität zusammenfällt und das Unbestimmtheitskorrelat aller Bestimmungen bedeutet. Nur in dieser Gesellschaft kann ein Begriff der Komplexität artikuliert werden, der alle Bestimmungen relativiert und Kontingenz nur über Relationierung von Relationen limitiert.

VI

In ältere Vorstellungen über Weltkomplexität als rationabilis varietas waren Maß-
stäbe der Perfektion und der Rationalität eingebaut, die zugleich in der Form eines
Kapazitäts- oder Potenzbegriffs unter dem Titel „Vernunft" vertreten wurden. Mit
den begrifflichen Dispositionen, die in den vorangegangenen Abschnitten angedeutet wurden, gehen die traditionellen Prämissen und Anschlüsse für Vernunft
verloren. Besonders Jürgen Habermas befürchtet, daß dies ein ersatzloser Verlust,
ein Verzicht zu Gunsten rein technischer Rationalität werden könne (43). Aber
auch technische Rationalität im Sinne eines bestimmten Anforderungen genügen-
den Arrangements von Zwecken und Mitteln ist auf den angegebenen Grundlagen nicht leicht zu rekonstruieren – zumindest nicht ohne Einführung weiterer
einschränkender Annahmen über Systemstrukturen (44). Beide Aspekte könnten
Anlaß geben, den Begriff der Rationalität neu zu durchdenken.

Wir greifen zunächst zurück auf die eingangs gestellte Frage, ob es um die Einheit des Komplexen selbst gehe. Wird diese Frage im Sinne der complexio contingens gestellt – so Habermas auf dem Gebiet der Interessen und der kommunikativ
aufgestellten Geltungsansprüche -, dann kommt es darauf an, die Einheit in den
implizierten Notwendigkeiten zu finden, die mit aller Kontingenz mitbehauptet
werden müssen; denn „si aliquod ens est contingens, ergo aliquod ens est necessarium" (45). Die Einheit des Komplexen, die „kollektive Identität" wird in ihrer
selbstimplikativ erfahrbaren Notwendigkeit begründet (46). Nach allen Erfahrungen mit Scholastik und Transzendentalphilosophie weiß man jedoch, daß solche
Denknotwendigkeiten nicht in Richtung Erde zu bewegen sind (47).

Sieht man die Einheit des Komplexen als zweiseitig variable Relation, erfordert das andere Relationen, um den offenen Variationsspielraum zu limitieren. Das
aber heißt: Das Komplexe ist nur in relationaler Hinsicht bestimmbare Einheit: ein
System nur in bezug auf seine Umwelt, die Umwelt nur in bezug auf das System.
Ist Komplexität schon in sich selbst ein nur relational zu begreifender Sachverhalt,
so geht es jetzt um Relationierung der Relationen. Die in sich selbst offenen Relationen zwischen möglichen Elementmengen und möglichen Ordnungen werden
ihrerseits begrenzt (was nicht notwendig heißt: auf Notwendiges reduziert), wenn
man sie auf Bedingungen der Kompatibilität mit einer Umwelt bezieht. Nicht jede
denkbare Konstellation von Elementen und strukturierenden Ordnungen ist auch
in bezug auf eine Umwelt möglich. Die Umwelt „verlangt" sozusagen, von internen
Reduktionen und Mengensteigerungen in spezifischer Weise Gebrauch zu machen,
und zwar deshalb, weil die Umwelt komplexer ist als das System. Die Komplexität der Umwelt läßt sich zu der des Systems nicht auf beliebige Weise in Beziehung setzen, weil sie anders gebaut ist; weil sie keine Grenze hat, stattdessen aber

durch Horizonte strukturiert ist, die zwischen relevanter Bestimmbarkeit und unbestimmten, als irrelevant unterstellbaren weiteren Möglichkeiten differenzieren;
weil sie dadurch schärfere Selektivität der für das System relevanten Ereignisse
und zugleich mehr Möglichkeiten bei geringeren Anforderungen an Gesamtord-
nung vorsehen kann.

Im Begriff der Komplexität ist demnach eine Struktur gegeben, die sie mit bekannten Modellen der Rationalität vergleichbar macht. Gerechtigkeit war immer
schon nicht die bloße Maximierung einer Wertbeziehung, sondern eine Beziehung solcher Beziehungen. Auch die ökonomische Rationalität ist in der Neuzeit
in diesem Sinne transformiert worden; es geht ihr nicht um maximale Erträge
bei der Ausbeutung von Ressourcen und nicht um Minimierung des Aufwandes
eigener Mittel, sondern um eine Relation des Vergleichs verschiedener Relationen
zwischen Aufwand und Ertrag: um optimale Wirtschaftlichkeit (48). Beide Mo-
delle verlagern die Formel für Rationalität auf die Ebene der Relationierung von
Relationen, wo sie mit rationalen Unentscheidbarkeiten in den Einzelrelationen
kompatibel wird; denn bekanntlich ist, wie eine lange Tradition von Bemühungen
lehrt, weder das Prinzip der Gerechtigkeit noch das Prinzip der Wirtschaftlichkeit hinreichende Bedingung für eine Deduktion von Entscheidungen. Die gleiche
Verschiebung mit den gleichen Folgen versucht im Bereich des Kommunikationsmediums Wahrheit die funktionale Analyse zu erreichen. Ihre eigene Rationalität
hat sie nicht in den Erklärung oder Prognose tragenden Primärrelationen kausaler
oder korrelativer Art, sondern in einer Relation zwischen solchen Relationen, in
ihrem Vergleich. Auch hier kann daraufhin das Folgeproblem rationaler Unentscheidbarkeiten ausgearbeitet werden (49).

Solche Koinzidenzen sind, soziologisch gesehen, kein Zufall, sondern Symptome für Funktionsanpassungen in gesellschaftlichen Teilsystemen an die zunehmende Komplexität des Gesellschaftssystems. Eine allgemeine Theorie der
Gesellschaft oder gar eine allgemeine Theorie komplexer Systeme wird heute dahinter nicht zurückbleiben dürfen, sondern wird versuchen müssen, entsprechende
Rationalitätsanforderungen unabhängig von spezifischen gesellschaftlichen Funktionsbereichen wie Politik und Recht, Wirtschaft oder Wissenschaft am Begriff
der Komplexität zu formulieren.

Sicher kann das Problem nicht in der Weise gelöst werden, daß man nun Komplexität selbst für rational hält oder gar annimmt, der Weltlauf erreiche durch
Steigerung von Komplexität auf naturgesetzliche Weise höhere Rationalität. Man
kann geringere bzw. höhere Komplexität nicht einfach mit geringerer oder höherer
Rationalität gleichsetzen. Jedes Entwicklungsniveau von System/ Umweltbeziehungen hat spezifische Chancen der Rationalität je nach dem, wie die Komplexitätsdifferenz zur Umwelt behandelt wird. Das Problem der Rationalität liegt letzt-

lich in der Verknüpfung von Selektionen, und der Bedarf dafür variiert mit der Komplexität des Systems.

Wie seit Durkheim oft betont, sind für archaische Gesellschaften mythische und magische Formen der Umweltbehandlung nicht weniger rational als für komplexere Gesellschaften Logik und Technik. Der Vergleichspunkt dürfte in der eigentümlichen Struktur von Komplexität liegen, nämlich darin, daß Wachstum Selektionsbedarf steigert, und daß dieser in einer Weise gesteuert werden muß, die zwar größenabhängig bleibt, aber durch das Wachstum allein nicht vorgeschrieben ist. Offene Relationalität ist also nur der Rahmen für Rationalitätsbedingungen. Man verfehlt das Thema der Rationalität, wenn man diese Struktur verkennt. Aber die Rahmenbedingung allein garantiert nicht, daß Strukturen und Prozesse den Titel der Rationalität verdienen. Sie ist eher ein Suchmuster für das Aufspüren sinnvoller Anforderungen an und Beschränkungen auf Formeln für Rationalität.

Reformulierungen des Rationalitätsbegriffs, die hier anschließen, müßten es sich also vornehmen, Selektionsleistungen kritisch zu thematisieren. Das kann sowohl auf struktureller als auch auf prozessualer Ebene geschehen und führt entsprechend zu Theorien über Systemrationalität bzw. Entscheidungsrationalität. Hoher Komplexität und struktureller Selektivität wird ein Rationalitätsbegriff am besten gerecht, der auf die Konsistenz zahlreicher Selektionsleistungen abstellt. Wenn nämlich, und das sieht man am Begriff der Komplexität, im Prozeß des Wachstums strukturell erforderliche Selektionsleistungen sich verschärfen und die Negierbreite aller Selektionen zunimmt, wird deren Konsistenz problematisch. Über Techniken der Rationalisierung müssen dann diese durch den Strukturwandel anfallenden Folgen kompensiert werden, zumindest in einem Umfang, der dem System weiterhin einen Ausgleich heterogener Umweltbeziehungen ermöglicht (50). Dafür ist nicht die Identität des jeweils Bevorzugten oder dessen Begründung durch immer gleiche Werte entscheidend, sondern die Konsistenz der Negations leistungen: daß man nicht abweist oder verbaut, was man im nächsten Moment doch wollen möchte oder anerkennen muß.

In entscheidungstheoretischen, organisationstheoretischen, politologischen oder planungstheoretischen Überlegungen deuten sich Fragestellungen bereits an, die sich hier einbauen und auswerten ließen. Aber fertige Konzepte liegen nicht vor. Wenn man von Erhöhung des Werteberücksichtigungspotentials der Entscheidung spricht, scheint dies gemeint zu sein. Dabei geht es letztlich um die Frage, ob und wie sich Entscheidungen noch ermöglichen lassen, wenn man die Zahl der Beschränkungen (constraints) erhöht, denen sie genügen müssen (51). Andere Überlegungen beziehen sich auf Techniken des gestuften Zugriffs auf große Entscheidungsmengen durch Entscheidung über Entscheidungsprämissen. Dieser Zugriff kann in der Wahl von mit rationalem Entscheiden kompatiblen Organisationsstrukturen, aber auch in der Wahl von Entscheidungsstrategien liegen (52). Er hat seine eigene Rationalität in dem Umfange, in dem er die Konsistenz künftigen Entscheidens sicherstellt, ohne die Entscheidungen selbst antizipieren zu können. Die gleiche Funktion erfüllen auf ganz andere Weise Vorsichtsstrategien, wie sie besonders in der Gerichtspraxis üblich sind: Unter Entscheidungszwang gesetzt, muß man hier versuchen, den Bindungs- und Ausschließungseffekt der Fallentscheidung zu minimieren, also den Anteil an Nichtentscheidung im Entscheiden zu erhöhen, um so Konsistenz mit unübersehbaren künftigen Entscheidungsanforderungen wahrscheinlicher zu machen (53). *Eine* offene Frage ist schließlich, ob nicht auch opportunistische Entscheidungsstrategien, die sich auf einen (kontrollierten) Wechsel der Ziele, Werte, Präferenzen einstellen, Anerkennung als rational verdienen in dem Maße, als es gelingt, den Wechsel der relativen Prioritäten selbst als konsistent praktiziertes Verfahren durchzuführen.

Gemeinsame Komponente dieser höchst verschiedenartigen Rationalitätskonzepte ist eine Mehrstufigkeit des Ansatzes, die die Analyse befähigen soll, Kriterien der Selektion von Selektionen von den (wie immer lobenswerten) Selektionsintentionen zu unterscheiden, ohne diese dadurch zu „entwerten". Das ist ein Fortschritt, zunächst ein Fortschritt an Theoriekomplexität gegenüber Versuchen von Max Weber und Karl Mannheim, Formen der Rationalität nur zu typisieren und gegeneinander abzugrenzen im Sinne von formaler/materialer oder funktioneller/substantieller Rationalität (54).

Wenn Konzepte der Rationalität mehrstufig gedacht sind und die in der Intention liegende Begründungsrationalität transzendieren, lassen sie sich zurückbringen in den Kontext der soziologischen Einsicht (die Parsons Hobbes zuschreibt), daß Rationalität auf der Ebene individuellen Handelns und Entscheidens nicht zureichend gesichert werden kann, sondern sozusagen als Qualität der Ordnung emergent property eines sozialen Systems ist (55). Dies gilt auch und erst recht in Gesellschaften, die die gesellschaftsstrukturelle Relevanz individuellen Entscheidens (individueller Glaubensentscheidung, individueller Kapitalinvestition, individueller Wahl unter mehreren politischen Programmen und Parteien) akzentuieren. Diese *Individualisierung* von Selektionen mit *bleibender gesellschaftsstruktureller Relevanz* ermöglicht ein Abstrakterwerden der Elemente, aus denen das Gesellschaftssystem gebildet wird, und damit eine Steigerung des Auflösevermögens nach innen – des Auflösevermögens in bezug auf allzu kompakte Sinnträger. Sie steigert in ihrer Funktion die Komplexität des Gesellschaftssystems. Individualisierung beruht in dieser ihrer Funktion nicht darauf, daß „vernünftige" Vorstellungen über kollektive Identität in den Köpfen der Individuen ausgebildet werden; sie macht es aber möglich, ja drängt es auf, hierin ein Problem und ein Desiderat zu sehen.

Verwendet man „Komplexität" als kontextierenden Begriff, in dessen Rahmen Rationalität sich zu profilieren hat, tritt diese individualisierende (oft auch „subjektive" genannte) Begründung von Rationalität zurück; sie wird nicht annulliert, aber in einem Sinne aufgehoben, der sie als Antwort auf gesellschaftsstrukturelle Entwicklungen verständlich macht. Der Bezug auf Komplexität übernimmt dann zugleich die Aufklärung über Rationalität, und dies in doppeltem Sinne: [1] strukturell durch Klärung formaler Isomorphien zwischen der relationalen Struktur von Komplexität und den Rationalitätskonzepten; und [2] funktional dadurch, daß Komplexität als Bezugsproblem dient, im Hinblick auf welches Anforderungen an Rationalisierungsleistungen geklärt und historisch variiert werden können.

Anmerkungen

1   Siehe z. B. *Warren Weaver,* Science and Complexity, American Scientist 36 (1948),
    S. 536-544; *Helmut Klages/Jürgen Nowak,* The Mastering of Complexity as a Problem
    of the Social Sciences, Theory and Decision 2 (1971), S. 193-212; *F. A. von Hayek,*
    Die Theorie komplexer Phänomene, Tübingen 1972; *Renate Bartsch,* Gibt es einen
    sinnvollen Begriff von linguistischer Komplexität? Zeitschrift für germanistische Lin-
    guistik 1 (1973), S. 6-31 als Beispiele für thematisch zentral gewählte Verwendungen.
2   Diese Forderung ist mit Recht auch in bezug auf meinen eigenen Begriffsgebrauch er-
    hoben worden. Die folgenden Überlegungen setzen zu dem Versuch an, dieser Kritik
    Rechnung zu tragen und Richtungen der Begriffserklärung anzugeben. Es liegt auf
    der Hand, daß dabei nicht in jeder Hinsicht Konsistenz mit eigenen früheren Formu-
    lierungen gewahrt werden kann.
3   Siehe nur *Thomas B. Seiler* (Hrsg.), Kognitive Strukturiertheit: Theorien, Analysen,
    Befunde, Stuttgart 1973, mit weiteren Hinweisen auf einen sehr umfangreichen For-
    schungszweig.
4   Vgl. z. B. *Richard H. Hall/Eugene J. Haas/Norman J. Johnson,* Organizational Size,
    Complexity and Formalization, American Sociological Review 32 (1967), S. 903-912;
    Frederick L. Campbell/Ronald L. Akers, Organizational Size, Complexity, and the
    Administrative Component in Occupational Associations, The Sociological Quarterly
    11 (1970), S. 435-451.
5   Kritisch *dazu Anthony D. Smith,* The Concept of Social Change: A Critique of the
    Functionalist Theory of Social Change, London 1973.
6   Siehe etwa *Linton C. Freeman/Robert F. Winch,* Societal Complexity: An Empirical
    Test of a Typology of Societies, American Journal of Sociology 62 (1957), S. 461-466;
    Richard D. Schwartz/James C. Miller, Legal Evolution and Societal Complexity, The
    American Journal of Sociology 70 (1964), S. 159-169, und, etwas eingeschränkter,
    Mark Abrahamson, Correlates of Political Complexity, American Sociological Re-
    view 34 (1969), S. 690-701. Für diese Forschung gilt in besonderem Maße, daß die
    Begriffsentscheidungen in den Operationalisierungen stecken.
7   So z. B. *Georg Klaus,* Wörterbuch der Kybernetik, Berlin 1968, Stichwort Komplexi-
    tät. Ähnlich auch *Werner Fuchs et al.* (Hrsg.), Lexikon zur Soziologie, Opladen 1973,
    Stichwort Komplexität, strukturelle.
8   Siehe als Beispiele *Daniel F. Berlyne,* Conflict, Arousal, and Curiosity, New York
    1960, S. 38 ff.; *Andrew S. McFarland,* Power and Leadership in Pluralist Systems,
    Stanford Cal. 1969, S. 16, *Gerd Pawelzik,* Dialektik der Entwicklung objektiver Syste-
    me, Berlin 1970, S. 136; *Donald W. Ball,* Control versus Complexity: Continuities in
    the Sealing of Gaming, Pacific Sociological Review 17 (1974), S. 167-184.
9   Siehe grundsätzlich *J. W. S. Pringle,* On the Parallel between Learning and Evolution,
    Behaviour 3 (1951), S. 174-215, neu gedruckt in: General Systems 1 (1956), S. 9-110.
    Pringle geht vom Informationsbegriff aus. Eine Alternative dazu bieten neuere si-
    mulationstechnisch vorgehende Versuche, die zur Rekonstruktion der Sachkomple-
    xität erforderliche „computational complexity" zu messen. Siehe *J. Hartmanis/J. E.
    Hopcroft,* An Overview of the Theory of Computational Complexity, Journal of the
    Association for Computing Machinery 18 (1971, S. 444-475; *Hannu Nurmi,* On the
    Concept of Complexity and its Relationship to the Methodology of Policyoriented

Research, Social Science Information 13 (1974), S. 55-80; *Hans W. Gottinger,* Complexity and Information Technology in Dynamic Systems, International Journal of Cybernetics and General Systems.

10 So *E. Leeuwenberg,* Meaning of Perceptual Complexity, in: *Daniel E. Berlyne/Knut B. Madsen* (Hrsg.), Pleasure, Reward, Preference: Their Nature, Determinants and Role in Behavior, New York/London 1973, S. 99-114(111).

11 Siehe z. B. *Karl Marx,* Zur Kritik der politischen Ökonomie, in: *Karl Marx/Friedrich Engels,* Werke Bd. 13, Berlin 1961, S. 615-642 (632): „Das Konkrete ist konkret, weil es (sic!) die Zusammenfassung vieler Bestimmungen ist, also Einheit des Mannigfaltigen".

12 Vgl. namentlich *Hubert Elie,* Le complexe significabile, Paris 1937. Ferner *Maria Elena Reina,* Il problema del linguaggio in Buridano, Rivista critica di storia della Filosofia 14 (1959), S. 367417, 15 (1960), S. 141-165 (159 ff.) und, speziell mit Bezug auf das Kontingenzproblem, *T. K. Scott,* John Buridan on the Objects of Demonstrative Science, Speculum 40 (1965), S. 654-673.

13 Dies Ergebnis hatten übrigens auch Spekulationen über den Begriff der Einheit selbst, die dazu führten, ihn entweder als ein transzendentes Prinzip oder als modus (!) entis zu fassen.

14 Siehe z. B. *Johannes Duns Scotus,* Ordinatio I dist. 39, Opera Omnia Bd. VI, Civitas Vatcana 1963, S. 414 ff.

15 Siehe etwa *Mario dal Pra,* La teoria del „significato totale" della propositione nel pensiero di Gregorio da Rimini, Rivista critica di storia della Filosofia 11 (1956), S. 287-311.

16 So definieren *A. I. Berg/J. I. Tschernjak,* Information und Leitung, Berlin 1969, S. 19: „Als ein kompliziertes System bezeichnen wir ein solches System, das in mindestens zwei Sprachen ausgedrückt werden kann".

17 *Rüdiger Bubner,* Dialektik und Wissenschaft, Frankfurt 1973, S. 112 f. macht in kritischen Ausführungen zu meinem systemtheoretischen Komplexitätsbegriff darauf aufmerksam, daß dessen relationale Problematisierung bereits bei Rickert zu finden sei. Mit Recht! Und bei vielen anderen auch!

18 Siehe z. B. *Joseph S. Vannoy,* Generality of Cognitive Complexity-Simplicity as a Personality Construct, Journal of Personality and Social Psychology 2 (1965), S. 385-396; *Harold M. Schroder/Michael J. Driver/Siegfried Streufert,* Human Information Processing, New York 1967; *Michael J. Driver/Siegfried Streufert,* Integrative Complexity: An Approach to Individuals and Groups as Informations-processing Systems, Administrative Science Quarterly 14 (1969), S. 272-285.

19 Siehe *Jiří Bečvář* Probleme der Komplexität in der Theorie der Algorithmen und Automaten, 3. Colloquium Automatentheorie Hannover 1965, Basel/Stuttgart 1967, S. 142-157 in Reaktion auf die Schwierigkeit, einen festen Begriff des Elements vorauszusetzen.

20 So bekanntlich der „analytische Realismus" Talcott Parsons. Zu den Konsequenzen vgl. *Harold Bershady,* Ideology and Social Knowledge, Oxford 1973.

21 Die Terminologie, in der diese Unterscheidung präsentiert wird, schwankt. Häufig unterscheidet man Größe und Komplexität. So in der Organisationstheorie z. B. *James D. Thompson,* Organizations in Action: Social Science Bases of Administrative Theory, New York 1967, S. 74; *Wolf Heydebrand,* Hospital Bureaucracy: A Com-

parative Study of Organizations, New York, 1973 S. 38 ff. *Klaus a.a.O.* und andere
Kybernetiker sprechen von Kompliziertheit und Komplexität oder von Komplikation
und Komplexität (so *Gotthard Günther,* Kritische Bemerkungen zur gegenwärtigen
Wissenschaftstheorie, Soziale Welt 19 (1968), S. 328-341 (355). Ähnliches meint die
Unterscheidung von konstruktioneller und instrumenteller Komplexität bei *André A.
Moles,* Über konstruktionelle und instrumentelle Komplexität, in: *Max Bense* (Hrsg.),
Grundlagenstudien aus Kybernetik und Geisteswissenschaft, Stuttgart 1960, S. 33-36,
die für die Reduktion intern möglicher Relationen auf instrumentelle Verwendbarkeit
abgestellt.

22 Sozialwissenschaftliche Auswertungen dieser elementaren mathematischen Einsicht
sind über ein Anfangsstadium bisher nicht hinausgekommen. Siehe z. B. *V. A. Graicu-
nas,* Relationship in Organization, in: *Luther Gulick/Lyndall Urwick* (Hrsg.), Papers
on the Science of Administration, New York 1937, S. 183-187; *James H. S. Bossard,*
The Law of Family Interaction, American Journal of Sociology 50 (*1945*), S. 292-294;
William M. Kephart, A Quantitative Analysis of Intragroup Relationships, American
Journal of Sociology 55 (1950), S. 544-549. Auch die spätere, vor allem auf Kleingrup-
pen und Organisationen bezogene empirische Forschung, die mit Größe als Variable
korreliert, hat es nicht zu einer Theorie gebracht, die angeben könnte, welche Struk-
turveränderungen aus rein quantitativen Veränderungen ableitbar sind.
Andererseits gibt es eine Fülle soziologischer Forschungen, die aus einer Orientierung
an diesem Grundproblem wichtige strukturelle und verhaltensbezogene Erkenntnisse
gewinnen. Siehe für nur einen Forschungsbereich etwa *Robert Dreeben,* On What is
Learned in School, Reading Mass., 1968 und *Philip W. Jackson,* Life in Classrooms,
New York 1968.

23 Zu einer darauf abgestellten Theorie des Bewußtseins siehe *Gotthard Günther,* Bewußtsein als Informationsraffer, Grundlagenstudien aus Kybernetik und Geisteswissenschaft 10 (1969), S. 1-6. Das Argument läßt sich Transponieren auf das Verhältnis
der Wissenschaft zu bewußtseinshaltigen Gegenständen.

24 Siehe etwa *Herbert Spencer,* The Principles of Biology Bd. I, London 1898, S. 162.
Zur Problematik dieser Unterscheidung (ohne Rückgriff auf Spencer) *J. D. Gould,*
Economic Growth in History: Survey and Analysis, London 1972, S. 1 ff.

25 Siehe dazu *Steven M. Stanley,* An Explanation of Gope's Rule, Evolution 27 (1973),
S. 1-26.

26 Vgl. Wissenschaft der Logik Bd. 1 (Sämtliche Werke, hrsg. von *Georg Lasson,* Bd. 3,
Leipzig 1948), S. 336 ff. unter Substitution der Kategorie des Maßes für die Kategorie
der Modalität, die seit Kant den Gegenstand nur noch in Beziehung auf das Erkennt-
nisvermögen bezeichnet hatte. Zugleich soll, aber das ist gedanklich nicht geleistet,
der Begriff des Maßes das alte Prinzip der Mitte zwischen Extremen aufnehmen.

27 Vgl. Encyclopädie der philosophischen Wissenschaften § 109 (Sämtliche Werke, hrsg.
von *Georg Lasson* und *Johannes Hoffmeister,* Bd. 5, 5. Aufl. Leipzig 1949, S. 122):
„Das Maßlose ist zunächst dies Hinausgehen eines Maßes durch seine quantitative
Natur über seine Qualitätsbestimmtheit. Da aber das andere quantitative Verhältnis,
das Maßlose des ersten, ebensosehr qualitativ ist, so ist das Maßlose gleichfalls ein
Maß; welche beide Übergänge von Qualität in Quantum und von diesem in jene wie-
der als *unendlicher Progress* vorgestellt werden können – als das sich im Maßlosen
Aufheben und Wiederherstellen des Maßes". Das Argument und das Vertrauen in un-

endlichen Progreß beruht klar auf der Prämisse der Dialektik: daß Negation notwendig und in der Lage sei, Bestimmtheitsgewinne zu übertragen.

28   *Georg Lukács,* Geschichte und Klassenbewußtsein: Studien über marxistische Dialektik, Berlin 1923, insb. S. 180 ff.

29   Das dürfte auch *Parsons* nicht ernstlich meinen, obwohl seine Ausführungen über die Relativität der Unterscheidung von unit und system eine solche Interpretation offen lassen. Siehe z. B. The Structure of Social Action, 2. Aufl. Glencoe, Ill. 1949, insb. S. 35 Anm. 1, S. 43 ff.; *Ders./Robert F. Bales/Edward A. Shils,* Working Papers in the Theory of Action, Glencoe, Ill. 1953, S. 106 f., 168, 172 ff. Dazu auch *Enno Schwanenberg,* Soziales Handeln: Die Theorie und ihr Problem, Bern 1970, S. 131 f. Vgl. ferner zum Problem allgemein Knut Erik Tranöy, Wholes and Structures: An Attempt at a Philosophical Analysis, Kopenhagen 1959, S. 20 ff.

30   In diesem Sinne unterscheidet Systemtheorie auch zwischen organisierter und nicht-organisierter Komplexität. Vgl. z. B. *Weaver,* a.a.O. unter methodischen Gesichtspunkten. Ferner *Ludwig von Bertalanffy,* General System Theory: A Critical Review, General Systems 7 (1962), S. 1-20 (2); *ders.,* Robots, Men, and Mind: Psychology in the Modern World, New York 1967, S. 57 f.; *Walter Buckley,* Sociology and Modern Systems Theory, Englewood Cliffs, N. J. 1967, S. 38, 46 f.

31   Diese Vorstellung der selbstselektiven Strukturierung von Systemkomplexität ließe sich vergleichen mit zwei Fassungen der Parsons'schen Theorie des allgemeinen Handlungssystems, nämlich
a) der Vorstellung, daß Ordnung auf der Basis von gänzlich unstrukturierten, chaotischen, zufälligen Motivdispositionen des Individuums (das so aber gar nicht Person sein kann) entstehe durch Institutionalisierung und Internalisierung von Werten und Normen; und
b) der Vorstellung der kybernetischen Kontrollhierarchie, die das Aktionssystem bestimmt durch Vermittlung von Kontrollen und Konditionierungen in Kommunikationsprozessen einer Mehrheit von analytischen Teilsystemen (Kultur, Sozialsystem, Persönlichkeit, Organismus).
Die Entwicklung der Parsons'schen Theorie von a) nach b) war ein Weg der Präzisierung und des Einbaus kritisierbarer, angeblich a priori denknotwendiger Prämissen. Der hier vorgeschlagene Begriff der Komplexität ist auf Grund von Erfahrungen mit der Parsons'schen Theorie zunächst formaler und voraussetzungsärmer angelegt. Das erfordert einen größeren Aufwand an Anschlußoperationen zu seiner Präzisierung für spezifische Systemtypen, gibt ihm aber auch bessere Möglichkeiten des Vergleichs mit biologischen Systemen, chemischen Systemen, Maschinen usw.

32   Überlegungen dieser Art sind zum Beispiel in bezug auf die demographischen Bedingungen der zivilisatorischen Entwicklung angestellt worden. Hinreichende Bevölkerungszahlen und vor allem hinreichende Kontaktdichte sind Voraussetzung aller zivilisatorischen Errungenschaften, die ihrerseits dann weiteres Wachstum des Gesellschaftssystems nach außen (Expansion) und nach innen (Verdichtung der Kommunikation) ermöglichen. Vgl. dazu etwa *D. E. Dumond,* Population Growth and Cultural Change, Southwestern Journal of Anthropology 21 (1965), S. 302-324; *Robert L. Caneiro,* On the Relationship between Size of Population and Complexity of Social Organization, Southwestern Journal of Anthropology 23 (1967), S. 234-243; Ester Boserup, Environnement, population et technologie dans les sociétés primitives,

Annales E. S. C. 29 (1974), S. 538-552. Vgl. auch *dies.*, The Conditions of Agricultural Growth: The Economics of Agrarian Change under Population Pressure, London 1965, und *Brian Spooner* (Hrsg.), Population Growth: Anthropological Implications, Cambridge, Mass. 1972.

33   So *Michael J. Harner*, Population Pressure and the Social Evolution of Agriculturalists, Southwestern Journal of Anthropology 26 (1970), S. 67-86 unter dem etwas einseitig betonten, aber sicher zentralen Gesichtspunkt der Knappheit. Zu dessen Konsequenzen in der Formierung von Religionen und Moralen vgl. auch *George M. Foster*, Peasant Society and the Image of Limited Good, American Anthropologist 67 (1965), S. 293-315 – zugleich als gutes Beispiel für die Vielzahl der mit dieser Bedingung kompatiblen Strukturen.

34   Dies Beispiel bei *Richard Münch*, Evolutionäre Strukturmerkmale komplexer sozialer Systeme am Beispiel des Wissenschaftssystems, Kölner Zeitschrift für Soziologie und Sozialpsychologie 26 (1974), S. 681-714.

35   Zu deren Begriffs- und Metaphern-Geschichte *Hans Blumenberg*, Selbsterhaltung und Beharrung: Zur Konstitution der neuzeitlichen Rationalität, Akademie der Wissenschaften und der Literatur in Mainz. Abhandlungen der geistes- und sozialwissenschaftlichen Klasse, 1969, Nr. 11, Wiesbaden 1970.

36   Siehe z. B. *John Dewey*, Logic: The Theory of Inquiry, New York 1938, S. 25 ff.; *F. E. Emery*, The Next Thirty Years: Concepts, Methods and Anticipations, Human Relations 20 (1967), S. 199-237 (219 ff.). Speziell für psychische Systeme etwa *O. J. Harvey/David E. Hunt/Harold M. Schroder*, Conceptual Systems and Personality Organization, New York 1961; *Harry Munsinger/William Kessen*, Uncertainty, Structure, and Preference, Psychological Monographs 78 (1964), No. 9, S. 1-24; *Edward L. Walker*, Psychological Complexity as a Basis for a Theory of Motivation and Choice, Nebraska Symposium on Motivation 1964, S. 47-95. Sehr kritisch *Uriel G. Foa/Terence R. Mitchell/Fred E. Fiedler*, Differentiation Matching, Behavioral Science 16 (1971), S. 130-142.

37   Hier wäre vor allem an die Funktion von Religionssystemen zu denken. Dazu näher *Niklas Luhmann*, Religiöse Dogmatik und gesellschaftliche Evolution, in: *Karl Wilhelm Dahm/Niklas Luhmann/Dieter Stoodt*, Religion – System und Sozialisation, Darmstadt/Neuwied 1972, S. 15-132.

38   Noch Leibniz hatte bekanntlich das Kriterium für die Selektion der besten der möglichen Welten unter dem Gesichtspunkt *perfekter Komplexität* formuliert. Die beste Welt sei die, „qui est en même temps le plus simple en hypothèses et le plus riches en phènoménes" (Discours de Métaphysique § 6, Werke Bd. I, Darmstadt 1965, S. 70), oder, in anderer Formulierung, die, „où il y ait la plus grand variété avec le plus grand ordre" (Principes de la Nature et de la Grace, fondés en raison § 10, in: *C. J. Gerhardt* (Hrsg.), Die philosophischen Schriften von Gottfried Wilhelm Leibniz, Bd. 6, Berlin 1885. Neudruck Hildesheim 1965, S. 589-606 (603)). Die Beziehung zwischen Mengen und Ordnung wird hier noch kosmologisch gedacht, also auf ein umweltlos gedachtes Weltsystem bezogen und zugleich als Optimierungsaufgabe, also als Form höchster Rationalität gesehen, für deren Ausrechnung dem Menschen die Kapazität fehlt. Entsprechend werden die die Welt als ganze betreffenden Relationen als Repräsentation gedacht – und nicht als Prozeß der Steigerung oder Bestimmung.

39 Siehe auch die Kritik dieses Denkschemas und seiner Anwendung auf linguistische Probleme bei *Bartsch* a.a.O.

40 Zur ersten Wende innerhalb von „kósmos" vgl. *Walther Kranz,* Kosmos, Archiv für Begriffsgeschichte 2 (1958); *Á. P. Orbán,* Les dénominations du monde chez les premiers auteurs chrétiens, Nijmegen 1970, S. 1 ff. mit weiteren Hinweisen; zur zweiten Wende etwa *Ingetrud Pape,* Von den „möglichen Welten" zur „Welt des Möglichen": Leibniz im modernen Verständnis, Studia Leibnitiana Supplementa I, Akten des Internationalen Leibniz-Kongresses Hannover 1966, Wiesbaden 1968, S. 266-287. Siehe auch *Alexandre Koyré,* Von der geschlossenen Welt zum unendlichen Universum, Frankfurt 1969.

41 Selbstverständlich gibt diese Skizze nur einen äußerst groben Leitfaden. Erwähnenswert ist noch, daß man immer wieder versucht hat, den Generalisierungsdruck statt durch Ausweichen ins Unbestimmte durch Dichotomisierungen abzufangen – etwa durch die Unterscheidung von kósmos horatós/kósmos noetós, durch pejorative Bewertung „dieser Welt", der eine zu erwartende bessere gegenübergestellt wurde, durch Unterscheidung einer ausgedehnten und einer mentalen, sie und sich selbst vorstellenden Gesamtheit und schließlich durch Duplikation der Welt im Bewußtsein des transzendentalen Subjekts. Dabei blieb dann jeweils die Relation der beiden Welten das Problem.

42 Zur Begriffs- und Abstraktionsgeschichte des Raumes, die den skizzierten Linien etwa folgt, vgl. den knappen Überblick von *Max Jammer,* Das Problem des Raumes: Die Entwicklung der Raumtheorie, Darmstadt 1960.

43 Vgl. *Jürgen Habermas,* Können komplexe Gesellschaften eine vernünftige Identität ausbilden?, in: *Jürgen Habermas/Dieter Henrich,* Zwei Reden, Frankfurt 1974.

44 Hierzu *Niklas Luhmann,* Zweckbegriff und Systemrationalität: Über die Funktion von Zwecken in sozialen Systemen, Neudruck Frankfurt 1973.

45 So zitiert *Duns Scotus,* Ordinatio I dist. 39 n. 13 a.a.O. S. 414.

46 Bei dieser Struktur seines eigenen Arguments dürfte Habermas sich eigentlich nicht gegen selbstreferentielle „Zirkel" im Duktus anderer Theorien wenden.

47 Siehe dazu auch *Willi Oelmüller,* Zu einer nichttranszendentalphilosophischen Deutung des Menschen, Philosophisches Jahrbuch 82 (1975), S. 103-128 (105 f), und allgemeiner die immer wieder aufkommenden Tendenzen zur „Anthropologisierung" der hier erörterten Fragestellungen.

48 Zu diesem Vergleich von Gerechtigkeit und Wirtschaftlichkeit näher: *Niklas Luhmann,* Gerechtigkeit in den Rechtssystemen der modernen Gesellschaft, Rechtstheorie 4 (1973), S. 131-167.

49 Das geschieht in zahlreichen kritischen Äußerungen zum Wissenschaftsanspruch des Funktionalismus, auf die an dieser Stelle nicht zureichend eingegangen werden kann. Siehe *Günther Schmid,* Funktionsanalyse und politische Theorie: Funktionalismuskritik, Faktorenanalyse, Systemtheorie, Düsseldorf 1974, mit einem umfassenden Überblick; ferner etwa *Jochen Hofmann,* Die Theorie sozialer Systeme von Niklas Luhmann in Diskussion und Kritik, Diplomarbeit München 1974, Ms., insb. S. 87 ff.; *Klaus Grimm,* Niklas Luhmanns „soziologische Aufklärung" oder Das Elend der aprioristischen Soziologie, Hamburg 1974; *Helmut M. Artus,* Über die Unmöglichkeit von Systemtheorie: Entwurf einer grundsätzlichen Kritik von Funktionalismus und

Systemtheorie am Beispiel Niklas Luhmanns, Kölner Zeitschrift für Soziologie und Sozialpsychologie (im Druck).

50   Im Vergleich zu *Max Weber* heißt dies, daß wir den abendländischen Rationalismus nicht so sehr als motivationalen Antriebsfaktor des Umbaus zur neuzeitlichen Gesellschaft ansehen, sondern eher als Kompensation für zunehmende Größe und für den Übergang zu funktional orientierter Differenzierung.

51   Für die politikwissenschaftliche Diskussion wird dies zur Schlüsselfrage einer an Reformen interessierten Demokratie-Theorie. Siehe z. B. *Frieder Naschold,* Demokratie und Komplexität: Thesen und Illustrationen zur Theoriediskussion in der Politikwissenschaft, Politische Vierteljahresschrift 9 (1968), S. 494-518; *ders.,* Die systemtheoretische Analyse demokratischer politischer Systeme: Vorbemerkungen zu einer systemanalytischen Demokratietheorie als politischer Wachstumstheorie mittlerer Reichweite, in: Probleme der Demokratie heute. Sonderheft 2 der Politischen Vierteljahresschrift, Opladen 1971, S. 3-39.

52   Vgl. *James G. March/Herbert Simon,* Organizations, New York 1958, S. 136 ff.; *Herbert A. Simon,* The Architecture of Complexity, Proceedings fo the American Philosophical Society 106, (1962), S. 467-482.

53   In der juristischen Methodenlehre bleiben diese praktisch wichtigen Reduktionstechniken auch heute noch zumeist unerwähnt und treten hinter den inhaltlich-exegetischen Fragen der Normgewinnung und Norminterpretation zurück (was bedeutet, daß die Rationalitätsgarantie letztlich immer noch in den Werten selbst gesehen wird, die es richtig auszulegen und anzuwenden gilt). Siehe etwa *Josef Esser,* Vorverständnis und Methodenwahl in der Rechtsfindung: Rationalitätsgarantien der richterlichen Entscheidungspraxis, Frankfurt 1970; *Rudolf Westerhoff,* Methodische Wertung im Recht, Berlin 1974; *Friedrich Müller,* Fallanalysen zur juristischen Methodik, Berlin 1974. Ähnliches gilt für bewußt entscheidungstheoretisch formulierte Ansätze (etwa *Wolfgang Kilian,* Juristische Entscheidung und elektronische Datenverarbeitung: Methodenorientierte Vorstudie, Frankfurt 1974), die von der Entscheidungsbegründung und ihrer rationalen Kontrolle ausgehen.

54   *Max Weber,* Wirtschaft und Gesellschaft, 3. Aufl. Tübingen 1948, z. B. S. 58 f.; *Karl Mannheim,* Mensch und Gesellschaft im Zeitalter des Umbaus, 2. Aufl. Darmstadt 1958, S. 61 ff.

55   Neben dem von Hobbes gestellten Problem der Möglichkeit politischer Ordnung war die Kritik der individualistischen Prämissen der ökonomischen Theorie rationalen Handelns für die Soziologie Anlaß eigener Theoriebildung.

Drucknachweise zu den Kapiteln dieses Bandes

1. Interaktion, Organisation, Gesellschaft: Anwendungen der Systemtheorie, in: Marlis Gerhardt (Hrsg.), Die Zukunft der Philosophie, München 1975, S. 85-107.
2. Einfache Sozialsysteme, Zeitschrift für Soziologie 1 (1972), S. 51-65.
3. Allgemeine Theorie organisierter Sozialsysteme (bisher nicht veröffentlicht).
4   Die Weltgesellschaft, Archiv für Rechts- und Sozialphilosophie 57 (1971), S. 1-35.
5. Selbst-Thematisierungen des Gesellschaftssystems: Über die Kategorie der Reflexion aus der Sicht der Systemtheorie, Zeitschrift für Soziologie 2 (1973), S. 21-46.
6. Weltzeit und Systemgeschichte: Über Beziehungen zwischen Zeithorizonten und sozialen Strukturen gesellschaftlicher Systeme, in: Peter Christian Ludz (Hrsg.), Soziologie und Sozialgeschichte, Sonderheft 16 der Kölner Zeitschrift für Soziologie und Sozialpsychologie, Opladen 1973, S. 81-115.
7. Formen des Helfens im Wandel gesellschaftlicher Bedingungen, in: Hans- Uwe Otto/ Siegfried Schneider (Hrsg.), Gesellschaftliche Perspektiven der Sozialarbeit, Neuwied/Berlin 1973, S. 21-43.
8. Evolution und Geschichte (bisher nicht veröffentlicht)
9. Einführende Bemerkungen zu einer Theorie symbolisch generalisierter Kommunikationsmedien, Zeitschrift für Soziologie 3 (1974), S. 236-255.
10. Systemtheorie, Evolutionstheorie und Kommunikationstheorie, Sociologische Gids 22 (1975), S. 154-168.
11. Komplexität (bisher nicht veröffentlicht).

Druck:
Customized Business Services GmbH
im Auftrag der
KNV Zeitfracht GmbH
Ein Unternehmen der Zeitfracht - Gruppe
Ferdinand-Jühlke-Str. 7
99095 Erfurt